辺境のラッパーたち

立ち上がる「声の民族誌」

島村一平 編

青土社

辺境のラッパーたち　目次

第1部　非常事態下のラッパーたち

第5部　混淆する文化の中で

辺境のラッパーたち――立ち上がる「声の民族誌」

はじめに

辺境ヒップホップ論
——結びつく周縁から辺境のノイズへ

島村一平

今、ヒップホップが熱い。ニューヨークのアフリカ系アメリカ人やラティーノたちの間で始まったこの文化運動は、瞬く間に広がり、世界中のストリートを席巻している。ヒップホップは、DJワーク、ラップ・ミュージック、グラフィティ・アート、ブレイクダンスの四つの要素から成る。

世界中のさまざまな都市を歩いてみよう。ラップ・ミュージックが聴こえてこない町はないし、壁にスプレーで描かれたグラフィティ・アートはそこかしこにあることに気付くだろう。ナイトクラブでヘッドホンを片耳につけたDJがターンテーブルを回すのもありふれた光景となった。ストリートでは、どこへ行っても、若者たちがあのヘッドスピンで知られるブレイクダンスに興じている。

このようにヒップホップ文化が世界中に広がっていることは、単にアメリカ発の文化が受容されていることを意味しない。それぞれのローカルな文化と融合を遂げながら、世界各地で独自のヒップホップ文化が生み出されているのである。例えばモンゴルでは、口承文芸の韻踏み文化を基礎として独自のラップの技術が生み出されたり、ホーミーや馬頭琴といった伝統楽器とラップ・ミュージックとの融合がなされたりしてきた。伝統的な絵画と融合したグラフィティも登場している。インドでは、パンジャーブ地方の伝統音楽バングラーの歌唱法を取り入れたバングラー・ラップの人気が高い。
さらにグローバルな人の移動の中で、ローカルなヒップホップ文化は場所を変えながら、ホスト社会に対しても違いを生み出している。例えば、「亡命」ロシア人ラッパー、オクシミロンの反戦ラップは、短絡的に「ロシア人＝悪者」としがちなメディア報道に対して、オルタナティブなロシア人像を提供する。そしてガザやキーウでは、戦火の中からパレスチナやウクライナのMCたちが悲惨な現実をラップにして発信しており、国際的な反戦運動にも影響を与えているとの情報もある。
本書が扱うのは、そんな欧米以外の「辺境」のヒップホップ、とりわけラップ・ミュージックである。ただし、華やかな印象の「グローバル・ヒップホップ」ではない。「辺境のヒップホップ」だ。「辺境」とは、人やモノ、情報が行きかうグローバルな世界とローカルな文化が交錯しながらも、政治的にも経済的にも周縁的な立場に置かれている地域を指す。このような世界の周縁に追いやられている人々――つまり辺境の若者たちにとって、ラップ・ミュージックは抵抗や自己主張の「武器」となっている。欧米以外の「グローバル・ヒップホップ」の論集を最初に編んだトニー・ミッチェルも、ラップ・ミュージックとヒップホップ文化は、世界中でローカルな言語や音楽、政治的な文脈と結びつきながら、多くの国々で若者たちのさまざまな抵抗運動の媒体になっているとしている。[*1]
世界の辺境でラッパーたちは何を叫んでいるのか。彼らの怒りと苦しみは何なのか。本書は、世界の様々な地域のラッパーたちが、それぞれが暮らす世界の矛盾を叫びながら生きている姿を描き出す試みである。換言するならば、アメリカ文化研究者の金澤智が言う「音楽ジャンルとしてのラップというよりも、人々の生き方としてのヒップホップ」を対象としている。[*2] したがってヒップホップをめぐる音楽産業論は、本書ではほとんど扱っていないことを予め断っておきたい。

本書は、そんな辺境のラッパーたちについての論考集だ。専門や手法は異なるものの、現地に密着して取材したものばかりだ。必ずしもすべてがいわゆる民族誌というわけではないが、本書では、これらを総合して「声の民族誌」と呼んでおこう。執筆者の専門やフィールドは異なるが、描き出そうとしているものはほぼ共通している。

編者はかねてからラップの歌詞は、世界の政治的不平等や貧富の格差、人種差別といった現実を知る上で最も有効な手段の一つだと考えてきた。[*3] ラップは、文化人類学における「非構造インタビュー」に似ている。非構造インタビューとは、予め用意したアンケート的な質問を相手に投げかける「構造インタビュー」と異なり、ふとした日常会話や、相手が何気なく語っていることからその社会の文脈を理解する手法だ。ラップは、普段の会話で口にしないような、若者たちの怒りや哀しみ、喜びがストレートに表現されていることも少なくない。しかも普通の歌より早口なので情報量も多い。だとすれば、ラップを聞くことは、最も良質な非構造インタビューのひとつだといえないだろうか。ラップの歌詞は時に暴力的であり、麻薬が歌われることもある。そのようなネガティブな側面を含めてラップは世界を映し出す。[*4]

貧富の格差の実態を知るのにジニ係数は重要だが、その数値を知る以上にラップの歌詞は雄弁に「現実」を伝えてくれる。ただしこのような貧富の格差は、人々に「格差」が認識され語られ、歌われたとき、ある種の「リアル」として語られることで現象化していく側面もある。つまり「現実構築」にラッパーが介在していることは留意しておく必要があろう。[*5] ともあれ本書には、世界各地のラッパーたちの生の声＝リリックが翻訳されて数多く収録されている。それぞれの論考を読む楽しみだけでなく、実際に音楽を聴きながらラップのリリックを楽しめるのも本書の魅力だ。

さて世界の辺境のラッパーたちの声に耳を澄ます前にやっておくべきことがある。非欧米圏のラップ・ミュージックを比較理解するためのベースラインを引く作業だ。このイントロでは、まずアフリカ系アメリカ人のヒップホップ、とりわけラップ・ミュージックの創成期からグローバルな文化へと広がるまでの経緯、および欧米以外のヒップホップに関する研究をごく簡単に振り返っておきたい。

アフロアメリカンのレガシーのうち、何が非欧米圏のラップ・ミュージックに継承され、何が継承されなかったのか、またそれぞれの地域に特化したヒップホップ実践の態様は何か。世界各地のMCたちの主張は、アフリカ系アメリカ人のナショナリズムとどう繋がっている／いないのか。あるいはヒップホップの世界的浸透は、領土国家から分離した「ヒップホップ・ネイション（ヘッズ）」という祖国へのトランスナショナルな欲望*6を意味するのか。アメリカのヒップホップを概観する作業は、このような問題を考察するために有効な補助線となるはずだ。最後にグローバル化におけるラップ・ミュージックの果たす重要性と「辺境」概念を示した上で、本書の全体像を俯瞰しておこう。

抵抗文化としてのヒップホップ

そもそもヒップホップは、一九七〇年代、ニューヨークでアフリカ系アメリカ人やラティーノたちの文化運動として始まった。*7それは、一九七三年の夏、ブロンクスのブロック・パーティーと呼ばれる小さな地区のパーティーでのことだった。ジャマイカ移民のDJクール・ハークは、若者たちが一つの曲の中でも一部のドラム・ビートが流れるところで盛り上がることに気付いた。そこで彼はターンテーブルを並べて気に入ったビートの部分をループ再生する技法を編み出したのである。*8これがアフリカ系アメリカ人の若者たちのあいだで大受けした。ブレイクビーツの誕生である。
このブレイクビーツに始まるDJワークは、グランド・ウィザード・セオドアやグランドマスター・フラッシュらによって、「スクラッチ」や「バックスピン」などの技術が発明されることで、[*9]さらに洗練されていく。[*10]やがてヒップホップはDJワークだけでなく、ラップ（MC）、グラフィック・アート、ブレイクダンス、ビート・ボクシング（ヴォイス・パーカッション）といったさまざまな分野へと発展していった。ラップは当初、DJワークの補助的な役割程度のものであったが、次第に主役を張るようになる。[*11]
ヒップホップが、アフリカ系アメリカ人の抵抗や文化運動と結びついていることはよく知られている。ヒップホップ研究の古典『ブラック・ノイズ』（一九九四年）を書いたトリシア・ローズは、「ラップは、アメリカの都市周縁部からの黒人たちの声によるブラック・カルチャーの表現形態」だと記している。[*12]事実、そのことは黎明期のDJやラッパーたちの活動や歌詞からも伺い知ることができる。
七〇年代前半、荒れ狂うニューヨークの極貧地区サウスブロンクスでアフリカ・バンバータは非暴力組織「ズールー・ネイション」を立ち上げ、「平和、愛、団結、楽しむこと」をモットーにしたのは有名な話だ。若者たちを暴力と麻薬の密売からDJやブレイクダンス、ラップ、グラフィティ・アートといったヒップホップ文化運動へと向かわせた。つまり彼は、ニューヨークで対立関係にあったギャングたちをナイフで殺し合う代わりに、MCやブレイクダンスでバトルさせるように導いていったのである。[*13]
またチャックDを擁するヒップホップ・グループ、パブリック・エネミーは、アフリカ系アメリカ人の抑圧に対する激しい抵抗をラップで表現したことで知られる。例えば、一九八八年の「Party for

Your Right to Fight（お前が闘う権利のためのパーティー／党）」で「力は平等だ　手に入れるために出かけるぞ（中略）このパーティーは六六年に始まったんだ、黒人側のラディカルなミックスだぜ」と宣言する。この六六年は、左翼ナショナリズム的な黒人解放運動、ブラックパンサー党の成立年である。また一九八九年の「ファイト・ザ・パワー（権力と闘え）」では「俺たちの言論の自由は、自由か死だ権力と闘え」と叫び、「911 is a joke」では、救急車が来るのが黒人地区では白人地区より遅いことを糾弾した。

ちなみにヒップホップやラップ・ミュージックは、黒人たちのアンダーグラウンド文化だと言われることが多い。ピーターソンによると、アンダーグラウンドとは、一九世紀前半、黒人奴隷たちが「地下鉄道（アンダーグラウンド・レイルロード）」や「地下道（アンダーグラウンド・ロード）」に集まって逃亡の相談をしたり、実際に逃亡したりしたことが起源の言葉なのだという。[*14] つまり実際にアンダーグラウンド（地下鉄道や地下道）の建設労働の現場が、奴隷制度が持つ抑圧的な力を転覆させる場となったというわけである。やがて「アンダーグラウンド」は、抑圧に対する「逃亡」や「抵抗」を意味する概念として黒人文学の中で確立され、ヒップホップ文化にも継承されていった。そこでは、主要なレコード会社や大メディアといった商業販路を通さない、社会意識の高いラップ音楽やヒップホップ文化を指す言葉となっている。[*15]

現在、「アンダーグラウンド」という用語は、世界のローカルなヒップホップ文化において微妙な差異があるものの、ある程度、普遍性を獲得している。

ジェフリー・デッカーは、アフリカ・バンバータやチャックDのような行動するヒップホップ・ナショナリスト／ブラック・ナショナリストのラッパーたちのことをアントニオ・グラムシに倣い「有機的文化知識人（organic cultural intellectuals）」と呼んだ。そして彼らを知的活動家とコマーシャルなエンターテイナーとの中間的な存在として位置づけている。[*16]

一九六四年の公民権運動以降、黒人貧困層の経済・社会的状況は改善されず、有効な政治的手段がない中、ラッパーたちは言説を過度に政治化させていった。[*17] したがって一九八〇年代から九〇年代にかけての抵抗としてのラップは、二〇世紀半ばから後半にかけてのブラック・ナショナリストの政治思想の長い伝統に連なるものだった。そしてラッパーたちは世界中で権利を奪われ幻滅した若者の代弁者だった。[*18] 確かに世界中のラッパーたちがパブリック・エネミーやトゥパックに影響を受けたのは、彼らが黒人であるからではなく、権利を奪われた者を代弁していたからだろう。これは後に述べるハリフ・オスマリの「結びつく周縁性」と響き合う議論でもある。

ギャングスタ・ラップと地元意識

ニューヨークで始まったヒップホップの運動は、八〇年代には西海岸のロサンジェルスのアフリカ系アメリカ人に飛び火し、ギャングスタ・ラップやGファンクの流れを創り出した。一九九〇年代のロサンジェルスと言えば、人種間の対立に貧富の格差、警察の腐敗に麻薬の蔓延といった様々な問題を抱えていた。それに絶え間ないギャングの抗争に暴動。[*19] 一九九二年のロス暴動も白人警官による黒人男性ロドニー・キングに対する不条理な暴行事件と警官への無罪判決がきっかけで始まったものだ。これに対する抗議運動は暴徒化し、逮捕者一万人を超える大暴動へと発展した。そんなロスの街を背景にギャングスタ・ラップのMCたちは、都市の「リアル」をライムする。[*20]

同名のタイトルで映画化もされたN.W.Aの大ヒット曲「ストレイト・アウタ・コンプトン」で、MCのアイス・キューブは「俺の名はアイス・キューブ、コンプトンから出てきたクレイジーなクソ野郎だ　N.W.Aってギャングの一員だ　呼ばれたらソードオフ（ショットガン）を持っていくぜ　引き金引いたら　死体が運ばれる」とまくしたてた。

またトゥパックは、「Changes」（一九九二年レコーディング）で「何も変わらない　朝起きて自分に問いかける　人生に生きる価値はあるのか　それとも自分自身を吹き飛ばすべきか　貧乏に疲れたしてかさらに悪いことに俺は黒人だ」とラップする。その後、白人の警察が、黒人をだまして麻薬の取引をさせた挙句、黒人同士で殺し合いをさせ、それを逮捕した警察がヒーローになるというロスの哀しいリアルをラップでリズミカルに語る。そして最後にトゥパックは「俺たちは変わり始めないといけない」と訴えていた。

ちなみにこの状況は、現在までほとんど改善されていない。近年でも白人警官による黒人への不条理な暴行が「ブラック・ライヴズ・マター」運動を引き起こしたことは記憶に新しい。その際、ケンドリック・ラマーの「オールライト」が抗議活動をする学生たちのアンセムとして合唱されている。[*21]

翻って八〇年代のロスではメキシコ系の若者たちによってチカーノ・ラップというスタイルも生み出されていた。その後、八〇年代後半には、シアトル、シカゴ、デトロイト、アトランタといった地方都市でヒップホップ文化が次々と花火を上げていく。ちなみに『ヒップホップ・アメリカ』の著者ネルソン・ジョージは、ニューヨークのローカルな文化だったラップが全米規模に広がったのは、一九八八年だと見なしている。[*22]

ところでヒップホッパーたちは地元のつながりが強いことで知られている。かつてロス暴動の時にテレビ局がコメンテーターとしてアイス・キューブに出演を依頼しようとしたが、彼が地元の兄弟や仲間の安否を捜しまわっていたため連絡がとれなかったというのは有名な話だ。このような地元のつながりのことを「フッド（hood）」という。ノーティ・バイ・ネイチャー（Naughty By Nature）の一九九三年のヒット曲「フッドは最優先だぜ（The hood comes first）」は、ヒップホッパーたちの間で格言化している。[*23] ちなみにフッドはネイバーフッド（neighborhood）の略語であり、[*24] 英語の正確性にこだわるならば、アポストロフィーをつけて「'hood」と表記するのが正しいようだ。[*25]

多くの西海岸のラッパーたちは、少年時代にホームボーイあるいはホーミー（homie）と呼ばれる地元の仲間たちとラップのリリックを書いたり、DJの技術を磨き合ったり、そして地元のクラブやパーティーに出演していた。[*26] フッドの中にいる若者たちの関係は、兄弟や家族の関係に近いといってよい。このような「フッド」を共有する仲間たちと音楽をつくることで、アーティストたちは、テーマやフロー、スタイルやイメージが有意の共鳴を生み出し、「ローカルなフレーバー」のするリリックやリズムを創り上げる。[*27] こうしてサウスブロンクスにコンプトン、シアトルやデトロイトにアトランタ、といった全米各地のラッパーたちは、地元をリプレゼント（代表、日本語では「レペゼン」）して、ラップでバトルをするようになった。

このようなヒップホップのフッド＝地元性は、アメリカの脱工業化の過程で都市のモノや空間、教育が形成される中、ヒップホップ文化が再構築されてきたことを意味する。[*28] つまりヒップホップの全米への浸透は、大都市内部のゲットーから脱工業化時代における地方都市の「フッド」＝地元へと広まる過程だった。興味深いことに、ヒップホッパーたちが「リスペクト」といったとき、それは彼／彼女の音楽・芸術的な才能や技術力よりも、地理的な関係性の中で使われるのだといわれている。[*29]

これに対してイマニ・ペリーは、このような社会経済的分析はラップの美的価値を見過ごしていると批判した。そして歌詞の分析を通じて、「フッドの預言者」であるラッパーたちは、困難な人種差別やジェンダー・ポリティクスにまみれた社会について非常に示唆的な表現をしていると指摘する。つまりヒップホップの歌詞に現れている犯罪や暴力、女性差別は、ポスト公民権時代の複雑化した黒人たちの経験を物語っているのである。[*30]

ちなみにポール・ギルロイは、アフロアメリカンの「フッド」を強調する「メッセージ・ラップ」に対して、ブラック・ディアスポラを視野に入れていない北アメリカ人たちの考えが浅く（ill-conceived）、社会階層のバイアスを含んだサブジャンルだと批判していた。[*31] しかし現在、「フッド」や「ホームボーイ」「リプレゼント（レペゼン）」といった概念は、世界中のヒップホップ・ヘッズたちによって共有されており、これらは周縁からの声を伝える世界共通の表現となっている。

結びつく周縁性——世界にひろがるヒップホップ

二一世紀に入ると、ヒップホップは世界中に浸透し、もはやアフリカ系アメリカ人だけのものではなくなってきた。八〇〜九〇年代、プエルトリコ系のラティーノ・ラップやメキシコ系のチカーノ・ラップなども生まれたこともあり、ヒップホップは非白人の若者文化（youth cultures of color）と言われるようになる。それに加えて、九〇年代前半には、ビースティ・ボーイズやヴァニラ・アイスのような白人のアーティストたちも登場した。特にゼロ年代前半、デトロイトの貧困地区出身で「黒人よりも黒人らしい」[*32]白人ラッパー、エミネムが世界中をざわつかせたことは象徴的である。[*33] もっとも研究者の中でもアフリカ系アメリカ人のヒップホップが唯一の本物であり、それ以外はすべて逸脱であるという主張があった。しかしローカルにとって何がリアルであるかと考える方が有益だとする主張も出てきた。[*34]

さらにアフリカ系アメリカ人の評論家バカリ・キトワナから、ヒップホップはすでに白人の子どもたちにまで共有されるようになっており、今やすべての消費者を対象にしたエンターテイメント産業の一つなのではないかという議論が提出される。[*35]であるならば、黒人と白人の人種的二元論から解放されたヒップホップを構想することが重要となる。[*36]実際、ラッパーのLLクールJが宣伝していたヒップホップのファッション・ブランドFUBU（For Us By Us）が、その名前とは裏腹にグローバル化している現象も見られるようになった。[*37]

このような中、二〇〇一年、ハリフ・オスマリによる記念碑的な論文が発表される。この論文でオスマリは「グローバルなヒップホップ・ユース・カルチャーは、地図上のほぼすべての国に影響を及ぼしている」と高らかに宣言する。そしてヒップホップがパンクロックやヘヴィメタルといった他のジャンルと異なるのは、声なき人々、おそらくグローバルな「結びつく周縁性（connective marginalities）」を持つ人々に声を与えている点だと論じたのである。またオスマリは、黒人の表現文化は、その背景となる政治史と他国における同様の動態との間で、社会的に共鳴しているとも主張した。[*38]一方、現在、ハーバード大でヒップホップ研究を牽引するマサイリナ・モーガンもほぼ同時期に、ヒップホップのリリックの内容は、国境だけでなく言語的な境界をも通り抜ける力があると論じている。[*39]

これらの仕事が画期的なのは、かつてポール・ギルロイが「本質主義」「北米主義」と批判したアフリカ系アメリカ人研究者の中から「ブラックネス」――黒人性を乗り越えるヒップホップ論が登場した点である。かつてギルロイは、大西洋を横断する超国家的な公共圏の中で、さまざまな黒人文化が混淆することで、ブラック・カルチャーが形成されてきたとする「黒い大西洋」論[*40]を唱えた。しかし皮肉なことに「黒人性」を超えられなかったのは、北米のアフリカ系アメリカ人の研究者ではなく、ギルロイ自身だった。なぜなら世界のヒップホップ文化は、もはや「黒人」や「大西洋」に限定される文化ではないからだ。

同じ年、アメリカ以外のヒップホップに関する最初の本格的な論集、トニー・ミッチェル編『グローバル・ノイズ――アメリカ合衆国外部のラップとヒップホップ』（二〇〇一年）が出版される。この本では、フランス、イギリス、イギリスのパキスタン移民、ドイツ、ブルガリア、スペインのバスク人、イタリア、日本、韓国、ニュージーランドのマオリなどのヒップホップ文化が論じられていた。編者のミッチェルは、世界のヒップホップはアフロアメリカ中心主義的な主流派からより多文化・多民族的、そしてローカルなものにシフトしていっているのだと語る。この書は、トリシア・ローズの『ブラック・ノイズ』を意識したタイトルからもわかるとおり、ブラック・カルチャーとしてのヒップホップからの脱却を企図したものだった。

確かにヒップホッパーたちは世界中で、ブレイクダンスをしたり、グラフィティを描いたり、あるいはラップをしたり、ＤＪワークをしている。そこでミッチェルは、ブラックネス以上に重要なのは、彼らはヒップホップ・ネイションという呼び名（日本ではヒップホップ・ヘッズという方が一般的）が与えられることで、世界のどんな辺鄙な場所に住んでいようとも、グローバルなサブカルチャー（傍点筆者）に帰属しているという感覚を表現できるようになったことだと論じたのである。[*41]

「グローバル・ヒップホップ」の限界

興味深いことにミッチェルは、世界中のヘッズたちはヒップホップがアメリカ起源の文化であることを認識しているものの、常に認知しているわけではないと指摘する。[*42] すなわち「グローカリゼーション論」で有名なローランド・ロバートソンの議論を援用しながら、「グローカル」に土着化する中でヒップホップは、世界中で自己再生産するようになっていると言うのである。さらにラップは、世界のほとんどの地域に根付くほど伝播しており、世界中で普遍的な音楽言語だと見なせるのだと論じた。[*43]

ミッチェルの立論の根拠の一つとなったのは、同書所収のイアン・コンドリーの日本語ラップに関する論文である。コンドリーは、九〇年代の日本におけるアイコニックなラッパーＥＣＤ（石田義則）の「海を越えこの日本にも飛び火した」[*44]というフレーズを引用しながら「ローカルなヒップホップシーンは地元の火種で火が付く」と論じた。[*45]

一方、日本のラップを研究した木本玲一も上記の論点に対する直接の引用はないものの、不思議なことにミッチェルやコンドリーと似たような結論に達している。木本はラップ・グループ、キカイダーを事例に、ミッチェルやコンドリー同様、日本語ラップが「本場」合衆国をもはや参照元にせず自給自足化しているとし、それを自律化・自明化と名付けた。[*46] もっとも木本は、ミッチェルと異なりアンソニー・ギデンズの古典的なグローバル化論における「脱埋め込み」「再埋め込み」を理論的枠組みとしている。しかしグローバルの中心から周縁へと向かう一方向の議論である点において、ロバートソンや当時のミッチェルと共通しているといえよう。

これに対してイアン・コンドリーは後に出版した著書『日本のヒップホップ（Hip Hop Japan）』で、既存のグローバリゼーションの概念を修正し、「ローカライゼーションとグローバルなつながりがどのように同時に進行しうるか」という問題を探求している。それとともにポピュラー音楽の国境を越えた流れや発展をコントロールする「メディア産業の力」の限界を論じた。[*47]

コンドリーが目指したのは、アルジュン・アパデュライの複合的なグローバリゼーション論の乗り越えだった。アパデュライは、現在でも文化人類学で最も参照されるグローバリゼーション論の論客だ。[*48] 彼はグローバリゼーションを、従来の中心―周縁モデルだけでは捉えきれない複合的で重層的、かつ乖離的な秩序だと論じてきたことで有名だ。[*49] またアパデュライは、グローバル経済は複合的で欧米がもはや人形遣いのようにイメージの世界システムを操ってはおらず、ただ結節点の一つとしてのみ、複雑でトランスナショナルな想像上のランドスケープの構築にかかわっているのだと主張している。[*50]

以上の文脈を踏まえた上でコンドリーが注目したのは、「現場」つまりクラブである。彼は現場を「ヒップホップ・ファン、アーティスト、オーガナイザー、プロデューサー、起業家たちの拡散したネットワークが集まり、仕事と快楽が混在する主要なスペース」と定義した。そしてこの「現場」という概念は、今後の研究において「均質化」対「地域化」という二項対立を超越したグローバリゼーションの代替的なビジョンを提供するのに有用であるかもしれないと論じたのである。[*51]

コンドリーの目論見が成功しているかどうかはわからない。しかし、少なくともヒップホップは世界中で実践されるようになっている。同時に「グローバル・ヒップホップ研究」も進展していった。[*52]

二〇〇九年には、アメリカ、カナダ、オーストラリアの研究者が集まって編集した『グローバルな言語のフロー――ヒップホップ文化と若者のアイデンティティ、言語の政治学』が出版されている。[*53]この本では、いわゆる欧米圏のヒップホップに加えて、オーストラリアのアボリジニや香港、ブラジルやセネガル、タンザニアのラップ・ミュージックに関する論考も取り上げられている。同書においてトニー・ミッチェルは、ペニーコックと組んで自身の前編著の「グローバル・ヒップホップ」論を更新させ、複数形の「グローバル・ヒップホップス」という概念を提唱した。彼らは、ヒップホップのローカル化とは、グローバルなヒップホップ（≒アメリカのヒップホップ）が単にローカルな特徴を帯びながらローカル化したものではないと言う。むしろ複数のグローバルなヒップホップは、常にローカルでありつづけたグローバルな場所たちの中で発展してきたのだというわけだ。[*54]これは磯部涼のいう「ローカルとグローバルが混濁した場所」[*55]に共鳴する視点だといってよい。またミッチェルらは、そんなグローバル・ヒップホップスは、暴力や大量消費主義、女性蔑視といったアメリカのヒップホップの特徴に対して非常に批判的なのだと論及している。[*56]

実際、ニタ－シャ・タマル・シャルマによると、デーシー・ヒップホップ[*57]（アメリカの南アジア系移民のヒップホップ）のアーティストたちは、人種主義に抵抗するパブリック・エネミーのような黒人アーティストを模範にする一方で、アメリカ黒人の人種還元的な表現に対しては反発するのだという。デーシー・ヒップホップは、上述のような「同一化と他者化の二重の適応」というアイデンティティ戦略の中で実践されている。[*58]

さらに二〇一八年に出版されたアンドルー・ロスとダミアン・リバーズ編『批判的良心としてのヒップホップの社会言語学――不満と反抗』では、アメリカ、ドイツ、オーストラリア、フィンランド、モンゴル、アメリカ白人のヒップホップが扱われている。編者のロスとリバーズによると、グローバルに広まったヒップホップでは、政治・社会問題に対するアーティストたちの不満と反抗の表現に支えられた音楽が次々と生み出されているのだという。*[59]

また二〇二三年、ヒップホップ誕生の五〇周年を記念し『自由は前進する――ヒップホップの知識と教育、そして未来』が出版された。この本の主編者である言語人類学者のH.サミー・アリムは、ヒップホップを「黒人解放運動を促進するための文化的に持続可能な教育学の有機的形態」と定義している。またヒップホップは、それぞれの固有の文化の教育にも寄与するとし、同書ではパレスチナのラップも扱っている。何よりも本書は、単なる論文集ではなく、研究者やライターとアーティストが知識、教育、フェミニズムやクィアといった様々なテーマで語り合った鼎談や対談を中心に編集されているという点で際立っている。*[60]

そのほか、非欧米圏のヒップホップについては、キューバのアンダーグラウンドのヒップホップに関するモノグラフや「ルッソフォン」つまりポルトガルやブラジル、モザンビークといったポルトガル語圏のヒップホップの論集*[61]も出されている。

ちなみに日本において非欧米圏のヒップホップに関して総合したのは、博覧強記の音楽評論家、関口義人による『ヒップホップ!――黒い断層と21世紀』(二〇一三年)が嚆矢であろう。関口は同書において移民社会を含めたヨーロッパやアフリカ、中東、ラテンアメリカ、中国、そしてジプシーにいたるまでアメリカ以外のラップ・ミュージックを端的に紹介している。*[62]その後、日本で出版された非欧米圏のラップに関する単行本として、平井ナタリア恵美による『ヒップホップ東欧』(二〇一七年)、岩田宇泊『ヒップホップ・アフリカ』(二〇二三年)などのほか、研究書として矢野原佑史による『カメルーンにおけるヒップホップ・カルチャーの民族誌』(二〇一八年)、栗田知宏『ブリティッシュ・

エイジアン音楽の社会学』（二〇二一年）、陣野俊史『魂の声をあげる――現代史としてのラップ・フランセ』（二〇二二年）などが出版されている。また本書の執筆者である軽刈田凡平は、二〇一七年よりブログ『アッチャー・インディア』を公開し、ヒップホップを含むインドの音楽の魅力を熱く紹介してきた。

ともあれ、ヒップホップは、若者たちの抵抗や不満を伝える媒体として世界中に広まっている。そしてそれに伴って「グローバル・ヒップホップ研究」も進展してきた。その一方で「グローバル・ヒップホップ」といったとき、扱われてきたのは、欧米やオーストラリア、日本、韓国といった先進国および先進国の内部のマイノリティのケースがほとんどだった。日本語で「グローバル」と言えば、常に世界を覆う力や流れを持つ概念として使われることが多い。わかりやすい例を出すならば、日本の大学で「グローバル」という名が付く学部、学科で扱う言語は、英語やヨーロッパ言語、あるいはアラビア語や中国語といった大言語だ。「グローバル」学部や学科で扱う地域もロンドン、ニューヨーク、ドバイ、シンガポール、香港、ソウルといった人やモノや情報が行き交う大都市圏が想定されていることが多い。しかし、もしオスマリが語った「結びつく周縁性」こそが、ヒップホップ文化の核であるならば、われわれは「グローバル」の先、つまり「辺境」を目指す必要があるのではないだろうか。

ポピュラー音楽の辺境としての旧社会主義圏

編者は、二〇二一年、『ヒップホップ・モンゴリア――韻がつむぐ人類学』（青土社）を上梓した。

一九九〇年代から二〇一〇年代のモンゴルを舞台にラッパーたちの経験と、当時の政治・経済・社会状況が複雑に絡み合う緊張関係の中で生み出された世界を描いたエスノグラフィーだ。この本で「辺境」という概念を使ったのは、そもそも欧米を中心としたポピュラー音楽世界にとって、ロシアやモンゴルを含む旧社会主義圏は、もっとも「辺境」に位置するものだと考えたからだ。本書にも多くの旧社会主義国のヒップホップが紹介されている。おそらく英語で出版されてきた「グローバル・ヒップホップ」系の論集と本書の大きな違いの一つは、今までほとんど扱われてこなかった旧社会主義圏を中心的に扱っている点だろう。

そもそも旧社会主義圏で暮らす人々にグローバル化の波が押し寄せたのは、一九九〇年代初頭のことだ。社会主義崩壊によって欧米の文化が一方向的に流入してきたのである。マクドナルドにケンタッキー、コカコーラにマルボロ、リーバイスやリーのジーンズ。ハリウッド映画にロックやポップス、そしてヒップホップ。社会主義の崩壊とは、ある意味、旧ソ連圏で暮らす人々にとって、欧米の映画や音楽、ファッションや嗜好品の不可逆的な流入を意味した。文化のフローは、明らかに欧米という中心から周縁たる旧社会主義圏へと向いていた。

当然にして、アルジュン・アパデュライが論じた多方向的なグローバル化は一九九〇年代の旧社会主義圏では現象化していなかった。インド発祥のヨガが欧米で流行り、またインドに逆輸入されるような文化の環流も[*63]、少なくとも旧社会主義圏では起きていなかった。この地域のグローバル化には、タイムラグがあったのである[*64]。

つまり旧社会主義圏諸国のアーティストたちは、一九九〇年代初頭の社会主義崩壊まで、欧米と文化的に切断されていたといえよう。旧社会主義圏地域は、まさにポピュラー音楽界では最周縁の「辺境」だったのである。[*65] 唯一の例外は、おそらくアメリカに近い音楽の国キューバだった。[*66]
さらにいうと、一九九〇年代初頭の旧社会主義国圏は、ポピュラー音楽文化という領域において、二重の意味で周縁に置かれていた。まずは旧社会主義国という地政学的な周縁配置である。もうひとつは、ポピュラー音楽という領域自体が、アパデュライがいう意味での多中心的な「グローバル化」が非常に遅れていたことと深くかかわっている。とりわけユーラシアの旧社会主義圏は一九世紀の植民地時代と比べてさほど変わらない周縁に置かれていたのである。
こうした二重の周縁である旧社会主義圏の音楽は、一九八〇〜九〇年代のワールドミュージックの流行にのることもなかった。例外的に一部の民族音楽好きによって馬頭琴やホーミーが消費されるようになっても、サリフ・ケイタやユッスー・ンドゥールのようなスターが旧ソ連圏から生まれることはなかった。グローバルなポピュラー音楽の市場において、鉄のカーテンの向こう側の東ユーラシアの国々は、中南米やアフリカ以上に周縁に配置されていた。なぜなら旧植民地は旧宗主国とのネットワークがあるが、旧社会主義圏にはロンドンやパリ、ニューヨークとネットワークがなかったからだ。
逆に言えば、ジャマイカ出身のボブ・マーリーがグローバルな成功を収めるきっかけは、旧宗主国イギリスのプロデューサー、クリス・ブラックウェルとの関係抜きでは語れないだろう。ある意味、ワールドミュージックとは、旧植民地地域が有する「ポストコロニアルの優位性」（植民地時代の負の遺産によってもたらされた優位性）によって成立したといえる。[*67] ジャマイカ発のレゲエという音楽がグローバルな成功に至った背景には、ある意味、「黒い大西洋」がポストコロニアルの優位性を発揮できる空間だった点は否めない。これに対して、モスクワを中心とした旧社会主義文化圏のポピュラー音楽は、ポスト社会主義期になると、さらにマージナルな音楽となっていったのである。

「辺境ヒップホップ」を通じて世界を見つめる

こうした状況を受けて、国立民族学博物館では、二〇二二年より、人間文化研究機構のグローバル地域研究事業の枠組みの中で、東ユーラシアを中心とした「辺境」のヒップホップを考える「辺境ヒップホップ研究会」を立ち上げた。研究会には、研究者だけでなく音楽ライターやプロのラッパーまでもが参加し、毎回、大いなる盛り上がりを見せた。ここで言う東ユーラシアとは、中国とロシアという大国とその周辺の諸国を指す。東ユーラシアは、「ポスト社会主義国」に代わる地域研究の概念として、打ち出された枠組みだった。非欧米圏で歌われるローカルなラップは、言語的制約からか、ほとんどわれわれの耳に届いていない。東ユーラシアを中心としたポピュラー音楽の「辺境」において、どのようなラップ・ミュージックが歌われているのか。またラップを通してどのような社会的現実が歌われているのか。この研究会は、当該地域のウェルビーイングや文化衝突を視野に入れながら比較検討していくことを目的としてきた。

当初、辺境ヒップホップ研究会は、旧社会主義圏のラップ・ミュージックを聴きながら、その社会・文化的背景を発表していくというスタイルをとっていた。また比較対象として、インドやインドネシアといった東ユーラシア以外の地域の発表を研究者に依頼した。その中で、欧米のヒップホップ研究にはない「辺境」つまり非常事態に置かれている人々や言論の自由を奪われているサバルタン的な人々のラップこそ、ヒップホップの研究対象としてふさわしいのではないかと考えるようになったのである。

以上を踏まえ、本書では「辺境」という概念を人やモノ、情報が行きかうグローバルな世界とローカルな文化が交錯しながらも、政治的にも経済的にも周縁的な立場に置かれている地域と再定義しておこう。ここでいう辺境とは、ポピュラー音楽の辺境としての旧社会主義圏だけでなく、政治的・宗教的な理由から言論統制が行われている国や非常事態に置かれた国や地域、そして大国の中のマイノリティなども含んでいる。辺境からの叫び声は、われわれが暮らす「グローバル社会」にまでほとんど届いてきていないのではないだろうか。

日本語で編まれている本である以上、本書にとっての「辺境」の基準は日本と言わざるを得ない。しかし日本のラップも、「グローバルな中心」――それが複数形であろうとも――にはほとんど届いていないことを考えると、「辺境のラップ」だと言ってもいいのかもしれない。もちろん研究会の中では、ネガティブなイメージを持つ「辺境」だと名指しされるのは、当該地域の人々からすると、不本意ではないかという議論もあった。しかしわれわれは、この「辺境」だからこそ、一番ヤバい＝カッコいいというポジティブな意味を含めてこの言葉を使っている。

このような理解に到達できたのは、この研究会のメンバーでもあるラッパーのダースレイダーの存在が大きい。彼は、ラップのみならず著書やドキュメンタリー映画といった様々な創作活動を通じて自身の哲学を発信してきた。ダースによると、そもそもヒップホップは、言葉の意味を反転させて使う「逆転の哲学」である[*68]。アメリカのラッパーたちは、薬物を表すドープ（dope）や、病んでいることを示すイル（ill）も「ヤバい」「カッコいい」という意味に逆転させる。そんなダース自身も、脳梗塞・糖尿病・腎不全で余命宣告をされながらも「イルでドープ」＝「ヤバくてかっこいい」と意味を逆転させて全力で生きている。ダースは言う。言葉というのはただの箱で、大事なのは中身だ、と。箱としての言葉は、昨今の政治家たちのように「真摯に向き合う」や「遺憾に感じる」といった中身を伴わない空虚なものにすることも可能だが、言葉のラベルと反対の意味を箱に入れることでエネルギーのベクトルを反転させることもできる。[*69] そんな彼の逆転の哲学に倣い、敢えてもっともイルでドープなラップこそ、「辺境」にあるという思いを込めて、本書では「辺境のヒップホップ」「辺境のラッパー」という言葉を使うものとしたい。

実は、この辺境という概念は、英語にはない。敢えて英語を使うならば、マージナリティ（周縁性）とフロンティア（植民地主義のフロンティアではなく、芸術のフロンティア）という二重の意味を内包する概念である。したがって本書ではいわゆる「パーティ・ラップ」よりも「コンシャス・ラップ」や「アンダーグラウンド・ラップ」と呼ばれるものを多く扱っていることを断っておきたい。

本書に収録されている辺境ラッパーたちの声は、アメリカのアフリカ系アメリカ人と「結びつく周縁性」を共有している。その一方で、アフロアメリカン以上に周縁の辺境的存在である人々も少なくない。実際に本書に収録されているラッパーたちのリリックやその背景を通して、世界がいかに怒りと悲しみに満ち溢れているか、ということがストレートに伝わってくるはずだ。

辺境のラッパーたちのリリックを通じて世界を見つめなおすこと。そしてマスメディアが伝えない、異なる世界を立ち上げること。学問上の理論的貢献よりも本書が狙うのは、このような辺境から見た世界の呈示だ。その意味において、本書はラップ・ミュージックそのものを対象にしたポピュラー音楽研究というよりも、ラップを通して見える世界を探求する旅——広義の「民族誌」だといえよう。

本書について

さて本書は、五部構成となっている。その中には、全部で一六の論考および日本を代表するポリティカルラッパー、ダースレイダーの講演録および和太鼓ラップで注目のラッパー、ハンガーのインタビュー記事が収録されている。このイントロを終えるにあたり、最後に本書を簡単に紹介しておきたい。

まず五つのパートは、「辺境」をそれぞれ「非常事態の国や地域」「言論統制を行っている国」「多民族国家の中のマイノリティ（居住区）」「伝統文化をラップの武器にする国」「混淆する文化の国」に大きく分けている。「多民族国家の中のマイノリティ」と「混淆する文化」の違いは、マジョリティが圧倒的に多い国を前者に、さまざまなエスニック集団が混淆している国や地域を後者に配置している。もちろんそれぞれの論考は、この五つに分けたカテゴリーに跨る内容のものもあるが、あくまでざっくりとした枠組みだと考えていただきたい。

第一部は、「非常事態下の国や地域」という辺境だ。戦争や紛争、そして「亡命」といった状況の中で、ラッパーたちは何を伝えているのか。まずは、今もイスラエル軍の侵攻と虐殺が続くパレスチナのガザ地区からの声だ。パレスチナと言えば、ドキュメンタリー映画『自由と壁とヒップホップ』（原題：Slingshot Hip Hop、二〇〇八年）で、過酷な状況の中で闘うヒップホップ・グループＤＡＭの生きざまが衝撃的だった。本書ではこの映画の紹介者でもある、アラブ文学者の山本薫が最新の状況を踏まえ、ガザのラッパーたちが今を生きる姿を描き出す。少年ラッパー、ＭＣアブドゥルの怒りと嘆きが報われる日は来るのだろうか。

次はウクライナ地域研究者の赤尾光春による戦時下のウクライナのヒップホップである。ウクライナのラッパーたちは、ロシアの侵略に対して民謡とヒップホップを融合させながら、抵抗の歌を紡ぎ出していく。驚かされたのは、ロシアの来襲を笑い飛ばすウクライナの若きラッパー、ジョッキー・ドゥルースの戦術だ。過酷な運命に立ち向かえるのは、彼のような強くしなやかな精神なのかもしれない。

第一部の最後では、視点をウクライナの敵側、ロシアに移してみたい。ロシアといえば、ウクライナ戦争以降、独裁国家と侵略者のイメージが強い。これに対して、ロシア文学を専攻する中野幸男は、ネットで検閲されるラップをロシア文学史における国家検閲と亡命文学の伝統になぞらえながら、事実上、亡命したロシア人ラッパーたちの複雑な抵抗の有り様に光を当てている。ラッパー、モルゲンシュテルンの「お偉い方の命令で死にに行くなんて何が楽しいんだい」という率直すぎるメッセージが胸を刺す。

非常事態のパートの最後を飾るは、文化人類学者の佐藤剛裕によるチベット難民ラップに関する刺激的な論考だ。従来のチベット難民のポピュラー音楽の研究といえば、仏教的な道徳観を歌った歌詞を扱ったものなど、ある意味「期待通り」のものだった。ところが佐藤が描き出すチベット難民のヒップホップはそんなステレオタイプなチベット像を見事に裏切る。佐藤が目を向けるのは、チベット難民社会内部の分裂である。チベット本土の「美しいチベット語」に異議を唱えるポリグロット（多言語話者）の難民MCたちの声から、彼らのアイデンティティの複雑さが読み取れるはずだ。

第二部は、「言論統制」が行われている国の中でのラップだ。自由や抵抗を核に持つヒップホップ文化は、果たして言論統制下の国家において、どれだけ有効なのだろうか。イスラーム共和国のイランにおいて、イスラーム法学者の見解とヒップホップ的抵抗のはざまでペルシア語ラップは何を歌うのか。社会人類学者の谷憲一は、イランで社会批判することの可能性と不可能性を論じていく。保守的なイスラーム国家のイメージと裏腹にテヘランのMCたちのラップは驚くほどクールで先鋭的だ。そのような中、ギャングスタ・ラッパーの中には国家から「スパイ容疑」「キリスト教宣教」「悪魔崇拝的」といった罪状で逮捕される者も出てきた。逮捕されたMCたちの運命やいかに。

一方、中国といえば、ゼロコロナ政策に対する「白紙運動」が記憶に新しい。文化人類学者の奈良雅史は、言論統制下の中国で一度は「低俗な文化」としてメディアから追放されたヒップホップが、政治的なメッセージを欠いた、愛国的な「中国の特色あるヒップホップ」として国家に利用されていく姿を描き出す。しかし「中国の特色あるヒップホップ」はそれだけではない。中国のヘッズたちは、グローバルなネットのプラットフォームを介して中国政府の規制をかいくぐってきたのだという。そのような抑圧に対して批判精神を失わないアンダーグラウンドの中国語ラップに奈良は、一縷の望みを託している。

音楽の国としても知られるキューバも実は社会主義の国だ。ラテンアメリカ文学が専門の安保寛尚は、国家による「ラップ管理局」とアンダーグラウンドのMCたちの駆け引きを通じて、社会批判性の強いアフロキューバ・ラップが形成されていく過程を活写する。興味深いのは、ロシアやモンゴルといった旧社会主義国よりも現行の社会主義国であるキューバの方がヒップホップ文化の受容が早かった点だ。それはカストロ政権末期の「平和時の非常期間」という一時的な資本主義経済の採用が、アメリカの黒人活動家やアーティストの直接交流を可能としたからである。また社会主義政権下で、飄々と政権批判を歌いつづけるアフロキューバン・ラッパーたちの姿に爽快感すら覚える。

第三部と第四部の間には、異彩を放つ日本のラッパー、ダースレイダーの辺境ヒップホップ研究会での講演録が収録されている。一九九〇年代末の、日本というヒップホップの「辺境」の場でラッパーがどのようにして誕生していったかが、饒舌に語られる。浪人生のために行けなかった伝説のイベント「さんぴんCAMP」、高円寺のドルフィンでの初めてのステージ。畏友の〝K〟にデザイナーの尿漏れ、そしてライムスターやYOU THE ROCK★といった名だたるアーティストたちとの出逢い。傑作なのは、トイレの中でMummy-Dを追っかけて「ダースレイダーがいきなりおまえを切りつける」とラップしながら、デモテープを渡すくだりだ。い、い、い、い、切りつけられたMummy-Dの返しやいかに。今までのダースレイダーの著書には書かれていない、彼自身によるオートエスノグラフィーだ。

第三部は、「主張するマイノリティ」と題して多民族国家におけるマイノリティ（少数民族）のラップをとりあげる。舞台となるのは、ロシアとアメリカである。

まずは新進気鋭の社会言語学者・文化人類学者の櫻間瑞希によるロシア連邦内の少数民族、イスラーム教徒のタタール人のラップ・ミュージックである。ロシア連邦は、その内部に少数民族の自治共和国や自治区を抱える多民族国家だ。プーチン体制下において、言論も統制がなされている。社会主義崩壊後のロシアは、自殺者や孤児の増加、薬物やアルコール依存症患者の増加といった諸問題に悩まされている。これらの問題に対してロシア語ではなく、タタール語でもラップするMCたちが登場してきた。そのようなMCたちについて、櫻間は、ストレートな体制批判や人種差別批判を展開するわけではないが、抽象化された言語文化の「ロシア化」に対して抵抗しているのだと論じる。

次に極寒のロシア、シベリア北東部のサハ共和国のラップを紹介するのは、尺八奏者の石原三静である。石原はヌマバラ山ポールのステージネームでラップやビートメイキングを過去に行っていたほか、口琴の演奏や日本の仮面の製作（面打ち）もする多才な人物である。そんな石原は、口琴への興味からシベリアの少数民族サハ人たちの独特の口琴ラップに辿り着いた。サハ人たちのラップは政治批判こそしない。しかし石原は、民族学者にしてラッパー、ドルホーン・ドックスンらの民族文化の復興の試みの中に「反抗」と「伝統」が共存する精神を見いだす。ヒップホップと京都の伝統工芸の双方を知る者ならではの視点が光る。

ロシアと異なり、アメリカでは言論統制こそなされていないものの、マイノリティの置かれている立場は非常に厳しい。文化人類学が専門の野口泰弥《ひろや》は、植民地化によってアラスカ先住民が被ってきた歴史的トラウマや、彼らの音楽の歴史を丁寧に追う。目玉は、脱植民地化を訴えるアラスカの先住民のラッパーにして活動家のＡＫレベルに対する生のインタビューだ。野口は、ＡＫレベルのマジョリティに対する「抵抗」と同胞たちへの「ケア」という二種類のラップが諸問題を乗り越える起爆剤になるのではないかと期待する。事実、ＡＫレベルの歌詞やインタビューは、鬼気迫るものがある。必聴だ。

第四部が扱うのは、「伝統文化を武器にするラップ」の世界だ。往々にして非欧米圏のラップ・ミュージックは伝統音楽と融合する傾向が強いのであるが、この部で扱うのは、ポーランドにモンゴル、そしてインドである。それぞれ異なる文脈での融合が興味深い。

まずは『ヒップホップ東欧』の著者、平井ナタリア恵美によるポーランドのラップだ。ポーランドのラップは美しい。そして抒情的だ。彼らは、オリジナリティを模索する中、民族音楽や国立の交響楽団の奏でるクラシックとラップを融合させたのだという。ポーランドのヒップホップの黎明期から現在まで活躍する先駆者ラッパー、エルドとの直接対話を通して論考がつむぎだされているのも本章の魅力だ。エルドの目で見た社会主義体制崩壊から始まる激動の時代のポーランド。ラッパーは、まさに時代の証言者である。

次の論考は、編者である島村によるモンゴルのラップ・ミュージックについてである。モンゴルのアーティストは、ヒップホップに馬頭琴などの伝統楽器の演奏や、ホーミーなどの歌唱法を取り入れた曲を頻繁につくっている。その融合の背景には、二〇世紀にモンゴルが社会主義国だったころ、発展史観の影響の下で「伝統文化は、発展すべきものである」という思考様式が人々に定着したことがある。さらに、重要なのは、モンゴルのラップは、社会批判性とナショナリズムが併存する点が大きな特徴である点だ。そこで本稿では、モンゴル・ヒップホップの歴史を振り返りながら、「社会批判するナショナリスト」の背景に迫る。

第四部のアンカーを務めるのは、音楽ライターの軽刈田凡平《かるかったぼんべい》のインド・ラップである。インドといえば、映画大国だ。今回は、ムンバイが舞台のヒップホップ映画『ガリーボーイ』（二〇一九）の主人公二人のモデルとなったラッパー、ネイジーとディヴァインに焦点を当てる。軽刈田によると、この映画は、ボリウッド映画の伝統的なモチーフである社会階層や出自による運命への抵抗や身分違いの秘めた恋、挫折と自己実現などと、ヒップホップ要素を融合させることで大成功したのだという。刮目すべきは、二人のラッパーの背景を通じて、ラップの生まれる地元となった「ガリー（路地）」や「チャール（団地）」において、宗教や民族を超えた連帯が生み出されている点だ。ヒップホップは宗教を超えるか。

第四部と第五部の間には、仙台をレペゼンするヒップホップ・グループGAGLEのラッパー、ハンガーのインタビュー記事を収録している。実は、ハンガーは辺境ヒップホップ研究会創設当時からの主要メンバーでもある。矢野原佑史とのインタビューを通じて、ラップに関心を持つきっかけや、仙台という場でラップすることの意味、モンゴルのラッパーたちとの出逢いといったストーリーが引き出されていく。そして震災やコロナ禍を経験しながらも、和太鼓ラップという新しい実践へと向かう、めくるめく経験。何よりも多くの国や地域のアーティストたちと貪欲にコラボを続けてきたハンガーという個性に地方の文化創造の可能性を見出すのは編者だけではあるまい。

第五部は、複数の文化が混淆する多民族社会でのラップを扱う。まずは多宗教・多民族・多言語社会のインドネシアだ。インドネシア地域研究者の金悠進《きむゆじん》は、世界的なインドネシア人ラッパーのリッチ・ブライアンを、ローカルな文脈において「インドネシアを代表するラッパー」と言ってよいのか、と疑問を呈する。金は、まずインドネシアの豊潤なラップ・ミュージックの歴史を丁寧に検討する。そして華人系のリッチ・ブライアンが、国内のラップ・シーンを飛び越して、一気にグローバル・スターとなっていった過程を明らかにしている。

次にブラジル音楽に知悉したプロデューサー・選曲家の中原仁がブラジルのヒップホップの世界へと誘う。サンバに代表される豊穣な音楽文化にくわえて、ブラジル北東部の伝統的なしゃべくり芸エンボラーダや吟遊詩人ペンチスタたちの即興歌合戦といった文化の中で同国のヒップホップが醸成されていく様が語られる。驚いたのは、あのボサノヴァ出身の巨匠カエターノ・ヴェローゾが八〇年代にラップ・ナンバーを発表していたことだ。

本書の最後を飾るは、新進の文化人類学者、村本茜による、カリブ海はプエルトリコのラップだ。プエルトリコといえば、レゲトンが有名だが、ヒップホップの黎明期にサウスブロンクスでラティーノ・ラップを生み出したのもプエルトリコからの移民だ。プエルトリコには、先住民「タイノ」、アフリカの奴隷出自の「アフロ・カリベーリョ」、そしてスペイン出自の「ヒバロ」という三つのルーツを持つ人々が暮らすのだという。その三つの文化が絡み合いながらつむがれる、「最古の植民地」のラップの世界を村本は、詩情あふれるリリックも交えながら、見事に描き出す。近年の経済破綻とハリケーンによる大被害を乗り越えて歌い継がれるMCレシデンテの「サトウキビ畑の子どもたち」は、目涙モノの名曲だ。最後に村本は、プエルトリコでイコンとなるのは、チェ・ゲバラやシモン・ボリバルのような政治家や革命家ではなく、レシデンテのような文化的な場で活躍した者たちだと指摘する。その背景の分析が切ない。

以上、本書の全体像をざっと俯瞰してみた。それでは、辺境ラッパーたちのトラックに針を落としていこう。

引用文献・ウェブサイト

アパデュライ、アルジュン（門田健一訳）『さまよえる近代――グローバル化の文化研究』（平凡社、二〇〇四年）
磯部涼『ルポ川崎』（サイゾー、二〇一七年）
――「ローカルとグローバルが混濁した場所で」『月刊みんぱく』二〇二二年八月号。
大和田俊之『アメリカ音楽史――ミンストレル・ショウ、ブルースからヒップホップまで』（講談社、二〇一一年）
岡田正樹「世界の大学！4回：ヒップホップで外交する。ターンテーブルで授業する。ノースカロライナ大学、マーク・カッツ博士インタビュー」『ほとんど0円大学』（二〇二〇年二月二七日）https://hotozero.com/column/world004/（二〇二四年二月二五日最終取得）

金澤智『ヒップホップ・クロニクル——時代を証言するポピュラー文化』（水声社、二〇二〇年）
軽刈田凡平『アッチャー・インディア　読んだり聞いたり考えたり』　http://achhaindia.blog.jp/
木本玲一『グローバリゼーションと音楽文化——日本のラップ・ミュージック』（勁草書房、二〇〇九年）
栗田知宏「「エミネム」の文化社会学——ヒップホップ／ロックの真正性・正統性指標による「差別」表現の解釈」『ポピュラー音楽研究』（二〇〇七年一一巻、三—一七頁）
——「「差別表現」の文化社会学的分析に向けて—ヒップホップ〈場〉の論理に基づく意図と解釈を事例に—」『ソシオロゴス』（二〇〇九年、三三号）
ギルロイ、ポール（上野俊哉、毛利嘉孝、鈴木慎一郎訳）『ブラック・アトランティック——近代性と二重意識』（月曜社、二〇〇六年）。
——『ブリティッシュ・エイジアン音楽の社会学——交渉するエスニシティと文化実践』（青土社、二〇二一年）
コンドリー、イアン（上野俊哉監訳、田中東子・山本敦久訳）『日本のヒップホップ——文化グローバリゼーションの〈現場〉』（NTT出版、二〇〇九年）
島村一平『ヒップホップ・モンゴリア——韻がつむぐ人類学』（青土社、二〇二一年）
——『憑依と抵抗——現代モンゴルにおける宗教とナショナリズム』（晶文社、二〇二二年）
ジョージ、ネルソン（高見展訳）『ヒップホップ・アメリカ』（ロッキング・オン、二〇〇二年）
鈴木裕之「ワールドミュージック」国立民族学博物館編『世界民族百科事典』（丸善出版、二〇一四年、四八二頁〜四八三頁）。
関口義人『ヒップホップ！　黒い断層と21世紀』（青弓社、二〇一三年）
——『越境する音楽家たちの対話——ワールドミュージックとは何だったのか？』（彩流社、二〇一九年）
陣野俊史『魂の声をあげる——現代史としてのラップ・フランセ』（アプレミディ、二〇二二年）
ダースレイダー『武器としてのヒップホップ』（幻冬舎、二〇二一年）
ダースレイダー『イルコミュニケーション——余命5年のラッパーが病気を哲学する』（ライフサイエンス出版、二〇二三年）

チャン、ジェフ（押野素子訳）『ヒップホップ・ジェネレーション　新装版』（リットーミュージック、二〇一六年）
デイヴィス、マイク（村山敏勝・日比野啓訳）『要塞都市ＬＡ』（青土社、二〇〇一年）
中村とうよう『大衆音楽の真実』（ミュージックマガジン、一九八六年）
ＮＭＥ「ケンドリック・ラマーの“Alright”、人権活動家たちの警察への抗議で合唱されることに」『NME JAPAN』（二〇一五年七月三一日）https://nme-jp.com/news/2580/（二〇二四年三月三日最終取得）
Peterson, James Braxton（坂下史子訳）「アンダーグラウンドの底力——ヒップホップとアフリカ系アメリカ人文化」『立命館言語文化研究』28 (1), 5-12, 二〇一六年九月。
平井ナタリア恵美『ヒップホップ東欧——西スラヴ語＆マジャル語ラップ読本』（パブリブ、二〇一七年）
フェルナンドJr., S．H．（石川淳訳）『ヒップホップ・ビーツ』（ブルース・インターアクションズ、一九九六年）
マニュエル、ピーター（中村とうよう訳）『非西欧世界のポピュラー音楽』（ミュージックマガジン、一九九二年）
三尾稔「『環流』するインド」三尾稔・杉本良男編『現代インド6——環流する文化と宗教』（二〇一五年、東京大学出版会）
毛利嘉孝『増補　ポピュラー音楽と資本主義』（せりか書房、二〇一二年）
矢野原佑史『カメルーンにおけるヒップホップ・カルチャーの民族誌』（松香堂書店、二〇一八年）
ワトキンス、S・クレイグ（菊池淳子訳）『ヒップホップはアメリカを変えたか？——もうひとつのカルチュラル・スタディーズ』（フィルムアート社、二〇〇八年）
Alim, H. Samy. “Translocal style communities: Hip hop youth as cultural theorists of style, language, and globalization.” *Pragmatics. Quarterly Publication of the International Pragmatics Association (IPrA)* 19.1 (2009): 103-127.
Alim, H. Samy, Awad Ibrahim, and Alastair Pennycook, eds. *Global linguistic flows: Hip hop cultures, youth identities, and the politics of language*. Routledge, (2008).
Alim, H. Samy, Jeff Chang, and Casey Philip Wong (eds.) *Freedom Moves: Hip Hop Knowledge, Pedagogies, and Future*. University of California Press, (2023).
Banks, Jack. *Monopoly Televison: MTV's Quest to Control the Music*. Oxford: Westview Press (1996).

Boudreault-Fournier, Alexandrine, and Laurent K. Blais. "POST-NATIONALIST HIP HOP." *We Still Here: Hip Hop North of the 49th Parallel* (2020): 159.

Bush, John "Gil Scott-Heron Biography by John Bush" ALLmusic (2018. Jan, 18) https://www.allmusic.com/artist/gil-scott-heron-mn0000658346#biography（二〇二四年二月二十七日最終取得）

Bynoe, Yvonne. *Encyclopedia of rap and hip hop culture*. Greenwood press, (2006).

Campbell, Mark V., and Murray Forman. *Hip-Hop Archives: The Politics and Poetics of Knowledge Production*. Intellect Books, 2023.

Cheney, Charise. *Brothers Gonna Work it out: Sexual politics in the golden age of rap nationalism*. NYU Press, (2005).

Condry, Ian. *Hip-hop Japan: Rap and the paths of cultural globalization*. Duke University Press, (2006).

Cross, Brian. *It's not about a salary... rap, race, and resistance in Los Angeles*, Verso, (1993).

Decker, Jeffrey L. "The state of rap: time and place in hip hop nationalism. In V A. Ross and T. Rose (eds.): *Microphone Fiends: Youth Music & Youth Culture*, (1994), 99–121.

Forman, Murray, and Mark Anthony Neal. *That's the joint!: the hip-hop studies reader*. Routledge, (2004).

Forman, Murray, Neal, Mark Anthony and Bradley, R. N. (eds.) *That's the Joint!: the hip-hop studies reader*. 3rd edition, Routledge, (2024).

Forman, Murray. "'Represent': race, space and place in rap music." *Popular music* 19.1 (2000): 65-90.

——— *The'hood comes first: Race, space, and place in rap and hip-hop*. Wesleyan University Press, (2002).

George, Nelson. "Hip-hop's founding fathers speak the truth." *That's the joint! The hip-hop Studies Reader* (2004): 45-55.

Nelson, George H. *Buppies, B-boys, Baps & Bohos: notes on post-soul Black culture*. New York: Harper Collins Publishers (1992).

Harrison, Anthony Kwame. *Hip hop Underground: The integrity and ethics of racial identification*. Temple University Press, (2009).

———. "Racial authenticity in rap music and hip hop." *Sociology compass 2.6* (2008): 1783-1800.

Heath, R. Scott. "True Heads: Historicizing the Hip_Hop" Nation" in Context." *Callaloo 29.3* (2006): 846-866.

Herskovits, Melville J. *The Myth of the Negro Past*. 1958 (1941), Beacon Press.

Iton, Richard. *In Search of the black fantastic: Politics and popular culture in the post-civil rights era*. Oxford University Press, (2010).

Keyes, Cheryl Lynette. *Rap Music and Street Consciousness*. Vol. 561. University of Illinois Press, 2004.

Katz, Mark. *Groove music: The art and culture of the hip-hop DJ*. Oxford University Press, (2012).

Kitwana, Bakari. *Why White Kids love hip-hop: Wankstas, wiggers, wannabes, and the new reality of race in America*. Civitas Books, (2005).

Martins, Rosana, and Massimo Canevacci (eds.) *Lusophone Hip-Hop."Who We Are" and "Where We Are". Identity, Urban Culture, and Belonging*. Canon Pyon: Sean Kingston, (2018).

Mitchell, Tony. "Another root—hip-hop outside the USA." In Tony Michell (ed.) *Global Noise: Rap and Hip-Hop outside the USA*. Middletown: Wesleyan University Press, (2001).

Morgan, Marcyliena. "Nuthin'but a G thang": Grammar and language ideology in Hip Hop identity." *Sociocultural and historical contexts of African American English* (2001): 187-210.

——— *The Real Hiphop: Battling for knowledge, power, and respect in the LA underground*. Duke University Press, (2020).

Morris, David Z. "The Sakura of madness: Japan's nationalist hip hop and the parallax of globalized identity politics." *Communication, Culture & Critique* 6.3 (2013): 459-480.

Neal, Mark Anthony. *New black man*. Routledge, (2006).

Osumare, Halifu. "Beat streets in the global hood: Connective marginalities of the hip hop globe." *The Journal of American Culture* 24.1/2 (2001): 171.

——— *The Africanist Aesthetic in Global Hip-Hop Power Moves*. (2007).

——— *The hiplife in Ghana: West African indigenization of hip-hop*. Springer, (2012).

Perkins, William Eric. "The Rap Attack: an Introduction" in W.E. Perkins (ed.) *Droppin'science: Critical essays on rap music and hip hop culture*. Vol. 79. Temple University Press, (1996), pp.2-45.

Pennycook, Alastair. "Language, localization, and the real: Hip-hop and the global spread of authenticity." *Journal of language, identity, and education* 6.2 (2007): 101-115.

Pennycook, Alastair. "Nationalism, identity and popular culture." *Sociolinguistics and language education* (2010): 62-86.
Pennycook, Alastair, and Tony Mitchell. "Hip hop as dusty foot philosophy: Engaging locality". In Alim, H. Sammy, and Alistair Pennycook (eds.). *Global linguistic flows*. Taylor & Francis, (2008), pp.25-42.
Perry, Imani. *Prophets of the hood: Politics and poetics in hip hop*. Duke University Press, (2004).
Rose, Tricia. *Black noise: Rap music and black culture in contemporary America*. Wesleyan, (1994).
Saunders, Tanya L. *Cuban underground hip hop: Black thoughts, Black revolution, Black modernity*. University of Texas Press, (2015).
Schloss, Joseph G. *Making beats: The art of sample-based hip-hop*. Wesleyan University Press, (2014).
Sharma, Nitasha Tamar. *Hip hop Desis: South Asian Americans, blackness, and a global race consciousness*. Duke University Press, (2010).
Watkins, S. Craig. "A nation of millions: Hip hop culture and the legacy of black nationalism." *The Communication Review* 4.3 (2001): 373-398.
Wilson, Sean-Patrick. "Rap Sheets: The constitutional and societal complications arising from the use of rap lyrics as evidence at criminal trials." *UCLA Ent. L. Rev.* 12 (2004): 345.

引用音源

ＥＣＤ『Big Youth』カッティングエッジ、一九九七年五月。

注

＊１　Mitchell 2001: 10

＊２　金澤 2020: 14-15 ちなみに金澤は、磯部涼の「アメリカでは『ヒップホップ』という言葉はほとんど使われていない」という発言に対して、アメリカで出版される学術書は「ヒップホップ」をタイトルに冠するものが多く、ラップをタイトルにもつものはそれに比べて少ないと指摘している。まったく同感である。

＊３　島村 2021: 11

＊4　編者は、この点につき拙著『ヒップホップ・モンゴリア』でも論じたが、その直前に出版された金澤智の『ヒップホップ・クロニクル』（二〇二〇年）の「時代を表現する記録としてのヒップホップ」（p22）という議論に共鳴する視座だといえよう。

＊5　島村 2021: 14を参照のこと。

＊6　アパデュライ 2004（1996）

＊7　西アフリカの吟遊詩人グリオがラッパーの起源とする説に関して、UCLAでヒップホップ研究を牽引する民族音楽学者シェリル・キーズは一九七七年にアメリカで放送されたアレックス・ヘイリー原作のTVドラマ「ルーツ」の影響だとしながらも、ドラマがきっかけで訪米公演をするようになった西アフリカのグリオたちからラッパーたちは影響を受けたのだと結論づけている（Keyes 2004: 18）。

＊8　クール・ハークは、生まれ故郷のジャマイカの移動式の音響設備「サウンドシステム」をブロンクスのパーティーに取り入れた。これはトラックにアンプや巨大スピーカーを載せた移動式の設備だ。警察が来れば、即座に畳んで移動できるという「利点」もあった。当時のアーティストたちのライフストーリーについては、ジェフ・チャンの著書（チャン 2016［2005］）が詳しい。

＊9　Keyes 2004: 59-60

＊10　DJワークの歴史に関して音楽史学者マーク・カッツがその誕生からDJバトルに至るまでの歴史と美学を論じている（Katz 2012）。またカッツの活動について日本語で読めるものとして岡田正樹によるレポートがある（岡田 2020）。

＊11　前出のキーズは、アフロアメリカンの人類学者メルヴィル・ハースコヴィッツの古典的な議論に依拠しながら、黒人たちはラップを新大陸で西洋の言語や文化を自分たち流に修正する「文化の逆回転／先祖返り（cultural reversioning）」の結果だと主張した（Keyes 2004: 17-28）。一方、ヒップホップのオリジネーターの一人、アフリカ・バンバータ（本名不詳）も、ラップは、キャブ・キャロウェイの歌唱法「ジャイブ・スキャット」から借用したものだと証言している（Perkins 1996: 2-3）。これらの議論は、アフリカとの関係性（African nexus）を視野に入れながらもアメリカのローカルな文化の中にラップの起源を見いだすという点において構築主義的ではあるが、

ポール・ギルロイの「黒い大西洋」論と対極的な議論であるといえよう。

＊12　Rose 1994: 2

＊13　Keys 2004: 47-49, 160

＊14　Peterson 2014; 2016:7-10

＊15　Bynoe 2006: 397.

＊16　Decker 1994: 102

＊17　リチャード・アイトンは、このようなポスト公民権時代においてアフリカ系アメリカ人たちは闘争の場を政治から音楽や映画や芸術といった「超公共空間（super public space）に代えていったと論じている (Iton 2010)。

＊18　シャリス・チェニーは、ラップ・ミュージックはすべてセックス、暴力、そして派手なものだというステレオタイプな見方に対する転覆を試みている。彼女は、ヒップホップ・カルチャーを女性差別的だと単純化することに異議を唱え、ブラック・ナショナリズムは本質的なものというより、むしろアフリカ系アメリカ人の男性性の危機に歴史的に触発されたイデオロギーだとする（Cheney 2005）。

＊19　ロサンゼルスのマルチエスニックかつ階層化する都市社会の現実についでは、マイク・デイヴィスの『要塞都市ＬＡ』を参照のこと。

＊20　ＬＡのアンダーグラウンドのヒップホップ・ヘッズたちのリアルな言語実践については、マサイリナ・モーガンの民族誌を参照のこと（Morgan 2009）。

＊21　NME 2015; 金澤 2020: 23 など

＊22　George 1993: 80

＊23　Forman 2022; 2024: 277

＊24　Forman 2024 (2000): 279

＊25　木本（2010: 23）のように「なわばり」という訳例もあるが、「フッド」は地縁をめぐる排他性よりも紐帯性が核となる概念なので「地元」と訳すべきだろう。

＊26　Cross 1993

＊27　Forman 2024 (2000): 284-285
＊28　Rose 1994: 34
＊29　Forman 2024 (2000): 280
＊30　Perry 2004
＊31　Gilroy 1992: 308
＊32　毛利 2012: 158
＊33　エミネムのリリックとヒップホップの真正性に関して栗田知宏は、黒人音楽のヒップホップと白人音楽のロックの「場」の双方で「反逆性」を持っている点で正統性が与えられるとした。その一方で、性差別がそれぞれのロジックの中で関心が払われない／脱問題化されない力学を描き出している（栗田 2007）。
＊34　Pennycook 2007
＊35　Kitwana 2005: VIII
＊36　Harrison 2008
＊37　Heath 2006: 863
＊38　Osumare 2001
＊39　Morgan 2001
＊40　ギルロイ 2006（1993）
＊41　Mitchell 2001: 32. ミッチェルは、ヒップホップを「ブラック・カルチャー」ではなく、「グローバルなサブカルチャー」と呼んでいることに注意されたい。
＊42　Mitchell 2001: 33
＊43　Mitchell 2001: 12
＊44　ＥＣＤの一九九七年のアルバム『Big Youth』のイントロからの引用である。ただしこのリリックは、荏開津広によるもの。
＊45　Condry 2001

＊46　木本 2009: 87-91
＊47　Condry 2006: 18-19
＊48　アパデュライ 2004（1996）
＊49　アパデュライ 2004: 68-69
＊50　アパデュライ 2004: 66
＊51　Condry 2006: 217-218. コンドリーの著書の五年後に木本が論じた日本語ラップの「自律化」「自明化」という議論からは、ガラパゴス化が進む文化閉鎖主義的な印象を受けてしまう。あるいは関口義人が「独特」だと指摘するように、日本は（イギリス、フランスやアメリカのような移民の多い国と違って）ほとんどの音楽を輸入して聴いてきた（関口 2019: 14）という点も関わっているのかもしれない。
＊52　マレイ・フォーマンとマーク・A・ニールらが二〇〇四年に出版した包括的なヒップホップ論文集『ザッツ・ザ・ジョイント』も二〇一一年に第二版、そして二〇二四年には第三版が出版されている。ただし同書は、あくまでアメリカのヒップホップに関する研究が中心となったものである。
＊53　Alim, Ibrahim, and Pennycook 2009
＊54　Pennycook and Mitchell 2009: 30
＊55　磯部 2022: 1。磯部は、日本のヒップホップ・グループ「BAD HOP」の地元、川崎を舞台にした傑出したエスノグラフィー『ルポ　川崎』を上梓している。
＊56　Pennycook and Mitchell 2009: 30
＊57　デーシーとはヒンディー語などで「自国の」という意味の言葉だが、沖縄の「ウチナー・ポップ」のように「デーシー・ヒップホップ」というジャンル名が成立している。
＊58　Sharma 2010
＊59　Ross and Rivers 2018: 5
＊60　Alim, Chang, and Wong (eds.) 2023
＊61　Martins and Canevacci (eds.) 2018

＊62　関口 2013
＊63　三尾 2015
＊64　事実、本書を読んでもわかるとおり、旧社会主義圏のヒップホップの実践の開始は九〇年代末〜二〇〇〇年代初頭と遅い。唯一の例外は、インドが二〇〇〇年代に始まった点だ。これについて軽刈田凡平は、伝統的な大衆音楽や映画音楽が欧米のポピュラー音楽より強い影響を持っていたからではないか、と推論する。
＊65　例えば、昭和のポピュラー音楽の名著である中村とうようの『大衆音楽の真実』においても、キューバを除くとロシアやモンゴルといった当時の社会主義国のポピュラー音楽は一切触れられていない（中村 1986）。またピーター・マニュエルの『非西欧世界のポピュラー音楽』（原著一九八九年）にもキューバとユーゴスラビアを除くと、ロシアも東欧もモンゴルも扱われていない（マニュエル 1992）。ただし前出の関口義人の『ヒップホップ！　黒い断層と21世紀』では、中国やキューバのラップも紹介されている（関口 2013）。
＊66　これについては、本書所収の安保寛尚の論考にゆずる。
＊67　ワールドミュージックについては関口義人、松山晋也、徳永伸一の鼎談の中で、松山が移民大国フランスの果たした役割の大きさを指摘している（関口 2019: 16）
＊68　アメリカのヒップホップ文化においては、差別語の「ニガー」や「ビッチ」が、黒人男性や女性たちの間で、肯定的な意味に逆転して使われることがある。これに関して栗田知宏は、既存の規範や秩序を攪乱しうる言語実践が〈場〉の参与者が使用／受容する際には「攪乱」として解釈することが要求されうる一方で、その解釈コードが参与者によって拒絶されうる可能性もあることを指摘している（栗田 2009）。
＊69　ダースレイダー 2021: 56-59; 2023: 147-152

第1部

非常事態下のラッパーたち

パレスチナ

パレスチナ・ガザに響くラップ

山本薫

1　はじめに

二〇二三年一二月初頭、本稿を執筆している最中にも、イスラエル軍によるパレスチナ・ガザ地区への苛烈な攻撃は続いている。今回のガザ攻撃の目的は、同年一〇月七日にパレスチナ抵抗運動ハマスがイスラエル領内を奇襲したことへの報復とされるが、そのずっと以前からガザ地区は、イスラエルによる占領と封鎖に苦しめられてきた。

　空爆によって破壊される街並みや、逃げ惑う市民の悲惨な姿がＳＮＳ上にあふれる中、瓦礫を背景に流暢な英語でラップを繰り出す少年の映像が世界各地でシェアされている。少年の名はＭＣアブドゥル（MC Abdul）。一見、現在進行中のガザの破壊を歌っているようだが、実はその映像はもともと二〇二一年に投稿されたものだ。

　ハマスがガザを実効支配した二〇〇七年以降、イスラエルは度々ガザに侵攻し、破壊を繰り返してきた。二〇〇八年にガザで生まれ、エミネムに憧れて九歳でラップを始めたＭＣアブドゥルは、二〇二一年五月にガザが攻撃を受けた際、エミネムのトラックにオリジナルの英語リリックをのせた

「パレスチナ（Palestine）」という曲をSNSで公表した。

パレスチナは占領されてる何十年も
ここは僕らのホームだった何百年も
この土地は世代を越え
僕の家族みんなの記憶

父祖が故郷を追われて難民となった記憶と占領下で苦しむパレスチナの現在を歌ったこの曲は、大きな反響を呼んだ。それが今、繰り返されるガザの悲劇と、それを生き抜く人々の力強さを表した一曲として、再び注目されている。

ガザとラップ。一見、結びつきそうもない両者はいつ頃出会い、MCアブドゥルを生むに至ったのか。

MC アブドゥル「パレスチナ」のワンシーン」（Youtube より）

2　アラブ圏のラップ

ラップは一九九〇年代からアラブ圏に浸透し、モロッコのドゥブル・アー（Double A）やアルジェリアのインティーク（Intik）、MBSといった、アラビア語の現地方言でラップするグループが登場しはじめた。一九九〇年代末からはチュニジアのウレード・ブレード（Wled Bled）やパレスチナの

DAM《ダム》などの影響でアラビア語ラップはさらに広がりを見せ、現在ではエジプトやレバノンなど、アラブ諸国中でラップは若い世代の自己表現や社会批判の音楽ジャンルとして定着している。

アラブ圏のラップが注目された大きなきっかけは、二〇一一年のいわゆる「アラブの春」だ。チュニジアからはじまり、エジプト、リビア、シリアなど、多くのアラブ諸国に波及した反体制デモで中心的な役割を担ったのは、人口の過半数を占める三〇歳以下の若者たちだった。強権的な政権下での鬱屈した思いや自由への希望を表現したラップやグラフィティが、世界的にメディアの関心を惹いたのである。

既存のアラブ・ポップスの人気が根強いアラブ圏において、ラップは基本的にアンダーグラウンドの若者文化とみなされてきた。だが近年、モロッコのフナーイル（Fnaïre）やチュニジアのバルティ（Balti）、エジプトのウェグズ（Wegz）のように、商業的に大成功を収めるケースも増えている。エジプトの大衆歌謡とヒップホップを掛け合わせたマハラガナートと呼ばれるジャンルや、北アフリカの音楽的伝統を取り入れたダンスミュージックなど、アラブ圏発のヒップホップはアラブ系移民を中心に欧米で人気があり、世界的な音楽配信サイトからの注目も高まっている。

3　アラビア語ラップの先駆者DAM

パレスチナのDAMはアラビア語でラップを始めた先駆的なグループのひとつであり、パレスチナのラップシーンを今もけん引し続ける存在だ。

DAMは一九九九年頃、イスラエル中部のリッダという町で、ターメル・ナッファールと弟のスヘイル・ナッファール、友人のマフムード・ジレイリの三人で結成された。一般にはあまり知られていないが、イスラエル国内にはユダヤ人だけでなく、アラブ人も暮らしている。オスマン帝国の一地域だったパレスチナは、第一次世界大戦で勝利したイギリスの委任統治領となった。このイギリス統治時代にヨーロッパから多くのユダヤ人がパレスチナに入植し、一九四八年に現在のイスラエルを建国した。その際、イスラエルの領土となった土地に元々暮らしていたアラブ人の多くが町や村を破壊されて難民となったが、様々な経緯から領内に留まり、後にイスラエル国籍を与えられたアラブ人も存在した。

現在、パレスチナ人と呼ばれる人たちは、もともとパレスチナに暮らしていたアラブ人のことであり、大きく三つのグループに分けられる。ひとつはイスラエルの建国によって国外に離散した難民。もう一つは、一九四八年にはイスラエルの支配下に入ることを免れたものの、一九六七年の戦争で占領されたヨルダン川西岸地区とガザ地区に暮らす人々。もう一つが、上記のような経緯でイスラエル市民となった人々である。パレスチナ人をひとつの民族集団《ネイション》と認めてこなかったイスラエルでは、そうした人々は「パレスチナ人」ではなくアラブ人と呼ばれる。しかし、難民を中心にパレスチナ国家の樹立を求めるナショナリズム運動が活発になるにつれ、自分たちをイスラエル領内に暮らす「パレスチナ人」であると自認する割合が増えていった。DAMのメンバーも、自分たちは難民や占領地の住民と同じ「パレスチナ人」であるというアイデンティティを明確に表明している。

今や、DAMのようなアラブ系は、イスラエル人口のおよそ二割を占め、彼らの出身地であるリッダ市では三割にのぼる。ハイテク・情報通信分野を中心に経済成長を続けるイスラエルにあって、DAMのメンバーが生まれ育ったリッダのアラブ人地区は、公共サービスが行き届かず、荒廃した貧困地区となっている。同じ市民であるにもかかわらずユダヤ人とアラブ人のあいだには大きな格差があり、将来への希望を失った若者たちの中からは麻薬や暴力に走る者も絶えない。筆者が二〇一三年に彼らを訪ねてリッダのアラブ人地区を案内してもらった際にも、市当局から建築許可を得られずに取り壊される家屋や、ユダヤ人地区との間を隔てる長いコンクリート壁などを目の当たりにした。そこはまさに、彼らが「イスラエルの中の難民キャンプさ」と言うとおりの場所だった。

ＤＡＭはこうしたリッダのアラブ人地区を、２パックらのミュージックビデオに映し出されるアメリカのゲットーに重ね合わせ、「イスラエルの黒人」[*1]として構造的な差別に晒されるアラブ人コミュニティーのリアルを、ラップで表現するようになった。ラップを通じて英語を学び、アメリカのラップの模倣からはじめた彼らは、当初はイスラエルのユダヤ人が話すヘブライ語で詞を書くことで、イスラエルの音楽シーンで成功することを夢見た。だが、二〇〇〇年にヨルダン川西岸地区とガザ地区で、反占領の民衆蜂起《インティファーダ》が広がると、イスラエル国内のアラブ人のあいだにもそれに連帯する動きが広まった。これを機にＤＡＭは明確にイスラエル政府への批判を歌うようになり、同時に自分たちの母語であるアラビア語でラップを始めた。そうして二〇〇一年、彼らの代表作「誰がテロリストだ？（Meen Erhabi）」が誕生する。

誰がテロリストだ？　俺がテロリスト？　自分の国に住んでるだけだぜ
誰がテロリストだ？　お前がテロリストだ。俺は自分の国に住んでるだけだぜ（…）
俺を殺した、俺の父祖を殺したように
法に訴えろ？　敵のお前が証人で弁護士で裁判官だってのに？

映画『自由と壁とヒップホップ』日本版ポスター

この力強い楽曲は各地のパレスチナ人の心をつかみ、DAMに影響を受けてアラビア語ラップに取り組む若者たちも増えていった。二〇〇八年に完成したドキュメンタリー映画『自由と壁とヒップホップ（Slingshot Hip Hop）』には、DAMをはじめとするイスラエル領内のラッパーたちが、検問所や分離壁によって分断されたヨルダン川西岸地区とガザ地区の若者たちと音楽を通じて繋がっていく様子が活き活きと描かれている。筆者が日本に紹介したこの映画は二〇一三年に劇場公開され、二〇一四年にはDAMの来日ツアーも実現した。

またこの映画では、女性のラッパーやシンガーが保守的な社会の中で苦悩しながらも、仲間たちと音楽を追い求めていく姿が印象的に映し出されている。アラブ圏では昔から女性シンガーはひじょうに多く活躍してきたが、女性ラッパーはまだまだ少ない。アラビア語ラップにミソジニー的な語彙がないわけではないが、政治的・社会的なメッセージ性が非常に強いパレスチナのラップでは、女性の権利やエンパワメントを支持する傾向にある。特にDAMは「占領と闘うことと、性差別や家父長制と闘うことは、同じ一つの闘い」[*2]であると明言している。事実、彼らは女性ラッパーやシンガーをフィーチャリングして、女性への差別や暴力を批判した曲を多数、発表している。

たとえば女性ラップデュオのアラペーヤート（Arapeyat）をフィーチャリングした「自由は女性（Al

Huriye Unt'a)」では、アラビア語で自由という単語が女性形であることを踏まえて、こう歌っている。

犯罪の証拠にアダムの指紋がベッタリついていても
後ろ指をさされるのはイブなんておかしいだろ
もっとおかしいのは、俺たちが女性に自由を禁じてるってこと
自由ってのはそもそも女性なんだぜ

特に二〇一五年以降、アメリカに移住した初期メンバーのスヘイルに代わり、女性シンガーソングライターのメイサ・ダウが正式加入してからは、女性の外見や結婚に関する価値観を皮肉るような、ジェンダー問題に取り組む楽曲がより目立つようになっている。

4　ガザ初のラップグループPR

ガザ初のラップグループとされるPR《ピーアール》（Palestinian Rapperz）は、こうしたDAMの活躍に刺激を受け、二〇〇二年に結成された。映画『自由と壁とヒップホップ』には、生まれてからガザを出たことのないPRのメンバーが、様々な壁に阻まれながらも、憧れのDAMとの対面を果たすまでが描かれている。

地中海に面し、イスラエルとエジプトに囲まれたガザ地区は東西一〇キロ、南北四〇キロほどの狭いエリアに約二二〇万人（二〇二三年時点）が暮らす。住民のおよそ七割は、一九四八年のイスラエル

建国によってもともと暮らしていた土地を追われた難民とその子孫である。三〇歳以下の若者が人口の七〇パーセントを占めるという、極めて若い社会だ。同地区は一九四八年からのおよそ二〇年間、隣国エジプトの統治下におかれたが、一九六七年の戦争でイスラエルに占領されてしまう。そして一九九三年のオスロ合意に基づき、パレスチナ自治政府が誕生したのが一九九四年のことである。同年、筆者がガザ地区を訪れた際に目にした、希望に満ちた解放感がなつかしく思い出される。

しかし実際には、過酷なイスラエルの軍事支配から脱した後もガザ地区内にはユダヤ人入植地が残り、イスラエル軍による暴力も絶えなかった。二〇〇五年にイスラエルはガザ地区から入植者と軍を撤退させ、代わりにガザの四方を封鎖する政策に転換、二〇〇六年のパレスチナ自治政府選挙でオスロ合意反対派のハマスが第一党に選ばれると、ガザの封鎖は強化された。特に、オスロ合意支持派のファタハが、対立するハマスによってガザ地区から追放された二〇〇七年以降、生活必需品も人の出入りもきわめて厳しく制限されるようになった。

そうしたガザで育った若者たちの多くは、地区の外に出たこともない。失業率は六割を超え、封鎖前には簡単に行き来できたヨルダン川西岸地区とすら切り離された孤立状態に置かれている。PRの楽曲「プリズナー（Sajeen）」には、そうしたガザの若者たちの生がこんな風に歌われている。

俺は二一才。これまで何をしてきたと問われ、答えから逃げた（…）
俺の夢は死んだ。俺が背負った大義のために、無実の囚人になった（…）
シスター、呪われた占領者にがんじがらめにされ、人殺しの支配者に指図《さしず》され、君の人生は壁にとらわれたここには、イスラエルの占領と封鎖によって若者たちの人生や希望が奪われていることだけでなく、イスラム国家の樹立を目指すハマスの統治下で、特に女性が置かれている息苦しさが表現されている。封鎖下で音響や録音機材の入手は困難を極め、西洋生まれのヒップホップに対する社会の警戒心があるなかでも、ＰＲだけでなくいくつものラップのクルーやバンド、ブレイクダンスのチームなどが誕生し、ガザのヒップホップ文化を育んできた。ガザでのライブ映像を見ると、客席には年長者やヴェールを被った女性の姿も多くみられ、占領を批判し自由を求める彼らのリリックとパフォーマンスが支持を広げていった様子が見て取れる。また、ヒップホップと親和性の高いガザの若者文化に、都市の障害物のあいだをジャンプしたり、回転跳躍したりしながら駆け抜ける、パルクールというフランス生まれのストリートスポーツがある。イスラエルの攻撃によって破壊されたガザの町を、軽やかに跳びまわる若者たちの姿は、さまざまなメディアを通じて世界中で視聴され、ガザの若者文化の象徴ともなっている。

5　ダルグ・チームと抵抗詩の伝統

ガザのヒップホップ文化の牽引役の一人に、ＰＲのアイマン・ムガーミスがいる。二〇〇九年、二四歳の時のインタビューでアイマンはこう語っている。

ラップを選んだのは、音楽は世界で通じる言語だし、なかでもラップはストリートの言語だから…パレスチナ人は一九四八年からずっと平和と自由を求めてきた。だから僕らはこういう方向性のラップをやってる。白人に苦しめられてきたアメリカの黒人は音楽を通じて権利を獲得してきた。音楽は変化をもたらすことができる。[*3]

PRのオリジナルメンバーのうち、今もガザに残るのはアイマンだけだ。ほかはそれぞれ世界各地に散っている。封鎖下で貧困にあえぐガザの人々、特に才能ある若者にとって、海外移住は最大の希望だ。アイマンも以前は海外でツアーをし、そのままガザに戻りたくないと考えていた。しかし二〇〇八年一二月から二〇〇九年一月にかけて行われた、イスラエルによる激しいガザ攻撃の際、自宅を破壊されて一緒にいた父親を亡くしたことが、彼の気持ちを変えた。それを機にアイマンは、ガザの人々と共に生きることで、よりパワフルなリリックを世界に届けることができると確信し、ガザに留まる決意をしたという。

そしてアイマンは自ら音楽活動を続ける一方で、ラップを教える学校を設立したり、ガザと西岸のラッパーたちを集めたコンテストを開催したりして、ガザのヒップホップ文化を盛り上げてきた。そんな環境で育ったグループのひとつがダルグ・チーム（DARG Team）だった。

ダルグ・チームは二〇〇四年から活動を始めていた二つのグループが合体する形で、二〇〇七年に結成された。三人のラッパーにビートメーカーやDJ、アートディレクターやフォトグラファーなども加わった大所帯のクルーだ。オリジナルのトラックに洗練されたアートワークやミュージックビデオなど、ガザのヒップホップ文化のレベルを大きく引き上げた存在といえるだろう。

アイマンが父を失った二〇〇八年末から二〇〇九年初頭にかけてのイスラエルによる攻撃は、

二〇〇七年にガザを実効支配したハマスとイスラエルのあいだで生じた最初の大規模な衝突だった。これによりガザの市街地は激しく破壊され、多くの民間人が犠牲となった。ダルグ・チームは二三日間にわたったこの攻撃への憤りを歌った「二三日（23 Yoom）」、そこからの復興を自らの手で成し遂げようと鼓舞する「俺たちで再建（Bet3mar Fena）」などのミュージックビデオをユーチューブで発表。なかでもイタリア人の人権活動家ヴィットリオ・アリゴーニが、ガザ地区でハマスと対立するアルカイダ系の過激派組織に誘拐、殺害された際に彼を追悼した「ヴィットリオ・アリゴーニ、君たちに呼びかける（Vittorio Arrigoni, Onadekom）」という曲のミュージックビデオは、海外からの反響が大きかった。

君が遺した自由のメッセージを引き継ぐと約束する
俺たちの革命は勝利し、この地は自由になるのさ、ブラザー
不正は終わらない。民衆が一つに団結し、土地が取り戻されるまで
この地が君を呼んでいる

タイトルに入っている「君たちに呼びかける」とは、パレスチナの有名な詩人タウフィーク・ザイヤードの詩の題名で、その詩に曲をつけた歌手の歌がフックの部分にサンプリングされている。これはヴィットリオの愛唱歌だったからだと説明されているが、それだけでなく、パレスチナの抵抗詩の伝統を彼らのラップが踏まえていることを示している。DAMの楽曲にも同じ抵抗詩のサンプリングが用いられており、ラップを単なる西洋文化の模倣ではなく、ローカルな文脈に接合させようとする

試みの一つとみることができる。

　こうした活動によってヨーロッパでのコンサートツアーのチャンスを得た彼らは、ガザを出てそのまま戻らなかった。のちにヨーロッパで受けたあるインタビューでは、ハマス支配下のガザでこうした政治的・社会的なメッセージを発することで、検閲や圧力を受けてきた経験を語っている。才能があるからこそ、ガザを出るしかない。そう思い詰める若者たちはその後も絶えない。

6　MCガザと「帰還の大行進」

　MCガザ（MC Gaza）ことイブラヒーム・グネイムもその一人だ。彼は二〇一〇年頃から友人のオマル・アルアマーウィと手を携えて、ミュージックビデオの制作を始めた。最初は素人同然だったが、次第にクオリティが上がり、オマルはプロの映像ディレクターとして仕事をするまでになった。二〇一八年三月に公開された「最後のカチンコ（Klakit Akhr Marra）」という、映画撮影などで用いるカチンコを曲にもビデオの演出にも巧みに取り入れた作品などは、まさしく映画のような見ごたえのある作品に仕上がっている。曲は、何度も和解するといっては決裂を繰り返しているハマスとファタハという、パレスチナの二大政治勢力に対し、もういい加減にしてくれと苦言を呈するもので、政治的タブーにかなり踏み込んだ内容になっている。

　その翌月に公開された「帰還するんだ（We will Return）」は、イスラエルに対してデモを行っている現場をドローンなども駆使して撮影した、緊張感あふれる作品だ。ガザ地区では二〇一八年三月三〇日に「帰還の大行進」という抗議運動が呼びかけられ、約三万人が参加した。一九七六年三月三〇日に、イスラエル領内でパレスチナ人の土地没収に対する抗議が行われたことを機に「土地の日」と呼ばれる記念日となったこの日には、毎年、世界各地で連帯デモが行われる。「帰還の大行進」は、この土地の日からはじまり、イスラエルが建国されてパレスチナ人が国を追われた五月一五日の「ナクバ（破局）の日」まで、毎週金曜日にイスラエルとの境界フェンス近くでガザ封鎖に抗議し、難民の故郷への帰還を訴えようという運動だった。

もともとは市民活動家や知識人が、民衆の非暴力運動として構想したもので、実際に多くの一般市民が家族連れで参加する姿も報じられた。しかし一部の興奮した若者たちが境界フェンスに近づいて投石などを行い、イスラエル軍の発砲によって多くの死傷者が出た。イスラエル側はハマスその他の戦闘員が攻撃を仕掛けてきたと主張しているが、現地で活動する国際人権団体等は、イスラエルの過剰攻撃を非難している。当初の予定を越えて二〇一九年末まで続けられた毎週末のデモで、背後から撃たれて殺害されたり、封鎖の影響で十分な医療が受けられずに四肢に重大な障害を負ったりした若者たちが続出するなど、イスラエル軍の攻撃はガザ社会に癒えない大きな傷を残した。現場で救援に当たった医療スタッフや報道関係者たちも命を落とした。MCガザの「帰還するんだ」は、四月六日のデモを取材中に殺害されたジャーナリストの友人にトリビュートされている。

誰が始めた？　占領し、敵意を向けてきたのは奴だ
血が無駄に流れると思うなよ
この場所に長いこと居座り、空想の境界線を引いた
俺には安全に見えないがな

鳩が飛び、帰還を呼びかけた
奴はガスを撒いて隠れた
故郷の呼びかけに俺たちは応じた
若者たちを狙うスナイパーなんて気にしない

火に立ち向かう
タイヤが燃える煙
俺は解き放たれた
奴らが俺やお前を追い払おうが
俺は自分の土地に戻るぜ
鉄条網を持ち上げて（…）

帰還するんだ、帰還するんだ、たとえ何十年かかっても

この楽曲からは、封鎖下で行き場のないガザの若者たちの憤りと鬱屈が強烈に伝わってくる。ガザ住民のおよそ七割は難民とその子孫だと先に述べた。イスラエルの占領によって押し込められた境界フェンスのその向こうには、かつて祖父母が暮らしていた土地が広がっている。しかもイスラエルはセキュリティ確保のためとして境界フェンスに近づくことすら認めず、多くのパレスチナ側の農地が失われている。理不尽な占領軍に石ころ一つ投げつけるためだけにでも、命を懸ける若者たちが絶え

ることはない。

一方で、若者たちはわずかなチャンスがあればガザを出たいと願うのも現実だ。このミュージックビデオを発表した直後、MCガザはより広い舞台で活躍することを夢見てガザを後にした。チュニジアの大物ラッパー、クレイBBJ（Klay BBJ）とコラボ曲を制作し、二〇一九年には沖縄公演も行った。二〇二三年一一月には、現在進行中のイスラエルによるガザ攻撃の犠牲者たちに捧げた「自由」という曲を、沖縄で共演した石垣島出身のRITTOやクレイBBJをはじめとするアラブ各国のラッパーたちと共作している。彼以前にガザを出たPRのメンバーたちやダルグ・チーム同様、ガザというレプリゼントすべき地元を離れたラッパーが海外で音楽活動を続けるのは容易ではない。それでも何とか道を切り開こうともがく姿が伝わってくる。

7　MCアブドゥルとガザの未来

本論の冒頭で紹介したMCアブドゥルことアブドゥルラフマン・シャンティは今、アメリカ西海岸にいる。ガザの学校の前で友人たちに囲まれてラップする姿がインスタグラムで話題となり、二〇二一年の「パレスチナ」でさらに大きな反響を呼んだMCアブドゥルは、パレスチナ・ラップの先駆者であるDAMのメンバーの目に留まった。DAMの創設メンバーの一人であるスヘイルは二〇二三年に渡米し、二〇一八年からの三年間、Spotifyで中東音楽コンテンツの充実を図る仕事に就いていた。世界各地のアラブ系ミュージシャンを見出して欧米市場でプロモーションする大きな役割を果たし、現在はアメリカ西海岸のヒップホップレーベル、EMPIREで中東担当の役職にある。

この出会いによってMCアブドゥルは、弱冠一三歳にしてEMPIREからシングルリリースを果たしたのだ。

デビューシングル「壁に叫ぶ（Shouting At The Wall）」のミュージックビデオは、話題となった「パレスチナ」とほぼ同じ構成で、イスラエルによって破壊されたガザの街区を背景に撮影された。この曲もまた、占領下での苦しみと自由への希求が表現されている。二〇二三年九月にリリースされたセカンドシングル「ペンと剣（The Pens & The Sword）」では、紛争や貧困に苦しむ世界の子どもたちのために教育の重要さを説いている。

ライブとアルバム制作のためにMCアブドゥルがアメリカに滞在している最中、ガザを再び戦火が襲った。二〇二三年一〇月七日にハマスがイスラエル領内に数千発のロケット弾を撃ち込み、検問所を突破して、イスラエル人多数を殺害、拉致する攻撃を実行したのだ。この時、長年ガザ市民を閉じ込めてきた境界フェンスの一部が破壊され、集まった人々が歓声を上げる映像も報じられた。これを目にした時、MCガザが「帰還するんだ」と歌った二〇一八年から一九年にかけての「帰還の大行進」が筆者の脳裏に浮かんだ。

一瞬の解放感。しかしその代償はあまりに大きい。イスラエルの報復攻撃によってガザ住民の大多数が家を失い、避難を強いられ、数万人の死傷者が出ている。文化施設や大学などの教育機関、歴史的建造物も次々と破壊され、パレスチナ人の生活だけでなく、その歴史文化の抹消が図られている。一九四八年のイスラエル建国時におよそ八〇万のパレスチナ人が追放された「ナクバ（破局）」以来の大惨事と言っていい事態が今、我々の目の前で進行しているのだ。

MCアブドゥルはガザに残る家族の身を案じる悲痛なメッセージをインスタグラムに投稿し、フージーズの「レディ・オア・ノット」のトラックに自作のリリックを乗せた「レット・イット・レイン(Let It Rain)」という曲で今の気持ちをこう表現している。

お母さんに電話したい、携帯に充電できたかな
弟たちは寂しくないかな、ちゃんと大きくなれるかな
これはジェノサイド
でも今度のはテレビに映し出されてる

ラッパーとして成功する夢を追って渡米したMCアブドゥルは、家族のいる故郷ガザの破壊を画面越しに見るしかない。目の前で繰り広げられている虐殺を止めることができない無力さが、切ないトラックと重なって胸を打つ。

この先、MCアブドゥルがガザに戻ることはおそらくないだろう。一方で、彼は幼いころからアメリカのラップを聴いて流暢な英語を身に着け、SNS上で注目されてアメリカのレーベルからデビューを果たしたという特異な経歴を持つ。そんなMCアブドゥルは、パレスチナや周辺アラブ諸国のラップシーンとはもともと切り離された存在だったといえる。パレスチナ・ラップの先駆者DAMも、最初はアメリカのラップを英語で模倣するところから始めたが、自分たちのスタイルやアイデンティティを追求する過程で、母語である地元のアラビア語方言でのラップに行きついた。ほかのアラブ諸国においても、地元のアラビア語方言を用い、それぞれのリアルを表現することがオーセンティックなラップのあり方だという意識は共有されている。また、地元の言語との相性がいいローカ

ルな音楽文化を、グローバルなヒップホップのスタイルと接合させる試みも不断に行われてきた。

こうしたバックグラウンドを共有していないMCアブドゥルはこの先、地元ガザから遠く離れたアメリカで、どんな音楽を作っていくことができるのだろうか。また同時に、過酷な封鎖下でもローカルなヒップホップ文化を絶やすことはなかったガザ地区は、今の戦争が収束したあとに再び息を吹き返すことができるだろうか。

ガザのヒップホップ文化を支えてきた元PRのアイマンは、まだガザに踏みとどまっている。数日前のSNSの投稿でアイマンはこう書いていた。

この六〇日で二万人以上が殺された！　無実の人々の血が滝のように流されている。今起きていることをどんなに説明しようとしても言葉が出てこない。たった一つの事実。それは、我々は決して忘れないということ。

日々、人が殺されているガザからは、今のところ新しいラップは響いてこない。今は言葉が失われていたとしても、目の前で行われていることを決して忘れない人々のあいだから、また新たなラップが紡ぎだされる日がくると信じたい。

注

＊1　*The Electronic Intifada*, 2005.7.5 (https://electronicintifada.net/content/where-theres-ghetto-theres-hip-hop/5656)

＊2　*Jadaliyya*, 2012.12.26 (https://www.jadaliyya.com/Details/27683)
＊3　https://www.youtube.com/watch?v=QybWLq326bk&t=54s

ウクライナ

抵抗歌としてのウクライナ民謡とヒップホップ
——マイダン革命から対ロシア戦争へ

赤尾光春

はじめに

ロシアによるウクライナへの全面侵攻から二か月半余りが経過した二〇二二年五月一四日、イタリアのトリノで開催されたユーロヴィジョン歌謡コンテスト[*1]で、ウクライナ代表のカルーシュ・オーケストラ（Kalush Orchestra）の「ステファニア（Stefania）」が最優秀曲に選ばれた。

カルーシュ・オーケストラは、ウクライナ西部イヴァノ・フランキウシク州のカルーシュを故郷とするラッパーのオレフ・プシュク（Oleh Psiuk）、様々な民族楽器を弾きこなすイホル・ディデンチュク（Ihor Didenchuk）、ブレイクダンサーのＭＣキリムメン（MC KylymMen）の三人組が二〇一九年に結成したヒップホップ・グループ「カルーシュ」に、民族音楽学者を含む三名のメンバーが加わったサイド・プロジェクトである。ヒップホップに民謡を融合させる試みから作曲された「ステファニア」では、「ステファニア母さん、野に花が咲いても白髪が増えたね、子守歌を歌ってよ、母さんの歌声をまた聞かせてよ」と呼びかける民謡風のサビとラップが交差し、テレンカと呼ばれる木管楽器の間奏とともにザポリージャ・コサック[*2]の舞踊ホパークが展開される。

ユーロヴィジョンのグランドファイナルでの演奏直後、ウクライナ国旗の青と黄色でライトアップされたプシュクは、「どうかみなさん、ウクライナを、マリウポリを助けてください！　アゾフスターリを助けてください、ただちに！」と訴えた。戦禍にあえいでいたウクライナ国民の多くはこの報に沸き立ち、ゼレンスキー大統領はSNSの投稿でこう述べた。

私たちの勇気は世界を印象づけ、私たちの音楽がヨーロッパを席巻しています！　…いつの日か、ユーロヴィジョンの参加者とゲストをウクライナのマリウポリで迎えるために最善を尽くします。自由で、平和で、再建されたマリウポリで！[*3]

だが、こうした訴えも空しく、三日後の五月一七日、アゾフスターリに籠城していたウクライナ兵はロシア軍に投降し、八二日間にわたるマリウポリの攻防戦にひとまずの決着がついた。

九世紀頃に建国された東スラヴ人の国家キエフ・ルーシに遡るウクライナの歴史は、大国の支配下で翻弄され、独立を阻まれてきた歴史でもある。キエフ・ルーシが一三世紀にモンゴル帝国に滅ぼされると、ハールィチ・ヴォルィニ大公国がその衣鉢を継ぐも、一四世紀末にはポーランドとリトアニアに支配された。一七世紀中葉、ザポリージャ・コサックの頭領《ヘチマン》ボフダン・フメリニツキの蜂起によってウクライナ国家の礎が築かれたが、度重なる戦乱の末、一八世紀までにはロシアの軍門に下る。ロシア帝政下では、ウクライナ語の禁止を含むロシア化政策への反発からウクライナ民族主義が高まり、一九一七年のロシア革命後の混乱の最中にウクライナ人民共和国が樹立されるも短命に終わった。ロシア内戦を経た一九二二年には、ソ連を構成する一五の共和国の一つとしてウクライナ・ソビエト社会主義共和国が発足。その後、長い共産党支配を経て、一九九一年のソ連崩壊に伴って独立したのが現在のウクライナである。

ウクライナの歴史において、ウクライナ語話者の多い中西部では独立志向が強かった一方、ロシアによる直接支配と入植の歴史が長かった東部とクリミアを中心とする南部ではロシア語話者の割合も高く、独立後も言語・民族・国家観をめぐる地域間の対立が絶えず燻ってきた。ロシアとの直接的な紛争は、二〇一三年から一四年にかけて起きたマイダン革命を契機としてクリミア半島と東部地域で高まった分離主義運動に対するロシアの軍事介入に遡るが、二〇二四年二月二四日にロシアが全面侵攻を開始して以来、ウクライナでは、「ロシア的なるもの」全般との関係を根底から断ち切ろうとする動きが加速化した。今や母語であるロシア語の使用さえ止め、ウクライナ語に切り替える人も珍しくない。多くのウクライナ国民にとって、現下の戦争は、単なる失地回復のための防衛戦争という次元に留まらず、積年のロシアによる支配からの真の解放を求めた「独立戦争」にして「脱植民地化戦争」として経験されているのである。

以上のような歴史的経緯を踏まえつつ、本章では、ソ連崩壊後のウクライナで生じた民主化運動から対ロシア戦争へと至る過程で、ヒップホップがいかに受容され、変貌を遂げてきたのかを素描してみたい。第一節では、二〇〇〇年代に起きたオレンジ革命とマイダン革命を通じて人びとの間でアンセムとなったラップ曲の紹介を通じて、ヒップホップがウクライナの抵抗歌の系譜に連なった軌跡を辿る。第二節では、マイダン革命の最中に勃発したロシアとの紛争がウクライナのポピュラー音楽業界にもたらしたジレンマとともに、ラッパーを含むクリエイターたちがロシアに対して見せたアンビバレントな態度について触れる。第三節では、ロシアによる全面侵攻という未曽有の危機に際して、民謡とヒップホップが融合した独自の音楽ジャンルが確立されたことに注目し、民族の歴史的記憶を総動員する形でリリースされた楽曲が戦時下の人びとを鼓舞する上で果たした役割について考察する。

1　二つの革命とヒップホップ

ウクライナにおける抵抗歌《プロテスト・ソング》の系譜

近代のウクライナにおいて、音楽は民族の自由と独立を求める闘争で重要な役割を果たしてきた。[*4] 一九一四年から一九年にかけての独立闘争では、ウクライナ人民共和国軍の間で民謡をベースにした「狙撃兵の唄」が創作され、召集や行軍の際に歌われて民族の団結を促した。この伝統は四〇年代から五〇年代にかけての独立闘争にも受け継がれ、民族主義者組織と蜂起軍の間でつくられた「蜂起の唄」は、ソ連のみならずナチス・ドイツとも闘った人びとの士気を高めた。

一方、一九六〇年代以降のソ連では、「バルド（Bard）音楽」ないし「著者の唄」と呼ばれる体制批判的な歌がつくられ、半ば非合法のステージで歌い手たちがギター一本で静かに抵抗を呼びかけた。九〇年のウクライナ議会選挙で不正を訴えた学生組合が結集した「花崗岩上の革命」では、バルド音楽と並んで、狙撃兵の唄や蜂起の唄も歌われたという。

独立後のウクライナでは、とりわけ汚職政治に対する異議申し立てとして大規模な抗議活動が繰り返されてきた。二〇〇四年の大統領選挙では、クチマ大統領が後継者に指名したヤヌコヴィッチが選出された際に不正疑惑が浮上し、対抗馬のユシチェンコの支持者が独立広場《マイダン》に結集した。「オレンジ革命」として知られるこの抗議活動では、それまで主流だった民謡やギター一本のアコースティックなサウンドだけでなく、国民的ロック・バンドのオキアン・エルズィ（Okean Elzy）やルスラナ（Ruslana）のようなポップスターもステージ上で演奏するようになった。

ウクライナにおけるヒップホップの受容

他の旧ソ連諸国と同様、ウクライナでヒップホップが受容されたのは、欧米の文化が解禁されたペレストロイカ以降のことである。ヒップホップの要素を採り入れた最初のバンドは、一九八九年にウクライナ第二の都市ハルキウで結成され、ニューオリンズのジャズ発祥の地に因んで「コンゴ・スクェアのダンス（Tanok na maidani kongo）」と改名したTNMKである。ロック、ファンク、ジャズなどのリズムにラップ風の歌詞を挟んだスタイルを確立したTNMKは、九六年、ウクライナ最大のポピュラー音楽の祭典「チェルヴォナ・ルタ・フェスティバル」のダンス・ミュージック部門で最優秀賞を受賞した。

世紀転換期に海賊版CDやインターネットを通じて欧米圏のヒップホップがウクライナにも浸透し始めると、ラッパーやラップの要素を採りいれたグループも数多く現れ、地元への愛着の他、貧困、移民、人身売買、売春、ドラッグといったソ連崩壊後に顕在化した社会問題が歌われた。とはいえ、ヒップホップはウクライナでは長らくマイナーなジャンルであり、コアなオーディエンスは都市部に暮らす中産階級の若者に限られていた。*5

ウクライナでヒップホップが市民権を得たのは、二度にわたる革命を通してである。

オレンジ革命の非公式アンセム──グリーンジョリー「一緒になって大勢になれば」

オレンジ革命を受けて首都キーウの独立広場《マイダン》のステージに立った人びとの中には、著名な活動家や文化人もいれば、アマチュアのアーティストもいた。西部のイヴァノ・フランキウシク出身の「グリーンジョリー（GreenJolly）」もそんなアマチュア・バンドの一つだった。メンバーの二人は、抗議活動で聞かれたスローガンをラップ風にアレンジして、「一緒になって大勢になれば（Razom Nas Bahato）」を創作した。チリの有名な抵抗歌である「不屈の民」（原題は「団結した民は決して負けない」）を彷彿とさせる歌詞「一緒になって大勢になれば、我々は打ち負かされない」に加えて、「改竄に（No!）、陰謀に（No!）、ペテンに（No!）、嘘はいらない（No!）、ユシチェンコに（Yes!）、我らの大統領！」というラップ風のシュプレヒコールを伴う曲は人びとの口の端に昇り、オレンジ革命のアンセムになった。

バンド自体は革命の終焉とともに音楽シーンから消えたが、この曲は、ポーランドのラップグループ、アセトホリクス（Ascetoholix）によるポーランド語カバー「我らが大勢になれば（Jest nas wielu）」もつくられ、抵抗歌ならではの越境性も示した。

マイダン革命とポピュラー音楽

ユシチェンコ政権に対する反動として誕生したヤヌコヴィチ政権は、二〇一三年一一月、ロシアからの圧力を受けて、ＥＵとの貿易協定の締結を見送った。これに激昂した民衆がマイダンに再び結集し、変革のうねりが再びウクライナ全土に広がった。当初こそ抗議活動は平和裏に行われていたが、翌一四年二月末には鎮圧部隊とデモ隊の激しい武力衝突に発展し、身の危険を感じたヤヌコヴィチ大統領が首都から逃亡したのを機に収束を迎えた。

このマイダン革命（別名「尊厳の革命」）における音楽の役割を考察した『歌の戦争（A War of Songs）』によると、マイダン革命では「一緒になって大勢になれば」のような唯一無二のアンセムこそ現れなかったものの、抗議活動の各局面で人びとの心理状態に呼応した歌が受容されたという。[*6] 楽観的なムードが漂っていた初期には、二〇〇一年の「クチマなきウクライナ」[*7]を受けて発表されて以来、抗議集会の度に歌われてきたオキアン・エルズィの「立ち上がれ！（Vstatai!）」のような既存の曲[*8]が目立ったのに対して、当局の弾圧が強まるにつれて民謡の比重が高まり、イタリア独立戦争における抵抗歌「さらば恋人よ（Bella Ciao）」の歌詞を変えて大統領を揶揄した「ヴィーチャ、チャオ（Vitya Ciao）」や、婚礼の席で歌われる民謡「松の木が燃えている（Horila Sosna）」の Klofelin による替え歌「タイヤが燃えている（Horila Shyna）」など、有名な民謡の替え歌が流布した。そして、多数の市民が犠牲となった激しい衝突の直後には、やはり民謡の「子ガモがティサ川を行く（Plyve kacha po Tysyni）」が革命の鎮魂歌として、ジャマイカのラスタファリズム運動に言及した、ベラルーシ出身のロック・バンド、リャピス・トルベツコイ（Liapis Trubetskoi）の「光の戦争（Voiny Sveta）」（ロシア語）が革命の賛歌として受容された。

革命の啓蒙歌――アルティスト「レヴォリューション・ウクライナ」

オレンジ革命と同様、マイダン革命でも、ロックや民謡と並んで存在感を示したのがヒップホップ、ラップ曲だった。

リヴィウ出身の無名の若者アルティスト（Artisto）ことロスティスラフ・ヒトリャク（Rostyslav

Hytriak）は、「レヴォリューション・ウクライナ（Revolution Ukraine）」というラップ曲を引っ提げてマイダンの舞台に立った。「ウクライナはまだ滅びず」という国歌の引用とともに、「シェフチェンコが呼びかけたように、鎖を断ち切り、故郷で真実と自由を確固たるものにしよう」という子どもたちの合唱から始まるこの唄は、この国が抱える汚職や貧困の問題を列挙し、公正な社会の実現を呼びかけた啓蒙歌としての性格が強い。

グリーンジョリーと同様、アルティストもまた革命の舞台で起きた「スター誕生」の一例だが、いずれの場合もアマチュアのラッパーが人びとの声を代弁する時の人になったことは、ラップ文化がウクライナ社会にも根づいてきたことを物語っている。

受難の女性としてのウクライナ――ヤルマク「22」

革命の終盤には、プロのラッパーによる楽曲も生まれた。人気ラッパーのヤルマク（Yarmak, 本名 Oleksandr Yarmak）がロシア語で歌った「22」である。

ウクライナが独立し、ソ連が崩壊した一九九一年に生まれたヤルマクは、二〇一一年にデビューして以来、国内外で急速に人気を集めていった若きラッパーである。マイダン革命に参加し、フルシェフスキー通りで起きた機動隊とデモ隊の衝突にも居合わせた彼は、独立して二二年しか経っていない新生ウクライナを、二二歳の女性と重ねあわせた曲を発表した。

うら若き女性は美しく純粋だが、迷いが晴れない。誇り高き彼女は、皇帝《ツァーリ》だろうが神だろうがレーニンだろうが、その前に跪くことはない。だが、誰かが父親に彼女の顔をひっぱたく権利を与えた。彼女はゴミのような人生を送っている連中から売春婦のように見下され、身ぐるみはがされた。「我が王女」は滅多打ちにされ、血だらけになって古い納屋に押し込められた。

兄弟よ、このままではいけない
オレは白い亜麻布でオレの国を包んだ
魂がまだ空っぽでない人びとが
彼女の周りに集まった
真実のために死をも厭わない人びとが
彼女は廃墟のように痛めつけられて横たわっている
誰かが囁く、「彼女の名はウクライナだ」と

オレの国が膝を屈することはない
町という町は山のように聳え立つ
オレを信じてくれ
誰にも邪魔させない、オレたちが自由を飲み干すのを
一人一人の心にウクライナの魂がある限り

若い女性とウクライナの運命を重ねあわせたイメージは、先述のオキアン・エルズィの「立ち上がれ」の物語とも通じる。ただし、「立ち上がれ」が切迫感を喚起させるマイナー調ながらも、眠りから覚めてもっと多くを要求すればよりよい未来が待っているという楽観的なメッセージに貫かれてい

るのに対して、悲壮感の漂う「22」は、破滅の瀬戸際に立ったウクライナの救済を呼びかけている点で対照的である。

2　紛争下のポピュラー音楽とロシアの影

二〇一四年二月、ヤヌコヴィッチの逃亡とともにマイダン革命は幕を閉じたが、政変の混乱に乗じて、ロシアがクリミア半島を制圧して一方的に併合、東部ではマイダン革命に反旗を翻した分離派が市庁舎を占拠し、ドネツクとルガンスクの人民共和国の樹立を宣言した。かくして、ロシアの非正規軍による支援を受けた両人民共和国軍とウクライナ軍の間で戦闘が激化し、ドンバス戦争に発展した。

和解への呼びかけ――ヤルマク「オレは待つ…（クリミア）」

政変後の衝撃冷めやらぬ二〇一四年五月五日、ヤルマクは「オレは待つ…（クリミア）（Ya budu zhdat'…（Krym））」と題した動画を上げ、ロシアのファンに向けたメッセージをラップ風にアカペラで歌った。

「兄弟、言えよ、なにを怒ってる？　なぜ侮辱されたんだ？」という呼びかけから始まるメッセージは、「二二年のあいだ、オレの心の中でクリミアはウクライナだった」、「オレたちの土地にライフルもって来んな、「ロシア人だ！」って誇らしげに叫ぶな」とロシアへの恨み節を吐く一方で、「オレはロシアを非難しない、全世界を、ヨーロッパを非難する／オレは自分を非難する、うまく伝えられなかったことで」と、ロシアへの配慮も同時に滲ませる。そして、「自分で来たわけじゃないんだろ、悪党にけしかけられたんだろ」、「皇帝《ツァーリ》が座ってるなら奴に唾を吐け」と国家権力と一般市民を区別した上で、「一方がホホルと叫び、もう一方がモスカリと罵る」[*9]憎悪の連鎖を断ち切る必要を痛切に訴えた。

ヤルマクはここでロシア人を「血を分けた兄弟」と呼んでいる。この時点ではまだ、彼のようにロシア国内にも多くのファンがいるアーティストは、両国民の関係が修復不可能な地点には至ってないと認識していたことも読み取れる。

ロシアを席巻するUkrPop

二〇一五年一〇月に直行便が途絶え、ウクライナとロシアの関係はソ連崩壊以降で最悪となった。ウクライナ政府が多くのロシア文化人の入国を禁じる法を施行するなか、ウクライナのアーティストの間でも、ロシア国内での活動を自粛せざるを得ない空気が日増しに高まっていった。

とはいえ、非正規軍による介入という平時とも有事ともつかない状態でロシアが展開した「ハイブリッド戦争」[*10]は、もともと地続きのようにつながっていた二国間の文化交流を完全に遮断するには至らなかった。それどころか、UkrPopと呼ばれたウクライナのポピュラー音楽は、ロシア語圏のオーディエンスをも魅了し、ロシア国内のチャートを独占するほどの急成長を遂げた。[*11]たとえば、いずれも若者の淡い恋心を歌ったラブ・ソングだが、ヤルマクの「青年の心（Serdtse patsana）」（一三年二月）の動画は累計二億回以上視聴され、ハウス系ヒップホップ・グループ「グリブィ（Gryby）」の「氷が溶ける（Taet Lyod）」（一七年三月）は、実に二億六〇〇〇万回以上も視聴されている。

ウクライナ語のヒップホップ

一方、この時期にはロシア語からウクライナ語へと切り替えるアーティストが徐々に現れ、ヤルマクも二〇一七年からウクライナ語の曲も書くようになった。二〇一九年四月に「プーシュカ（Pushka）」でセンセーショナルなデビューを果たしたラッパーのアリョナ・アリョナ（Alyona Alyona, 本名 Aliona Olehivna Savranenko）も、ウクライナ語に切り替えたアーティストの一人である。元保育士という異色の経歴をもつ彼女は、デビュー前こそロシア語でも歌っていたが、一七年以降はもっぱらウクライナ語でラップをするようになった。カジュアルな日常にシュールな言葉遊びを忍ばせたリリックと強烈なヴィジュアルで彼女はウクライナ・ヒップホップ界のスーパースターとなった。

同じく一九年一一月には、ベテランのヒップホップ・グループ THMK が「五分で学ぶウクライナの歴史（Istoriya Ukraini za 5 khvilin）」という、ウクライナ史をユーモラスに紹介する曲をリリースした。政府から財政支援も受けた人形劇風のアニメーションのMVは、ウクライナの小学校の授業でも教材として使われているという。政府が若者文化としてのヒップホップに目をつけ、ウクライナ化政策に利用した格好だが、社会にヒップホップが浸透したことを物語る。

封印されたロシアと紛争のテーマ

マイダン革命とその後の紛争によって、アーティストも含め多くのウクライナ人が国民意識を深化させたことは想像に難くない。とはいえ、ドンバス戦争での従軍経験もある女性シンガー、スタシク（Stasik）の「敵への子守歌（Koliskova dlya vorota）」のような例外を除けば、アーティストが紛争を真正面から取り上げることはほとんどなかった。*12

紛争に対するこうした忌避感は、マイダン革命以降に製作・放映されたゼレンスキー主演のTVドラマ『国民の僕《しもべ》』に如実に見てとれる。全編ロシア語によるこの政治ドラマには、プーチン大統領を茶化すジョークこそあるものの、ロシアや紛争の話題はほとんど出てこない。唯一の例外は、「我々はヨーロッパへ行く」と宣言した主人公ゴロボロヂコ（ゼレンスキーが演じた元高校教師の大統領）をイワン雷帝が撲殺するシーンだが、この挿話自体が白昼夢である点は示唆的である。

ユーロヴィジョン出場をめぐるスキャンダル

ウクライナの多くのアーティストが、紛争相手のロシアとの関係に触れたがらなかったのは、ロシア語圏のオーディエンスとの関係が商業的に死活問題であったことと無縁ではない。だが、そうした「非政治的な」態度が仇となるスキャンダルが、ユーロヴィジョン歌謡コンテストへの出場権をめぐり度々浮上した。

二〇一九年のユーロヴィジョンに向けたウクライナの代表曲は、ロシアでも人気のあったマルヴ（Maruv, 本名 Hanna Borysivna Korsun）の「サイレン・ソング（Siren Song）」に決まった。ところが、ウクライナ政府は、彼女にロシア国内でのコンサート活動の自粛を要請し、さらにこの曲の著作権元であったロシアのワーナーからの著作権の移行等、事細かな参加要件を課した。マルヴは、ロシアでの活動自粛には同意したものの、版権の移行手続き等の参加要件を不服として、代表を辞退したことをSNS上で明らかにした。結局、この年のユーロヴィジョンはウクライナ代表が不在の中で開催されるという異例の事態となった。[*13]

実のところ、冒頭で紹介したカルーシュ・オーケストラが二二年のユーロヴィジョンへのウクライナ代表に選ばれたのも、同様のスキャンダルが招いた結果だった。この年の代表には、当初、カルパチア地方の方言も用いて独特の世界観を築いてきた歌手のアリーナ・パシュ（Alina Pash）が内定していた。ところが、彼女がウクライナの現行法に反してロシア経由でクリミア入りしていたことが発覚したため、出場が取り消された。[*14] その結果、ウクライナの悲運の歴史を歌ったパシュの「忘れられた先祖の影（Tini zabutykh predkiv）」[*15]に代わって、急遽、「ステファニア」が代表曲に選ばれたのである。

3　戦時下のウクライナ民謡とヒップホップ

甦る闘いの記憶――「ああ、野に咲く赤いカリーナよ」

ロシアによるウクライナ侵攻から三日後の二〇二二年二月二七日、インスタグラムにアップされた一つの動画がウクライナ国民の琴線に触れた。それは、ライフル銃を背負い、NYヤンキースの帽子に黒いジャンバーと迷彩服のズボン姿のアンドリィ・フリヴニューク（Andriy Khlyvnyuk：人気ロック・バンドBOOMBOXのヴォーカリスト）が、キーウの聖ソフィア大聖堂の前で「ああ、野に咲く赤いカリーナよ（Oy, u luzi chervona kalyna）」をアカペラで熱唱する映像だった。

二〇世紀前半に活躍したウクライナの文化人ステパン・チャルネツキーが民謡を改作した「ああ、野に咲く赤いカリーナよ」は、オーストリア＝ハンガリー帝国軍内に創設されたウクライナ人部隊「ガリツィアおよびブコヴィナ・シーチ小銃兵部隊」の頌歌として知られる。

　ああ、野に咲く赤いカリーナが低く垂れ下がっている

我らの栄光のウクライナが悲しんでいる
あの赤いカリーナを掴んで持ち上げよう
我らの栄光のウクライナを鼓舞しよう

ロシアの愛唱歌「カリンカ」でも知られるカリーナは、カマズミ属の落葉樹である。同年三月に民謡とテクノポップの融合曲「カリーナ（Kalyna）」をリリースしたフォークトロニカ・グループGo_Aは、ウクライナで民族の象徴として格別に愛されてきたカリーナについてこう述べている。

折れ曲がったカリーナの木は災いと悲劇の予兆で、この木を酷使するのは恥ずべき行為だ。カリーナは善良な民のそばにしか育たないという信仰から、ウクライナの人びとはこれを大切に守ってきた。我々の祖先によれば、カリーナには、不死をもたらし、悪と戦うために世代を越えて団結させてくれる力があるという。

フリヴニュークの動画は瞬く間にシェアされ、南アフリカ出身のキッフネス（The Kiffness）によるレゲエ風ヴァージョン（三月四日）、フリヴニュークとピンク・フロイドとのコラボ曲「Hey, Hey, Rise Up!」（四月八日）、数千人のエストニア市民による合唱（五月二四日）など、国境を越えた様々な動きを生み出した。かくして、ウクライナの民間伝承と独立闘争の記憶が接合されたこの唄は、戦時下のウクライナ人を鼓舞し、彼らとの連帯を示す「第二の国歌」となった。

侵略者を笑い飛ばす――ジョッキー・ドゥルース「どうしたんだ、兄弟」

フリヴニュークの動画がアップされた四日後の三月三日、今度はあるラッパーがネットに上げた音源が大いにバズった。ドニプロ出身のジョッキー・ドゥルース（Jockii Druce）という二二歳の無名のラッパーが発表した「どうしたんだ、兄弟（Sho vy brattiya）」である（音源には、シーチ小銃兵部隊の兵士たちが吟遊詩人《コブザル》の弾き語りに耳を傾ける写真が添えられた）。

どうしたんだ、兄弟、なに悲しんでんのさ
画面にあたま釘付けにしてさ？
敵が戦場にいるの知らなかったの？
それともウチらの運命がどんなだか忘れてたの？

親しい友人に気安く語りかけるようなこの唄は、卑猥な隠語と明るいユーモアを交えて、体制を「骨の髄まで恐れている」奴隷のごときロシア人は「能なしのクソ野郎」で、「ＫＧＢの間抜けたちが制御してる」ソ連式の軍隊など恐るるに足りぬと訴える。

正直、なんで怖がってんのかオレにはわかんねえ
プーチンのことは正直オレにはよくわかる
想像してみ　要は銭のためだろ、じきくたばるのにな
もちろん、宴会でもしたがってんだろう

汗かかないで済むように、客として盛大に祝おうってわけだ
だったら、来て、有終の舞でも踊ってくれたらいい
ならウチらの音楽聴かせてやるよ、ただ怒らないでくれよな

ここから、怒涛のアップビートとともに、敵に対するささやかな呪いがユーモラスに羅列される。

ウチらのクソ・ビートが誰かの足をへし折りますように
ウチらのベースが誰かの顔を引き裂きますように
誰かがトタン板のタクシー[*16]を呼ぶ羽目になりますように
引火したカクテル[*17]が誰かのお気に召されませんように
ウチらは本当に客好きの民で、それが大の自慢
客がひっきりなしに来ては、ここに留まるしな

最後に曲は再びスローテンポに戻り、勝利への確信と歴史的な展望が語られる。

ウチらに必要なのは、ただ信じて神に祈ること
まだ信じられない奴いたら、こっちへ来いよ
そしたら指折り数えてみな：農奴制、危機、ジェノサイド、マイダン、ホロドモール[*18]、コロナウィルス、どんだけのクソをウチらは喰らったんだ？　で、何？　まだ泣くの？

何言ってやがる、ロシアの軍艦なんてクソ喰らえだ[*19]

飄々とした脱力感のあるヴォイス、敵の来襲を笑い飛ばすユーモア、そして過酷な運命に立ち向かう冷静沈着な勇気と勝利への確信。この曲には、隣国の侵略によって極度の緊張状態に置かれたウクライナ人が必要としていた要素がすべて詰まっていた。

ヒップホップと民謡の結合——カルーシュ・オーケストラ「ステファニア」

戦時下で行われたユーロヴィジョンを制したカルーシュ・オーケストラの「ステファニア」は、全編ウクライナ語で歌われたラップ曲であり、ウクライナのポピュラー音楽のイメージを国内外に決定づけた。この曲は、もともとラッパーのプシュクが同名の母親に捧げた私的な賛歌に過ぎなかった。だが、プシュク自身も述べているように、戦争が始まると、この曲は多くの人びとにとって特別な意味をもつようになり、「母なるウクライナ」を歌った曲だと解釈されるようになった。[*20] こうしたイメージを決定づけたのは、コンテストの直後にリリースされたMVである。ロシア軍による虐殺が明るみになったブチャやイルピンなどで撮影された映像は、廃墟と化した町から子どもたちを救い出す女性兵士たちの逞しい姿と不安げな表情を映した後、炎上する戦車の前で火炎瓶《モロトフ・カクテル》を握る少女がクローズアップされる。

ロシアの侵略によって国全体が焦土と化したウクライナでは人びとの日常が一変し、すべてが戦争との関係の中で意味づけられるようになった。「ステファニア」は、戦争が音楽にもたらした意味作用の劇的な変容を示す典型例であり、同時に「ヒップホップと民謡の結合」という、戦時下のウクライナで急速に発展した音楽スタイルを先取りする曲としても時宜を得たものだった。

神話と伝説の総動員——ヤルマク「荒れ野」

多くの男性ミュージシャンと同様、ヤルマクも軍に志願して戦場に向かった。三月二一日、迷彩の軍服姿にライフルを抱えた彼は、「ベラルーシ国民に告ぐ（Obraschenie k belorusskomu narodu）」と題した動画で、「卑劣にも我々を襲い、我々の子どもたち、兄弟、母親たち、妻たちを殺して我々の家に大いなる苦しみをもたらしたロシアの占領者に対してと同様、我々の土地にやってくる者はみな殺さなければならない」とロシア語で語り、プーチンが始めた戦争犯罪に加担しないように訴えた。

戦時下の七月三日にリリースされたヤルマルクの「荒れ野（Dike Pole）」は、民謡歌手のアリサ・パンチュク（Alisa Panchuk）との共作である。タイトルの荒れ野とは、ウクライナ南東部、黒海とアゾフ海の北岸一帯を含むポントス・カスピ海草原の異名だが、ここでは、英雄的な戦士たちを生む一方で、敵に対して容赦なく死をもたらす荒れ野の神話的なイメージが前景化されている。

神話的な世界観では、敵への呪いは邪悪な者を飲み込む地母神の破壊的な力との関連で理解されることが少なくない。こうした大地と呪いのモチーフは、ドゥルースの「どうしたんだ、兄弟」にもユーモラスに表現されているが、占領者であるロシア兵に向日葵の種を無理やり掴ませて、「この種をポケットに入れときな、そしたらあんたがこの大地に眠ったら、少なくとも向日葵は芽を出してくれるから」と言い放ったという地元女性の振る舞いにも見てとれる。

この曲ではまた、超自然的な神通力を持つとされたハラクテルニク（Kharakternik）というコサックにまつわる古い伝説に、ロシアの巡洋艦「モスクワ」を沈めたネプチューン・ミサイル[*21]やアゾフ大隊にまつわる戦時下に生まれた新たな「神話」が歌詞に織り込まれている。さらに、カリーナの花飾りをした傷ついた少女に加えて、対戦車砲の守護神「聖ジャベリン」、無敵の戦闘機パイロット「キーウの亡霊」といった戦時下で生まれたモチーフを描いたアート作品を散りばめたMVと相まって、新旧の神話伝説を総動員した怨念のコラボレーションに仕上がっている。

民族の記憶のタペストリー――ジェリー・ヘイル×アリョナ・アリョナほか「クパーラ」「風が吹き」

戦争が継続するにつれ、ポピュラー音楽の世界でも性別による状況の違いが目立つようになった。男性ミュージシャンは従軍を強いられるため新しい楽曲の発表が滞りがちになる一方、女性ミュージシャンは銃後で支援活動を続ける傍ら、次々と新作を発表している。

戦時下でも非常に精力的な音楽活動を展開してきた女性ミュージシャンの一人が、UkrPop界の新星ジェリー・ヘイル（Jerry Heil, 本名 Yana Oleksandrivna Shemayeva）である。デビューしたばかりのヘイル（一九九五年生まれ）は、戦時下に国内外のミュージシャンとの共作を矢継ぎ早に発表し、なかでもヒップホップ・スターのアリョナ・アリョナと組んだ、民謡をベースとした一連の曲は、いずれも数百万回の試聴数を記録した。[*22]

二人の共作の中でも人気が高いのは、ドイツの歌手エラ（Ela）をゲストに迎えた「クパーラ（Kupala）」である。クパーラとはスラヴ人の異教時代の太陽神のことで、夏至になると、クパーラの誕生祭に洗礼者ヨハネ（スラヴ語ではイワン）の誕生祭が接合された「イワナ・クパーラ（Ivana-Kupala）」という祭りが盛大に祝われる。沐浴と焚火、円舞と花輪飾りなどから構成されるこの祭りは若者の通過儀礼でもあり、その前夜にのみ開花すると信じられた羊歯植物の探索を通じて、若い男女の結びつきが期待された。

「イワナとクパーラの上で小さな女の子が花を摘んでいる」というリフレインから始まる幻想的なMVでは、ソ連時代に上映禁止処分を受けたユーリー・イリェンコ監督の映画『イワナ・クパーラの前夜（Vechir na Ivana Kupala）』（一九六八）からのカットに歌い手たちの姿が重ね合される。ゴーゴリの同名の短篇小説（一八三〇）[*23]を原作とする物語では、狂おしい愛、悪魔との契約、罪と犠牲といった悲劇的なテーマが展開されるが、この曲では、生命と力の源泉としての大地と、大地が生み出す神秘的な治癒のイメージが前景化されている。映画のシーンに重ね合され、まるで地母神のように聳え立つアリョナ・アリョナのラップが炸裂する。

我が力は野とライ麦と我が黄金にあり
我が歳月の力は我が若さにあり
我が力は漲る川にあり
花輪を編むのは、そこに我が薬があるから

ポーランド人ラッパーのゲジ（Gedz）をゲストに迎えた「風が吹き（Viter vie）」[*24]の主題は戦《いくさ》を生業とするコサックの悲哀だが（「風が吹き、草は揺れる／コサックが草の上に寝そべっている」）、MVでは映画『虎狩り（Tigrolovi）』（一九九四）からのカットが使われている。亡命作家イワン・バリアニによる同名の原作小説（一九四六）は、スターリン時代に逮捕され、シベリアの収容所行きの列車から脱走し、約一二年間タイガで暮らしたバリアニ自身の経験に基づいたフィクションである。主人公は逃亡中にウクライナ人の一家と出会い、匿われる中で一家の娘と恋に落ちる。そして最後には、同胞たちを虐待したソ連の内務人民委員（ＮＫＶＤ）の幹部に対する復讐を遂げる。
アリョナ・アリョナが歌うラップの歌詞には、歴史を通じて、大国に挟まれて独立を阻まれてきたウクライナの悲運が凝縮されている。

風が野原を漂い
草地にあばら屋を建ててくれた
我が大地は獰猛な種族の家であり続ける
たとえ誰が説得しようとも、邪悪なよそ者はここから追い返す
そして一から建て直す、皇帝《ツァーリ》と王の傀儡は永久に消える
瞼は閉じているが、目は真っ直ぐ見据えている
記憶を拭い去るための薬などない
大地が轟き、野原が唸る
心が痛む、この運命が変わりますようにと人びとは祈る

戦時下に花開いたウクライナ文化ルネサンス

近年のウクライナにおけるポピュラー音楽の特徴について、音楽学者のクリスチャン・ディーメルはこう評している。

都市のヒップスターと村人は通常は出会わないが、音楽を通じてならそれは可能だ。このグローバル化し、異文化の交差するユニークな音楽は、過去一〇～一五年の間に生まれ、ウクライナの文化生活を非常に面白く、刷新的なものにしてきた。それは、伝統とアイデンティティを相手にしながらも、先進的で現代的かつ前衛的なのだ。[*25]

ロシア帝国の時代から抑圧されてきたウクライナ民謡の伝統は、スターリン体制下の一九三〇年代にウクライナの民族楽器バンドゥーラの奏者が根絶やしにされたのを最後に、闇に葬り去られた。こうしたウクライナ固有の民族文化は、雪解けの時代に製作された『忘れられた先祖の影』や『イワナ・クパーラの前夜』等の映画で部分的に復権が試みられたものの、ソ連国外での絶賛とは対照的に、国内では黙殺されるか、民族主義的偏向が強い作品として批判されてお蔵入りとなった。

伝統文化の継承はウクライナの独立によって初めて可能になったが、本格的な関心が寄せられたのは二〇〇〇年代以降である。民謡を再発見し、現代風にアレンジする実践は、ユーロヴィジョンでウクライナ代表として初優勝を果たしたポップスターのルスラナや、ダハブラハム（DakhaBrakham）のような前衛音楽集団によって先鞭がつけられ、ソ連崩壊後に生まれた若い世代によって受け継がれた。ミュージシャンの中には、民族音楽者のように辺境の地を渡り歩いて民謡を採集する者も現れ、伝統的なモチーフをロック、テクノ、パンク、スカ、ヒップホップ等に採り入れる試みも広く行われるようになった。

ロシアの侵略によって愛国心と民族意識が覚醒するなか、ヤルマク、アリョナ・アリョナ、ジェリー・ヘイルのように、若者にとってのアイコンともいうべきミュージシャンは、民謡とグローバルな音楽ジャンルの結合という、先人たちが切り開いた試みをさらに一歩推し進めた。戦時下の彼らの作品の多くでは、民間伝承の神話的なモチーフやコサックのような歴史的なテーマが前景化され、大国に蹂躙されて独立を阻まれてきたウクライナの悲運の歴史との連続性が強調される。一連のMVは、廃墟と化した街並み、避難民への支援活動、ウクライナ軍の活動といったリアルタイムの映像に加えて、戦時下で創作されたアート作品や半ば忘却されたウクライナ映画のシーンを差し挟むことで、過去と現在のウクライナ人に降りかかった苦難を結びつける相乗効果を上げている。

数世紀にわたるロシア化の過程で失われてきた民族固有のアイデンティティを回復しようとする抵抗姿勢。これこそは、「脱ナチ化」を掲げたプーチンの戦争がウクライナ社会にもたらしたものに他ならなかった。

おわりに

独立後のウクライナでは、オレンジ革命とマイダン革命という二つの抗議運動において、音楽が人びとの団結を高める上で重要な役割を果たしてきた。なかでも強権政治に対する抵抗の表現という点で突出していたのは、古い伝統音楽である民謡と新しい音楽ジャンルであるヒップホップだった。したがって、戦争直後に、民謡「ああ、野に咲く赤いカリーナよ」のパフォーマンスや、「どうしたんだ、兄弟」のようなラップ曲が相次いで現れ、不安と恐怖に戦いていた人びとを鼓舞したのも偶然ではない。さらに、ユーロヴィジョンという国際舞台で快挙を果たした「ステファニア」が戦時下のウクライナの受難を象徴する唄として受容されたことが、民謡とヒップホップの融合した新しい音楽ジャンルを確立させる契機となったことは間違いない。

「必要なのは弾薬であって、乗り物ではない」。ロシア軍が首都キーウに迫るなか、ゼレンスキー大統領はそう述べ、閣僚らと大統領府に踏みとどまる姿を自撮りしたメッセージは世界中の人びとを驚嘆させた。だが、ウクライナ国民を鼓舞したのが、政府や軍が発信したメッセージだけでなかったことは言うまでもない。「最初の TikTok 戦争」などとも呼ばれたこの戦争ではむしろ、市井の人びとがSNSで自発的に発信した動画やメッセージが、いわば草の根的なプロパガンダ装置として機能し、戦意高揚を後押しした側面も無視できない。

戦時下の市民が見せた創意工夫に呼応するかのように、ミュージシャンもまた総力を挙げて新しい表現を生み出し、人びとの不安を和らげ、苦しみや悲しみを分かち合うような力強いメッセージを発信してきた。そのようにして戦時に創作された楽曲もまた、ロシアという共通の敵を前にして愛国心やナショナリズムの高揚を促す限りにおいて、プロパガンダ的な要素とも無縁ではない。だが、一連の楽曲に刻印された民族文化の要素は、必ずしも排他的なナショナリズムを助長するとは限らない。戦時下で自然発生的に生まれた民族的自覚は、ソヴィエト・ロシアの支配下で抑圧されてきた伝統文化の再発見や隣国のミュージシャンたちとの活発なコラボレーションを通して、多文化主義的な感性に裏打ちされると同時に、市民的原理にも開かれた新たな国民的アイデンティティの形成にも一役買っていることは疑いない。

参考文献

小泉悠「ウクライナ危機にみるロシアの介入戦略――ハイブリッド戦略とは何か」『国際問題』六五八号（二〇一七年一・二月）pp.38-49.

A.Hansen, A. Rogatchevski, Y. Steinholt, and D.-E. Wickström, A War of Songs: Popular Music and Recent Russia-Ukraine Relations, ibidem-Verlag, 2019.

Adriana N. Heibig, Hip Hop Ukraine: Music, Race, and African Migration, Indiana University Press, 2014.

注

＊1　一九五六年以来、欧州放送連合（ＥＢＵ）の主催で毎年開催されてきた国際的な歌謡コンテスト。国境を越えたポップスターの登竜門として発展し、現在、旧ソ連諸国や中東の一部の国々も含む約四〇か国が参加する。ウクライナは二〇〇三年の初参加以来、三度の優勝に輝いている。

＊2　コサックは、南ロシア、ウクライナ、シベリアなどで活躍した騎馬に長けた戦士集団。ポーランド王国やモスクワ大公国などに仕えたが、自由を愛する気風により、しばしば圧制者に対する反乱を起こした。ザポリージャ・コサックはドニプロ川下流域に本拠地を構えたウクライナ系コサックの主流で、ウクライナ国家の礎を築いたとされる。

＊3　"Zelenskiy hails Ukraine's Eurovision win and plans to 'one day' host final in Mariupol," *The Guardian.*（二〇二二年五月一五日配信、最終閲覧日二〇二四年一月二三日）https://www.theguardian.com/world/2022/may/15/zelenskiy-hails-ukraines-eurovision-win-and-plans-to-one-day-host-final-in-mariupol#:~:text=Following%20the%20Kalush%20Orchestra's%20triumph,onslaughts%20of%20the%20Russian%20invasion.

＊4　(Hansen etc. 2019)

＊5　(Heibig 2014)

＊6　(Hansen etc. 2019: 53-73)

＊7　二〇〇〇年九月、ジョージア出身のウクライナのジャーナリスト、ゲオルギィ・ゴンガゼが誘拐され殺害された。

同年一一月、当時の大統領だったレオニード・クチマがゴンガゼの誘拐を指示する音声が記録されたカセット・テープが流出し、大規模な抗議活動につながった。

＊8 「さあ、ミルク・ティーを飲んで／あたたかいシャワーが出るように祈りなよ」というフレーズで始まるこの曲は、若い女性に向けた抗議活動への参加の呼びかけとともに、新生ウクライナの覚醒への展望が歌われている。

＊9 「ホホル」はウクライナ人の蔑称、「モスカリ」はロシア人の蔑称。

＊10 「共通の政治的目的を達成するために、国家および非国家の在来型手段と非在来型手段（ゲリラ、反乱軍、テロリスト）を巻き込み紛争」という『ハイブリッド戦争』の編者ピーター・マンスールの定義を受けて、小泉悠は「ロシアは一連の介入において一般市民、元ウクライナ内務省治安部隊の隊員、ロシア民族主義者、コサック、マフィアといった幅広い主体を動員」し、「公式には戦争であることを否定しながら介入を強行した」と述べている（小泉二〇一七）。

＊11 A. Muchnik and O. Cichowlas, "Ukrainian Beats Steal a March on Moscow: A new music trend is taking over Russia," *The Moscow Times.*（二〇一七年四月二一日配信、最終閲覧日二〇二四年一月二三日）https://www.themoscowtimes.com/2017/04/21/a-new-brand-of-ukrainian-pop-is-invading-russia-a57786

＊12 敵への呪いと哀れみを同時に表現したこの曲は、「あなたはこの土地を欲しました／だからそれと混じりなさい／あなたは私の土になるのです／眠れ、眠れ、眠れ、眠れ」という強烈な歌詞とMVと相まって、話題を呼んだ。

＊13 "Ukraine: Maruv is not going to Eurovision 2019," *Eurovisonworld.*（二〇一九年二月二五日配信、最終閲覧日二〇二四年一月二三日）https://eurovisionworld.com/esc/ukraine-maruv-is-not-going-to-eurovision-2019

＊14 "Visits to Moscow and covers in Russian. How Alina Pash won the National Eurovision song context," *Lviv Now.*（二〇二二年二月一六日配信、最終閲覧日二〇二四年一月二三日）https://tvoemisto.tv/news/visits_to_moscow_and_covers_in_russian_how_alina_pash_won_the_national_eurovision_song_context_127864.html

＊15 西ウクライナのカルパチア地方に暮らすフツル人集落における恋愛悲劇を綴ったセルゲイ・パラジャーノフによる同名の映画（邦題は『火の馬』）へのオマージュ。

＊16 「トタン板のタクシー」（tsinkove taksi）の詳細は不明だが、霊柩車のことか。

＊17　モロトフ・カクテル（火炎瓶）のことと思われる。

＊18　一九三二年から三三年にかけて、スターリンによる農業集団化の過程でウクライナ全土で生じた大飢饉のこと。犠牲者数については諸説あるが、少なくとも四〇〇万人以上が餓死したと言われている。

＊19　開戦初日、ズミイヌイ島のウクライナ人国境警備隊員がロシア艦船「モスクワ」からの投降の呼びかけに対して言い放った言葉。

＊20　Pedro Santos, "Kalush Orchestra: "Any victory, in any aspect, would be very important for Ukraine"," *Eurovisonworld.*（二〇二二年五月六日配信、最終閲覧日二〇二四年一月二三日）

＊21　ウクライナ国内で製造された対艦ミサイル。二〇二二年四月中旬、ロシアの巡洋艦モスクワが炎上した際、ウクライナ側は国産の「ネプチューン」二発が命中したと発表している。

＊22　二〇二四年のユーロヴィジョンでは、戦時下で苦しむ女性たちをエンパワーメントした二人の共作「テレサとマリア」（Tereza i Mariia）がウクライナ代表曲に選ばれ、コンテストでは第三位を記録した。

＊23　ゴーゴリ作、平井肇訳『ディカーニカ近郷夜話 前篇』（岩波文庫 赤 605-7）所収（邦題は「イワン・クパーラの前夜」）。

＊24　https://www.youtube.com/watch?v=6oaWFrsXv9M

＊25　James Jackson, "How Pop Stars React When War Breaks Out," *BBC Culture.*（二〇二二年九月七日配信、最終閲覧日二〇二四年一月二三日）https://www.bbc.com/culture/article/20220906-the-ukrainian-pop-stars-bringing-hope

ロシア

「亡命」するラッパーたち
——二〇二〇年代の「文学裁判」とウクライナ戦争

中野幸男

ヴォルゴグラード警察に謝罪したいと思う。彼らは素晴らしい奴らだし、規律もちゃんとしてる。自分の野心の鳥籠から外の世界を見つめる、鳥の気持ちをわからせてくれてありがとう

Noize MC「天国での一〇日間（スターリングラード）」[*1]

1 はじめに

二〇二二年二月二四日。ウクライナ侵攻が始まったこの日以降、ロシアでは政治上の立場如何に関わらず、多くのアーティストが自らの立場の表明を求められた。とりわけ歯に衣着せぬメッセージをこれまで発表してきたアーティストや、ウクライナと深い関わりを持つと考えられるアーティストに対して、オーディエンスはＳＮＳを介し直接彼らの意見を求めた。こうした中、ウクライナ戦争開始後、アーティストの中でも最も影響力を及ぼす存在であり、早くからアクションを起こしたのはロシアのラッパーたちだった。

実はロシア・ラップは以前からアメリカの学会ではパネル発表もされ、研究対象としては一般的に

なっていた。日本では、もともと関心を持たれていなかったが、政府による、ロシア・ラップを紹介する日本語のプロパガンダ・サイトをはじめ、ロシア文学を専門とする松下隆志による論文での紹介[*2]がされるようになり、徐々に知られつつある。またSNS上のロシア語学習者を中心に、注目を集めている。

ところで比較文化研究者の金澤智は、ヒップホップはアメリカ社会において「かつては白人中心のアメリカ社会にオルタナティヴな視座を提供した」が、西欧以外の地域でも「アンダーグラウンドな文化だったものが、いまではメインストリーム化」していることを指摘している。[*3]ロシアにおいてヒップホップが一般社会に認知されるのは一九九〇年代であるが、飛躍的に人気が出たのは二〇一〇年代後半のオンラインラップバトルの隆盛からであり、今回扱うオクシミロンや Noize MC もインターネット上で人気者となり、FACE やモルゲンシュテインはSNSから登場している。

特にウクライナ戦争後は、政府側はラッパーたちの作品をアーティストによるただのリリックというよりも、影響力のある個人の政治的な発言と考えており、「国家安全保障戦略の不可分の一部」[*4]として文化政策を考えるロシア政府にとっては脅威となっている。二〇二三年一二月には、一七歳のラッパーのリリックの内容が問題となり当事者は逮捕され、最も著名な Versus を含むロシア国内のラップバトルの YouTube チャンネルなどから、ラップバトルの動画が大量に消されるという事件も起きている。[*5]

ここで文学中心主義的なロシアの文学的伝統、すなわち他の西欧諸国と比較して、過剰に作家を政治的に管理しようとしたロシアの検閲の伝統を思い起こすことも可能である。あのプーシキンやレールモントフ、トルストイといった作家ですら、その発言や死までもが当局に監視されていたからである。一方で、ロシアのヒップホップシーンから、エフトゥシェンコやヴィソツキーといった詩人たちが詩の朗読や歌唱によって、他の国では考えられないほどの多くの観客をソ連時代に集めていた風景も思い起こすことができよう。[*6] 反プーチン派の政治活動家であるナヴァーリヌィの死にまつわる一連の騒動も一九世紀の作家の死に似ている。

また、ロシアのヒップホップを、パフォーミング・アーツの伝統の延長線上に位置づけることもできる。二〇〇三年にエミネムの『8マイル』が公開されるとモスクワ各地のクラブでフリースタイルバトルが人気となり、[*7] 現在でも圧倒的な人気を集めている。

この章ではウクライナ戦争後、つまり二〇二二年二月二四日以後にロシア国外に去り、現在も国外で活動を続ける四名のラッパー、Noize MC、オクシミロン（Oxxxymiron）、FACE、モルゲンシュテルン（Morgenshtern）について論じてみたい。

彼らの活動からは、プーチン支持派の社会活動家エカテリーナ・ミズーリナが代表を務める、文化全般に対するオンライン検閲を行う機関である「安全インターネット連盟」をはじめとする、ロシア国内における検閲の強化と、それへの反発といった古典的な構図が垣間見える。さらには検閲を巧みにかわしながら生活するSNS時代のアーティストの処世術のようなものも見てとることができるだろう。

「文学裁判」の時代である一九六〇年代に作家たちが作品の内容を理由として裁かれたように、オクシミロンのテクストはサンクトペテルブルク大学の研究者により「鑑定」されている。一方でオクシミロンはアダルトサービスのメーリングリストをあたかも地下出版のように検閲から逃れる手段として用いている。実際に、筆者がアダルトサービスの思わせぶりなタイトルで送られたメールを開いてみたところ、そこには国内での活動を禁止されている、アーティストの予定が公開されていた。そこに松下が語るような、「既存の文学とは異なるフィールドで繰り広げられるもう一つの「文学」との闘争」[*8]が見られるとしても不思議ではない。

ロシアのヒップホップシーンは、しばしばロシア・ソ連の過去の文学史と重ね合わせられて考えられることが多い。しかしそれはロシア一国内だけの、国家による支配と抵抗の図式だけで読み解けるものではなく、経済制裁と軍事支援を背景とした多国間の政治問題も、背景にあることも忘れてはならない。ウクライナだけでなく、リトアニアやアルメニアといった旧ソ連国家の領土問題も影響をロシア・ラップに及ぼしているのである。プーチン政権下では亡命者が増え始め、「第五の波」と呼ばれるようになったが、ここでは国外に亡命したラッパーたちの活動を追い、ロシア・ヒップホップの一側面に光を当てていく。そこから、ウクライナ戦争下のロシア人たちが行っている、複雑な「抵抗」のありようが垣間見えるはずだ。

2　Noize MC

Noize MC（一九八五〜）は、社会活動家のラッパーとして研究者から注目を浴びてきた[*9]。本名はイワン・アレクセーエフで、ヤールツェヴォに生まれた。彼はウクライナ国境の街ベルゴロドで育ったが、ウクライナ領内のハリコフ（ハルキウ）にも頻繁に通った。二〇〇二年にモスクワにあるロシア国立人文大学に入学するも、徐々に大学から足が遠のくようになり、学生寮内でのライブやフリースタイルバトルに明け暮れるようになった。そうした中、両親の金で買ったコンピューターや自分で買ったマイクを使って楽曲制作をするようになった。大学入学後に加入したグループ、プロチーヴォ・ガンズ（Protivo Gunz）は二〇〇〇年代中頃に「Noize MC」に改名した。以前からイワン個人が名乗っていた名前をグループ名として使用するようになったという次第だ。

彼はインターネット上でも活動し、人気を得ていた。デモテープがプロデューサーで音楽マネージャーのグリゴーリー・ゾーリンの妻アーシャ・カリャーシナのもとに届いたことがきっかけで、彼はロシアの伝説的なラッパーをこれまでに発掘してきた音楽レーベル Respect Production と契約を結ぶことになった。そこでメジャーレーベルのユニヴァーサルからオファーを受け大量の前金を受け取ってアルバム制作にとりかかったものの、アルバムは完成することなく二〇〇八年に前金は返還された。

その後、アルバムはレコード会社の「音の神秘」からリリースされることとなった。二〇〇八年にリリースされたファーストアルバム『The Greatest Hits Vol.1』は全曲デモから選曲されたが、すでにインターネット上に広まり、暗記されるほどファンに浸透している曲も少なくなかった。収録曲「我らの運動（Nashe dvizhenie）」はプーチン派の若者たちによる青年組織「ナーシ」（「我らの」）から依頼され作曲されたものだが、運動の背後に潜むパトロンの存在を歌ったため、その後組織との接触は無くなった。

二〇一〇年八月、彼はコンサートの最中にロシア警察の汚職を摘発する映像を公開したためにヴォルゴグラード（旧名スターリングラード）で当局批判の罪で逮捕され、一〇日間投獄された。釈放のために彼は謝罪告白ビデオの撮影を求められ応じたが、釈放後に、彼はこのビデオを「天国での一〇日間（スターリングラード）」（10 sutok v rayu（Stalingrad））という曲のMVに使用している。冒頭に引用したリリックは、そのとき書かれたものである。

Noize MC はウクライナ戦争前からプーチン政権に批判的だったが、「外国エージェント（スパイ）」という用語がロシア法に登場するようになった二〇一二年以降、彼は親ロシア派への抵抗を強めるようになった。ラッパー仲間であり本稿で後述する FACE やオクシミロンとともに反プーチン派の政治活動家であるナヴァーリヌィの支援集会に参加していたこともある。二〇二二年二月二四日のウクライナ戦争開戦後は、国外でウクライナ避難民支援のためのコンサートを行い、以降、ロシアの人気歌手モネートチカ（Monetochka）と共に「平和の声」と題したウクライナ避難民支援コンサートをラトヴィアの首都リガやリトアニアの首都ヴィリニュス、そしてプラハやベルリンなどのヨーロッパ各都市で開いている。

Noize MC は二〇二二年四月に発表したウクライナ戦争後のロシアの印象を語った曲「アウスヴァイス（Ausweis）」で、ロシアのウクライナ戦争に対する集団責任を歌っている。歌詞サイトの注釈によれば、「アウスヴァイス」は第二次世界大戦中にソ連およびウクライナのドイツ軍占領地域で配布された身分証を指すドイツ語だという。現在では俗語でロシアに「併合」されたウクライナの（一部地域 or 四州）で配布されるロシアのパスポートを指すこともある。ここでは、戦争後西側諸国に逃げ出すロシア人が取得した「マルチビザ」をナチスドイツ時代の「アウスヴァイス」に例えているのだ。

身の潔白を示そうとするな　お前にも罪がある
お前のアウスヴァイスには、永遠の地獄へのマルチビザがついている

この曲でNoize MCは、自身が持つシェンゲン協定によるマルチビザを、ドイツ侵攻下で生き延びるためににソ連の人びとが手に入れた「アウスヴァイス」に例えている。現代の「アウスヴァイス」をもらってのんきにヨーロッパで生き延びている自分も含めたロシア人全体の、ウクライナに対する集団的な罪や無力感を歌っているのだ。

そしてついに二〇二二年一一月一八日、Noize MCは当局から「外国エージェント」に認定される。ウクライナ支援ツアー中の彼は、亡命を余儀なくされ母国へ戻ることはなかった。二〇二三年四月にモルドバのキシニョフで開催された彼のコンサートでは、観客が掲げたウクライナの国旗と、ロシア国内での反ウクライナ侵攻のシンボルである白と紺の自由ロシア国旗が警備員に奪われる事件が起こった。Noize MCは演奏を止め、旗が戻るまで演奏を再開しないと宣言し、その様子はロシア国外のメディアで話題となった。

彼の支援はウクライナにとどまらない。二〇二三年一〇月二五日のForbes.ruの記事によるとNoize MCはアルメニアの首都エレヴァンでのコンサートの収益を、ナゴルノ＝カラバフから脱出したアルメニア移民のために寄付したという。ナゴルノ＝カラバフはアルメニア人がアルツァフ共和国として独立を宣言していた地域だが、アゼルバイジャンとの争いの末、共和国は事実上崩壊した。二〇二三年一一月現在、彼は家族と共にリトアニアで暮らしている。

3　オクシミロン

オクシミロン（Oxxxymiron 一九八五〜）、本名ミロン・フョードロフは、レニングラード（現サンクトペテルブルグ）に生まれた。インタビューでは、母語はロシア語だが、物理学者の父親の赴任地のエッセンで学んだドイツ語が第二言語であり、第三言語は英語だと語っている。彼は高学歴のラッパーとして知られ、高校時代に教師から勧められてオックスフォード大学の英語・英文学科に進学した。しかし多くの学生が貴族のようであった大学は合わず、ラッパーとばかり交流し最低の成績で卒業したという。その後、ロシア国内で活動し、徐々に人気を集めていく。特にラップバトルで戦績をあげ、知名度を上げていった。

二〇一六年八月、中道左派政党「公正ロシア」の党首セルゲイ・ミローノフは選挙前討論をラップバトルに模した形式で行い、ミローノフ自身もオクシミロンにもじったMCネーム「オクシミローノフ（OxxxyMironov）」として参加することを発表した。[*10] 記者会見では、共産党党首ゲンナジー・ジュガーノフを模したラッパー、ズッガーノ（ZuGGano）と対戦するミローノフのラップバトルがアニメで伝えられた。つまり政治家に模倣されるほど、オクシミロンはロシアを代表するラッパーになっていたのである。

二〇一七年、Slava KPSSとのラップバトルがロシア国内で評判となる。そのバトルから二ヶ月後にオクシミロンはロサンゼルスで初めて英語でのラップバトルに挑戦した。二〇一七年一〇月に開かれたトロントで行われた北米のラップ・リーグのWorld Domination VIIでは、彼とDizasterの対戦が一日目のメインイベントとして行われた。

I do bring in the numbers, you can't relate
But that's irrelevant, I'll bury you in L.A. today, Habibi.

セールスでもファンの数でもお前が理解できないくらい勝ってるが、
それは重要じゃない、ロスで今日お前を倒してやる、ベイビー

アメリカ生まれレバノン育ちのラッパーのDizasterに対して、セールスやファン数で勝るオクシミロンが、英語さらにはアラビア語でアンサーしている。彼の首の右側には、タトゥーで刻んだサンクトペテルブルク建都の年号を示す「一七〇三」の数字が書かれていた。ロシアでオクシミロンは瞬く間にラップバトルのカリスマになった。

その後、彼はウクライナ戦争開戦後にInstagramである声明を発表した。声明はモスクワとペテルブルクでのコンサートの無期限キャンセルを伝えるものであり、以下のように記している。

ウクライナにロシアのロケットが落ちていて、キエフの住人が地下室や地下鉄に身を隠さざるを得なくなって、人々が死んでいる間は、みんなのことを楽しませることができない

オクシミロンは、ロシアでこの「反愛国的な」行動を起こすことの重要さをInstagramの声明で語っている。彼はヴェトナム戦争で反戦運動に加わり、反愛国的だと言われたモハメド・アリやボブ・

ディランを意識していた。その後彼はロシアを出国し、同じく出国したロック歌手のボリス・グレベンシコフと共にウクライナ避難民支援コンサートをロンドンで開いている。

二〇二二年四月七日の報道によると、ベルリンで「戦争に反対するロシア人」と題したツアーを終えたオクシミロンは、戦争で苦しむウクライナ人のために稼ぎ出した収益は少なく見積もっても一二万五〇〇〇ドルにのぼるという。オクシミロンは俳優としての活動も行い、ロシアの現代作家ヴィクトル・ペレーヴィンの小説を原作とするヴィクトル・ギンズブルク監督の『Empire V』（二〇二二）に彼は主要キャラクターの一人として出演している。しかし彼がウクライナ戦争に対し批判的なため映画の公開自体が無期限延期とされている。[*11]

二〇二二年一〇月七日、オクシミロンもロシア政府より「外国エージェント」認定を受けた。九月に発表した新曲の「オイダ」の歌詞が、ウクライナを含めロシアの領土が不可分であることに疑問を呈する内容だとされたからである。彼のリリックは、ペテルブルク大学の研究者によって、少数派が中央からの分離独立を目指す「分離主義」であると鑑定されたのだった。あたかも一九六〇年代の文学裁判のような事件である。

イングリアは自由になる

この一節が分離主義の根拠とされたと考えられる文章だが、「イングリア」とはオクシミロンの故郷であるサンクトペテルブルクを含む地域の歴史的呼称である。現在も「自由イングリア」という団体が独立を訴えているため、オクシミロンが分離主義の片棒を担いでいるように見られたのだろう。

またこの一節は「ロシアは自由になる」というロシアの反体制派のスローガンとも重ねられている。

二〇二二年一二月三一日の彼の新年を祝うＳＮＳのポストも「外国エージェント」の記載がなかったことにより訴えられた。「外国エージェント」に指定されると、メディア露出の際にその事実を明記する義務が課せられ、違反すると罰せれる。[*12]さらに二〇二三年八月八日には新曲のティーザーが「＊」という記号だけで発表され、これはのちに「外国エージェント」がしばしば名前にアスタリスクをつけて表現されることを揶揄していると理解された。その後八月一二日に発表された新曲「危険インターネット連盟（Liga Opasnogo Interneta）」はエカテリーナ・ミズーリナが代表を務める文化全般に対するオンライン検閲を行う機関「安全インターネット連盟」を揶揄したものである。この曲では音楽業界の検閲をするミズーリナにお伺いを立てるスカリー・ミラノ（Scally Milano）、インスタサームカ（Instasamka）、ホフマニータ（Hofmannita）、ロックバンド「雨の三日間（Tri dnya dozhdya）」といったミュージシャンも批判している。

二〇二三年一〇月五日には与党統一ロシアの党員が著作権が適用されないオクシミロンの声をＡＩ加工し、彼のアルバム『ゴルゴロド（Gorgorod）』を愛国的に作り変えたアルバム『ゴルゴロドよ永遠に』を発表する。その後、オクシミロンは「ゴルゴロド」を商標登録した。ただしきっかけは統一ロシア党員のＡＩ作品ではなく、過去に彼とラップバトルで戦ったSlava KPSSが発表した『ゴルゴロド２』というアルバムだったようだ。二〇二四年一月にはワールドツアーの一環で渋谷のＷＷＷにてライブを行い、ロシア人やウクライナ人の多く集まる会場でツアーを締め括った。

4　FACE

FACE（本名：イワン・ドリョーミン）はネットから急に出てきた、謎の多いラッパーである。彼は二〇一八年九月六日にBBCロシア局のロングインタビューに答えている。[*13] 以下、彼の略歴をこのインタビューに基づいて紹介しておこう。

FACEは一九九七年、ロシアの地方都市ウファで生まれた（後述するモルゲンシュテルンとは同郷である）。彼が一歳になる前に両親は離婚した。そんなイワン少年は九歳で酒を飲みはじめ、一二歳で通っていた音楽学校を辞めた。彼の関心はボクシングに移り、市大会で金メダルを取るほどの腕前になった。その次にはフーリガン活動に熱中したが結局、彼の関心は音楽に戻ったのだという。

二〇一三年に、彼は友人と共にヒトラーに忠誠を誓った。ロシアでのネオナチは、極右だけでなく国内のアジア系民族に対し人種差別をすることで知られる。FACEも中央アジアの人々を襲おうとし、喧嘩や器物損壊で警察沙汰にもなった。ウファの中心部に引っ越してからは心境の変化からか、ネオナチの定番ファッションである短く切った髪を長髪に変え、破れたジーンズを履くようになったが、昔の友人たちからはやめるようと言われたという。

大学受験の年を迎えたFACEは日本の共通テストにあたる統一国家試験で失敗してしまう。彼に唯一残された仕事はホテルのマネージャー助手だったが二日で退職した。

しかし二〇一五年、「ゴーシャ・ラブチンスキー」という曲をSNSに発表し、数日で一〇万回以上再生された。FACEがネット上で偶然見たロシアの有名デザイナー「ゴーシャ・ラブチンスキー」を題材にした曲である。郊外のアンダーグラウンドを思わせる若者の映像が拡散し、瞬く間に

FACEはSNSで人気者になった。MVでは夜のウファのビジネスセンターの廊下でFACEが友人たちと戯れ、リリックでは自身を有名デザイナーに喩えている。

俺を見ろ　最先端のトレンド　ゴーシャ・ラブチンスキー　俺のベストフレンド
ゴーシャ・ラブチンスキー　ゴーシャ・ラブチンスキーみたいな俺（ゴーシャ！）
ゴーシャ・ラブチンスキー　ゴーシャ・ラブチンスキーみたいな俺

二〇一八年にゴーシャ・ラブチンスキーの男性モデルとのセックス・スキャンダルが発覚するとブランドは終了した。FACEはこの曲を二度と演奏することはないと語っている。

FACEは、コンサートで人気が出てくると音楽学校卒の兄ボグダンをモスクワに呼び、二人で働くようになった。ボグダンは不動産関係の仕事をしていたが、二〇一四年のクリミア併合により国内の不動産市場が崩壊し失職していた。

その後、ロシアではヒップホップに対する締め付けが強くなる。二〇一七年末にはFACEの地方都市でのコンサートも当局に妨害されるようになった。また開演前にロシア国歌を演奏することや、侮蔑語を使わないといった内容の告白動画の撮影も求められた。

FACEはベラルーシの首都ミンスクなど、国外でのコンサートも開場国の当局によって公演が禁止された。ウクライナでのコンサートは一回目は禁止されたものの、二回目は許可された。当時の大統領ポロシェンコの子供も彼のロンドン公演に来ていたという。FACEは二〇一七年一二月にロシア大統領府から、約二〇〇万ルーブル（約三五二万円）の報酬で、若者向けのPRとしてMVに態に乗ったプーチンの映像を挟み、愛国的なニュアンスを取り入れるという条件で、彼のヒット曲の続編を作るように求められた。彼は報酬の増額ではなくコンサートで妨害や捜索を受けないことを提案したが交渉は決裂している。

FACEの恋人でもあるロシアの人気YouTuberのマリヤナ・ローも、二〇一八年三月の大統領選挙前に選挙キャンペーンのコマーシャル動画を撮影するよう当局から求められた。彼女によると報酬は「三秒間、何か言うだけで七〇万ルーブル（約一二三万円）、投票に行くと五〇〇万ルーブル（約八八〇万円）」、通常の企業PRの報酬は二五万ルーブル（約四四万円）が相場という彼女の発言から見ると破格である。ちなみにオクシミロンとラップバトルで争ったSlava KPSSのスタッフはBBCの取材に対して、大統領府のキャンペーンに協力したことを認めている。

しかしFACEは、プーチンのやり方を快く思っていなかったようだ。彼の二〇一八年のアルバム『道は測り知れない（Puti neispobedimy）』はモスクワ市長選挙前に発表された。兄ボグダンのアイデアにより、アルバムでは全編にわたって、スターリン体制下に弾圧により死亡したロシア・ソ連の詩人オシップ・マンデリシタームの詩が引用されている。マンデリシタームの『第四の散文』には「私は世界文学のすべての作品を、許可されたものと許可なく書かれたものに分ける。前者は屑で、後者は盗まれた空気である」という有名な一節がある。この一節からとられた「盗まれた空気」（Vorovannyi vozdukh）という曲で、FACEはマンデリシタームの文句を繰り返し続ける。自分の作品を「許可なく書かれた」ものだと位置づけ、自分自身をスターリン体制下で抵抗した詩人と重ね合わせているのである。

俺は盗まれた空気　俺は盗まれた空気　俺は盗まれた空気
お前らはただの屑で　俺は盗まれた空気
俺は盗まれた空気　俺は盗まれた空気　俺は盗まれた空気
お前らはただの屑で　俺は盗まれた空気

FACEはウクライナ戦争開戦後にInstagramで戦争反対の訴えと当局に対する非難を発表した。またマリヤナ・ローや家族とともに国外へ移住することと、ロシア国内でコンサートを行わないことを宣言した。二〇二二年三月一二日のInstagramの投稿では、[*14]次のように語っている。

ロシアの未来とは、手に絵筆やマイクを持った人たちのことで、手榴弾と自動小銃じゃない。ロシアの未来とは思想と自由だ。ロシアの未来とは、私たちのことだ。

戦争前からFACEは体制批判をＳＮＳで発表した後に削除していたが、上記の反戦コメントは二〇二三年一一月現在、削除されている。二〇二二年四月八日に、FACEはロシアで「外国エージェント」に認定された。認定後、FACEは同じく「外国エージェント」に認定されているジャーナリストのユーリー・ドゥーチのインタビューにギリシャで答えている。[*15]その後、二〇二三年九月にロシア国外で製作された新作アルバム『何もいいことがない』を発表し現在もロシアの外で活動しているが、国外脱出後の居住地は知られていない。

5　モルゲンシュテルン

モルゲンシュテルン（Morgenshtern）は、いまロシアで最も人気のあるラッパーの一人だ。YouTubeのチャンネル登録者数は一二一〇万人、Instagramのフォロワー数は七四三万人を超える。本名はアリシェル・ヴァレーエフ。一九九八年、ロシアの少数民族共和国の一つであるバシコルトスタンのウファに生まれた。父はロシア南西部に住むテュルク系少数民族のバシキール人、母はロシア系ユダヤ人だが、両親は結婚していないため母の姓であるモルゲンシュテルンを名乗っている。一一歳の時に亡くなった父親とは一緒に暮らしたことはなかった。

彼は早熟の天才だ。一二歳の時にはすでにハンディカムで初めての自分のMVを撮影し、一六歳でアルコール中毒に苦しんでいた。バシュキール国立教育大学に入学するも、怠惰な生活から退学。その後に友人とロックグループMMD CREWを結成した。二〇一七年からは「#イージー・ラップ五分で作るトラックとクリップ」と題したVlogを始め、数百万回再生されるラップのヒット曲がいかに作られているかを、DAWでトラックを製作しながら解説し人気を得る。一連の動画では同郷の友人FACEの曲も再現しているが、無償で「ゴーシャ・ラブチンスキー」のMVを編集したのもモルゲンシュテルンだった。

Vlogと並行して、モルゲンシュテルンは自作のラップを発表し始めた。二〇一七年中頃から有名ラッパーのパロディから曲制作を始め、次第に自分自身のトラックをレコーディングするようになった。レーベルとは契約せずに活動していたものの、ビートメーカーのSlava Marlowと共作したファーストアルバム『伝説の埃（Legendarnaya Pyl）』は発売三ヶ月で一二五〇万ループル（二五〇〇万円）の収益を上げた。このアルバムはモルゲンシュテルンのチャンネルで制作過程が生配信され、一週間で制作された。
リリックにはフリースタイルで作られたフレーズや、他にもドラマから生まれたミームや、動画制作に熱中したために大学から追放された経験（大学から追放される様子も撮影して公開している）が織り込まれている。

大学の教師は俺に合格をつけなかった（まあどうでもいいや）
小さい頃から言われてたもんな「こいつはろくでなしになる」って（ああ残念）（「俺は埃」）

二〇二一年には二枚目のアルバム『Million Dollar: Happiness/Business』をAtlantic Records Russiaよりリリースした[*16]。モルゲンシュテルンはウクライナ戦争が始まる前の二〇二一年一一月に、ロシア連邦捜査委員会から麻薬取引をしていると告発され、彼はロシアからベラルーシに出国した。そのためウクライナ戦争前に彼は出国していたが、二〇二二年二月二四日にはInstagramのストーリーで、彼は本名を記し兵隊に反戦を訴えていた。

兵隊の仲間たち、お偉い方の命令で死にに行くなんて何が楽しいんだい。だいたい、セックスしたり、ワイン飲んだり、ダンスできるなら、戦争なんてクソだよ。わかんねえな。戦争なんて流行んねえよ
アリシェル・ヴァレーエフ[*17]

二〇二二年五月六日に、モルゲンシュテルンも当局から「外国エージェント」に認定された。しかし彼は、五月二三日には弁護士を通じて自分を「外国エージェント」のリストから外すように裁判を起こしている。彼は、二〇二二年三月一四日に「一二」という反戦メッセージ曲を発表した。「一二」というのはロシアの外で育つ彼の弟の年齢である。またリリース後の二〇二二年三月に、Instagramにロシア革命期の詩人アレクサンドル・ブロークの詩『一二』をポストしたことから、ブロークの詩とのダブルミーニングのタイトルであると見受けられる。

この曲では、「外国エージェント」に認定されているウクライナのジャーナリストのドミトリー・

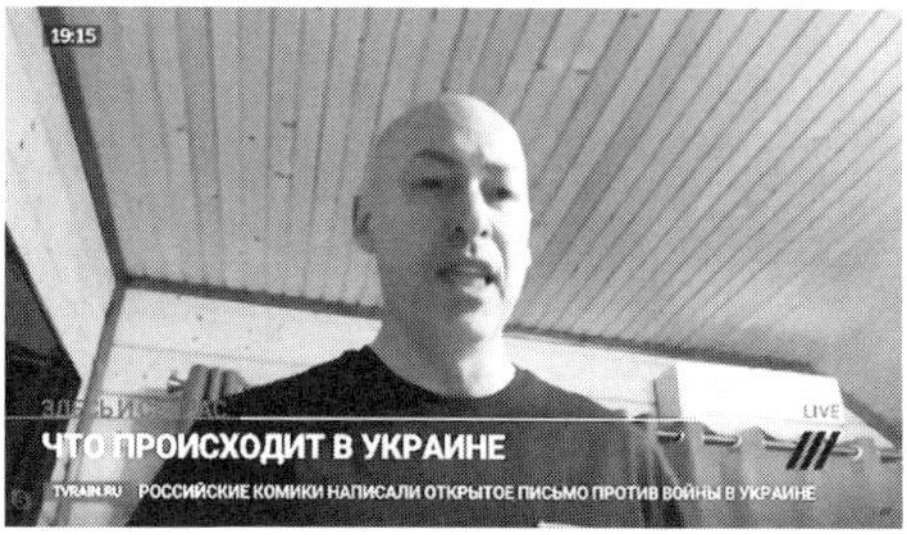

生放送のインタビューでロシア軍に対して侮蔑語を吐くドミトリー・ゴルドン。写真はYouTubeの同動画よりキャプチャーしたもの。

ウクライナを連想させるデモの様子が映り込むモルゲンシュテルンの「一二」(2022)。写真はYouTubeの同動画よりキャプチャーしたもの。

ゴルドンが、二〇二二年二月二七日にロシアの独立系テレビ局TV Rainでの生放送で吐いたロシア軍への侮蔑がサンプリングされている。番組内では、軍に対し侮蔑語を吐くゴルドンに対し、アンカーのコトリカゼが再三、放送禁止用語である侮蔑語をやめるよう説得していた。

ゴルドン「私がロシア軍に言いたいのは……ここから失せろ、クソ野郎」
コトリカゼ「だから、ドミトリー、生放送で侮蔑語は使えません」

曲では、ゴルドンの「ここから失せろ、クソ野郎」という発言がサンプリングされている。さらにアウトロでは、この曲のプロデューサーで、ウクライナ生まれのビートメーカーのパラギン（Palagin）が、戦禍を伝える母からのボイスメールをモルゲンシュテルンに聴かせる構成になっている。

『ここから失せろ、クソ野郎』
「だから」

俺たちに成功がありますように　でも死が近づく頃には　持っていたものなんてみんな忘れてしまう
金なんてどうでもいいけど　金で幸せは買えないなんて言ったら俺は嘘をついてる

「そう、うちのここ、まさにここで、朝に天井が吹き飛ばされそうになったの。どっかに逃げようかと思ったんだけど、あとで戻ってきて、そこに今座ってる。穴蔵に自分でシェルターを作ったから、そう、心配しないで」

つまり、モルゲンシュテルンはウクライナで暮らす、プロデューサーの母の声をアルバムに収録することで、戦争のリアルをロシアのオーディエンスに伝えようとしたわけである。

二〇二二年一〇月二一日、モルゲンシュテルンは、三枚目のアルバム『Last One』を発売した。彼曰く「ロシア語での最後のアルバム」となるとのことだ。ドバイ、その後ビザが延長できずにバリ島に一時的に住み、世界ツアーを続けるモルゲンシュテルンが帰国する予定は当面なさそうだ。

6　おわりに

日本で「政治とヒップホップ」というとまだ喫緊のリアリティを感じられる事例は多くはない。しかしロシアでは、ヒップホップはまさに政治の現実そのものだ。一九六〇年代には文学裁判で、文学作品の内容を理由として作家が収容所に送られていた国である。文学の登場人物の言葉は、そのまま作者の政治的な意見を反映した反ソ扇動と見做されていた。ラッパーたちも過去の作家たち同様に、リリックの内容から「外国エージェント」つまり国家の裏切り者だとされて、訴追され、外国へ亡命していく。それは本稿で見てきた通りである。

一方でロシア政府がラップを若者文化として利用する姿勢も見られる。一例として、二〇一九年には、下院の体育・スポーツ・観光・若者問題委員会主催で三〇歳以下のラップ初心者を対象とした、ラップ・コンクール「無限のラップ」が開催されている。テーマは「観光」で、ラップを国家の宣伝に使おうとする国の姿勢が見て取れる。[*18]

FACEの事例のように、大統領府がラッパーへの働きかける場合もあった。二〇二一年には、モルゲンシュテルンも当局から大統領選挙での協力を要請されたとされている。

二〇二一年一〇月二五日には、モルゲンシュテルンが「五月九日（ロシアの第二次世界大戦の戦勝記念日）の行事になんで毎年数百万も使うのか理解できない」とインタビューで語ると、ある退役軍人は「ナチズムの復権」や「憎悪の喚起」がモルゲンシュテルンの発言に認められるとして当局に調査を依頼した。直後に、大統領直属の連邦捜査委員会により「二〇一三年から二〇二一年までの作品で麻薬使用の傾向が見られ、刑法二三〇条に反する疑いがある」としてモルゲンシュテルンに対する捜査が開始された。また、連邦捜査委員会会長のアレクサンドル・バストルィキンは一一月二三日に「ブロガーのモルゲンシュテルンは実際、ＳＮＳで麻薬取引をしている」と発表し、これを受けて翌二四日、モルゲンシュテルンは前述の通り、ベラルーシに出国している。一一月二四日にはモスクワで彼が所有するレストラン、カイフ（Kaif）が閉店し、一一月二五日に、彼はベラルーシのミンスクからドバイに出国した。[*19]

その後、二〇二一年一一月二九日の報道では、クレムリンの代表者がモルゲンシュテルンに二〇二四年の大統領選挙では政権に協力するよう要請していたこと、さらに拒否した場合は、帰国の可能性について、障害にはならないが、「連邦調査委員会の脅迫が全て現実となる可能性がある」と話し合いの中で語られたと報じられた。ただし大統領報道官のペスコフはこのニュースを「デマだ」と否定している。[*20] 一人のラッパーの「亡命」を巡る騒動が、国家レベルの問題へと発展しているというわけである。
一方、オクシミロンが高校での大量自殺をテーマとした曲「最後のベル（Poslednii Zvonok）」は、二〇二二年八月三〇日、モスクワ検察庁より過激であると認定された。「最後のベル」とは、高校卒業前の卒業を祝う祝日のことである。過激と認定された理由は「暴力を正当化する表現が見られる」とのことだった。その頃、ロシアのインターネット上では、彼の曲に合わせて、アメリカのコロンバイン高校の銃撃事件を題材にしたエストニアのドラマ「クラス」（二〇〇七年）の映像を使ったビデオクリップが広まっていた。この曲とそのビデオクリップは、以前にもロシアに併合されたクリミアのケルチで二〇名が死亡した事件を誘発したと社会活動家より訴えられている。そして二〇一八年一〇月には最高検察庁の要求で、ロシア連邦通信・情報技術・マスコミ監督庁によりYouTube、Facebook、ロシア最大のSNSのVkontakte、学校同窓生のSNSのOdnoklassnikiで八六〇以上アップロードされていた「最後のベル」のMVのコピーがブロックされている。[*21]
以上、本稿で見てきた通り、ロシアでは、ウクライナ戦争後のラッパーたちの発言とそれに続く「外国エージェント」認定やコンサートの中止、裁判による作品内容に関わる有罪判決など、ラッパーと政府の対立が非常に先鋭化しているといえよう。それは、ロシア政府が「ヒップホップ」を政治に影響を及ぼしかねない若者文化として非常に重視してきた証拠でもある。とりわけ、こうした「文化政策」としてのヒップホップ対策は、ウクライナ戦争開始後に顕在化したといえよう。
多くのラッパーが国外に脱出する中、ロシア国内で、ロシア語で歌うアーティストたちにとって「これからどうするのか」は、死活問題でもある。最近の報道では、FACEやモルゲンシュテルンのような「亡命」ラッパーたちは、今後は英語で歌うと語っている。[*22]

一方で二〇二二年九月六日、驚くべきニュースが報じられた。なんとオクシミロンがペテルブルクで目撃されたのである。そして実際にペテルブルク市内で撮影された新曲「オイダ」（Oida）が九月一六日に公開されると、ロシアのネットは大騒ぎとなった。[*23] さらに九月一五日、オクシミロンはアダルト目的で利用されることが多い、サブスプリクション型SNSのOnlyFansにメーリングリストを作成し、「密告者や検閲官にとっては止められないので悪夢」だというEメールの一斉送信で情報を発信した。二〇二二年一二月一三日、アダルトサービスを思わせる「君、今何着てるの？」というタイトルで送信されたメールは、オクシミロンのワールドツアーについての詳細を伝えていた。

ウクライナ戦争の中で、ラッパーたちは六〇年代の「文学裁判」に似たような状況に巻き込まれ、国を去ることを余儀なくされている。しかし地下出版を行ってきた過去の文学者たちのように、インターネット上で「狡智」を働かせ、彼らは抵抗の歴史に新たな一ページを刻んでいる。ロシアの「亡命」ラッパーたちは、国外にありながら当局の検閲を迂回する巧みな戦術を、今なお展開し続けているといえるだろう。

引用文献

Ewell, Philip. "Russian Rap in the Era of Vladimir Putin", Miszczynski, Milosz and Ariana Helbig(ed.) Hip Hop at Europe's Edge. Music, Agency, and Social Change. Bloomington: Indiana University Press, 2017, pp.45-62.

岩田貴 2022『現代ロシア演劇　ソ連邦崩壊からパンデミックとウクライナ侵攻まで』水声社

金澤智 2020『ヒップホップ・クロニクル』水声社

松下隆志 2022「ロシアをレペゼンするのは誰か？——プーチン時代の政治とラップ（前編）」『Web ゲンロン』https://

webgenron.com/articles/article20221117_01（最終閲覧日２０２３年11月25日）
松下隆志 2023「ロシアをレペゼンするのは誰か？——プーチン時代の政治とラップ」『ゲンロン』一四号、二〇二三年、100-121 頁。

新聞・雑誌記事

＊ウェブ媒体の最終閲覧日はすべて二〇二四年二月二八日。

«Будущее России — люди, у которых в руках кисти и микрофоны, а не автоматы с гранатами». Рэпер Фейс выступил против войны в Украине // Meduza. 2022.3.12 https://meduza.io/news/2022/03/12/menya-kak-rossiyskogo-artista-teper-ne-suschestvuet-kak-grazhdanina-tozhe-reper-feys-zayavil-chto-uehal-iz-rossii

Выход экранизации романа Пелевина «Ампир V» отложили за неделю до премьеры. Одну из главных ролей в фильме сыграл Оксимирон, выступивший против войны // Meduza. 2022.3.26 https://meduza.io/news/2022/03/25/vyhod-ekranizatsii-romana-pelevina-ampir-v-otlozhili-za-nedelyu-do-premiery-odnu-iz-glavnyh-roley-v-filme-sygral-oksimiron-vystupivshiy-protiv-voyny

Моргенштерн* анонсировал прощальный альбом из невышедших треков // UFA1.ru 2022.11.13 https://ufa1.ru/text/culture/2022/06/13/71406395/

Моргенштерн отменил концерт в Москве и уехал из России — вскоре после того, как Бастрыкин обвинил его в «торговле наркотиками в соцсетях» Как развивался конфликт СК с рэпером. Цепочка событий // Meduza. 2021.11.26. https://meduza.io/feature/2021/11/26/morgenshtern-otmenil-kontsert-v-moskve-i-uehal-iz-rossii-vskore-posle-togo-kak-bastrykin-obvinil-ego-v-torgovle-narkotikami-v-sotssetyah

«На**й войну»: скандальный россиянин Моргенштерн призывает не воевать, а пить вино и танцевать //showbiz 24 tv. 2022.2.24. https://showbiz.24tv.ua/ru/naj-vojnu-skandalnyj-rossijanin-morgenshtern-prizyvaet-ne-voevat_n1876829

Прокуратура потребовала признать экстремистской песню Оксимирона «Последний звонок». В ней нашли «оправдание идеологии насилия» // Meduza. 2022.8.30. https://meduza.io/news/2022/08/30/prokuratura-potrebovala-priznat-ekstremistskoy-pesnyu-oksimirona-posledniy-zvonok-v-ney-nashli-opravdanie-ideologii-nasiliya

Самые богатые российские рэперы из рейтинга Forbes // Forbes.ru 2021.8.8 https://www.forbes.ru/obshchestvo-photogallery/436381-samye-bogatye-rossiyskie-repery-iz-reytinga-forbes

Сергей Миронов устроит рэп-дебаты под псевдонимом OxxxyMironov // BBC русская служба. 2016.8.3. https://www.bbc.com/russian/news-36964211

С Youtube начали массово удалять записи российских рэп-батлов // Radio Svoboda. 2023.12.18. https://www.svoboda.org/a/s-youtube-nachali-massovo-udalyatj-zapisi-rossiyskih-rep-batlov/32736039.html

Ужас, понятный без перевода.Борис Барабанов о том, нужен ли стране русскоязычный песенный конкурс // Kommersant. 2021.3.26. https://www.kommersant.ru/doc/4749856

Что говорят представители Моргенштерна о переговорах с Кремлем по возвращению рэпера в Россию // RTVI . 2021.11.29. https://rtvi.com/news/ap-vedet-peregovory-na-temu-vozvrashcheniya-morgenshterna-v-rossiyu-chto-govoryat-predstaviteli-repe/

Абдуллин, Рустам. После 24 февраля Оксимирон уехал из России, а сейчас вернулся. И выпустил клип «Ойда» // Afisha-Daily. 2022.9.16. https://daily.afisha.ru/news/67899-posle-24-fevralya-oksimiron-uehal-iz-rossii-a-seychas-vernulsya-i-vypustil-klip-oyda/

Величко, Никита. Первому альбому Нойза исполнилось 15 лет. «Медуза» рассказывает историю самой народной его записи (с «Моим морем», «Из окна», «Выдыхай») Предупреждаем: возможен приступ ностальгии // Meduza. 2023.9.24. https://meduza.io/feature/2023/09/24/pervomu-albomu-noyza-ispolnilos-15-let-meduza-rasskazyvaet-istoriyu-samoy-narodnoy-ego-zapisi-s-moim-morem-iz-okna-vydyhay

FACE ДАЛ ИНТЕРВЬЮ ДУДЮ — О МОЛЧАНИИ БАСТЫ И ДРУГИХ РЭПЕРОВ, УКРАИНЕ И ЭМИГРАЦИИ // RAP.RU 2022.3.30 https://www.rap.ru/news/15327

注

＊1　以下、歌詞は歌詞サイトgeniusを参考に訳出した。

＊2　（松下 2022、2023）

＊3　（金澤 2020: 182）
＊4　（岩田 2022: 231-2）
＊5　（Radio Svoboda 2023.12.18.）
＊6　（Ewell 2017: 45）
＊7　（Meduza. 2023.9.24.）
＊8　（松下 2023: 100）
＊9　（Ewell 2017: 46-52）
＊10　（ＢＢＣロシア語版．2016.8.3.）
＊11　（Meduza. 2022.3.26）
＊12　二〇二二年七月一四日に制定された、連邦法律第二五五号「外国の影響下にある者の活動の管理に関する法律」第九条によると、「外国エージェント」は、「活動」を実施する場合、自らが「外国エージェント」であることを明示する義務（資料、インターネットにおける表示義務など）を負う。オクシミロンは「外国エージェントの活動」の表示義務をＳＮＳ上で守らなかったため、クイブイシェフ裁判所より四万ルーブルの罰金を課せられている。鎌倉遊馬「外国の影響下にある者の活動の管理に関する法律：ロシア」『外国の立法　月刊版：立法情報・翻訳・解説』国立国会図書館調査及び立法考査局編、二九三巻一号、二〇二二年一〇月、20-21頁。
＊13　（ＢＢＣロシア語版．2018.9.6.）
＊14　二〇二三年一一月二八日現在削除されている。削除されたInstagramは（Meduza. 2022.3.12.）で読むことができる。
＊15　（RAP.RU 2022.3.30）
＊16　（Forbes.ru 2021.8.8）
＊17　（showbiz 24 tv. 2022.2.24.）
＊18　（Kommersant 2021.3.26.）
＊19　（Meduza. 2021.11.26.）

＊20（RTVI. 2021.11.29.）
＊21（Meduza. 2022.8.30.）
＊22（UFA1.ru 2022.11.13）
＊23（Afisha-Daily 2022.9.16.）

チベット

土地・記憶・言語を行き来するラップ

——チベッタン・ディアスポラのヒップホップ

佐藤剛裕

はじめに

この章では、チベット難民によるヒップホップを論じていく。特に、チベット本土を脱出しインド、ネパール、ブータンなどに点在する居留区に住む人々と、そこからさらに欧米諸国で第三国定住をはじめた人々によって形成されたディアスポラ社会で盛り上がりを見せているヒップホップを扱っていく。まず、チベット人がディアスポラ社会を形成した過程を二〇世紀初頭にさかのぼって端的に説明しておきたい。

一九〇三年一二月、清朝の影響下にあった中央チベットに中央アジアの覇権をめぐってロシアと対抗していたイギリス軍が侵出し、一九〇四年に撤退したのちも一定の影響力を保っていた。一九一一年には辛亥革命が起こり清朝が倒れたが、ダライ・ラマ一三世の指導の下に近代化を進めようとしていた中央チベットのガンデンポタン政権は一九一三年に独立を宣言した。しかし、モンゴルやイギリスとの間に盟約が結ばれた以外には国際社会からの正式な承認はほとんど得られなかった。第二次大戦後の一九四七年にはインドが独立しイギリスが撤退したため、チベットはアジアの軍事的均衡における空白地帯になってしまう。それが中国共産党によるチベット侵攻の契機となった。

一九五〇年、中国共産党の人民解放軍がチベットに侵攻した。一九五九年に首都ラサが陥落し、ダライ・ラマ一四世がインドへ亡命した。多くのチベット人が後を追うようにチベットを脱出した。ほどなくして北インドのヒマチャルプラデーシュ州のダラムサラに亡命政府が樹立され、周囲にもいくつかのチベット難民居留区がつくられた。また、ダラムサラから二〇〇〇キロメートル以上離れた南インドのカルナータカ州にもいくつかの大規模なチベット人居留区ができた。こうしてインド国内にチベット人のディアスポラ社会が形成されたが、多くのチベット人たちは、その後インドを経由してヨーロッパや北米大陸にも逃れていった。

米ソ冷戦の最中、アメリカはCIAなどを通じて非公式にチベットへの支援を行っていた。一九五〇年代末ごろから東チベットの抵抗勢力を支援して二〇〇〇人ものゲリラ部隊チュシ・ガンドゥクを結成させたほか、諜報活動にも全面協力した。また、チベットの伝統文化保存のためにロックフェラー財団、フォード財団、スミソニアン協会などを通じて多くの研究予算も投入された。これらの支援は、中国の影響力に対抗するため提供され、チベット人ディアスポラの抵抗運動を後押しした。

しかし一九七二年ごろリチャード・ニクソンが中国共産党との関係回復に乗り出すと、チベット支援の動きは陰りを見せ、チュシ・ガンドゥクへの支援も打ち切られた。さらに一九八九年にベルリンの壁が崩壊し、一九九一年のソビエト連邦の解体によって東西冷戦が終結したため、欧米諸国の関心も反共産主義を目的とした支援から遠ざかった。この流れを受けて、一九九〇年代以降のチベット亡命政府およびディアスポラ社会は、その戦略を再考する必要を迫られることになった。チベットの若い世代のヒップホップも、そのような背景から登場したといえる。本稿では、チベッタン・ディアスポラのラップを、記憶や言語、土地の往還に焦点を当て、彼らがいかに主体性《エージェンシー》を発揮しようと試みているのかという点を中心に考えていきたい。

ビースティー・ボーイズとチベッタン・フリーダム・コンサート

チベット難民たちが、ヒップホップ・カルチャーと出会う際に最も大きな影響を及ぼしたのは、ビースティー・ボーイズのメンバー、MCAことアダム・ヤウクであろう。NYのブルックリン出身の白人ミュージシャンであるヤウクは、一九九一年、ヒマラヤをトレッキングしている際に、亡命してきたたばかりのチベット人たちの一団に出会った。これがきっかけで、彼はチベットの人権擁護活動に深く関わるようになる。そしてヤウクはダライ・ラマ一四世や良心の囚人であったパルデン・ギャツォらの仏教僧と交流し、仏教への信仰を深めていった。

ビースティー・ボーイズが長い空白期間を経て一九九四年にリリースした四枚目のスタジオアルバム『Ill Communication』には、インスト曲「シャンバラ（Shambala）」とそれに続く「菩薩の誓い（Bodhisattva Vow）」が収録されている。この二曲ではチベット密教の声明がサンプリングされている。「菩薩の誓い」の歌詞は、自ら菩薩となり一切衆生の救済のために尽くすというアダム・ヤウクの信仰告白そのものであった。一九九四年、この曲の印税をチベット人たちに還元する目的で、ヤウクはネパールで出会った人権活動家のエリン・ポッツとともに、NPO団体ミラレパ・ファウンデーションを創設する。

ヤウクは、ダライ・ラマ一四世の在米特使であり、ロディ・ギャリ・リンポチェというチベットの要人と深い交流を持った。リンポチェは東チベットカム地方の貴族出身で、古派密教を伝えるニンマ派の転生活仏《トゥルク》でありながら、対中交渉でのチベット代表団のメンバーとしても活躍し、ダライ・ラマの平和外交をサポートしたことで知られている。リチャード・ギア、ハリソン・フォード、ジュリア・ロバーツなど多くのハリウッド俳優や映画業界の大物たちをチベット仏教の道に導くきっかけを作ったのもリンポチェだ。そこから『クンドゥン』や『セブン・イヤーズ・イン・チベット』といったチベットを舞台とした映画を成功に導いた。

ヤウクは、リンポチェが代表を務めるチベットの人権擁護と文化保存を訴える団体インターナショナル・キャンペーン・フォー・チベット（ICT）の理事を一九九六年から一〇年にわたり務めた。そしてミラレパ・ファウンデーションを通じて、草の根的にチベット人の人権回復を訴える平和的な活動を行っていたチベット人学生団体スチューデント・フォー・フリー・チベット（SFT）を全面的に支援した。そして、ヤウクらのミラレパ・ファウンデーションは、ICTとSFTの二団体とともに一九九六年から二〇〇三年にかけ、チベットの解放を訴えるチベタン・フリーダム・コンサートを世界中で開催する。

第一回目のチベタン・フリーダム・コンサートは、一九九六年、サンフランシスコで開催された。ヤウクの呼びかけに賛同したア・トライブ・コールド・クエストやデ・ラ・ソウルといったヒップホップのグループの他に、スマッシング・パンプキンズやソニックユース、そしてビョークやヨーコ・オノ、チボ・マットなどのアーティストが出演した。コンサートは毎年世界各地で行われ、四年目にあたる一九九九年には日本でも開催され、ヤウクと親交のあった高木完のほか、忌野清志郎、ブラフマン、スチャダラパー、バッファロー・ドーターらが参加している。

だがチベタン・フリーダム・コンサートでは、ヒップホップやオルタナティブ・ロックの錚々たるアーティストが出演していたにもかかわらず、チベット人のヒップホップ・ミュージシャンが出演することはなかった。ステージに上がったのはきまって、声明を唱える僧侶の楽団や、歌劇を演じたり民謡を歌ったりする伝統芸能者だった。当時、チベット難民社会を代表するようなヒップホップのアーティストはまだ存在しなかったのである。

そもそもチベットは寺院の力が非常に強い仏教社会であったので、世俗の文化は抑圧される傾向にあった。世俗の文化を担う側は「チベットらしい伝統を後世に残す」ことを難民政府からも民衆からも求められていた。またチベット難民のスポンサーである欧米社会もオリエンタリズム的な期待から、チベット人社会に対して伝統的な価値観を守る優等生であることを求めていた。したがってチベット人にも欧米人にも大衆音楽として受け入れられるのは、常にチベット民謡をベースとしたポップスであった。歌の内容もラブソングや祖国への想い、ダライ・ラマへの信仰などといった、当たり障りのないものが多かった。当時のチベット社会ではまだヒップホップがほとんど受け入れられていなかったのだ。

チベット難民社会にヒップホップが生まれにくかったもう一つの理由として、早い時期に欧米に移住できたのは亡命チベット人社会の中でも中央チベット出身者、とりわけ比較的高い社会階層に属する人々が多かったことも挙げられる。そのような家庭の若者がヒップホップに傾倒することがあっても、チベット人社会にすぐに大きく広がることはなかったのである。またヒップホップはアフリカ系アメリカ人の文化として誕生したので、特に上の世代のチベット人の人種差別的な意識もヒップホップの受容を妨げる要因となっていたと人文地理学者のYehとLama（2006）が指摘している。だが、そのような状況は二〇〇八年に打ち破られることになる。

北京オリンピックとチベット解放運動

北京オリンピックが行われた二〇〇八年は、中国政府とチベット人の間に大きな緊張が走る年になった。前年には、ダライ・ラマ一四世に米国議会黄金勲章が授与され、チベットは中国政府の大きな反感を買っていた。二〇〇八年三月一〇日、チベット自治区のラサでチベットの独立を求めるデモ活動が勃発した。中国当局による弾圧により、デモは大規模な衝突に発展したため、抵抗運動は全国に広がった。このような中、五月一二日には四川省のチベット族チャン族自治州汶川《ぶんせん》県でマグニチュード八・〇の大地震が発生し、中国本土のチベット社会は混乱を極めた。さらに聖火リレーでは世界各地でチベット人とその支援者たちによる抗議行動が行われた。その後、チベット本土では僧侶らに対する愛国教育が強化されたが、これに憤ったチベット人たちの間で自らの身体を燃やしチベット独立を訴える者が相次いだ。本土内外問わず、チベット社会全体に沈痛極まりないムードが充満していた。

二〇〇八年、ニューヨークのユニオン・スクエアや在ニューヨーク中国総領事館前で、一人のチベット人ラッパーが、集まった群衆を前にラップで抗議していた。彼の名はナムギャル・イェシ。ナムギャルは「No Next Time」という曲で、「来た！　来た！　俺たちの国に来た！　俺たちの国に泥棒が来た！　乞食がきた！　軍隊が来た！」と始まり、「密教行者なら真言を唱える時が来た！占い師なら占う時が来た！　拳があれば突き上げる時が来た！　頭があれば使う時が来た！」といったリリックをぶちかます。そして最後の「チベット人なら自由を得る時が来た！」と繰り返すパートでは、在米チベット人たちは大合唱していた。

ナムギャルは、カム地方（現在の中国四川省カンゼ・チベット自治州）の牧畜民の出身である。幼い頃には母親から絨毯を織る技術を学び、インドに亡命する。その後、ナムギャルは一九九〇年から本格化したチベット難民移住政策プログラムでアメリカに渡った。ニューヨークでは、中東やアジアのオリエンタル・ラグの修復などを行う職人として働きながら、チベット青年会議（ＴＹＣ）のニューヨーク・ニュージャージー支部で精力的に活動した。ダライ・ラマが、中国政府にチベットの独立ではなく「高度な自治」を求める穏健な姿勢をとっているのに対し、独立運動団体であるＴＹＣは、軍事権や外交権などを含めた完全な国家主権の回復を求めている。

ナムギャル・イェシも、ビースティー・ボーイズのアダム・ヤウクの薫陶を受けてラップを始め、二〇〇四年と二〇〇八年にはアルバムもリリースしている。最近も海外のチベット人コミュニティーの行事に招かれてラップしているようだ。ラップのライムは素朴であるが、彼こそが最も早くからチベット難民社会で本格的にラップを行い、最も長く第一線で活動しているチベット人ラッパーだ。

二〇〇八年の六月には、ユニオン・スクエアで「Rap For Tibet 2008」というアクションが行われた。そこではナムギャル・イェシよりもさらに若い世代の、MC Rebel、Renegade Momo、Exiled Prophetといったラッパーたちが代わる代わるラップしている。彼らはヤウクがサポートしていたＳＦＴのメンバーでもあり、彼ら世代のラッパーたちが一九九〇年代のサンフランシスコやニューヨークといったアメリカ大都市部で、チベット移民によるヒップホップ・コミュニティーを作っていった。彼らはブルックリンのバスケットボール・コートにたむろし、ネット上でテキストでのライムバトルを繰り広げるなどして活動していた。現在彼らはラッパーとしての活動はほとんどしていないと伝えられるが、彼らのチベッタン・ヒップホップのコミュニティーのつながりが作り上げた土壌から、次に述べる「シャパレ」という曲の大ヒット現象が生まれたのだ。

シャパレの衝撃

二〇一一年に、スイス在住のチベット系の若者カルマ・ノルブが「シャパレ（Shapaley）」と名乗り、YouTubeに「シャパレ・ソング」という曲のMVを投稿した。この曲はチベッタン・ディアスポラのヒップホップ文化の普及において大きな契機となる、カルト的ヒットをおさめた。

「シャパレ・ソング」のMVに登場するラッパーの少年は、悲惨な雰囲気を全く漂わせず、屈託のない笑顔を浮かべている。首にはギャングスタラッパーがぶら下げているゴールドメダルのかわりに、こんがりキツネ色に揚がったミートパイをぶら下げている。オールドスクール・ヒップホップのスタイルをチベット風に翻案しているといった格好だ。このミートパイのことをチベット語では「シャパレ」といい、「ひっぱたく」という意味もある。曲中に「俺の話を聞かないとシャパレを食らわすぞ」というリリックが出てくるが、これはダブルミーニングとなっているのだ。

リリックの内容は、「ばあちゃんが野菜買ってきてとか、じいちゃんが杖取ってくれとか言ってきたら、すぐに手伝ってやるもんだ。俺がお手本見せてやるぜ」や「お父さん・お母さん方！　もしお子さんが言うこと聞かないなら私にご一報下さいませ　一分以内に駆けつけますよ」といったものだ。彼はおそらく戦略的に、チベット人社会で好ましい「模範的ないい子ちゃん」をやっている。そして曲の終盤では、チベット人としてのアイデンティティーを呼び覚ませというメッセージを同胞たちに投げ掛ける。

おい、目を覚ませ！
今いるのが外国でも、来たのはチベットということを忘れるな！
チベット語を話せ！　チベット文字を書け！
俺達はチベット人だということを誇れ！

チベット人っていい人らしいね？　その通り！
チベット人って親切らしいね？　その通り！
チベット人ってイケメンらしいね！　その通り！
チベット人ってカッコいいらしいね！　その通り！

だから、チベット人だっていう誇りを忘れたら
痛い目に遭うってわかってるだろ？

シャパレが二〇一二年に発表した「ツァンパ（Tsampa）」でもこの作風は引き継がれている。この

曲では、「ツァンパを食べる人、俺はチベットから来たんだ。俺はチベットから来た、ツァンパを食べる者の一人だ」というフレーズが繰り返される。

ツァンパとは、チベットでとれる青麦や大麦で作られている麦焦がしだ。チベットではバター茶で練り団子状にして食べられることが多く、砕いたチーズや干し肉を混ぜて食べられることもある。寒冷地では収穫が難しい米は贅沢品であるため、痩せた土地でも育つ麦でできたツァンパは、チベット人の主食である。ちなみに、チベット人自身が自分たちを指す言葉として「ツァンパを食べる人」という表現があるが、この言葉の起源は、一九五九年のチベット動乱にさかのぼる。チベットから亡命したばかりの人々が集まっていた、インドのシッキムで配られた政治ビラのアジ文に「ツァンパを食べるすべての者たちよ!」という呼びかけが書かれていたのである。この表現はチベット人の心を掴んだらしく、その後も頻繁に用いられるようになった。チベット人はこのころまで、ウとかツァン、カムやアムドといった各地方への帰属意識のほうが非常に強かったが、この大きな苦難に遭うことで、ようやくチベット人という統一国家の国民としてのアイデンティティー意識が高まった。この時に生まれたのが「ツァンパを食べる人」という表現だ。

シャパレは「ツァンパ」で「バター茶飲んで干し肉食べるぜ」「サイコロで双六賭博して、真言を唱えるぜ」「ツァンパ袋を持ってるのカッコいいだろ?」「俺は、車は要らねえ! 仕事にはヤクに乗っていくからな!」「時間通りぴったりに来るのは難しいんだよね、ほら俺は草原の民だからさあ」というような、チベットらしい風物をちりばめたジョークを飛ばしている。しかし「シャパレ」と同じように終盤では、ツァンパを食べる者としての生き様、心構えを語るようなメッセージを述べる。

ツァンパを食べる人がどんなか俺が教えてやるよ
ツァンパを食べる人は、まず正直者だ
嘘はつかないし、人を騙したりしない
誠実で、やさしくて慈しみと哀れみこそが心の土台
そうして父さんと母さんが僕ら子どもたちにツァンパをくれたんだ
そうしてチベットの心は伝えられたんだ

このように、ツァンパを親から子へと伝えられた誠実さや慈愛そのものの象徴として用いている。

もし君らがチベットの新しい世代の若者ならば
大声で叫んでくれよ、ツァンパを食べる人だって
もし君らがチベット本土から来た人ならば
大声で叫んでくれよ、ツァンパを食べる人だって

このように「シャパレ」でも「ツァンパ」でも、個人の主体性は、直接的に表現されていない。むしろチベット人の食べてきた食べ物を社会や文化を象徴するモチーフとして出すことで、チベット人の共同体の結束を高めるような表現となっている。

VOICE OF AMERICA のインタビューで、シャパレことカルマ・ノルブは「チベット本土にいるヒップホップアーティストのメッセージが外に漏れ伝わってくるので、自分も作品を発表しようと

思った」と語っている。明言は避けられているが、これはおそらく当時中国のチベット自治区領内で活動していたラッパー、デキ・ツェリンのダライ・ラマへの恭敬の想いをこめた「アパ（父）」などについて語ったものだと思われる。中国国内にいるチベット人の間にもヒップホップ・カルチャーが根付いているのは間違いないのだが、「大きな壁」を越えて漏れ伝わってくる情報に対して、難民たちも表立っては直接的な言及がしにくい状況にある。だが同時に、わずかながらも間テクスト性をもって影響を与えあっていることは観察できる。

二〇一一年の「MADE IN TIBET」では、フランス映画『アメリ』のテーマ曲をサンプリングしたメランコリックなトラックにチベット本土にいるチベット人たちへの手紙という形をとったリリックをのせ、連帯をストレートに訴える。

兄弟姉妹の皆さん　私たちの声が聞こえるかどうかわかりませんが
このメッセージを受け取ってくれることを願っています
心配しないで　私たちは皆元気です　父と母も元気です

（中略）

そして　私がここにいて　涙で汚れたインクでこの文章を書いている間
私の思いは祖国と呼んでいる場所　チベット　雪の国　私たちの土地にある
私は人生について多くを知らないが　自分がチベット人であることは知っている
それが私の気持ちであり　これからも変わることはないだろう

その後、シャパレは何曲かリリースしたものの、数年間にわたり音楽活動を休止した。二〇二〇年にひっそりと「ラサ（Lhasa）」という曲を発表し、これを最後にシャパレはラッパーとしての活動から事実上引退したようだ。

目を瞑れば　思い起こされて
昔話が　目に浮かんで
大鷲のように崖の上から　ラサの地がすべて見渡せるようで
道を掃除する人の横では　お婆さんが芋売ってて

ツクラカンの前で夜まで　五体投地してる者がおり
商いを営む　首に山珊瑚を飾る者がおり
バルコルの人ごみには　あちこち行き来する者がたくさん
茶店でトゥクパを啜り　友と行きあう者もあり

いま田舎の小さい子供が　ダムニェン（擦弦楽器）を弾きながらやってきた
そばではどっかの兄貴が　若い女にウインクしてた
お寺からは　お線香と灯明に　火をともす香りがして
会堂の中では　大勢のお坊さんたちが集まってお経を詠んで

トムシクカンの市場では　野菜売りが笑い声を上げて
食堂の入り口前では　テレビを覗き込む人だかりもあって
懐かしい写真に残る昔の人々の暮らしが　全てありありと目に浮かび
通り過ぎた道の　思い出の諸々が心に蘇り

ラサのバルコルからショルトンサまで
行く道を行く人々と市場の眺め
若者通りで　くつろいで
テプンカンの涼皮《レピン》を啜って
ラモチェ寺の前で五体投地して
楽しい暮らし　幸せな暮らし

たぶんこれは　心の中に印象に残ってたから　思い浮かぶのかな
たぶん長年　心に抱いてたから　胸に焼きついてるのかな
鞄を背負って　毎朝学校に通ってた頃
畑でトンボを捕まえたりして
教室ではずっとと　みんなで床に座ってて
でも悪いことすると　先生に怒られて

そんで　学校が終わると紙を買って
そんで　凧を作って屋上で上げて
屋上で眺めてたら　ルンタが舞ってきて
ガンデン寺の方から　薫香《サン》の匂いが漂ってきて
公園で双六《ショ》賭博で遊ぶ人たちの　掛け声が響いてきて
夕暮れにはみんな市場で野菜買って

ラサ大通りとポタラ宮
龍宮殿《ルーカン》と、精霊《ラとルー》たちのいる湿原には　冬には雪が降り
懐かしい写真に残る　昔の人々の暮らしが　全てありありと目に浮かび
通り過ぎた道の　思い出の諸々が心に蘇り

昔　子供の頃に思ってたのは　このただひとつ
その記憶を今まで　心に抱いたままの
いまここでの生活とのふたつを
行き来するこの道の上で生きている

ラサの情景を描いたこのリリックには、宗教的なモチーフと世俗的な生活風景が意識的かつ重層的

に織り込まれている。大昭寺《ジョカン》の釈迦牟尼堂《ツクラカン》本堂で五体投地する者や集会堂に集まり経を上げる僧侶たちは、顕教の領域に属するものだ。このリリックには密教の古層に属する要素も散りばめられている。例えば、子供たちが凧揚げをしに駆け上がった屋上に、ラサの北方の山麓にある戒律と論理学を重んじるゲルク派三本山のひとつガンデン寺の方から針葉樹ネズの木の枝葉を焚いて山の神に捧げるサンの香りが漂ってきて、馬の絵が描かれた色とりどりの護符ルンタがたくさん風に舞ってきた情景。これらの描写はまるで時が止まったようだ。そしてゲルク派の僧侶でありながら、土着的信仰の要素も含むニンマ派に伝わる古派密教の奥義ゾクチェンを修行していた「異形の王」、ダライ・ラマ五世が行っていた最奥義の修行法を描いた壁画でも有名な龍宮殿《ルーカン》と、地霊〈ラ〉と水霊〈ルー〉の棲む草原が歌われる。[*2] このように、シャパレはラサという土地の成り立ちそのものにも関わるチベットの精神の古層に眠る宗教観を明確に意識している。

　同時に、歌詞全体を通して市井の人々の生活も鳥瞰的にリリックに描かれているが、芋や野菜やトゥクパやレピンなどの食べ物の主体性がもつれあう食の景観[*3]でもある。都市の景観を視覚だけではなく、聴覚、嗅覚、触覚、味覚の全ての感覚を刺激し記憶を呼び覚ます手がかりとしての「もの」のアッサンブラージュ（集合体）として表現したのである。その中でもとくに、最後のバースから明確に読み取れるのは、ディアスポラ社会に根を下ろした現在の生活と、シャパレの中にあるかつてのラサの景観や、断片的なエピソードから成る過去の生活の記憶を往還しながら生きているという感覚である。彼がMVの中でスケートボードで滑らかな山道を滑っているように、自由に行ったり来たりしながら自伝的記憶を再構築する。このプロセスを通じて、未来への道のりにかすかな希望を見出そうとする心情がリリックから窺える。

「チベット語難民共通方言」のラップが映し出すもの

もともとチベット本土は現在のチベット自治区のラサを中心とした中央チベットのウツァン地方、現在の四川省西部を中心とした東チベットのカム地方、現在の青海省にあたる東北チベットのアムド地方という三つに分かれていた。文化的にも、また言語の面においてもこの三つの地方には隔たりがあり。チベット語もウツァン、カム、アムドそれぞれに大きく異なる方言が形成されており、さらに細かく分類すると三〇以上のサブ方言があるとも言われている。

難民の間では、定住地での意思疎通を容易にするため「難民共通方言」が形成されていった。「難民共通方言」は、音韻と文法を大幅に簡略化したものであり、英語やヒンディー語などといったインド諸語からの借用語を多く含む[*4]。このことから、「きれいなチベット語」を指向する保守的な人々からはチベットの伝統にそぐわない粗野な言葉遣いだとみなされた。

インドやネパールへ亡命したチベット人は、多言語社会で生きるために多くの言語を身につける必要に迫られる。生活言語としてのチベット語のほかに、中等教育以上の学習言語である英語、そして北インドのヒンディー語や、ネパールや周辺地域で話されるネパール語、さらには南インドのカルナータカ州で話されるカンナダ語や、オリッサ州のオリヤ語など、各居住地で話されている言語も学ばねばならない。

もちろん、インドにおいても進学や就職で役に立つかどうかで言えば圧倒的に英語が圧倒的に優勢である。チベット語は生活言語としてもマイノリティー言語であるため、どうしても習得優先順位が低くなる。したがって伝統的なチベット文化の保存を期待する人々が望むような、「清く正しく美し

い チベット語」の習得は、非常に困難なのである。
スイス在住のシャパレは、幼少期にラサで学んだ伝統的なチベット語による巧みなリリックで、ラサという街のランドスケープを見事に描くことによって、主体性を発揮した。これに対して、インドのチベット難民定住地で育ったチベット人ラッパーたちは、生活言語である「難民共通方言」に表現の可能性を見出していった。
インド出身で現在はオランダに住むチベット人女性ラッパー、ティブ・チック（TibChick）ことテンジン・セルドンは、十代の頃、2NE1やBIGBANGの曲に何小節かチベット語のライムを乗せたり、ダンスカバーをした短いビデオをYouTubeに投稿していた。やがて彼女は、MVやアルバムを制作し、ライブを行うなどして、本格的にラッパーとして活動するようになった。彼女がラップ作りを再開したときに出した「Don't Test Me」（二〇一七年）は次の通り始まる。

I'm back!
四～五年が経って、私のこと忘れたでしょ？
Miss TibChick を見て！

私のとこにおいで、私のとこにおいで、BABY!（× 4 repeat）

私の名前はテンジン・セルドンっていうんだ
私のことは、あんたは知らない

知ってるならよく聞いて
知らなきゃ関係ない話だろ！

これに続けて「心やさしくて、いい女、でも、私にひどいことしたら、あんたにやってやる！　パン・パン・パン！」「女だと思って舐めたマネしに寄ってくるんじゃないよ」とくる。そして「あんたの人生でいろんな女を見てきたかもしれないけど、私みたいなのを初めてみて驚いただろ？」「私はチベットの女だ！」と意気を上げる。

また「Lakpa Dab（Clap Your Hands）」（二〇一九年）という曲では、パーティーで女の子のお尻を触った男に対して「私たち女だって、パーティー楽しみに来てるんだ、あんたみたいな男についてくために来てるんじゃねえんだよ！」とストレートな怒りをぶつける。このようにティブ・チックは「伝統的な文化を伝えるチベット人女性」ではなく、「同時代的で等身大の若いチベット人女性」として声を上げているといえる。

ティブ・チック自身がVLOGで語っている通り、彼女は登場した時にネットでもリアルでも、多くのチベット人からバッシングを受けた。ルックスや声がよくないといった女性ラッパーによく向けられるタイプの悪口もあったが、言葉が汚い、清く正しく美しいチベット語ではないというバッシングも少なくなかった。

彼女は、北インドのウッタラカンド州デラドゥン市郊外の住宅地クレメント・タウンにあるチベット人居留区「ドンドゥプ・リン」で中高生時代を過ごした。クレメント・タウンを離れた後に、他のチベット難民から「あなたカムの人でしょう？」「あなたの言葉、カム方言っぽいね」と言われることが多かったという。クレメント・タウンは、主に東チベットのカム地方とアムド地方から亡命してきた人々によって開拓されたため、そこで話される難民共通方言は東チベット方言の特色を色濃く残していたのだ。「きれいなチベット語」は、チベット語の中でも中央チベットの言葉を指す。これに対して東チベットのカムや東北チベットのアムドの言葉は、低くみられることが多い。このことは、アメリカでラップが生まれた時に、黒人の英語は正当な英語ではないと蔑まれた経緯と重なるといえる。

テンジン・セルドンは、十代の終わりに母親とともにオランダに渡り、デザイン・カレッジに入学した。しかしそこで精神的な不調を抱えて、学校を中退してしまったのだという。インドで生まれた第二世代のチベット難民がオランダのようなヨーロッパの多言語国家へとさらなる移動をするということは。つまり彼女がマイノリティーであるのは、言語面だけではなかった。移民として、若い女性として、何重ものインターセクショナルなマイノリティーとしての苦悩を、彼女は抱えていたことだろう。

彼女の「Ten Ten Dik Dik」（二〇一九年）では、若い世代のチベットの難民が置かれている言語環境についての苦悩が直接的に語られている。

兄弟たち、みんなおいで、私たちみんな一緒だよ。
姉妹たち、みんなおいで、みんなのこと大好きだよ。
これがチベット難民キャンプのラップだ！
チベット語だからあいつらにもわかるだろ！

きれいなチベット語を話せって言ったって、
難民キャンプのチベット語はこれがそのものなんだよ！

「きれいなチベット語」からの抑圧に対する憤りは、同じくインドに住むチベット難民のラッパー、ティーナミー（Tnammy）の「お前は何者だ？（KAUN HAI TU）」（二〇二〇年）というヒンディー語のラップにもストレートに現れている。

俺の曲が気に入らないくせに
まだ聞いてんのか？
こんなコメントしてくる奴ら
「Why you don't sing in Tibetan?」
クソでも喰らってろ、この野郎！
俺の親は何も言っていない
それなのに、お前は何様？
電話越しには大口を叩くくせに
直接会ったら何も言えないのか？ このガキ

インドの首都デリーでは、約一〇年前からサイファーやダンスバトルを行う文化が育まれていた。そのようなシーンでティーナミーらインドのチベット人ラッパーたちは、英語やヒンディー語でのラップのスキルを磨いた。

インドのような、多くの民族の言語と文化が混淆している環境においては、それぞれの言語・文化を固有で不変の特性や価値観で定義しようとする文化本質主義的な態度ではなく、一人一人の中にさまざまな言語や文化が同居しながら変化し続けているととらえる、複言語・複文化主義的な視点のほうが実態をよく捉えられる。それぞれの場に応じどの言語を選ぶのかという選択権は、もちろん言語使用者自身にある。チベット語だけでラップするのではなく、英語とヒンディー語をも織り交ぜながらラップするほうが、彼らは主体性を発揮できる。そんな彼らにとって、「なんで、チベット語でラップしないの?」や、「チベット人ならチベット語を話すべきだ」といったチベット語モノリンガル・イデオロギーに満ちた口出しなど、「クソ喰らえ」なのだ。

ティーナミーことテンジン・ナムセルは、ギャングスタ・スタイルのヒップホップをチベットのディアスポラ社会に浸透させたオリジネーターだ。ガタイもよく、顔つきも兄貴風で、ファッションも素行が悪そうなゲットーのチンピラ風だ。

小学校六年生の頃、ダラムサラの寄宿学校で2Pacを聴いたのがナムセルとヒップホップの出会いだった。彼は現在、デリーの外れ、ヤムナ川沿いの少年院の裏手の路地にあるチベット人ゲットー「マジュヌカティラ」を拠点に活動している。ティーナミーは、自身のレーベル「マニ・レコーズ(MANI RECORDS)」を立ち上げ、デリーでともに活動してきた仲間たちをはじめ、ダラムサラのジータシ(Gtash)、K・クッシュ(K.Kush)や、後述する南インドのイクス・タシ(Ixx Tashi)、シントラ(Shintola)といったチベット難民のラッパーやDJたちとも連携しながら活動している。現在のインドにおけるチベッタン・ラップのリーダー的存在だ。

その仲間たちの中でも、チベット・ディアスポラ社会の中心地である北インドのダラムサラを拠点に、長く音楽活動を続けてきたジータシとK・クッシュの二人にも触れておきたい。彼らは、もともと音楽家志望で、ギターを弾き語るシンガーソングライターのデュオとして活動していた。現在、彼らは自分たちだけでなく他のラッパー達のためにもトラックメイキングやミキシング、マスタリングをしている。ジャジーなトラックに乗せて気怠い気分を歌う「Bhu Ngonpo（The Blue Boy）」（二〇二〇年）や、バターティーとの共作の「Thugpa 1/2」（二〇二三年）といった曲がある。「Thugpa 1/2」では、「よう、お姉ちゃん、トゥクパ半分食わせてくれよ、唐辛子少なめ、山椒多めで、塩ちょっと足してさあ」といったエロチックな含みをもたせたリリックが登場する。

南インドのチベッタン・ラップ

ヒマラヤの山麓や裾野にある北インドのチベット難民定住地は、チベット高原と比較的近い環境であるが、南インドの平原は地形も気候もチベット高原と大きく異なる。しかし、北インドよりも多くの数のチベット難民が南インドでの生活に適応し、自らの手で開拓した定住地で生活している。ここでは南インドのチベッタン・ラップを見てみよう。

南インドカルナータカ州のラッパー、イクス・タシが二〇二〇年に発表した「ラプギェ・リン」という曲は、自らが生まれ育ち死ぬまで暮らす南インドにあるチベット難民定住地を歌った曲だ。その中で見事に韻を踏みながら定住地の情景を描写した一節を紹介しよう。チベット語は、押韻がわかりやすいカタカナで転写した。

ショクパ・ンガポ・チャイ・スンゲー（朝早く起きたら鳥の声）
チラ・ドチェ・チャシク・トゥンゲー（外へ出て茶でも飲もうか？）
チュウ・セム・チェナ・ゴンパ・ドゲー（信心が湧いたらお寺に行こうか？）
チャンサ・ヨナ・シェーチク・タンゲー（結婚式があったら歌でも歌うか？）

その後、二〇二二年に発表された「South Side ft. Sangpoispo」は、「ラプギェ・リン」をさらに膨らませて、南インドのカルナータカ州にいくつも広がるチベット難民定住地のリアルを歌い上げたものだ。MVは、南インドのバンガロールで作られるカンナダ語映画の様式を踏襲している。MVからは南インドのホスト社会へのリスペクトと、揶揄を読み取ることができ、オマージュとしてもパロディとしても面白みが感じられるのが特徴だ。曲の冒頭では、チベット人を受け入れてくれている南インド社会への感謝の言葉が述べられている。

前も後ろもあちらもこちらも
South Side! South Side!
チベット人定住地
イドリーやボンダを喰う時
サンバル、チャトニーを入れる
人々に合ってるこの場所

おれたちチベット人がここにいるんだよ　いるんだ
ルンギー巻いて兄ちゃん《アンナー!》、兄ちゃん《アンナー!》つったらSouth Side!
Coconuts Fresh! Fresh! 飲むならSouth Side!
一番でかいチベット難民定住地があるんだぜ　South Side!
ぶらぶらしてても　だらだらしててもいい場所　South Side!

出だしのところからもわかるように、ヒップホップでよくある地元レペゼン系のリリックだ。とくにこの「サウス・サイド」というのが、アメリカ西海岸のヒップホップのムーブメントが東海岸に対抗して打ち出した「ウェスト・サイド」をもじっていることに気がつくだろう。先にも述べた通り、南インドの生活環境はチベットとは大きくかけ離れている。そのような場所で多くのチベット人達がインド政府から割り当てられたジャングルを開拓して村を作り、畑を耕しながら暮らしてきた。北インドの難民定住地への対抗意識を演出している。曲中には、米や豆の蒸しパンの「イドリー」、まん丸い一口ポテトコロッケの「ボンダ」、豆と野菜の酸っぱいスープカレーの「サンバル」、発酵調味料の「チャトニー」といった南インドの日常的な食べ物の名前が登場するほか、ルンギーと呼ばれる腰巻を身に着けて、ココナッツの実のフレッシュジュースを飲むというような生活様式も受け入れ適応していったことがうかがわれる。借用語が用いられるということは、そこには生活の存在論的なレベルでの生々しさがあるのだ。

NAMMA AURU NAMMA AURU ILLI（ここは俺たちの場所）South Side!
ILLI ILLI（ここ、ここ）なら　行きつくのはここ South Side!
NAMGE TUMPA YISTA（俺たち大好き）One and only South Side!
IRRE NAMBA OLU（声を上げよう）always on the Best Side!

ここでは、チベット語難民共通方言と英語とカンナダ語の混合（Translanguaging）が巧みに行われている。英語の部分はそのままとし、チベット語の部分は日本語に訳出し、カンナダ語の部分は太字で表し訳を括弧書きで入れた。実際に、南インドにいるチベット難民の第三世代の若者たちはこのように一つの文の中に複数の言語を混ぜて話していることが多い。

South side, south vibe. I'll be in a paradise.
"Dhonden ling" on a top representing my town.
East side, west side, I don't care where you from.
Chilling with my bros will be vibing with the Lungii zone.

この英語でのラップは、フューチャリングMCのサンポイズポのパートだが、後半「イーストサイドでもウェストサイドでも、お前がどっから来たんでもかまわない。こんな腰にルンギーを巻いてるような異国の地に、いっしょにひたろうぜ！」と呼びかけている。チベットから亡命してきた第一世代が、ウツァンとカム、アムドという東西チベットの地域間の古くからの対立をずっと引きずっていたが、南インドで生まれ育った新しい世代からのチベット人にとっては水に流すべきものではないかというメッセージと受け取れる。

この曲では全体を通して南インドのチベット難民定住地を讃えているが、これはチベットの伝統芸能のひとつである「トゥシェー」という村ほめを踏襲していると解釈することもできるだろう。ライブの映像を見ると、あたかもラップで「難民たちが今ここでの暮らしを幸せに過ごせますように」という祈りを込めて言祝《ことほ》いでいるかのように見えるのだ。イクス・タシがインド各地のチベット難民居留区の公民館や、海外のチベッタンコミュニティーの招待を受けた巡業でこの曲をラップすると、南インドのチベット人の暮らしを知る聴衆から大喝采を浴びる。そのような場所でラッパーたちは、伝統的な宗教者や芸能者たちと同じように、カタと呼ばれる白い絹布を首にかけられ、敬意を表されるようになってきている。

モンゴルでは「ラップの発祥の地はモンゴルだ」と主張する者がいるほど、口承文芸の韻踏み文化とヒップホップの連続性をモンゴル人ラッパーは意識していると島村は指摘している。[*5] これに対しチベットのラッパーたちは、自分たちのやっているラップが、チベットに古くから伝わる叙事詩や祝詞などの宗教的な芸能と接続しているという意識を明確には持っていないように見受けられる。だが、ラッパーたちが宗教的な芸能者の地位を受け継ぎつつあることに、チベット人の聴衆たちは気づき始めているのではないだろうか。

むすびにかえて

本稿では、インド、あるいはそこから欧米に散らばって居住するチベッタン・ディアスポラのラッパーに焦点を当て、彼らがさまざまな葛藤の中で、どのように主体性を発揮してきたかを探ってきた。インドでは、二〇一八年ごろからインターネット回線が急速に一般家庭に普及し、二〇二二年にはスマートフォンの普及率も四六パーセントを超えた。新し物好きなチベット人の若者の多くがスマホを手にできるようになったのだ。このことは、チベッタン・ディアスポラ社会におけるヒップホップの普及を大きく加速させた。

コロナ禍がいったんの収束を見せた現在、ティーナミーやイクス・タシをはじめとするインド在住のチベット人ラッパーたちは、欧米各地のＳＦＴ支部が主催するライブコンサートに招かれワールドツアーを敢行している。また、YouTube のような動画サイトや、Apple Music や Spotify などの音楽サブスクリプションサービスによって、再生回数に応じた収益分配が適切に行われるようになった。おそらくＭＰ３の違法コピーが蔓延し、ＣＤ販売では収益を得ることが望めなかった時期[*6]と比べても、現在のチベッタン・ラッパーたちは経済的に恵まれている状況だといえる。

二〇二二年と二〇二三年には、ダラムサラのマクロードガンジで、地元出身のＤＪやラッパーが集まり、大規模なフェス「PHAHARI GOAT ART & MUSIC SUMMER FESTIVAL」が開かれた。会場として使われたのは、伝統芸能学校 TIPA の中庭だった。この学校は、亡命政府の樹立直後にダライ・ラマの勅命で設立された、伝統芸能保存の中心的役割を果たしている場所であり、中庭では定期的にチベットの伝統歌劇が演じられてきた。そんな場所をラッパーたちが占拠したのだ。ヒップホップが完全に、チベットのディアスポラにおける若者のメインカルチャーとなったことを示す、象徴的な出来事だと言えるだろう。このフェスには、北インド出身のチベット人だけでなく、インド人のDJやラッパー、ダンサーたちが招かれていた。チベット難民の都ダラムサラにおいて、北インドの民族や言語を超えた交流がストリートカルチャーを通じて行われたのだ。彼らは、路上で、民族を越えて、ともに文化を創る能力を発揮している。

近年は、アメリカやヨーロッパのSFTのイベントには、主にインド在住のチベット難民のラッパーが招かれていることが多い。その一方で、現在パリで活動するBLUECEEというラッパーはドリル系のビートでラップし、クオリティーの高いMVを出している。また現在はオランダに住むティブ・チックは、弟のラッパー・デビューをインスタグラムでほのめかしている。欧米でも新世代のチベッタン・ラッパーは着実に育っているようだ。

ヒップホップという表現形式を得ることで、チベッタン・ディアスポラの若い世代は、自分たちの文化の古層に横たわるものを、より生き生きとした新しい形で再び蘇らせ、居場所を得ることに成功しつつあると言えるだろう。

参考文献

海老原志穂「チベット語難民共通方言の諸特徴」『清泉女子大学人文科学研究所紀要』第三三号、pp. 113-133、清泉女子大学人文科学研究所、二〇一二年。
河合洋尚「フードスケープ――「食の景観」をめぐる研究動向」『国立民族学博物館研究報告』四五巻一号、pp. 81-114、二〇二一年。

島村一平『ヒップホップ・モンゴリア：韻がつむぐ人類学』青土社、二〇二一年。
村上大輔「チベットの「龍神」ル（klu）の信仰について」『国立民族学博物館研究報告』46巻、3号、p. 501-536, 二〇二二年。
Lokyitsang, D. T. (2018). Who Is a Pure Tibetan? Identity, Intergenerational History, and Trauma in Exile. In S. Bhoil & E. Galvan-Alvarez (Eds.), *Tibetan Subjectivities on the Global Stage: Negotiating Dispossession* (pp. 195–211). Lexington Books.
VOA Tibetan. (2012, March 11). VOA Interviews: Shapaley, Rapper & Songwriter [Video]. Voice of America Tibetan. Retrieved from https://www.voatibetan.com/a/1538853.html
Yamamoto, T. (2017). Lyrics Matter: Reconsidering Agency in the Discourse and Practices of Tibetan Pop music among Tibetan Refugees. *Revue d'Études Tibétaines*, (40), 126–145.
Yeh, E. T., & Lama, K. T. (2006). Hip-Hop Gangsta or Most Deserving of Victims? Transnational Migrant Identities and the Paradox of Tibetan Racialization in the USA. *Environment and Planning A: Economy and Space*, 38(5), 809–829. https://doi.org/10.1068/a37218

注

＊1　VOA Tibetan, 2012
＊2　村上、二〇二二
＊3　河合、二〇二一
＊4　海老原、二〇一二
＊5　島村、二〇二一
＊6　Yamamoto, 2017

第2部
言論統制下のラッパーたち

中国

模索される「中国の特色あるヒップホップ」

奈良雅史

1 「中国化」するヒップホップ?

二〇一七年は中国における「ヒップホップ元年」と呼ばれる。[*1] この年、有料会員登録者数が一億人を越える中国最大の動画サイト「iQIYI(愛奇芸)」で、MCバトル番組「The Rap of China(中国有嘻哈)」が配信された。当該番組は、七〇〇名を超えるラップに自信のある一八歳以上の若者がMCバトルに参加し、それをプロのラッパーや歌手が審査をするというものだ。優勝者には一〇〇万元(約一五〇〇万円、当時の為替レートに基づく)の賞金が与えられた。六月に配信された初回から一〇月の最終回までの再生回数は合計で二八億回を超えたという。[*2] この番組は中国全土でヒップホップ・ブームを巻き起こし、それまでアンダーグラウンドシーンで活躍してきたラッパーたちがスターダムにのし上がる契機となった。[*3]

しかし、このヒップホップ・ブームは、突如大きな困難に直面することとなる。[*4]「The Rap of China(中国有嘻哈)」シーズン1の配信が終了して間もなく、その優勝者のひとりであるラッパーPG Oneの不倫疑惑が報道された。加えて、彼が以前に発表した楽曲の歌詞に女性蔑視的な表現や薬物使用を疑わせる表現があったことが批判にさらされることとなった。[*5] こうした状況を受け、二〇一八年一月に中国におけるメディア報道に対する放送統制などを行う機関・国家新聞出版広電総局（現・国家広播電視総局）が各メディアに低俗な文化であるとして、刺青のある芸能人、サブカルチャー、退廃的な文化に加え、ヒップホップを取り上げないよう要請した。[*6] その結果、ヒップホップに関わるイベントや番組からスポンサーが撤退し、ラッパーたちは各メディアから姿を消すこととなった。[*7]

中国では一九七八年に改革開放政策が導入されて以降、外来文化を一定程度受け入れて来た。しかし、そこには常に中国共産党による政治体制との緊張関係が存在した。[*8] 上述の中国におけるヒップホップ・ブームとそれに対する介入はその現れのひとつである。中華民族の復興を目指す習近平政権下では、外来の文化や思想の中国への浸透に対する警戒感がさらに高まっている。[*9] そのため、中国

「The Rap of China（中国有嘻哈）」のポスター（出典：「DESIGNMAN 中国有嘻哈 部分海报」https://www.zcool.com.cn/work/ZMjM5NTY1Njg=.html、最終閲覧日 2024 年 6 月 5 日）

におけるヒップホップに関する研究では、ラップでの使用言語の変遷[*10]や中国の政治状況下でのラップの歌詞における批判性や攻撃性の展開、[*11]アンダーグラウンドとメインストリームの分裂とヒップホップにおける真正性[*12]など、さまざまなテーマに焦点が当てられてきたが、アメリカの黒人文化としてのヒップホップがいかに中国の実情に合わせて「中国化」してきたのかが多く論じられる傾向にある。[*13]

改革開放以降、中国は政治的には中国共産党による一党独裁体制を維持しながら、経済的には市場経済体制へと移行してきた。中国共産党は、このように社会主義を標榜しながら経済的には資本主義を実践する、一見すると矛盾した状態を「中国の特色ある社会主義」と呼ぶ。この中国共産党のレトリックを借りれば、既往研究は中国の政治的実情に合わせた「中国の特色あるヒップホップ」がいかなるものなのかを検討してきたといえるだろう。

しかし、先行研究ではこうした中国の政治状況にヒップホップがいかに適応してきたのかに焦点を当てるあまり、中国ヒップホップにおけるアンダーグラウンド性や社会批判的な要素がどのように実践されているのかに関しては必ずしも十分に検討されてはこなかった。そこで本稿では、中国を取り巻くメディア状況を踏まえて、その点を考察する。まずは近年のヒップホップ・ブームに至るまでの中国におけるヒップホップの展開を概観する。

2　中国ヒップホップの黎明期

上記のように、中国におけるヒップホップは二〇一七年に大きな盛り上がりをみせることになる。しかし、その歴史は一九八〇年代にまで遡る。中国におけるヒップホップの端緒のひとつに世界的なブレイクダンス・ブームを巻き起こしたアメリカ映画「霹靂舞（Breakin'）」（一九八四年、中国では一九八七年公開）の流行がある。さらにその後、日本や韓国を経由してヒップホップ文化が中国にもたらされたといわれる。また、中国におけるヒップホップ文化の最初期においては香港や台湾のアーティストによる影響も大きく、中国で最初のラップ音楽は香港人アーティストの林子祥（Lin Zixiang）による広東語の楽曲「Ah Lam 日記」だとされる。[*14]

その後、中国大陸のアーティストたちによってもラップの要素を取り入れた楽曲が制作されるようになっていった。たとえば、中国におけるロックミュージックの父とされる崔健（Cui Jian）は、インタビュー記事のなかで「一九八五年からヒップホップをやっていた（中略）私は自分の標準語を解放し、唐山方言の内容を一部取り入れて（中略）ラップ形式で演奏した」[*15]と語る。実際、崔健は一九九〇年代には「飛了」（一九九四年）、「時代的晩上」（一九九八年）などのラップを取り入れた楽曲を発表しており、二〇〇〇年代以降も「農村包囲城市」（二〇〇一年）や「藍色骨頭」（二〇〇五年）などの楽曲でその傾向がみられる。しかし、これらの楽曲はあくまでロックミュージシャンがラップを取り入れたものであり、ヒップホップ音楽として実践されていたわけでは必ずしもなかった。

ただし、同時期には図図（Tutu）、謝東（Xie Dong）、尹相傑（Yin Xiangjie）の三名からなるラップトリオが、国営で中国最大のレーベルである中国唱片総公司（現・中国唱片集団有限公司）から中国で初めての中国語ラップのアルバム『某某人』（一九九三年）を発表している。[*16] このアルバムには必ずしもラップ音楽とはいえない楽曲も収録されているものの、たとえば、以下のように、当時の若者の心情についてユーモアを交えて歌うラップ音楽も多い。

いつまでも下品な話をしている
女の子に出会うとすぐに感化されちまう
香港と台湾の歌はみんなくだらない
新製品は何が本物で何が偽物かわからない

ポケットに一元と七、八角くらい残っているみたいだ
薄汚い格好なのに粋がってみせる
小遣い稼ぎはとても危険だ
結局は無駄なことなんだ

謝東「啦啦啦」(『某某人』)より一部抜粋

しかし、一九九〇年代のこうしたヒップホップ音楽の萌芽は、その後のヒップホップ音楽の流行につながるようなものには必ずしもならなかった。ただし、二〇〇〇年代初頭にパソコンとインターネットが急速に普及したメディア環境のなかで、ラップの形式は草の根的に拡がっていくこととなった。この時期、フラッシュ動画と組み合わせて、日常生活をおもしろおかしくラップとして歌う楽曲がインターネット上で多く発表された。こうした楽曲で流行したもののひとつに、赫雨(Heyu)による「大学自習室」(二〇〇三年)がある。この楽曲は大学生活での一幕を歌ったものだ。

教室にはあまり人がいない
カバンを投げ出したときには手遅れだった
席を見つけて座った
座ってしまえば大丈夫
でもあやうく障がい者になるところだった
振り返ると椅子の座面がないじゃないか
オレは思ったね、あいつらのおかげで鍛えていて助かったって
自習するにも緊張感を持たなきゃな

一九八〇年代から二〇〇〇年代初頭にかけて、中国ではこのようにヒップホップ的な要素がさまざまなかたちで受容されていった。特に若者のあいだでラップという形式が広く受け入れられていったと考えられる。ただし、こうした動きは中国にヒップホップ文化を根付かせるには至らなかった。他方、時を同じくしてヒップホップのローカルシーンが中国各地で掘り起こされ、中国におけるヒップホップ文化はローカルなレベルで着実に発展していった。後述するように、こうしたアンダーグラウンドなローカルシーンの発展が「ヒップホップ元年」と呼ばれる二〇一七年に巻き起こされたヒップホップ・ブームを支える下地をつくっていったのだ。

3　アンダーグラウンドシーンの展開

中国の文化や社会について考えるうえで、華僑華人の存在を無視することはできない。[*17] それはヒップホップにおいても同様だ。中国におけるヒップホップも華僑華人ディアスポラのヒップホップによる影響を受けながら発展してきたためだ。特に中国ヒップホップに大きな影響を与えたラッパーのひとりとして挙げられるのは、MC Jin（歐陽靖）である。彼はアメリカに移住した香港人を両親に持ち、マイアミで生まれ育った。彼はアフリカ系アメリカ人アーティストが長らく独占してきたアメリカのヒップホップシーンで成功を収め、アメリカで初めてレーベルと契約した中国および東アジアに出自を持つソロラッパーとなった。中国のラップシーンは、MC Jin によって開かれたともいわれる。[*18] 以下に挙げた彼のファーストシングル「Learn Chinese」（二〇〇三年）に端的に示されるように、アメリカにおいて華僑華人ディアスポラを生きてきた彼の楽曲には、トランスナショナルな中国人アイデンティティが強く表現されている。[*19]

オレは中国人だ、何か文句あるか？
おまえら、オレが誰か知っているか、オレは Jin だ
おまえらにひとつ教えてやろう
炒飯と唐揚げをおまえらに届ける日々はもう終わった
おまえらはみんな中国語を勉強しなきゃならない

また、同時期に活躍したラップユニットYin Ts'ang（隐藏）の楽曲にも同様の傾向がみられる。Yin Ts'angは、中国、アメリカ、カナダ出身の四名の男性メンバーからなるトランスナショナルなグループであった。中国語でラップを歌う彼らは、中国におけるヒップホップ・ブームの火付け役ともいわれ、商業的にも成功した。[*20] 二〇〇三年に発表された以下の楽曲では中国人アイデンティティが表明されている。

オレはオレの考えでお前を徐々に融かしていく
オレの目を見ろ、お前に恐怖を感じさせてやる
見てみろ、お前の体には何の権利もない
お前に教えてやる、オレは中国人MCだ

Yin Ts'ang「黄皮膚的路（Yellow Road）」より一部抜粋

華僑華人を中心としたラッパーたちによる楽曲には、グローバルな文化あるいはそこに内在する西洋中心的な価値観に対して、中国人や中国をレペゼンする傾向がみられる。また、英語だけでなく、中国語でヒップホップを実践したことで、中国におけるヒップホップの普及に大きな影響を与えた。たとえば、Yin Ts'angのメンバーのひとりであるMC Webber（王波）は、インタビュー記事のなかで北京ヒップホップの五〇%は彼が創り出したものだと自負している。[*21] このように華僑華人を中心としたラッパーたちが中国におけるヒップホップシーンを活性化させていった一方で、同時期にそれを受け入れる基盤となるローカルシーンも中国各地で掘り起こされていた。

中国では大都市である北京、上海、広州だけでなく、後述するHigher Brothers（更高兄弟）のメンバーの出身地である成都や上述したPG Oneの出身地である西安、PG Oneとともに「The Rap of China（中国有嘻哈）」シーズン1で優勝を飾ったGAIの出身地である重慶などの地方都市でもヒップホップ文化が根付いていた。その立役者のひとりがアメリカ人ラッパーのダナ・バートンであったといわれる。彼は一九九〇年代末に中国に渡って以来、中国各地でライブイベントを開催し、中国にヒップホップを広めることに尽力してきたとされる。ダナ・バートンは中国で「ヒップホップのゴッドファーザー」とも呼ばれており、中国ヒップホップの発展に大きな影響を与えてきた。そのひとつとして、彼が上述したYin Ts'angのメンバーMC Webberとともに二〇〇一年に立ち上げた全国規模のMCバトル・イベント「Iron Mic（鋼鉄麦克）」が挙げられる。*22

「Iron Mic」をはじめとするMCバトル・イベントは多くのラッパーを輩出し、彼／彼女らがアンダーグラウンドシーンを牽引していった。そのなかには先述したMCバトル番組「The Rap of China」シーズン1の優勝者であるPG Oneをはじめ、当該番組を盛り上げたラッパーたちも多く含まれる。アンダーグラウンドシーンは、中国の政治体制や社会への怒りやフラストレーションを抱えた若者たちを惹きつけ、彼／彼女らにそうした感情を表現する場を与え、それがローカルなレベルでのヒップホップの発展につながった。

また、このMCバトル・イベントは、中国各地で活動するラッパーたちが交流する機会を生み出した。さらにそこで育ったラッパーたちが貴州省や次に述べる雲南省など、大都市に比べヒップホップの受容が遅かった地域のヒップホップシーンを牽引していくこととなった。*23 彼／彼女らは自分たちの出身地や活動拠点としている地方をレペゼンし、そのなかには方言でラップを行う者も少なくなかった。
　そうしたラッパーのひとりとして、雲南省におけるヒップホップシーンの形成に大きな役割を果たしたMC飛（Fei）が挙げられる。彼は二〇〇七年に大鍋菜（Daguocai）というラップユニットを結成し、彼らの出身地である雲南省紅河州箇旧市の方言でラップした。また、MC飛自身も「Iron Mic」に参加しており、二〇一五年には優勝している。*24 大鍋菜の楽曲には、政治批判や社会風刺的な要素が顕著なものも少なくない。そのため、いくつかの楽曲は中国のプラットフォーム上では流通していないとされる。そうした楽曲のひとつとして、箇旧《こきゅう》方言で歌われた「領導」（推定二〇〇八年発表）が挙げられる。この曲の歌詞は役人や政治家を皮肉るものとなっている。

飲むのもギャンブルも公費、子どもにかかる費用も公費
親が病気になっても公費を使う社会のクズたち
何人も愛人がいて、一食に何千元もかける
麻雀で何万元もかけて、何百万元も貯金がある
（中略）
オレたちの生活は苦しい、上には高齢者、下には子供がいるから
ヤツらは歌って踊って生活費は国持ちだ
指導者は何を考えても良いし、何でも話せる
オレたちは何も考えられず、何も話せない
（中略）

指導者の尻がかゆくなれば、オレの手もかゆくなる
指導者は馬だ、どうする
今回はヤツらの尻に爆竹を放り込んでやるよ

そのほかに地方をレペゼンし、方言を使ってラップを歌うグループとして、雲南省の政治経済の中心である昆明市を中心に活動していた西山（Xishan）が挙げられる。このラップユニットの名称は、メンバーの出身地で活動の拠点としていた昆明市の一地域である西山区からとられたものである。彼らは方言を使って、以下の二〇〇九年に発表した楽曲に見られるように、ローカル性を打ち出しながら地方都市に暮らす若者の心情を歌った。

オレはオレのヒーロー Cypress Hill のマネをしているんだ
この歌は西山で生まれたものだ
雲南発のこのグループは突然現れた
昆明の Cypress Hill 式のラップだ
（中略）
オレたち西山と仲間たちはパーティーに出たけど洒落てない
女の子にモテたいけど、彼女たちはオレにはかまってくれない
（中略）
オレは中国で最初のストリートの哲学者になれるのか

オレは金儲けできるのか、オレは命を消耗しているのか
お前は一人のバカになりたいか、オレはバカの中のバカになりたいんだ

西山「屌人」より一部抜粋

西山は雲南地域で人気を博し、台湾の映画監督によって彼らに焦点を当てたドキュメンタリー映画も撮影、公開された。*25 このように二〇〇〇年代以降、雲南省に限らず、地方都市におけるアンダーグラウンドシーンは各地で大きな盛り上がりをみせていった。

ただし、中国におけるヒップホップ文化の発展はアンダーグラウンドシーンに限られたことではなかった。この時期にはホップスターたちによってもラップ音楽が実践されるようになり、より多くの人びとがヒップホップ文化を受け入れる素地が作られていた。たとえば、台湾出身のポップスターで、中華圏のみならず、日本や韓国、東南アジアでも絶大な人気を誇るジェイ・チョウ（周杰倫）は、そうしたアーティストのひとりである。二〇〇六年に発表された次の楽曲にみられるように、彼は中国的なテーマを取り上げ、中国文化をレペゼンするような楽曲も制作している。ここには上述した華僑華人ディアスポラにおけるヒップホップとの共通性が看取される。

華陀が生き返れば、外国を崇拝するやつらもみんな治してくれる
外国人が漢字を学びに来て、オレの民族意識を鼓舞する
（中略）
オレはオレのやり方で歴史を書き直す

なんてことはない、オレに続いて言葉を繰り返せ
（中略）
漢方薬を手に取り、誇らしげに飲み込むオレを見ろ

周杰倫「本草綱目」より一部抜粋

このように二〇〇〇年代以降、中国では華僑華人ディアスポラにおけるヒップホップの影響を受けつつ、各地でアンダーグラウンドシーンが発展していった。こうした状況下、中国生まれのラップユニットとして初めて世界的な名声を獲得したHigher Brothersが登場することとなった。Higher Brothersは二〇一五年一二月に結成された、MaSiWei（馬思唯）、DZ Know（丁震）、Psy.p（楊俊逸）、Melo（謝宇傑）の四人からなるラップユニットである。彼らは中国におけるヒップホップの中心地のひとつである四川省成都市を拠点に活動してきた。彼らは二〇一六年三月にはニューヨークを拠点とし、アジア人やアジア系アメリカ人のアーティストを売り出してきたメディアカンパニーでありレーベルでもある88risingと契約した。88risingとの契約は、Higher Brothersがグローバルな成功を収めるうえで大きな役

「8000 Miles from Hip Hop（屌人）」のポスター（出典：「8000 Miles from Hip Hop（屌人）公式ホームページ」https://www.facebook.com/8000MilesfromHipHop、最終閲覧日 2024 年 6 月 5 日）。

割を果たした。たとえば、88risingが二〇一七年三月にHigher Brothersの楽曲「Made in China」をYouTubeにアップロードすると、同年八月には四〇〇万再生以上のヒットを記録した（二〇二四年六月五日時点では二六二六万回再生を記録している）。その後、アルバムとEP、ミックステープをそれぞれ二本ずつリリースし、アジアおよび北米各地でツアーを行っている。

Higher Brothersのメンバーは、江蘇省南京市出身のDZ Knowを除いて、みな四川省出身であり、彼らの楽曲では四川方言も多用される。中国的なサウンドを取り入れたトラップビートと四川方言、普通語、英語によるラップを組み合わせた音楽スタイルを彼らは「チャイニーズ・トラップ」と定義している。[*26] Higher Brothersの代表的な楽曲のひとつである「Made in China」（二〇一七年）においても、こうした特徴が表れている。

My chains, new gold watch, made in China（オレのチェーン、新しい金の腕時計、メイドインチャイナ）
We play ping pong ball, made in China（オレたちは卓球をやる、メイドインチャイナ）
给bitch買点児奢侈品 made in China（ビッチに贅沢品を買ってやる、メイドインチャイナ）
（中略）
鬧鐘把你叫醒 made in China（お前を起こす目覚まし時計、メイドインチャイナ）
牙膏牙刷上面擠 made in China（歯ブラシに付ける歯磨き粉、メイドインチャイナ）
把早餐放進陶瓷椀 made in China（朝飯を陶磁器の器に盛りつける、メイドインチャイナ）

Higher Brothersの世界的な成功に象徴されるように、二〇一〇年代以降、中国におけるヒップホップは大きく発展し、それが二〇一七年「ヒップホップ元年」における全国的なヒップホップ・ブームへとつながっていくこととなる。ただし、ヒップホップ文化が大きく花咲く一方で、中国政府によるヒップホップへの規制も同時に行われてきた。たとえば、北京を中心に活動していたラップユニット・陰三児（In3）は、彼らの楽曲の多くが二〇一五年八月に当局のブラックリストに載せられてしまう憂き目にあった。[*27] 彼らの楽曲は、政治批判や社会風刺をその特徴のひとつとしており、それが問題視されたものと思われる。たとえば、以下の二〇〇八年に発表された楽曲「老師你好」は教育批判を中心とした歌詞からなる。

リスペクトされたきゃ、まずは人をリスペクトすることを学びな！
オレに濡れ衣を着せたこと、くそったれ、オレはずっと認めないからな！
オレから没収したもの、くそったれ、全部いらねえよ！
他のやつは良いんだ、でもオレはお前には憎しみしかねえ！

先述のように中国各地でアンダーグラウンドシーンが大きな盛り上がりをみせ、そのなかから Higher Brothers のように世界的に商業的な成功を収めるラップユニットも現れるようになる一方で、陰三児のように体制批判につながるような楽曲は規制を受けてきた。中国におけるヒップホップに対する規制としては「ヒップホップ元年」後の「ヒップホップ禁止令」が取り沙汰されることが多いが、規制はそれ以前から続けられてきた。アンダーグラウンドシーンは、そうした当局からの規制にさらされながら展開してきたのだ。

4　中国ヒップホップの大衆化と政府による規制

ヒップホップに対する規制は続けられていたものの、中国におけるヒップホップ・ブームは先述したMCバトル番組「The Rap of China（中国有嘻哈）」の配信とその反響によってピークを迎えた。それまでアンダーグラウンドシーンで活躍してきたラッパーの多くが番組への出演を通じて広く注目されるようになった。特に優勝したPG OneとGAIはCMやテレビ番組でひっぱりだことなり、一世を風靡した。その意味で、ここに至り、中国ヒップホップは大衆化の段階を迎えたといえるだろう。

しかし、こうした状況は他方で、ヒップホップの真正性をめぐる問題も引き起こした。たとえば、「The Rap of China（中国有嘻哈）」の参加者には、アイドルとしてトレーニングを受けた者も少なくなかった。しかし、アンダーグラウンドシーンで活動してきたラッパーやそのファンたちは、アンダーグラウンドのヒップホップこそが本物のヒップホップであるとして、そうした参加者に対して批判的な傾向にあった。加えて、ヒップホップが大衆化し、多くのメディアに取り上げられることで、アンダーグラウンドシーンにおいて持っていたメッセージ性が失われ、商業主義に陥ってしまったとの批判もなされた[*28]。先に取り上げたYin Ts'angのMC Webberは、雑誌のインタビューに答えるなかで、こうした状況について「最も怖いのは金だ、今のこの音楽文化のうち七〇%は金に飲みこまれた、残りの三〇%は多くの人が知らないままだ」と嘆いた[*29]。

このようにヒップホップの真正性をめぐる議論を引き起こしながらも、二〇一七年「ヒップホップ元年」を経て中国ではヒップホップ人気が爆発することとなった。しかし、上述のようにそれは翌年には中国政府によるヒップホップに対する規制の強化を引き起こすことにもなった。これはアンダーグラウンドシーンで見られた抵抗や社会批判としてのヒップホップを追求することをより一層困難にした。結果として、党国家のイデオロギーに配慮したヒップホップが模索されていくこととなる。

そのひとつの現れとして、MCバトル番組「The Rap of China」の中国語名称の変更がある。シーズン1の中国語名称は「中国有嘻哈（中国にヒップホップあり）」であった。しかし、「ヒップホップ禁止令」後の二〇一八年七月に再開されたシーズン2では、中国語タイトルが「中国新説唱（中国の新しいラップ）」に改められた。中国語でヒップホップを意味する「嘻哈（Xiha）」は Hip hop を音訳した外来語で、ラップの意味でも用いられる。それに対して、「説唱（Shuochang）」は現在ではラップの意味で広く使われているものの、元来は音楽にのせて物語などを独特の節回しで語る伝統芸能を意味する単語であった。[*30] そのため、番組名を「中国有嘻哈」から「中国新説唱」に変更することは、ラップ音楽をアメリカの黒人文化に由来する外来文化ではなく、中国にもともとあった伝統文化の新しい形式として位置づけることを意味する。[*31]

このようにヒップホップあるいはラップ音楽を中国的なものとして位置づけ直す試みのなかで、楽曲においても批判的あるいは暴力的な表現は控えられ、Peace & Love 的あるいは愛国的で、漢文化を意識したヒップホップが生み出される傾向が顕著になってきた。[*32] たとえば、「The Rap of China（中国有嘻哈）」シーズン1の優勝者のひとりである GAI の楽曲やスタイルには大きな変化がみられる。彼が当該番組に出演する前に発表した楽曲「超社会 Gangsta」（二〇一六年）では、以下のようにセックスとドラッグ、暴力に関連する描写が多くみられる。

オレの兄弟はみな肩に龍のタトゥーをいれて、金のネックレスをしている

オレは浴場を経営しているが、なんのクーポンもやらねえ
オレはカジノを経営し、たくさん金を稼ぐ、包丁に悪党
殴る末っ子の弟は走るのが早くて、アソコも大きい
みんなクスリはやっているが、針はまだ打ってねえ
ボスの奥さんを犯して、オレは頭がくらくらする
オレは魚釣り機で遊びたい、ボスは点数を稼ぐ
オレはバカを演じる、お前のガキはチキンだ
乱闘して、でかい車を運転して、商品の入った箱は何十個にもなる
刑務所に入って厄介事にも巻き込まれたが、オレは過ちを認めない
田舎の女を町に売り飛ばす
売上が良ければ、ミンクのコートをくれてやる

「超社会 Gangsta」のミュージックビデオ（出典：GAI「超社会 Gangsta」https://youtu.be/PeEXClssmok?si=21pPgQ-H3xPA4cOT、最終閲覧日 2024 年 6 月 5 日）

この楽曲の歌詞ではスラングも多用されている。加えて、この楽曲のミュージックビデオでは、その曲名に示されるように、GAI は刺青が入った肌を露わにする上半身裸の姿で、ストリートにおいて鉈を片手に威圧的な表情で登場する。この楽曲における GAI は、英語の曲名そのままにまさにギャングスタといった風体だ。しかし、「ヒップホップ禁止令」により、一時的にメディアでの露出が減った後に再びメディアに登場した GAI はそのスタイルを大きく変えていた。二〇一八年に彼が発表した楽曲「万里長城」では、刺青の入った肌の露出を封印し、以下のように中華文明の偉大さを讃えるラップを歌う愛国主義的なスタイルを披露した。[*33] 本作で彼は鉈ではなく大きな筆を持って書

を描き、万里の長城でパフォーマンスをする姿を見せている。

家と国家を守る難攻不落の砦
激しく沸き上がり風に乗ってやって来る
われわれ中華の血を引く鉄の骨
今こそ、今こそ
この手に山海の世に冠たる気概を引き寄せる
先人たちがくれた勇気
われわれの両手にかかった努力
たとえ風や雲が変わっていっても
足元には広大な大地が広がっている
万里の長城は決して崩れることはない
千里も続く黄河は滔々と流れる
美しい山河と色とりどりの峰
国はどこにあるのか私は病にかかったように尋ねる

二〇一八年の「ヒップホップ禁止令」前後でのGAIの音楽スタイルの著しい変化は、現在の中国の政治体制下でヒップホップが発展していくうえで直面する困難な状況を示している。先述のように中国においてヒップホップはアンダーグラウンドシーンを中心に発展をとげ、それが二〇一七年の一大ヒップホップ・ブームを支えることとなった。しかし、ヒップホップがメインストリーム化するにつれ、党国家からの規制がより一層強化されてしまうこととなる。ただし、上述したGAIのスタイルの変化について論じたリュウは、一見すると党国家が規制を通じてラッパーたちを飼い慣らしたようにみえるが、ヒップホップが社会経済的に劣位に置かれた若者たちの自己表現の手段として機能してきたことを踏まえ、党国家のヘゲモニーを危うくする可能性があると指摘する。[*34] リュウが述べるように、上記のような「ヒップホップ禁止令」に伴う中国ヒップホップの変化が単に中国共産党のイデオロギーにおもねったかたちでのヒップホップを生み出すことに留まらない意味があるとすれば、それはどのような点に見出だすことができるだろうか。以下では、中国を取り巻くメディア状況を踏まえ、この点を考察したい。

5 「中国の特色あるヒップホップ」のゆくえ

中国ではインターネット規制が行われており、中国政府は中国国内からのグローバルなプラットフォームへのアクセスを禁止し、インターネット空間を囲い込んで管理統制を進めてきた。[*35] しかし、それはVPN接続などによって接続可能なグローバルなプラットフォームは党国家の規制外にあることを意味する。中国のラッパーのなかには、このメディア空間の二重性を利用しながら活動を行なっている者もいるとされる。たとえば、上海を拠点に活動するラップユニット・Straight Fire Gang（直火帮）は、中国国内のプラットフォームでは党国家の規制に配慮したバージョンをリリースし、グローバルなプラットフォームではそうした自己検閲なしのバージョンを公開しているという。[*36] つまり、二〇一八年以降、中国のラッパーたちは中国の政治的実情に合わせたパフォーマンスを模索すると同時に、党国家による規制を回避しながら自らの表現を追求してきたのだ。

加えて、中国ヒップホップのファンたちも国家としての中国の境界内に留まるわけでは必ずしもない。YouTubeをはじめとするグローバルなプラットフォームには、中国当局によって規制された楽曲がアップロードされており、ファンたちに視聴し続けられている。たとえば、先に取り上げた北京を中心に活動していたラップユニット・陰三児の楽曲の多くは、中国当局のブラックリストに載せられ、中国国内での流通が困難な状況に置かれている。しかし、YouTube上では中国国内では流通が禁じられている楽曲も公開され続けている。こうした状況はGAIについてもみられる。GAIはYouTube上に公式チャンネルを開設しているが、そこには上記の「超社会Gangsta」はアップロードされていない。しかし、この楽曲は他のユーザーによってアップロードされており、二〇二四年六月五日時点で約三九万回再生されている。これは再生数約一六万回の「万里長城」の二倍以上の再生数である（同じく二〇二四年六月五日時点）。

YouTubeなどのグローバルなプラットフォームで起きていることは、中国国内で流通が困難な楽曲の公開に留まらない。そうした楽曲のコメント欄でファン同士の交流も生じている。たとえば、YouTubeにアップロードされた陰三児の楽曲「没銭没朋友（No Money No Friend）」（二〇〇八年）のコメント欄では中国語で以下のようなやり取りがなされている。

文化部[*37]のプレイリストを作ったよ、見つからないものが多いからね、とりあえず聞いてみてよ、ははは

――お疲れ様！

――あなたに一万のいいねをあげる！

陰三児の音楽を買えるかダウンロードできるところを知っている人いない？　ヨーロッパのiTunesだとないんだよね

――YouTubeからmp3だね、朋友

――Sound Cloudにもあるよ

ここからはグローバルなプラットフォームを通じて、ファンたちが交流し、そのあいだで中国当局が規制する楽曲が流通し、視聴されている様子が伺える。つまり、中国のラッパーたちによる音楽活動だけでなく、中国ヒップホップのファンたちもグローバルなプラットフォームを介して中国当局の規制を回避しながら、中国ヒップホップを楽しんでいるのだ。さらに上記した陰三児「没銭没朋友（No Money No Friend）」のコメント欄には、「泣いた、青春の思い出」などといった古参のファンたちによるコメントが多く見られる一方で、「ははは、ありがとう文化部、おかげで聞くのが遅くなったよ」といった新たなリスナーのコメントもみられる。ここには中国当局による規制を迂回しながら、中国ヒップホップが新たなファンを獲得し、展開する可能性が看取される。

以上を踏まえると、「中国の特色あるヒップホップ」は、単に外来文化としてのヒップホップが中国の政治状況に合わせて、政治的なメッセージ性を欠いた、愛国的な装いを帯びたラップとして展開してきたと理解するだけでは不十分である。中国ヒップホップは、中国当局による規制を受け中国共産党のイデオロギーに配慮したものになる一方で、ラッパーやファンたちがグローバルなプラットフォームを介してその規制を回避しながら発展してきたのだ。こうした中国を取り巻くメディア状況の二重性に基づくヒップホップカルチャーの相反性こそが「中国の特色あるヒップホップ」を特徴づけている。

二〇一九年に中国で発生した新型コロナウイルス感染症(Covid-19)は、二〇二〇年以降、世界中に感染が拡大し、パンデミックを引き起こした。中国政府が当初は感染拡大の抑制に効果的であった「ゼロコロナ」政策を堅持し続け、その弊害が顕在化し始めた二〇二二年三月三〇日(同年一二月七日に当該政策を大幅に緩和)、上海のラッパー・方略(Astro)が微博(Weibo)とYouTubeで「新奴隷 New Slaves」という楽曲を発表した。上海はその後二か月以上続けられることとなるロックダウンが翌日に迫る状況にあった。この楽曲は、微博ではすぐに削除され、中国国内での流通は制限された。[*38]加えて、あまりの反響の大きさに方略もYouTubeにおける自身のチャンネルからその楽曲を削除した。[*39]ただし、この楽曲は中国国内のプラットフォームでの視聴が困難な状況にある一方で、方略によって自身のYouTubeチャンネルから削除された後も英語や日本語など他言語の字幕が付されるなど、さまざまなかたちで転載され、視聴が続けられている。中国の国歌[*40]で歌われる「奴隷」を想起させるタイトルのこの楽曲は、以下のように呼び掛ける。中国では、党国家に抑圧されながらも批判精神を失わない楽曲が発表され続け、視聴され続けている。中国ヒップホップ、ひいては中国社会の未来はそう暗いものでもないのかもしれない。

自由や思想、意思が権力に縛られる時

緑色の道路が通行止めになる時
（中略）
病人でない人が家に閉じ込められ病人扱いされる時
本当の病人が病院に入れない時
命令の遵守が人を傷つける理由になる時
彼らが魂を抜かれたゾンビになる時
彼らは穏やかな表情で人の命を軽視する
彼らはあっという間に自分も庶民であることを忘れてしてまうんだ
（中略）
そうだ、この輝かしく新しい時代に
不動産価格がどんどん上がる一方で、最低ラインはどんどん低くなる
そうだ、この繁栄の時代に
弱肉強食のルールに人間性はとっくに淘汰されてしまった
Open your eyes, just open your eyes
なぜこんな悪循環がずっと繰り返されるのか？
Open your eyes, just open your eyes
人間であるに値しない人間がどれだけ紛れ込んでいるのか？
（中略）
You know, fuck the virus, fuck the government, fuck the police, fuck everybody who doesn't care

about this shit
And fuck everybody who still think government policy is still correct
Fuck you, fuck the world

参考文献

【日本語】

川口幸大・稲澤努編 2016『僑郷——華僑のふるさとをめぐる表象と実像』行路社。

小山ひとみ 2019『中国新世代——チャイナ・ニュージェネレーション』スモール出版。

ファンキー末吉 2015『ファンキー末吉 中国ロックに捧げた半生』リーブル出版。

【英語】

Blåsternes, Eirik. 2014. “Keeping it Real” In Beijing; Exploring Identity, Authenticity and Music as a 'Technology of the Self' among Urban Middle-class Youth. Master Thesis. Department of Social Anthropology, University of Bergen.

Feng, Guangchao Charles and Steve Zhongshi Guo. 2013. Tracing the route of China's Internet censorship: An empirical study. *Telematics and Informatics* 30(4): 335-345.

Jay, Jennifer W. 2008. Rapper Jin（歐陽靖）and *ABC*: Acquiring spoken Cantonese and transnational identity through restaurant culture and Hong Kong TV. Chan, Marjorie K.M. and Hana Kang. Columbus (eds.) *Proceedings of the 20th North American Conference on Chinese Linguistics Volume 1*. Ohio: The Ohio State University, 379–391.

Liu, Jin. 2014. Alternative Voice and Local Youth Identity in Chinese Local-Language Rap Music. *East Asia Cultures Critique* 22(1): 263-292.

Liu, Jin. 2021. Language, identity and unintelligibility: A case study of the rap group Higher Brothers. *East Asian Journal of Popular Culture* 7(1): 43-59.

Liu, Xuexin. 2010. Across the borders: hip hop's influence on Chinese youth culture. *Southeast Review of Asian Studies* 32: 146–153..

Liu, Zhaoxi Josie. 2019. Rapper GAI, Style and Hegemony in China: Examining a Transformation from Jianghu Liu to Xinhua Liu. *International Communication Research Journal* 54(2): 2-15.

Ma, Wenhao. 2022. China Censors National Anthem Lyrics Used as Lockdown Protest. *China News*（二〇二二年四月二二日配信、最終閲覧日二〇二四年六月五日）https://www.voanews.com/a/china-censors-national-anthem-lyrics-used-as-lockdown-protest-/6539716.html

Sherman, Markus. 2019. From Grassroots To Gold Chains: The Evolution Of Chinese Rap. *US-China Today*（二〇一九年一一月一七日配信、最終閲覧日二〇二四年六月五日）https://uschinatoday.org/features/2019/11/17/from-grassroots-to-gold-chains-the-evolution-of-chinese-hip-hop/

Tang, Hai. 2020. Chinese Hip-Hop: The Use of Diss, and the Representing of Youth Culture. *Open Journal of Social Sciences* 8: 139-147.

Xu, Zhanghong and Xiaolin Liu. 2019. A Linguo-Cultural Approach to the Integration of Hip-hop Culture with Chinese Culture: Taking Rap Music as an Example. *International Journal of Literature and Arts* 7(6): 165-171.

Wu, Jingsi Christina. 2020. Can China have its hip hop?: Negotiating the boundaries between mainstream and underground youth cultural spaces on the Internet talent show *Rap of China*. In Frangville, Vanessa and Gwennaël Gaffric (eds.) *China's Youth Cultures and Collective Spaces: Creativity, Sociality, Identity and Resistance*. London and New York: Routledge, pp.55-71.

【中国語】

洪岳 2017「鋼鉄是怎様錬成的——一部関于 Iron Mic 的編年史」『捜狐』（二〇一七年一一月一二日配信、最終閲覧日二〇二四年六月五日）https://www.sohu.com/a/203876621_119079

柳珊・謝舒心 2021「文化布道者与権利践行者——文化公民身份視角下的21世紀中国青年〝地下〟説唱族」『媒介与文化

研究』181：106-125。
龍穎恵 2022「嘻哈文化——不要跨越道徳底線」『法人雑志』第1期：93-96。
摩登天空伝媒 2017「王波 壊孩子変好的故事也是中国 Hip-Hop 的歴史」『摩登天空・中国有嘻哈?』中信出版集団、pp.16-21.
薛謀玄 2022「従群体建構到資本収編——対中国嘻哈文化本真性的分析」『大衆文藝』第6期：182-184。
鄭若麟 2017「不能用西方標準裁剪中国 以精神独立抵御思想侵蝕」『人民日報』（二〇一七年三月二七日七版、最終閲覧日二〇二四年六月五日）http://theory.people.com.cn/n1/2017/0327/c40531-29170191.html

注

＊1 （龍穎恵 2022）
＊2 （小山 2019）
＊3 （e.g. 柳・謝 2021）
＊4 『The Rap of China（中国有嘻哈）』シーズン1では、PG One と後述する GAI の二名が優勝した。
＊5 問題とされたのは PG One が二〇一五年に発表した「生誕夜」という楽曲である。その歌詞のなかには「真っ白な粉をボードの上に載せる」、「彼女がオレに犯して、押さえつけて出して欲しいと言った」といった表現や「bitch」や「pussy」といった単語も使われており、それらが批判の対象となった。PG One「生誕夜」（https://youtu.be/K0OCthq7cvY?si=OT67m4UOJelzmDWT、最終閲覧日二〇二四年六月五日）。
＊6 「総局提出節目嘉賓標準：格調低紋身嘻哈文化不用」『新浪娯楽』（二〇一八年一月一九日配信、http://ent.sina.com.cn/tv/zy/2018-01-19/doc-ifyquptv7935320.shtml、最終閲覧日二〇二四年六月五日）。
＊7 （e.g. Sherman 2019; Xu and Liu 2019; Wu 2020）
＊8 （e.g. ファンキー末吉 2015）
＊9 （鄭若麟 2017）
＊10 （e.g. Liu 2014; Xu and Liu 2019）

＊11　（e.g. Tang 2020）
＊12　（e.g. 薛謀玄 2022）
＊13　（e.g. Liu 2010）
＊14　（柳・謝 2021）
＊15　「崔健当嘻哈導師？：他要衡量三件事」『新京報』（二〇一七年九月二二日配信、https://www.bjnews.com.cn/detail/155152207714923.html、最終閲覧日二〇二四年六月五日）。
＊16　「給新生代専欄：中国説唱，還得説咲逗唱」『網易娯楽』（二〇〇八年一〇月一〇日配信、https://www.163.com/ent/article/4NTAA55E00032PPF.html、最終閲覧日二〇二四年六月五日）。
＊17　（e.g. 川口・稲澤編 2016）
＊18　「披荊斬棘的哥哥：欧陽靖開創中国説唱圏先河，把説唱帯入国内」『捜狐』（https://www.sohu.com/a/697146227_121302139、最終閲覧日二〇二三年一一月二三日、現在リンク切れ）。
＊19　（Jay 2008）
＊20　Now Hip-Hop, Too, Is Made in China. *The New York Times*（二〇〇九年一月二四日配信、https://www.nytimes.com/2009/01/24/arts/music/24hiphop.html?ref=music、最終閲覧日二〇二四年六月五日）。
＊21　（摩登天空伝媒 2017: 20）
＊22　（小山 2019; 柳・謝 2021）。「Iron Mic」を取り上げたドキュメンタリー映画も公開されている（ビリー・スターマン監督『Story of Iron Mic ／鋼鉄麦克——一部関于中文自由式説唱的紀録片』２０１７年）。
＊23　（洪岳 2017）
＊24　（洪岳 2017）
＊25　「8000 Miles from Hip Hop（屌人）」（監督：于光中、二〇一六年五月二〇日公開）。公式ホームページ（https://www.facebook.com/8000MilesfromHipHop、最終閲覧日二〇二四年六月五日）。
＊26　（Liu 2021）
＊27　二〇一五年八月の中華人民共和国文化部よる発表では一二〇曲がブラックリストに載せられた。そのうちの一七

曲が陰三児の楽曲であった。具体的な曲名については「文化部公布網絡音楽産品黒名単 提供者将依法査処」を参照（二〇一五年八月一〇日配信、https://web.archive.org/web/20150813215028/http://www.mcprc.gov.cn/whzx/whyw/201508/t20150810_457407.html、最終閲覧日二〇二四年六月五日）。

＊28 （e.g. Blåsternes 2014; Wu 2020; 薛謀玄 2022）

＊29 （摩登天空伝媒 2017: 20）

＊30 たとえば、上海の「説唱」名人として知られる黄永生による作品「古彩戯法」（https://youtu.be/riQIVk6xrtA?si=GgVUy6u441gFnAGb、最終閲覧日二〇二四年六月五日）。

＊31 ＭＣバトル番組「The Rap of China」は、その後も中国語名称を変更しながら継続されてきた。当該番組は、二〇二〇年までは「中国新説唱」として続けられた。しかし、二〇二一年以降は英語名称は変更せず、番組内容を著名なラッパーたちによるＭＣバトルに、中国語名称を「中国説唱巓峰対決（中国ラップ頂上対決）」に変更したうえで配信されている。

＊32 （龍穎恵 2022）

＊33 （Liu 2019）

＊34 （Liu 2019）

＊35 （e.g. Feng and Guo 2013）

＊36 （Sherman 2019）

＊37 中華人民共和国文化部が中国共産党のイデオロギーに沿わない楽曲のブラックリストを作成している（注二七も参照）。

＊38 （Ma 2022）

＊39 方略（Astro）は自身のYouTubeチャンネルで「新奴隷 New Slaves」を削除した理由を説明する中国語と英語のテクストのみを流す動画「一箇説明（A Clarification）」を二〇二二年四月一六日にアップロードしている（https://www.youtube.com/watch?v=fN5NFYys7p0、最終閲覧日二〇二四年六月五日）。

＊40 中華人民共和国の国歌「義勇軍行進曲」は、「立ち上げれ！　奴隷になることを望まぬ人びとよ！」の一

節で始まる。国歌の詳細については中華人民共和国中央人民政府ウェブサイトを参照（https://www.gov.cn/guoqing/2005-05/24/content_2615210.htm、最終閲覧日二〇二四年六月五日）。

イラン

内在的社会批判のアポリア
――イラン・ペルシア語ラップの軌跡

谷憲一

1　はじめに

イラン・イスラーム共和国は、ペルシア語を公用語とする多民族国家である。この国では一九七九年のイラン革命において、ホメイニー師の唱える「イスラーム法学者の監督」論に依拠した国家体制が樹立された。対外的には、厳しい経済制裁にもめげずに反米路線を貫くが、通貨価値の暴落や物価上昇、経済格差や宗教的・文化的規制に対する不満など、さまざまな問題も抱えている。この章では、そんなイランにおけるペルシア語ラップ（*rapp-e fārsī*）[*1]の軌跡を描き出したい。特に社会批判の手段としてのラップに焦点を当て、それがイラン社会において直面する困難を指摘することで、イランにおけるヒップホップ文化の特徴を明らかにする。

副題を「イラン・ペルシア語」としているのは、範囲を限定するためである。ペルシア語はイランの公用語であるが、同国ではアーザリー語やクルド語、ロル語、トルクメン語、バルーチ語、アラビア語などを母国語とする諸民族が暮らしており、各民族が自身の言語でラップをするようにもなってきている（それを一望できるのが「家族的Ⅱ（*Khanevadegi 2*）」（二〇二二年）のMVであり、それぞれのラッパーが出身地や母語をレペゼンしながらマイクリレーで繋いでいく）。

またペルシア語の歌やラップの受容は、イラン国内外に暮らすイラン人に限らず、同じくペルシア語と同系統のダリー語を公用語とするアフガニスタンやタジク語を公用語とするタジキスタン、さらにはウズベキスタンの一部都市に住むタジク語を母語とする人々の間でも受容されている。そこでの受容の仕方、さらにはこれらの地域で広義のペルシア語ラップがいかに歌われているのか、またそれが再び国境を越えてイランでも受容されることがあるのかという問題も興味深いが、ここではイランのペルシア語ラップに限定して論じる。

イランにおけるヒップホップの歴史は三つのフェーズに分かれる。*2 ①共同体の創出期（二〇〇〇年から二〇〇三年まで）、②黄金時代（二〇〇三年から二〇〇九年まで）、そして③ポスト黄金時代である。①の共同体の創出期には、主にミドルクラスからアッパーミドル層の家庭出身の若者男性がシェアハウスに住み、手作りのスタジオで曲を収録していた。曲はウェブサイト上で頒布されるほか、手作りのCDが親族や友人を通じて、あるいは路上で直接人々に配布されていた。本章でこのあと主に取り上げるヒーチキャス（Hichkas）やレザー・ピーシュロー（Reza Pishro）、ゼッドバーズィー（Zedbazi）の他、ホセイン（Ho3ein）、アミール・タタルー（Amir Tataloo）、ヤース（Yas）、エルファーン・パーイダール（Erfan Paydar）、バフラーム（Bahram）、トヒー（Tohi）、トーメ（Tomeh）、アールミーン・トゥーエイエフエム（Armin 2AFM）などが黎明期に登場したアーティストであり、彼らは現在でも活動している。

二〇〇〇年代半ばになると、国外に亡命・移住したイラン人による在米放送局がペルシア語による衛星放送を行い、番組内でイラン国内のアーティストの曲が取り上げられるようになった。*3 内容に規制が課されない衛星放送は、違法であるにもかかわらず現在に至るまで多くのイラン人が視聴しているのが実情だ。ロサンゼルスに拠点を置く「Avang Music」やアトランタの「Radio Javan」といったチャンネルで、国外のイラン人による海外で製作されたイランポップがイラン国内で享受されていたが、やがてイラン国内で製作されたMVも流れるようになった。そうした中で、「八分の六拍子」（伝統音楽の拍子でありながらも新たにリズミカルなダンス音楽に用いられることでジャンル名ともなった）にラップを合わせた「パーティーヒップホップ」と呼ばれるジャンルのアーティスト――タタルーやトーメ、サースィー・マーンキャン（Sasy Mankan）やバローバックス（Barobax）――が知名度を得るようになり、結婚式や、私的空間で行われる地下パーティーに招かれるなどして、彼らは音楽活動で収入を得られるようになっていった。またヨーロッパやトルコ、UAEなど国外でコンサートを開くパーティーヒップホップのアーティストも現れ、彼らを通じてペルシア語ラップは、イラン国内でコアなヒップホップリスナーを超えて一般に知られるようになった。本章では、パーティーヒップホップのアーティストと時には共演しながらも、活動姿勢において一線を画し、社会的タブーや都市生活のリアルを表現する現在に連なるヒップホップ・シーンを確立していったギャングスタ・ラッパーを主に扱っていく。

イラン・ペルシア語ラップの中ではさまざまなトピックが取り上げられる。薬物中毒、路上犯罪、女性の権利、社会の不公正と貧困、ストリートチルドレン、大学受験のプレッシャー、インターネット中毒、核問題、国外でのイランの表象、国内外の政治、宗教、ナショナリズム、タブー（自殺やセックス）などがあると指摘されている。*4

イランでは知識人のみならず大衆もペルシア語古典詩への造詣が深く、また韻を踏む言葉遊びも日常的にみられるため、ラップが受け入れられる文化的土壌があったといえよう。イランのヒップホップのリリックの特徴は、格式ある語句ではなく、路上で日常的に使われる言葉からなっている点だ。そのことを端的に示す例として挙げられるのが、フォフシュ（罵倒語、下品な言葉）の多用だ。他の言語と比べ、ペルシア語はフォフシュの数が多い言語のひとつであろう。「犬の父（*pedar-e sag*）」や「父親が焼かれる[*5]（*pedar sukhte*）」といった表現から、文字にするのがためらわれる性的でえげつない表現まで、実際にイランで生活していると男子学生寮や路上や乗り合いタクシーの中などで、さまざまな種類のフォフシュを耳にする。「畜生！」といったニュアンスで好ましくない状況に対して独り言のように使われることもあるし、喧嘩になれば相手を罵倒するために吐き捨てられる。また仲間内で親密さを示す意味合いで用いられることもある。

また、イランのギャングスタ・ラップで重要な概念として「ラート（*lāt*）」がある。ラートとは、「何も持たない者」、さらには「力で暴れるしかできない者」を意味する。一般には否定的に用いられる語だが、ラップではストリートの代表として肯定的に用いられることが多い。ヒップホップではしばしば、中身の伴った「ホンモノ」を尊び、表面だけ取り繕っただけの「ニセモノ」をディスることがあるが、イランの場合も同様である。

イランの国内外で活躍するさまざまなヒップホップ・アーティストを日本に紹介したいのは山々ではあるが、本章では、イラン・ペルシア語ラップがもつ一つの特徴を描き出すことをねらいとして、何人かのラッパーを紹介したい。まず、イラン・ペルシア語ラップの黎明期から活動し、ペルシア語ラップの「ゴッドファーザー（*Pedar Khandeh*）」（二〇〇四）を自称するヒーチキャス、ヒーチキャスが国外へ移住した後に国内のペルシア語ラップを牽引したピーシュロー、そして黎明期から活動してきたグループのゼッドバーズィーを本章では取り上げる。彼らそれぞれのラッパーとしてのキャリアや交流、そしてイラン・ヒップホップ史上最大のディス騒動について紹介し、そこからイランのヒップホップ・シーンにおいて、社会に内在して社会批判をすることが指向されてきたこと、しかしその姿勢は現体制下のイランでは困難に遭遇することを論じる。最後に、国内で活動する次世代のラッパーの中から、内在的批判という価値観を継承していると思われるアールミーン・ラーベル（Armin Robber）とハミード・セファット（Hamid Sefat）を取り上げる。

これらのラッパーの紹介を通じて描き出したいのは、イラン社会でペルシア語ラップが直面するアポリアである。それはラッパーたちが内在的な社会批判を指向したときに顕在化する。次節ではこれらの問題を論じるための基礎知識として、まずはイラン・イスラーム共和国体制と音楽の微妙な関係について説明したい。

2　イスラーム共和国体制下でのヒップホップ

イランにおけるヒップホップは、イスラーム共和国体制との緊張関係に置かれている。憲法ではイスラームに基づく立法が定められている。イスラームでは、音楽の許容範囲をめぐる議論があり、ある特定の音楽が許容されるかどうかは単にその音楽の性質のみならず、音楽をとりまく文脈にも依る。イランのイスラーム共和国体制が依拠する一二イマーム・シーア派でも、イスラーム法の解釈権を有する高位法学者は複数人おり、音楽に対する見解はさまざまである。だが、一九八〇年代後半からは、国家・社会運営をめぐる問題に関しては、高位のイスラーム法学者である体制の最高指導者の見解に準拠するという立場をとっている。[*6]

一九七九年のイラン革命当初、国内での放映が唯一保障されている国営メディアから音楽そのものが禁止され、革命以前から国内で活動していた歌手の多くは国外へと移住・亡命していった。しかし国内でも、革命や自由や独立をテーマにした曲は禁止される「音楽」の範囲外にあるものとして許容され、ナショナリズムと結びついた民族音楽は、次第に許容されるようになっていった。つまり、イランでは音楽は検閲という条件付きで許容されているのだ。[*7] イランの検閲では、音楽家の活動許可から楽曲への認可、音楽ソフトの販売・流通・放送の許可まで、すべてのプロセスについて認証を与える制度が整備されている。[*8]

しかし国家に認められた合法な音楽とはまた別に、さまざまな形で流通する違法音楽もある。今や音楽はデジタルデータで所有可能で、インターネットからダウンロードしたりＳＮＳで共有されたりする。自宅で聴くこともできるし、街ではカーステレオから音楽が流れる。そのため違法の音楽であっても人々のあいだで流通し享受されているというのが実情だ。このような流通体制から、国家による規制は有名無実化しており、違法音楽のアーティストも一定の人気を集めている。冒頭で名前を挙げたアーティストも基本的には国家の許可を取らず、アンダーグラウンドで活動してきた。

アーティストにとって認可を取らずに音楽活動、特に集会を伴う活動を続けることは逮捕されるリスクを伴う。政治的なテーマを取り扱う場合にはなおさらだ。そのため多くのアーティストが何度も逮捕を経験しており、国外移住して活動を続ける者も多い。

ヒップホップの場合、イランに留まるか国外で活動するかという問題は一層切実なジレンマとしてアーティストにつきつけられる。というのも一般にヒップホップで称揚される価値の一つとして、現

反体制派	批判的穏健派	改革派	保守穏健派	保守強硬派（原理派）
国外で政治活動		国内政治にコミット		

イランをめぐる政治的立場の分岐

状への不平不満――批判――があり、またもう一つの価値として「地元の代表（レペゼン）」――内在的であること――がある。突き詰めれば批判は地域のしがらみを離れ高みから問題を指摘することになるが、レペゼンは地域共同体のしがらみに埋め込まれることを要求するために、両者は究極的には相反する価値であり、ラッパーはその間でバランスを取ろうとする。これが「内在的批判」と本章が名づけるものだが、イランにおいてラッパーは、体制との緊張関係に置かれており、楽曲が政治的扇動のニュアンスを帯びると取り締まられてしまう。自由に批判を行うためには外部に出ればよいが、それでは内在的という価値が失われてしまう。イランでラッパーが直面するアポリアとはまさにここにあるのだ。

この内在的社会批判のアポリアは、ここ一五年ほどの政治状況ともパラレルである。単純化すると、イラン国内にはイスラーム共和国体制の原理を保持し対外的には強硬な立場を保持する保守派と、政治的自由の保証や文化的規制の緩和を求め対外政策にも妥協を求める改革派との間の対立がある。近年はイスラーム法学者や法曹からなる監督者評議会が、イスラームに忠実かなどの基準に照らし候補者の資格を審査する制度により大統領選挙では改革派の候補者が排除されることから、保守穏健派が改革派の国民の受け皿となってきている。また政治の改革を求める運動も、体制から反体制とみなされれば力で排除される。つまり改革派は保守派との妥協を強いられ続けてきたのだ。

このような国内の政治的対立の外側には、国外のイラン人がいる。彼らのなかには革命前の時代に海外に移住した者、革命の際に移住した者、そして現体制下で移住した者がいる。体制派もいれば、体制に批判的だが体制の打倒は訴えない穏健派もいる。さらに反体制派の中でも、旧体制である王政を支持する王党派や、もともと革命運動で共闘しながらも後に分離・対立したモジャーヘディーネ・ハルグを支持する層や、共産主義革命を指向する左派など党派的なものから、特定の党派に属さないものまで幅がある。反体制派は、そもそもイスラーム共和国体制そのものを認めないという立場であり、衛星放送やウェブといったオルタナティブメディアを通じてイラン国内にも一定の影響を与えている。

このような政治的立場のスペクトルを単純化すれば、前ページの表のようになるだろう。着目したいのは、批判的であることの幅の広さと、下段に表される決定的な分水嶺である。それは国外から体制の転換を訴える立場と、国内に何とかとどまって問題を指摘しながら改革を試みようとする立場との境界である。抽象的に言えば前者は外在的批判であり、後者は内在的批判といえよう。内在的批判への指向と、それをあきらめて外在的批判へと踏み越える動きとの緊張関係は次節で取り上げるラッパーのキャリアにも体現されている。

3　ヒーチキャスからピーシュローへ

ヒーチキャス（意味は「何者でもない者」）は日本でもすでに一部の間では知られているイラン出身のラッパーだろう。二〇一〇年に日本でも公開された、バフマン・ゴバーディー監督の映画「ペルシャ猫を誰も知らない」（二〇〇九年製作）に出演したからである。この映画には実在のミュージシャンたちが出演し、物語は彼らの実体験に基づき構成されている。劇中では、主人公であるインディーロック・バンドメンバーのカップルが国外移住にむけて奔走する際に、テヘラン中のミュージシャンのもとを訪れる。そのうちの一人がヒーチキャスで、ほかに誰もいない建設中のビルで仲間たちとラップの練習をしている彼の様子が映し出される。

ヒーチキャスは劇中で、主人公たちから一緒に外国に行くことを勧められるが、自分はイランに残ると言って断る。その後、彼の「格差（*Ekhtelaf*）」（二〇〇六年）をBGMに、テヘランの貧民街や路上生活者が映しだされる。「盲目でなければならない。ストリートのそこかしこにある虚栄心を見たくないのなら。貧困と売春を見たくないのなら」。野太い声の威圧的なフロウで、貧富の格差が拡大するテヘランでは滅多に公で言及されない貧困の現実を歌うこの曲は、まさに内在的な社会批判としてのヒップホップの力を感じさせてくれる。

ヒーチキャス、本名ソルーシュ・ラシュキャリーは、一九八五年にテヘランで生まれた。二歳になるまでドイツで生活し、その後はテヘランの中心部からやや北側に位置するヴァナック地区で育つ。高校生の時からラップをはじめ、大学の英語学科で学んでいたが中退した。二〇〇三年にはロンドン在住のイラン人ラッパーのリヴィール（Reveal）らと共に「俺たちのスタイル（*Tiripe ma*）」をMV付きでリリースした。この曲ではイランの伝統的な楽器であるサントゥールの音をビートに用いており、米国発のヒップホップの文化とイランのローカルな文化を融合させようとしていることが窺える。

ヒーチキャスはストリートの代表であることを掲げていた。「俺たちはイラン中で一番大きな大学修士課程の一小隊だ。それが意味するのはストリートだ、勉強ではない」（「一小隊（*Ye Mosht Sarbaz*）」、二〇〇八年）と力強く語る。「俺は地に足をつける、ダマーバンド山のように」（「地についた足（*Pa Bar*

Ja)」、二〇〇八年）という一節からもその姿勢は窺える。映画「ペルシャ猫を誰も知らない」でも、主人公たちから一緒に海外に行くよう誘われるが、イランに残ってラップを続けると言って断った。まさに内在性への指向が表れている。

だがヒーチキャスにとって転機となったのが、「緑の運動」の挫折である。ポピュリズムを取り入れた新保守派であったアフマディーネジャード大統領の第一期後の二〇〇九年に行われた大統領選挙では、社会的正義を掲げ改革路線を明確に示したミールホセイン・ムーサヴィー元首相への期待が高まっていた。だが、結果はアフマディーネジャードの再選となった。不正投票を疑った対立候補およびその支持者は「緑の運動」と呼ばれる抗議活動を行ったが、抗議活動の一部が反体制運動にまで活動を広げると、治安部隊が投入され運動は鎮圧された。「緑の運動」の挫折は改革派に大きな失望をもたらした。国内で批判を通じた変革への希望が頓挫したことで、改革派の中には国外に移住し、そこで体制そのものの打倒を目指す方向へと舵を切る者もいた。

それ以降ヒーチキャスも国内での活動が難しくなり、ついに二〇一〇年にはマレーシアへと移住する。その後拠点を英国ロンドンへと移し、新しいレーベル・モルタフェット（Moltafet）を設立し、トラックメーカーのメフディヤール（Mehdiyar）らとともに活動を続けている。「いつかいい日が来る（*Ye Rooze Khoob Miad*）」（二〇一〇年）では、「緑の運動」への弾圧に対する失望と未来へのわずかな希望が歌われている。ヒーチキャスのラッパーとしてのキャリアは、先述したイランの政治的立場における内在的批判から外在的批判への転換にそったものだと言える。

ヒーチキャス不在の国内ヒップホップ界で頭角を現したのが、ピーシュローである。ヒーチキャスの下でラップを始めたピーシュローは、「ペルシアン・ラップのリーダー（*Rahbare Rape Fars*）」（二〇一一年）

を自称し、実際にシーンの中心へと躍り出た。攻撃的な早口ラップから哀愁漂うコーラスまで、曲調に合わせて、そして曲の中でもさまざまなフロウを使い分けるのが彼の特徴だ。

ピーシュロー、本名モハンマド・レザー・ナーセリーは、一九八九年にテヘラン東部のネザームアーバードに生まれる。なお弟のアリー・オウジ（Ali Owj）とオミード・ガダル（Omid Ghadar）も国内でラッパーとして活動している。七歳の誕生日のときに父親から「おまえの人生を変えるものだ」という言葉とともに、さまざまなヒップホップ曲が入ったCDを渡され、そこからヒップホップの世界へと親しむようになった。初めて書いたリリックは父親へのディスだったという。「俺の街（*My city*）」（二〇一七年）という曲で、幼少期に過ごしたテヘランでの思い出が歌われている。

ヘロイン中毒者だった父親は、ある日薬物所持で逮捕される。九歳の時に両親は離婚し、その直後に父親は死去。母親はその二年後に再婚するが、ピーシュローは継父から暴力を受ける。継父から外に出て働くように命じられ、紹介された職場で稼いだ賃金をすべて奪われることもあったという。そうしたことから、弟とともに友人の家を泊まり歩いたり、外や工場の中で寝たりするなどして家を離れる生活が続き、文字通りストリートでの生活を強いられた。そして公園で弟と共にラップを始めた彼は、ヒーチキャスと出会って意気投合し、本格的にラップを始めた。[*9]

ピーシュローは「また警察（*Bazam Kalan*）」（二〇〇五年）など、ヒーチキャスと共演した曲も出している。また、ヒーチキャスとともにSaametというレーベルを立ち上げた。しかし、そんな二人の関係も長くは続かなかった。ヒーチキャスが海外移住を決意した際、ピーシュローも後を追ってイランを出るつもりでヒーチキャスからの連絡を待っていたのだが、一年ほど待っても一向にヒーチキャスからの連絡はなかった。直接ヒーチキャスに会うためにマレーシアに行くも連絡がつかず、失意のまま帰国したピーシュローはイランに残ることを決意する。それまでヒーチキャスの人脈を使って曲を作っていたピーシュローは、自分たちで一から音楽を製作することを余儀なくされたが、新しいレーベルを作り再スタートを切った。後にヒーチキャスは、「彼は弟のようだった（*Oon Mesle Dadasham Bood*）」（二〇一二年）のなかで、いつも一緒にいて、共に笑ったり悲しんだりする兄弟のような関係だったのが「こんなふうになるとはまったく思ってなかった」と歌っている。一方、ピーシュローは、「俺たちの友情は鉄でできていたが、お前の身勝手のせいで鉄は燃えてしまった」と「魔法の豆（*Loobiaye Sehramiz*）」（二〇一二年）で答えた。

イランに残ることは、しばしばピーシュローのラップのなかで歌われるテーマである。たとえば二〇一二年にリリースした「ペルシア・ラップのリーダー（*Rabbare Rape Fars*）」で次のようにいう。「大部分が外国にいて今でも仲間だ。大部分が俺たちの仲間だと言っている。だけど外国にいる。外国にいろよ。幸せにな、はは……」。これも暗にヒーチキャスやその連れ合いに言及したものであろう。外国かつて映画のなかでイランに残ると言ったが残らなかったヒーチキャスへの当てつけのようでもある。

4　ディスに体現される価値

テヘランのストリートをレペゼンするピーシュローの姿勢が前面に出ているのが、イラン・ヒップホップ史上最大とされるビーフ（ディスり合い）での、ゼッドバーズィーへのディス曲である。

曲の内容について述べる前に、まずはビーフ相手であるゼッドバーズィーに触れておこう。ゼッドバーズィーは、ヒーチキャスとともにペルシア語のギャングスタ・ラップを語るうえで避けることができないヒップホップグループだ。ゼッドバーズィーは、テヘラン北部の繁華街タジュリーシュよりもさらに北東にある郊外の街、シェミーラーン出身の高校の同級生だったサーマーン・ウィールソーン（Saman Wilson）とメフラード・ヒーデン（Mehrad Hidden）によって二〇〇二年に結成された。その後ソフラーブ・エムジェイ（Sohrab MJ）、スィージャル（Sijal）、アリーレザー・ジェイジェイ（Alireza JJ）、女性ボーカルのナスィーム（Nassim）が加入し、現在に至るまでメンバーが増えている。メンバーは富裕層出身で、海外に拠点を置く者もいる。グループのメンバー全員がそろうということはめったになく、部分的に集まることで数々の曲を出してきた。

彼らはイラン社会ではタブーとされている、富裕層の若者の生活のリアルを歌っている。トラックメーカーでもあるヒーデンやジェイジェイによる洗練されたビートをバックに、刹那的な肉体関係やドラッグをテーマとした歌詞を、それぞれ特徴のあるフロウを持つメンバーでのマイクリレーでつないでいく。ナスィームによるフックのボーカルもキャッチーで耳に残るメロディーだ。なかでも、普段は留学や労働のために海外で暮らす比較的裕福なイラン人が、夏休みにイランへと帰省し私宅で夜な夜な行われるパーティーに参加して過ごす甘酸っぱい経験について歌った「夏は短い（*Tabestoon Kootahe*）」（二〇〇七）は、アンダーグラウンドで大ヒットを記録した。

ピーシュローとゼッドバーズィーの因縁は二〇〇六年にさかのぼる。まずピーシュローがゼッドバーズィーのウィールソーンに陰口を言われたという噂を聞き、仲間とともに「負の作品（*Asare manfi*）」（二〇〇六年）というウィールソーンを激しくディスる曲を発表した。この曲はピーシュローが電話口からフォフシュで罵倒するところからはじまる。その後この件については収まったが、二〇一二年に再びビーフが繰り広げられたのである。

この年、ゼッドバーズィーは『ザーハールの書（*Zakhar Nameh*）』（二〇一二年）というアルバムを出す。「ザーハール」とは仲間を意味する言葉だが、悪いニュアンスを帯びており、ゼッドバーズィーの「ゼッド」も同様の意味が込められた言葉である。そしてアルバム収録曲のなかには、なんとかつてピーシュローの恩師にして相棒のヒーチキャスをフィーチャーした曲「なぜ悪態をつく？（*Chera Badi*）」がある。この曲は、いわゆるヘイター（悪口を言う人）をたしなめるような歌詞であり、特定の個人を具体的に名指してはいない。しかし、ウィールソーンのパートで、「電話でしかフォフシュを言わない」という一節がある。先に言及したように、当時ヒーチキャスとの間ですれ違いがあったピーシュローは、この一節が自分へのディスだと解釈し、「チャーガールの書（*Chaghal Nameh*）」（二〇一二年）という曲をリリースする。

テンポの速いピアノの音をバックに、ピーシュローの攻撃的だが起伏に富むフロウのラップが繰り広げられるこの曲で、ピーシュローはディス相手の曲に言及しながら批判している。たとえば『ザーハールの書』の「テヘランは俺のもの（*Tehran Maale Mane*）」という曲では「俺はシェミーラーンからジェイフーン〔テヘラン南西部の住宅街〕まで闊歩する」と歌われている。これを踏まえて、ピーシュローは「チャーガールの書」で、「シェミーラーンとジェイフーンを闊歩するというけど、今日はネザームアーバード〔ピーシュローの出身地区〕を闊歩しろよ」と挑発する。そしてフックでは次のように歌う。

０２１《セフル・ビストイエク》は、その中にいるやつらだけのもの

この曲が宛てられたクーニーたちは、ラップで言う、「テヘランは俺のものだ」と

〔だが〕テヘランはお前のものじゃねえ
テヘランはそこで警察と闘うやつらのものだ

「021」はテヘランの市外局番であり、かつてヒーチキャスが創設したレーベルの名前でもあるように、テヘランをレペゼンするという意味を持つ。また曲名にある「チャーガール」や「クーニー」とは男性同性愛者を指す罵倒語で、ここではゼッドバーズィーを指している。なお筆者自身はこのような性差別的表現の多用に賛同していないことを付言しておきたい。後半部分も、「テヘランは俺のもの」というゼッドバーズィーによる曲のバースをなぞったうえで「テヘランはそこで警察と闘う者たちのものだ」と歌っている。曲全体から窺えるのは、しょせん金持ちの道楽のゼッドバーズィーとは異なり、自分はテヘランのストリートで警察と闘いながらラップをしているのだという、ピーシュローの気概だ。

つまりピーシュローもヒーチキャス同様、「地に足をつけた」ラップを指向しているのだ。テヘランの下町で生まれ育ちストリートでのいざこざを経験しているからこそ自分は真のラートとしてラップができるのであって、ワルぶってラップをするのはヒップホップとして本質的ではないという明確な主張をこの曲から読み取ることができるだろう。

なおこの曲については、すぐにゼッドバーズィーの側もアンサーソングを出している。メンバーのエムジェイは「嘘は止めろ（*Dorough Tatil*）」（二〇一二年）で、「俺がチェロウキャバーブ〔串で焼いた肉と米がおなじプレートに乗った、イランの定番料理〕だとしたら、お前は季節のサラダだ」とコミカルな比喩を織り交ぜながら、自らのほうが格上であるとラップする。またジェイジェイは「公平（*Monsefane*）」

（二〇一三年）という曲の中で、両者の育ちの違いを明け透けに指摘し、不公平な条件の下で、ピーシュローが自らをエミネムだと勘違いしてディスに明け暮れている、と嘲笑する。さらにこれに対してピーシュローの弟であるオウジがジェイジェイをディスする曲「ジェイジェイ夫人（Khanoome JJ）」（二〇一三年）を出すなど、戦線は拡大していった。

このビーフは当時者たちよりも、双方のファンによってインターネット上で拡大した。そのことに対しインタビューで「ゼッドバーズィーの曲はずっと注目してきた」と述べているように、ピーシュロー自身はイラン・ヒップホップの先駆者としての敬意を持ったうえでゼッドバーズィーをディスっている。「俺は常に誰に対しても戦闘的だ。すべてのラッパーがそのような精神を持つべきだ（……）俺が破壊者なのは、新しいものを創り出すためだ（……）誰かをディスる時には、そいつに贈り物として変化を促したいんだ」。

ヒーチキャス以降、イラン国内のラップを牽引してきたピーシュローだが、彼にもイランを去る時がやって来た。二〇一七年に逮捕され、「スパイ容疑」をはじめ、中には「キリスト教の宣教」と「悪魔崇拝」などの相矛盾した罪状もが組み合わさり、服役を命じられる。お金を払えば執行猶予を付けることはできるが、今後の国内での活動はいっそう難しくなる。胃腸の病気を患っているピーシュローは、仮釈放が認められた二〇一八年に亡命を決意する。彼の「国境（*Marz*）」（二〇一九年）では、歩いて山を越えてトルコ共和国へと亡命するまでのエピソードが歌われている。「一〇〇日間穢れた地獄〔国境そばの街の密入国者用仮設小屋〕にいた／同行者が俺のそばで地雷を踏んでしまわないかと考えていた／もう故郷を見れなくなる日々を目に焼き付けながら」。ピーシュローは現在でも曲を制作しながら、ラップ講座を自身の YouTube チャンネルで配信している。

5 「地に足をつける」ことの困難と次世代ラッパーの挑戦

ヒーチキャスからピーシュローまでペルシア語ラップを追いかけることで見えてくるのは、ペルシア語ラップたるものはイラン国内にとどまってなされるべきという価値観と、実際にそれを続けていくことの困難である。実際イラン・ヒップホップ草創期で名前のあがるラッパーのうち、ヤースを除いてはみな、現在はイラン国外に居住し活動している。

しかしイラン国内では彼らの意思を受け継ぐかのように、新しい世代のラッパーが登場し、さまざまな方法で表現活動を続けていることにも目を向けたい。ここではアールミーン・ラーベルとハミード・セファットについて取り上げる。

一九九四年に生まれのアールミーン・ラーベルは、先に取り上げてきたヒーチキャスやピーシュローよりも下の世代にあたる。彼は自身のYouTubeチャンネルで曲を配信する傍ら、「ミーティング」と呼ばれるサイファーの集会をイラン各地で数多く主催してきた。ギャングスタ・ラッパーとして「ストリートのヤツラ（Street guys）」を標榜している彼のフロウの特徴は、べらんめえ口調とでも形容できそうなもので、ラートと呼ばれる人々の話し方そのままにラップをする。

かつてピーシュローが、ラートたるものストリートでラップすべしと歌っていたように、アールミーン・ラーベルも「プラスチックのラート（*Lat Plastici*）」（二〇二〇年）では、ラートの見た目や立ち振る舞いだけを模倣することを痛烈に批判する。

彼の曲に通し番号で三番まである、「アーガーザーデ／Ⅱ／Ⅲ（*Aghazadeh/-2/ -3*）」（二〇二〇／二〇二一年）という曲がある。「アーガーザーデ」とは、政府の要職についた裕福な家庭に生まれた子息のことを指し、二〇二〇年ごろから公の場で批判されるようになった。政府の要職に就くためにはすくなくとも敬虔なムスリムであることを公に示す必要があるのだが、その子息が奔放な道楽に走ることを批判する意味合いで用いられる。体制に批判的な人々からは、イスラーム共和国体制の欺瞞を象徴するものとして言及される一方で、体制の側からも、イスラームの原則に反し体制を弱体化させる要因として批判される。

アーガーザーデⅡという曲のジャケットはイランの裁判所で用いられる訴状をもとにデザインがなされている。被告人の欄にはアーガーザーデと書かれており、裁定者の欄にはアールミーン・ラーベルとある。歌詞では、アーガーザーデへの皮肉を交えながらも、イランの土地に根付いた自身の立場を主張している。

確信しろよ、戦争になれば俺たちが最前線だ
お前のアーガーザーデは隠れて、俺のおふくろは身寄りがなくなる
もちろん彼自身の責任じゃない
甘やかされて育ったから血を見たことない

アールミーン・ラーベルは体制そのものを直接批判するわけではないが、現体制の中で生まれた現象を批判し、自らの愛国心を引き合いに出すことで、体制の保守派とも重なる立ち位置から社会批判を試みているといえるだろう。

最後にもう一人取り上げたいのが、ハミード・セファットだ。一九九三年生まれの彼が自らディレ

クターを務めた「ラート（*Lat*）」（二〇二〇年）のＭＶでは、イランで生まれ育つ若者がどのように悪事に染まり犯罪者となっていくのかを取り上げている。

ＭＶでは、刑務所の雑居房で他の囚人から誕生日を祝われる男が映し出される。次第に時間が巻き戻され、髪の毛をピンク色に染め白いスーツジャケットを羽織ったセファットが出生直後の赤ん坊を見つめる。そして、家族で食事をとる場面が映し出された後に、電話越しに怒鳴っている父親や、少年が両親の口論を見つめている様子がクローズアップされる。通学中の少年が、街中で人だかりにまじって絞首刑の執行を観ようとするが、セファットがとっさに少年の目元を隠す。やがて成長した少年が道端で薬物を取引したり、警察に追いかけられたりする場面が映し出される。最後は冒頭の刑務所にいた男がナイフを持ち人を切りつけようとするところで、セファットが男を突き飛ばし、道端で倒れた男のもとに人が集まってくるところで曲は終わる。

つまり、このＭＶのストーリーは、冒頭に登場した囚人の人生の転機となった場面にセファットが現れ、未来の道筋を変えようとするものなのだ。最後に、スーツを着て眼鏡をかけた男性が、家庭や社会環境がこどもの成長に与える影響を説いてＭＶは終わる。

このＭＶのストーリー自体はイランに限らず、世界中の人びとにとって普遍的に理解できるものだろう。人が道を踏み外すうえで養育や社会的環境がいかに影響を与えるかということ、そして人生のうちに何度も転機があることも容易に理解できる。だが同時に、ストリートでの薬物蔓延や、現体制の下で継続されている公開処刑の及ぼしうる悪影響を示唆するなど、映像の中でイラン社会固有の問題も扱っていることに注意したい。「ラート」のＭＶは、こうしたローカルなコンテキストを映像の中で巧みに表現しているといえよう。

さて、この節で取り上げた二人のラッパーに共通するのは、イラン国内の社会問題を内在的かつ批判的に取り上げようとする姿勢である。体制の要職者の子弟が体制のイデオロギーから逸脱していることの矛盾や、未だに存続する死刑制度などは、イラン人ではない人々にもわかりやすい形の表現で――抽象的な批判として――批判することもできよう。だが彼らは、あくまでもイラン社会に本拠地を置き、そこでの生活に根付いた内在的な視点からラップを通じた社会批判を試みている。その意味で、ヒーチキャスやピーシュローがかつて体現しようとしたペルシア語ラップの価値観を受け継ぐ者だと言えるであろう。

イランにおいてヒップホップの発展は、衛星放送やインターネットなどの新しいメディアの登場と密接に関連していた。現在ではInstagramやTelegramなどのSNSやチャットアプリなどの登場にともない、流通形態はさらに変化している。一部の合法的となった楽曲を除き、多くのラッパーは違法状態で曲を製作し頒布するが、有名になり影響力を持てば当局から取り締まられる。最近では、トゥーマージュ（Toomaj）のような、ラップで体制を真っ向から批判し逮捕されたラッパーも現れた。[*10]そのような中で、地に足をつけた内在的批判を行う姿勢でラップを続けることは、一層困難を伴う。これこそイラン・ペルシア語ラップが直面するアポリアなのだ。それでもヒーチキャスやピーシュローがかつて体現していた、イラン社会内部でのペルシア語ラップを通じた内在的批判の指向は、彼らが国外へと移住した後も、国内で登場してきたラッパーに世代を超えて受け継がれていることが見て取れよう。イラン国内でヒップホップをすることが困難な実践であるからこそ、その叫びは傾聴に値するのではないだろうか。

本章で掘り下げることができなかったが、イランのヒップホップが持つ価値は内在的批判によるものだけではない。イラン国内でも国外でも、女性も含めてペルシア語ラップの新たなラッパーが登場し、それぞれが自らのおかれた立ち位置からラップを通じて自己表現している。またイラン国内でも非ペルシア語ラッパーがいる。彼らのラップにも耳を傾ければ、イランのヒップホップ・シーンやペルシア語ラップはまた別の姿を現すに違いない。

引用文献

Golpushnezhad, Elham 2018 Untold Stories of DIY/Underground Iranian Rap Culture: The Legitimization of Iranian Hip-Hop and the Loss of Radical Potential. *Cultural Sociology* 12(2): 260–275.

Nooshin, Laudan 2011 Hip-hop Tehran: Migrating Styles, Musical Meanings, Marginalised Voices. In: Toynbee, J. & Dueck, B. (Eds.), *Migrating Music*, pp. 92–111, London: Routledge.

Siamdoust, Nahid. 2017. *Soundtrack of the Revolution: The Politics of Music in Iran*. Stanford: Stanford University Press.

島村一平 2021『ヒップホップ・モンゴリア——韻がつむぐ人類学』青土社

谷憲一 2023『服従と反抗のアーシューラー——現代イランの宗教儀礼をめぐる民族誌』法政大学出版局。

椿原敦子 2019「イラン大衆音楽の空間的構成をめぐる考察——伝統と近代の二項対立を超えて」『龍谷大学国際社会文化研究所紀要』21: 171–183

Youssefzadeh, Ameneh. 2000. The situation of music in Iran since the Revolution: The role of official organizations. *Ethnomusicology Forum* 9(2): 35–61.

注

＊1 ペルシア語のカタカナおよびラテン文字への転写については基本的に『岩波イスラーム事典』に従うが、アー

ティスト名および曲名については検索を考慮して発表されたラテン文字表記をそのまま載せている。
＊2 （Golpushnezhad 2018）
＊3 （椿原 2019）
＊4 （Nooshin 2011）
＊5 イスラームで火葬は禁忌されているが、それに値するほどの悪事を働いたという意味がある。
＊6 （谷 2023）
＊7 （Siamdoust 2017）
＊8 （Youssefzadeh 2000）
＊9 番組内（Pishro Interview With Chargoosh）のインタビューより
＊10 二〇二四年四月にはエスファハーンの裁判所から死刑判決が出された。まだ上訴が残っているとはいえ、文字通り命がけの活動なのである。

キューバ

キューバのヒップホップ

——アフロキューバ・ラップからトランスボーダー・ラップへ

安保寛尚

はじめに

キューバの文化は東からやってくると言われる。実際、この地での音楽の移動の歴史を振り返ると、一八世紀末、東隣の島ハイチで起きた革命の混乱から逃れてきた人々が、カントリーダンスを起源とするコントラダンサをもたらし、これがやがてハバネラへと発展した。国民音楽のソンは、一九世紀に東部で生まれ、次第に洗練されながら首都ハバナを含む西部に広がっていった音楽だ。

だが二〇世紀に入ると、北からの、つまりアメリカからの音楽の移動が活発になる。ジャズが伝わると、一方ではハバネラの発展形であるダンソンと融合してマンボやチャチャチャが誕生し、他方では、トローバと呼ばれるギター弾き語りと融合して、ボレロやフィーリンといったジャンルが生まれた。

キューバは一九〇二年に独立するまでスペインの植民地だったため、公用語はスペイン語で、長い間スペイン文化の影響が強かった。しかしその一方で、カリブ海に浮かぶこの島は、一八八六年まで奴隷制が続き、最も多くのアフリカ人奴隷が運ばれた地の一つだ。したがってキューバは、歴史的にはスペインとアフリカの伝統を継承する島であり、地理的には東のハイチ、ドミニカ共和国、ジャマイカ、プエルトリコから届くカリブ海文化と、北から届くアメリカ文化の交差点と見なすことができる。

キューバの民俗学者フェルナンド・オルティスは、多様な文化を吸収しながら独創性を獲得する文化変容をトランスカルチュレイションと呼んだ。大雑把に言えば、キューバ音楽の独自性はまさにそのような土着的変容にあり、キューバのヒップホップの展開にも同様のプロセスが観察されるように思う。

一九五九年のキューバ革命は、島の北にも東にも柵を設け、はるか北東のソ連東欧諸国とだけ繋がる政治的・経済的パイプを築いた。しかし、文化の移動の力学までその中に引き込むことができたわけではない。キューバのヒップホップの展開を俯瞰すると、北と東から島に向かう二つのベクトルが、柵をすり抜けて侵入し、混じり合う様が観察できる。すなわち、一方ではアメリカよりも模範的とも評されるアンダーグラウンド・ラップの運動が展開し、他方では強力な感染力を持ったカリブ的なダンスミュージックが東部から広がり、さらにはジャンルの線引きを拒むフュージョンが生まれていくのだ。本章は、社会主義国キューバにおいて、一九九〇年代の危機の時代を背景に、周縁からの声を届けたラップの運動、そしてそのキューバ的変容の展開を追う。

1 「平和時の非常期間」のヒップホップ

二〇世紀のキューバ音楽は、前述したように、アメリカの音楽との交流によって多様な発展を遂げた。しかしキューバ革命によってその交流は断たれる。一九六〇年代以降に世界を席巻したロックは、反体制的な帝国主義の音楽として公的に禁止された。だがヒップホップは、一九九〇年代の急激な社会変化の中で特殊な受容と展開を見せる。

一九九一年にソ連が崩壊し、社会主義国家間の経済システムは瓦解した。すると周囲から孤立するキューバでは、石油をはじめとするあらゆる物資が不足し、未曾有の経済危機に襲われた。カストロ政権が取った政策は、「平和時の非常期間」、すなわち戦時中ではないが緊急事態であるとし、新自由主義的経済政策を取ることだった。外貨獲得のためのドルの使用や小規模な個人ビジネスが認可され、外国資本の投入も始まった。そして観光産業が大きな発展を遂げる。キューバには魅力的なビーチだけでなく、関係断絶前にアメリカから輸入された一九五〇年代のクラシックカーが走り続ける情景があった。ソンを演奏するベテラン・ミュージシャンのアルバム『ブエナ・ビスタ・ソシアル・クラブ』(一九九七)をライ・クーダーがプロデュースし、アルバムに参加したミュージシャンを追ったヴィム・ヴェンダース監督による同名のドキュメンタリー映画(一九九九)が大ヒットしたのはまさにその頃だ。時間が止まったようなカリブ海の楽園として、瞬く間にキューバには世界中から観光客が押し寄せるようになった。

しかしその結果、革命の理念がほころび、貧富の差が生まれ始める。特に観光業界では、外国人観光客への「見た目の良さ」を理由に白人が優先的に雇用された。すると、ドルを得ようとする一部の黒人による観光客相手の売春やつきまといが発生するようになり、警察は外国人に近づく黒人への無差別捜査を行って取り締まりを強化した。ハバナの周縁社会に生きる黒人たちにとって、そのような状況への不満と抵抗を訴える手段となったのがラップだった。ここからキューバのアンダーグラウンド・ラップの運動が始まっていく。黒人ラッパーのデュオ、アノニモ・コンセホ（Anónimo Consejo、匿名の忠告）は、「ラス・アパリエンシアス・エンガニャン」（Las apariencias engañan、見た目はあざむく）という曲で彼らが置かれた苦境を伝える。

Yo sigo aquí
de frente a los problemas,
aguantando con mi mano el hierro caliente
sin pensarme por la mente coger una balsa
y probar suerte en otra orilla
a noventa millas.
Todo no es como lo pintan
y yo sigo aquí, ¡aquí!
Cada paso en la calle es una preocupación,
extranjero en busca de comunicación con la población,
cinco minutos de conversación,
¡policía en acción!

オレはどこにも行かない
問題から逃げたりしない、
燃える鉄をこぶしで耐える
いかだに乗って九〇マイル
向こうの岸で運だめし
そんなこと考えもしない
ぜんぶそんなうまく行くわけない
オレはいつづける、ここ！　ここに！
けど通りを歩くだけで心配、
現地人と話したい外国人、
たった五分の話、
ポリ公のお出まし！

スペイン語の詩の韻は主に脚韻で、行末のアクセントがある最後の母音を中心とする音の重なりでつくられる。この一節では、一行目、七行目、八行目の -i と -intan の三行、二行目と三行目の -emas と -liente、五行目と六行目の -illa と -illas の連続する二行、そして -ión が連続する最後の四行が脚韻を踏んでいる。さらに -ión は comunicación と行中韻も踏んでラップのフロウを生んでいる。

詩中の「九〇マイル」（約一四四キロ）とは、キューバの北岸とアメリカの最南端キーウェストを結ぶ両国間の最短距離を指す。「平和時の非常期間」には、生活に困窮して、手づくりのいかだでその航路を渡り亡命しようとするキューバ人が後を絶たなかった。アノニモ・コンセホは、国を捨てるつもりはないが、「燃える鉄」で殴られるような困難に見舞われていること、しかも外国人と話すだけで黒人はつきまといと疑われ、警察に尋問されることへの不満を訴えているのだ。

Anónimo Consejo《アノニモ コンセホ》（*Movimiento* No.1 表紙、出典：マイアミ大学付属キューバ遺産コレクション）　上には Sekou（写真左）の「声を一つに　心を一つに　Sekou」のサイン入り

アノニモ・コンセホはこの曲で、「ヒップホップ、革命！」（¡Hip Hop, Revolución!）というスロー

ガンを打ち出した。このスローガンはラッパーたちに広く支持されていったが、それはキューバのヒップホップのアイデンティティとなるものが反映されていたからだろう。二人が言う「革命」とは、キューバ革命を転覆しようとする革命ではない。ラップはこう続く。

一度でわかるように言ってやる
オレたち若者みんながゴミじゃねえ
ドルで多くの人の頭がイカれちまった
けどオレたちはそうじゃねえ
オレたちは支持してんだ
いつの時も革命の思想を

アノニモ・コンセホが非難するのは、キューバ革命によって実現したはずの理想的社会が、新自由主義の導入によって崩壊している状況である。彼らは革命の思想を支持しつつ、それが現実と乖離している事実を訴えているのだ。こうしてキューバのラップは、社会的記録としてリアルな現状と問題を可視化させ、キューバのあるべき姿を再構築するための闘いの場となった。つまり、「ヒップホップ、革命！」のスローガンは「革命の中の革命」であり、ヒップホップを通して、社会主義国としての理想を新たに追求しようとする呼びかけだった。

2　アフロキューバ・ラップ

2−1　アフリカン・ディアスポラとしての自己認識

前節で見たように、一九九〇年代におけるキューバの政治・経済変化に伴う社会問題が、アノニモ・コンセホら黒人の若者たちをヒップホップによる「革命」の運動へと駆り立てた。本節では、キューバにおけるヒップホップ受容を最初期から追い、アメリカから入ってきたヒップホップがそのような運動へと展開した過程を辿っていこう。

キューバでヒップホップ揺籃の地となったのは、ソ連式アパートが立ち並ぶハバナ東部の開発地区だった。アメリカのラジオ・テレビ放送の電波が届きやすい海岸部にあり、さらに若い世代の住人が多かったため、オルタナティブな文化が浸透しやすかったのだ。両国を隔てた政治的な柵も、ラジオやテレビの電波がキューバに侵入するのを遮ることはできなかったし、グアンタナモ基地の存在や、外交官、外国人、船乗り、スポーツ選手、留学生の出入りがアメリカ文化の取り締まりをすり抜けた。

キューバにおけるヒップホップ受容はまずBボーイの真似から始まった。八〇年代の終わりから九〇年代の初頭にはブレイクダンスの集会が開かれるようになり、それがホームパーティに発展してキューバではモニャ（髪飾り、束髪）と呼ばれるようになる。ダンサーたちが、剃り上げた頭髪を部分的に残した特徴的なヘアスタイルをしていたからだ。ＤＪやグラフィティは機器、道具不足などの問題から受容が進まなかったが、ダンサー自身がＭＣ、すなわちラッパーとなってモニャは拡散していった。キューバ政府も、当時の困難な状況下にある若者たちのエネルギーの捌け口を必要としていたため、共産主義青年連合が、夏の週末にナショナル・ホテルの野外ステージでモニャを開催するの

第４回キューバ・ラップ・フェスティバルのポスター（*Movimiento* No.2、出典：マイアミ大学付属キューバ遺産コレクション）

を許容していた。

キューバのヒップホップ運動の展開に繋がる転換点となったのが、一九九五年に開催された第一回キューバ・ラップ・フェスティバルである。企画したのは、文化的協同組合としてキューバ・ラップのプロモートに取り組んだグループ・ウノ（グループ1）を率いるロドルフォ・レンソーリだった。レンソーリは、非営利の国家組織で若い芸術家の活動を支援するサイス兄弟協会、および地元の文化機関の支援を得てこのラップ・フェスティバルを開催した。翌年から毎年八月にアラマール地区の野外劇場で開かれるようになったこのフェスティバルが、ヒップホップの愛好家を増やしただけでなく、若いアーティストを養成したのだ。そのためアラマールは、「キューバのヒップホップの故郷《ホーム》」とも呼ばれる。

そこで活躍し始めたラップ・グループには、アノニモ・コンセホのほか、プリメラ・バセ（Primera Base、第一基地）、アメナサ（Amenaza、脅迫）、エルマーノス・デ・カウサ（Hermanos de Causa、訴訟の兄弟）、オブセシオン（Obsesión、強迫観念）、エスプロシオン・スプレマ（Explosión Suprema、至上の爆発）などがいる。まず注目されるのがそのグループ名だろう。一見すると攻撃的・暴力的な印象を与えるが、語の多義性によってそう単純に意味を把握できるわけではない。たとえば、プリメラ・バセの"base"には「基盤」「土台」「根拠」や「塁」の意味もあって、最重要な基盤、あるいは野球のファースト・ベースと捉えることもできる。あるいはマルクスが提示した、社会の土台としての「下部構造」の概念を踏まえたグループ名という解釈も可能だろう。また、エルマーノス・デ・カウサの"causa"には「大義」や「信条」という意味があり、「信条の兄弟」とも解せるが、本人たちは「訴訟」の意味で用いて、刑務所や都市の地下活動の雰囲気を与えようとしたと語っている。いずれにしても、社会に対する抵抗の意志、疎外されたコミュニティへの連帯と行動参加の呼びかけが詩的に暗示されているのだ。

もう一つ注目されるのが、これらのラッパーがおよそみな黒人か混血《ムラート》であることだ。ラップの内容も、アフリカン・ディアスポラ、あるいはキューバの黒人としての人種意識がはっきりと表明されているものが多い。それゆえ、後にオールドスクールと呼ばれるキューバの初期のラップは、およそアフロキューバ・ラップと位置づけられる。第一回のフェスティバルで優勝したプリメラ・バセは、一九九五年にキューバで最初にラップのアルバムを発表したグループである。そのタイトルにもなっている曲「イグアル・ケ・トゥ」(Igual que tú、おまえと同じ)は、アメリカで黒人解放運動を展開したマルコムXへのオマージュだ。

オレはおまえのような黒人になりたい
スゲえ美徳ある

なんもかも必要なスゲえ美徳ある黒人に
（中略）
この世界に正義があるのかわかんねえ
悪意ばっかで、みんなエゴに走る
だからオレは心の中でマルコム、おまえを思い出す
おまえはいつもオレたちと一緒だ

プリメラ・バセは、この曲でマルコムXに「おまえ（tú）」と親しみを込めて呼びかけ、アメリカで人種差別と闘った功績を讃える。だがここでのマルコムXは、革命が達成したはずの平等な社会が崩れ、人種差別が露呈していた当時のキューバにおいて理想的リーダーとして想起されていることに注目しなければならない。すなわち、「おまえのような黒人になりたい」「おまえはいつもオレたちと一緒だ」というフレーズは、同じ黒人としての連帯であるだけでなく、キューバにおける人種差別に対してマルコムXのように闘うという表明なのだ。

この頃のラップには、マルコムXや公民権運動を指導したマーティン・ルーサー・キングが引用された一方で、キューバの黒人の英雄も引用された。たとえば独立戦争で活躍したキンティン・バンデラ将軍や、平等な権利要求のため一九〇八年に有色人独立党を結成したエバリスト・エステノスが挙げられる。二人は独立後も続いた人種差別に抗議して武装蜂起し、殺害された人物である。ラッパーたちは彼らを黒人の抵抗の象徴として、その記憶を回復しようと試みたのだ。アメリカ人にせよキューバ人にせよ、人種差別と闘った活動家への言及は、歴史資料を再読し、彼らの思想を吸収して、

黒人のルーツの意識を共有する行為だった。

そのような自己認識の獲得をキューバのラッパーに促したのは、アメリカから亡命した黒人解放運動の活動家である。彼らがキューバに受け入れられたのは、反帝国主義と左翼思想を共有していたからだが、その中には2Pacの代母《ゴッドマザー》アサータ・シャクールやネハンダ・アビオドゥンといった人々がいた。特にアビオドゥンが果たした役割は大きく、彼女はアメリカの黒人解放運動組織、マルコムX草の根運動と連携して、抑圧された黒人の闘争にヒップホップを利用するブラック・オーガストの活動に加わる。そしてキューバのラッパーたちと積極的に交わり、反商業的で政治・社会問題に意識的に向き合おうとするアンダーグラウンド・ラップへと彼らを導いたのだ。

アメリカとキューバの間には、こうしてヒップホップを介した交流が始まった。一九九八年には、ニューヨークでブラック・オーガストの企画によるヒップホップチャリティ・コンサートが開催された。そしてそれを資金に、ブラック・スター（モス・デフ、タリブ・クウェイ、DJ Hi-Tek）、デッド・プレズが第四回キューバ・ラップ・フェスティバルに招待されてパフォーマンスを行った。ブラック・オーガストのラップ・フェスティバルへの参加は二〇〇三年まで続き、コモン、トニー・タッチ、ザ・ルーツなど、コンシャスヒップホップを代表するアーティストの招待も実現している。

2-2　ラップのキューバ化

このように、Bボーイの真似から入ったキューバのヒップホップは、アメリカの黒人解放活動家の指導や、ブラック・オーガストを介した本場のアーティストの招待公演によって大きく発展した。そしてリリックはアメリカではなくキューバの現実を反映した内容に変わり、音楽もキューバの伝統音楽やポピュラー音楽をサンプリングしたサウンドへと変容していく。その一つの分水嶺となったのは、一九九七年の第三回ラップ・フェスティバルで優勝したアメナサの「アチャボン・クルサオ」(Achavón cruzao、八分の一の混血)である。

ネグロって言われたのに仲間外れ
白人って言われても認められねえ
どっちでもなくて嫌われ者、
黒人と白人の合いの子、混血の絶叫!

キューバ革命から三年後の一九六二年に、フィデル・カストロは人種差別は解消されたと宣言した。また、白人と黒人の混血が進んだキューバにおいて、キューバ人はみな人種的・文化的に混血であるという言説も浸透していた。しかしアメナサはこのラップで、実際には混血が黒人と白人の両方から差別を受ける事実を告白しているのだ。

アメナサをプロデュースしたのは、「キューバ・ラップのプロデュースの父」とも呼ばれるパブロ・エレーラである。エレーラは、キューバのポピュラー音楽や楽器演奏を導入してラップ・ミュージックのキューバ化を意識的に進めた一人だ。実際に「アチャボン・クルサオ」には、フアン・フォルメルとロス・バン・バンのボレロ曲「マリルー」(Marilú)がサンプリングされている。

またハバナ大学で英語を習得したエレーラは、通訳としてキューバとアメリカ間のヒップホップの交流のパイプ役を担った人物で、前述したニューヨークでのヒップホップチャリティ・コンサートにも招待されている。そして一九九九年には、DJアリエル・フェルナンデスが企画したアルバム『The Cuban Hip-Hop All-Stars Vol.1』のプロデューサーを務めた。二〇〇一年にニューヨークのレーベル、パパヤ・レコーズから発売されたこのアルバムは、ヒップホップを通じたアメリカとの国際的協働の成果であり、また当時の代表的なキューバのラッパーたちが参加していることから、まさに九〇年代のアフロキューバ・ラップの集大成と言っていいだろう。

こうして「ヒップホップ、革命!」のスローガンが共有されるまでの道筋が見えてくる。規制をかいくぐってハバナ周縁の若い黒人たちの間に浸透したヒップホップは、ラップ・フェスティバルの開催やアメリカの活動家との交流によって、「平和時の非常期間」に起こった社会問題を告発する手段となった。ラップに乗ったその告発の声は、彼らを取り巻く現実を可視化させ、社会主義革命の理想を新たに実現するための「革命」運動となったのだ。

3 ヒップホップ運動の瓦解とラップを利用したポピュラー音楽

3-1 国家機関の介入と分断

キューバにおけるヒップホップは、九〇年代後半にアフロキューバ・ラップとして独自の展開を見せた。それは前節で見たように、アメリカの反商業的なアンダーグラウンド・ラップを継承する一方で、社会主義国の辺境に生きる黒人の若者たちが、キューバ的サウンドを織り混ぜながら、差別や社会問題に立ち向かおうとする運動になった。しかしこの第一世代のヒップホップ運動は二一世紀に入ると瓦解する。

原因の一つは、政府の支援に伴う国家権力の介入と、それに対するラッパーたちの不信だ。一九九九年に当時の文化大臣がラップに市民権を与えること、さらにラッパーたちの活動を支援することを表明した。その結果、公的に認められたラップの活動範囲が広がったが、同時に国家機関の干渉も強まる。やがてキューバ・ラップ・フェスティバルを運営していたレンソーリ率いるグルーポ・ウノとサイス兄弟協会の間にトラブルが生じ、フェスティバルの発起人だったレンソーリらは排除された。

二〇〇二年には、文化省に属する音楽機関の下部組織としてキューバ・ラップ局が始動して、この機関に所属するアーティストのプロモーションやコンサートの支援が行われるようになった。だが当時キューバ全土で五〇〇ほどもラップ・グループがあったと言われる中で、最初に選ばれたのはハバナの九つのグループだけだった。ラッパーたちは選抜基準の不可解さを訴え、国家機関による統制や、役人のヒップホップの文化的価値への無理解を強く非難し始めた。また、もともとあったハバナの地区間のラッパー同士の罵り合い《ビーフ》（ティラデラ）と内部分裂も深刻化する。つまり、ラップを発展させる目的で始まったはずの国家的支援は、むしろ政府とラッパー、およびラッパーたちの間に相互不信を生む結果を招いたのだ。ラップ・フェスティバルも規模が縮小し、二〇〇四年にはハリケーンの影響を理由に開催直前に延期が発表され、ラッパーたちを失望させた。

もう一つの原因として、海外メディアがキューバに起こったヒップホップ運動に注目した一方で、キューバ国内のメディアがこれをほとんど取り上げなかったことも影響した。それはメディアが単にヒップホップに対し無理解、無関心だったからではない。直接的に政治を批判し、社会問題を告発するラップを放送することは検閲の対象となるリスクがあり、萎縮していたのだ。このような原因が積み重なって、『The Cuban Hip-Hop All-Stars』のVol.2は企画されないままに運動は消沈していく。

3-2 フュージョン

キューバに伝わったアメリカのヒップホップ文化のうち、独自の発展を遂げたのはMC、すなわちラップだった。世界の辺境ヒップホップで観察される現象であるが、ラップは各言語の韻や語りの口承文化と接続した。キューバの場合、アフリカの語り部グリオの伝統や、スペイン由来の詩型デシマがラップの受容と発展に影響したと指摘されている。デシマは、八音節の詩行が一〇行続き、一・四・五行目、二・三行目、六・七・一〇行目、八・九行目がそれぞれ別の韻を踏む複雑な詩型だが、民衆の間ではギターの伴奏をつけてその技巧を競い合う文化が根づいていた。現在世界各地で実践されるラップを、そのような口承文化が現代的装いで賦活された、新たな一つの文化形態と見なすこともできそうだ。そしてラップが他の楽曲などをサンプリングして引用する一方で、多様なポピュラー音楽がラップを歌唱の手段として利用し始める。ここではキューバにおけるその展開を追っていこう。

「アチャボン・クルサオ」でボレロをサンプリングしたアメナサは、メンバーが海外へ離散した後、フランスでオリシャス（ヨルバ人の宗教とカトリックが習合した、キューバの民間信仰サンテリーアの神々のこと）として再結成する。そして一九九九年に発表したアルバム「ア・ロ・クバノ」（キューバ流）で、ラップとキューバ伝統音楽のさらなる融合を試みて大成功を収めた。さらに三年後に発売した「エミグランテ」（移民）は、ラテン・グラミーのヒップホップ／ラップ・ディスク最優秀賞を受賞し、キューバ・ラップが国際的に認知されるきっかけとなった。そのような潮流の中でラップ・ミュージックのキューバ化は進み、アフリカ起源の太鼓やスペイン由来の三弦ギターのトレスなど、キューバ民衆音楽で用いられる楽器演奏が導入され、またボレロ、ソン、ルンバ、チャチャチャなどの伝統音楽がサンプリングされるようになる。他方で一部のアーティストは、別の音楽ジャンルにラップを活かす方向へと踏み出した。

クマル（Dasari Kumar Mora）は、アフリカのさまざまな楽器の演奏にエレクトロニックなサウンドを組み合わせて、民族的・伝統的でありながら近代的なサウンドを生み出している。テルマリィ（Telmary）は、ファンク、ソウル、ブラジル音楽、ロック、R&Bなどのハイブリッドな音楽に都会的センスを加え、時にマシンガンラップを生かしたパフォーマンスを繰り広げる。エキス・アルフォンソ（X Alfonso）はラップ・ロックを得意とするが、舞台映像や演出効果に工夫を凝らして人気を獲得し、芸術性の高いMVも高く評価されている。二〇二〇年にリリースされた「セ・ケ・ア・ベセス」（Sé que a veces、知ってるさ時に）は、ブラジルのカポエイラの音楽にラップを乗せた曲だ。

知ってるさ
知ってるさ時に　希望が潰えること
だって時に、頻繁に、
意志が検閲されるから
知ってるさ時に　ある考えが不信を生むこと
だって時に危険は調和を乱すから

社会の調和は時に権力者が守ろうとする秩序であり、それを脅かす自由な考えや希望が検閲され、弾圧されることへの批判が語られている。それはキューバの政治批判とも解釈できるが、直接的な言及はない。実際のところ、エキス・アルフォンソにせよ、クマル、テルマリィにせよ、アフロキューバ・ラップと同じように、社会問題をテーマとするリリックを書いているが、必ずしもキューバのコンテクストには限定されない自由の問題や愛、未来などのテーマを扱っているのが共通する一つの特徴である。三人は多様な音楽ジャンルとラップを自由に組み合わせ、普遍的テーマのリリックを探求したキューバにおける先駆者と言えるだろう。しかしそのような普遍性の指向や商業的な側面ゆえに、コミュニティに根ざした活動を軸とした第一世代のアンダーグラウンド・ラッパーとの交流や協働は起こらなかった。

3－3　レゲトンの波

キューバ・ラップ局が創設された二〇〇二年は、東からカリブ音楽レゲトンの波がキューバに届いた年でもある。レゲトンは、ベースの旋律が際立つジャマイカのダンスホール・レゲエにラップを組み合わせたプエルトリコ発の音楽と言われる。特にナイトスポットで流れるスペイン語のダンス・ミュージックで、リリックはおよそ金、車、女、パーティなどの物質的・大衆的欲求にまみれている。アンダーグラウンド・ラップとは対照的に、政治的・道徳的テーマが忌避され、暴力、犯罪、マチスモを批判するどころか、むしろ煽るような曲もある。

この東からの波は、レゲエとラップの単なるフュージョンと言うよりも、北から届いた英語・アメリカ文化に対するスペイン語・カリブ文化の応答のように見える。大音量の音楽が流れるにぎやかなパーティ好きで、踊れてこそ音楽であり、今を最大限楽しもうとするスペイン語・カリブ文化が刻まれたレゲトンは、ロベルト・スルバノの言葉を借りれば、「ヒップホップのラテン的息子」なのだ。[*1]

そのような波を最初に持ち込んだのが、東部サンティアゴ・デ・クーバ出身のキャンディマン

（Candyman）だった。ハバナのあちこちを走る自転車タクシー（ビシタクシ）がキャンディマンの曲を流し、町中に拡散したのだ。政治批判を含まないレゲトンは、キューバのメディアや音楽業界にとって大きなマーケットとなった。やがてエディ・カー（Eddy K）やクバノス・エン・ラ・レッ（Cubanos en la Red、ＷＥＢ上のキューバ人）、ヘンテ・デ・ソナ（Gente de Zona、地区の人々）といったグループが活躍し始めると、ヒップホップからレゲトンへと転向するグループが次々と現れる。初期のアンダーグラウンド・ラップを牽引したプリメラ・バセも、分裂後に再編成されたクバニート 20.02 でレゲトン路線に移った。こうしてレゲトンは、若者を中心に圧倒的な人気を獲得し、あっという間にキューバのラップシーンを飲み込んでしまった。

ただし、レゲトンに社会批判が全く含まれないわけではない。中にはアンダーグラウンド・ラップと同様に、身近な社会問題を提示するレゲトンのリリックもある。二〇一〇年に発表されたインスレクト（Insurrecto、反逆者）の「セーロ・セラーオ」（Cerro cerrao、閉じられたセーロ）はその一つの例と言えるだろう。

エエエ…おまえはどこのもんだ？
ドドドドドドドドこのもんだ？
オレたち生まれた
リアルにボロなこの町じゃ
学校じゃどこも靴に穴
たびたび停電そのたび動転

（中略）
壁カビだらけ
やまぬ雨漏り、不快な寝床
（中略）
おまえは知らんのよオレの生まれも育ちもこれまでの過去も
オレから学べや

セーロはハバナの郊外にある、インスレクトのラッパーが生まれ育った地区だ。彼らは「閉じられたセーロ」というタイトルで、そこが周縁的で閉鎖的な空間であることを示し、現実にある貧困をMVでもさらしている。

ではラップを歌唱に取り入れているフュージョンやレゲトンは、ヒップホップと言えるのだろうか。ヒップホップの一要素としてのMCが実践するラップは、ビートを刻むリズム、韻やフロウの言語的音楽性と語りの技法で成り立っていて、リリックの内容が重要な意味を持つ。それがフュージョンやレゲトンに利用されると、音楽的に豊かになる一方で、言語の技巧やメッセージが背後に隠れてしまう側面はあるだろう。特にレゲトンは強烈なダンス・ミュージックであるため、肉体的快楽を味わうこと以外の要素が吹き飛んでしまう。したがって、ブレイクダンスやグラフィティから半ば独立し、世界各地で土着化と音楽的多様化を遂げたラップは、もはやその全てをヒップホップの枠に括るのは難しい。しかし、程度の差はあれ、ニューヨークの周縁的な空間から発生した文化の影響を受け、口承文化の革新を継承している点において、簡単には切り離せない連続性が存在することも確かだ。

アメリカのラッパーKRS-Oneは、『ヒップホップの福音』（*The Gospel of Hip Hop*）においてヒップホップの語義をさまざまに検討し、一つの解釈として各文字をHer Infinite Power Helping Oppressed Peopleの頭文字とする解釈を示した。[*2] ヒップホップを抑圧される人々を助ける力として、また権力に対する抵抗の精神を持つ文化として捉えるこの解釈は、ヒップホップの出発点のあり方とも合致する。そしてこの定義に依拠すれば、ヒップホップはその範囲を緩やかに拡張し、引用したエキス・アルフォンソやインスレクトのラップも含むように思える。

4　アンダーグラウンド・ラップのその後

4-1　レアル・セテンタ

二〇世紀末に隆盛したアフロキューバ・ラップは、国家機関の介入による分断、フェスティバルの衰退、そしてフュージョンやレゲトンの台頭によってその勢いを失った。だが一部の新しい世代のラッパーによって、もはやアフロキューバの特徴ではまとめられないが、アンダーグラウンド・ラップは継承される。その重要な結節点の一つとなった場所がレアル・セテンタ（Real 70）で、所在するハバナ郊外グアナバコア地区の通りの名前をそのままつけたスタジオだ。

スタジオと言っても、パソコンや友人からもらった機器を使ってラップを自主制作することができるだけの普通の家にすぎない。しかし当時のキューバでは、そのような機器が備わった家は少なく、またラップを売り出そうとするレコード会社もなかったため、レアル・セテンタは楽曲を生み出すことができる貴重な場所だったのだ（スタジオを追ったドキュメンタリー「Calle Real 70」をyoutubeで見ることができる)。二〇〇一年頃からレアル・セテンタでプロデューサーを始めたのがパパ・ウンベルティコ(Papá Humbertico)である。ウンベルティコ自身もラッパーで、マノ・アルマダ(Mano Armada、武装した手)を結成して活躍するが、そのスタジオはアノニモ・コンセホ、エルマーノス・デ・カウサ、エスプロシオン・スプレマなど、オールドスクールのラッパーや若いラッパーが集う場と化す。そしてここからロス・アルデアノス(Los Aldeanos、田舎者たち)やダナイ・スアレス(Danay Suárez)といったラッパーが羽ばたいた。

ロス・アルデアノスはアルドス・エル・アルデアノとエル・ビアン(エル・ベー)が組んだデュオで、「キューバのビートルズ」とも言われるほどにスペイン語圏で人気を獲得することになる。レアル・セテンタで二〇〇九年にプロデュースされた「エル・ラップ・エス・ゲーラ」(El rap es guerra、ラップは戦争だ)を引用しよう。

〈Nuestra revolución no será televisada〉(我々の革命はテレビ放映されないだろう)

Otra vez la mente y el corazón te ponen a prueba
No frenas la redacción es la acción de libre expresión
De una pasión con misión, salvación
(sabes lo que conlleva!!)
Estás solo en tu causa sin pausa es eterno
Luchar por un cambio social que no le conviene al gobierno

またお前の精神と心が試される
書くことはやめないそれは
使命の情熱、救済の自由な表現
(それが何を伴うかは知ってる!!)
お前は一人休みなく訴訟に向き合う
政府に都合の悪い社会変化のための

［戦いはエンドレス

Serás un problema interno　　お前は国内問題になるだろう
(...)　　（中略）
No hay más salida, buscas gloria, erra　　他に出口はない、栄光を探せ、彷徨しろ
Si vas a entrar piénsatelo　　もし参加するなら考えろ
(el rap es guerra!!)　　（ラップは戦争だ!!）

ロス・アルデアノスの特徴はまず韻踏みとフリースタイルの巧みさで、例えばこの引用箇所においては、redacción「書くこと」に始まって、acción「行動」、expresión「表現」、pasión「情熱」、misión「使命」、salvación「救済」と、波線部「〜シオン」の行中・行末韻が連続してフロウを生むだけでなく、それらの語がラップのリリックを「書くこと」の意味を次々に積み重ねて高揚感を昂らせていく。二人もまたアフロキューバ・ラッパーたちと同じく社会主義革命の擁護者だ。しかし彼らよりも政府との対決姿勢を鮮明にして、誰もが知っているが口には出せない現実や不満を暴露し、官僚主義を批判した。

レアル・セテンタが輩出したもう一人の世界的アーティストがダナイ・スアレスだ。二〇一一年に発表された彼女の出世作「ジョ・アプレンディ」（Yo aprendí、わたしは学んだの）を見てみよう。

Yo aprendí que la mayoría de las veces.　　わたしは学んだのだいたい
Las cosas no son lo que parecen.　　物事には裏があるって

Que somos una especie que se especializa en mentir　わたしたちは嘘つくプロだって
Para así construir un porvenir con mentiras　そうやって嘘で塗り固めた未来を
［築くんだって

彼女のラップには、リラックスした雰囲気とメロディックな表現が加わって独特の浮遊感が漂う。ここでは脚韻のほか、行中で類似する音の単語（especie, especializa）と -ir で終わる単語の連続（mentir, construir, porvenir）、さらにはくり返される que とアクセントのある í / í が、音節数の不揃いな詩行を縫ってフロウを生む。ダナイの音楽にはジャズやR&Bなどのジャンルとのハイブリッド性があるが、彼女はヒップホップ文化に属するアーティストという意識を持っていると語っている。それはレアル・セテンタでのラッパーたちとの活動が、彼女の土台をつくったからであることは間違いない。

4－2　ヒップホップを通じた社会活動

レアル・セテンタはレコーディングとプロデュースを行う私的な空間だったが、より社会に開かれた形でヒップホップの文化活動に取り組んだラッパーたちもいた。その中でも代表的なのは、二〇〇二年にオブセシオンとドブレ・フィロ（Doble Filo、諸刃）が結成したラ・ファブリカ（La Fábri_k）プロジェクトだ。これは「工場」を意味する“La fábrica”の音を維持しつつ文字を異化させたプロジェクト名で、ラッパーたちが自分たちを建築現場の労働者と見なし、謙虚に働くこと、そして創造することの意味と重要性を伝達することを目標とした。実際には、若手アーティストの援助やヒップホップシンポジウムを開催しただけでなく、地域の子どもたちを相手に身体表現を使った演劇のワークショップを開いたり、刑務所で囚人の社会復帰を支援するために、ラップを用いたリハビリ活動などにも取り組んだ。

なおオブセシオンは、アフロキューバ・ラップを貫く夫婦のデュオである。女性ラッパーのマヒアは黒人女性に向かって、自分の容姿をコンプレックスにするのではなく美しいものと認識するように、西欧の美の価値観からの解放を訴えた。また、多くのラッパーが「平和時の非常期間」に売春する女性を批判した時には、「ラ・ジャマン・プータ」（La llaman puta、あの人は売春婦と呼ばれる）と題した曲で、女性を売春に追いやっている社会にこそ問題があると反論した。二〇〇七年から二〇一二年まではキューバ・ラップ局の代表を務め、組織の改革やラッパーからの信頼回復に努めるなど、マヒアが残した功績は大きい。

ラ・ファブリカ以外にも、キューバ辺境の共同体でDVやアルコール中毒、同性愛、子供の人権、多様性尊重などのテーマについて理解を深めてもらうための教育的プロジェクト、エン・ミ・バリオ・デシモス・アシエンド（En mi barrio, decimos haciendo、私の地区では有言実行）や、女性ヒップホップ・プロジェクト、ソモス・ムッチョ・マス（Somos mucho más、私たちはもっと大きな存在）も起こった。レゲトン・グループのクバーノス・エン・ラ・レッは、環境保護を訴える手段にラップを利用したプロジェクトに取り組み、国際的な影響を及ぼしている。

毎年夏にアラマールで開催されていたキューバ・ラップ・フェスティバルは、二〇〇五年を最後に国からの支援が打ち切られた。そこで二〇〇六年から、エルマーノス・デ・カウサらが主導して立ち上げたのがプニョス・アリーバ（Puños Arriba、拳を上げろ）だ。このプロジェクトでは、コンサートを開催するだけでなく、アンダーグラウンド・ラップのアルバムのプロモーションを行い、さまざまなカテゴリーを設けて賞を授与している。

キューバ・ラップ局が関わった活動の中では、ヒップホップの専門雑誌『モビミエント』(*Movimiento*、運動)の刊行が特筆される。その編集長を担ったのは、『The Cuban Hip-Hop All-Stars Vol.1』を企画したアリエル・フェルナンデスである。残念ながらデジタル版がなく入手も難しいが、二〇〇三年から二〇一四年の間に一一号まで刊行されていて、周縁的なキューバのヒップホップ運動を記録し、発信するという重要な貢献を果たした。またキューバ・ラップ局は、二〇一二年に「ヒップホップ最初の一歩」を開催後、翌年から「ヒップホップで成長しながら」というイベントを継続している。

おわりに

ここまでの話をまとめよう。社会主義国キューバにおけるヒップホップは、一九九〇年代の「平和時の非常期間」を背景に展開した。それはBボーイの模倣から、アメリカの黒人活動家やアンダーグラウンド・ラッパーとの直接の交流を経て、「ヒップホップ、革命!」というスローガンを掲げる運動へと発展する。この運動を牽引したのはハバナ周縁の黒人の若者たちで、彼らは新自由主義的経済政策がもたらした社会問題を告発するアフロキューバ・ラップを形づくったのだった。そのうねりが一つの引き金となって、一九九八年にはフィデル・カストロが、かつて解決済みと宣言した人種問題はまだ未解決であると認めた。すると翌年から、キューバ作家・芸術家協会(UNEAC)や国立図書館で人種問題をめぐる議論が活発化する。ヒップホップは、歴史学者のトマス・フェルナンデス・ロバイナによって黒人の現在進行中の政治表現と評価され、知識人を巻き込む論争を生んだ。そして革命が解消できていなかった構造的な人種による格差問題が指摘され、その対策の取り組みも起こった。「ヒップホップ、革命！」は部分的にせよ実現したのだ。

しかしラップの公認と支援は、かえって国家機関とラッパーの間の相互不信を生んだ。さらにラッパー間の内部分裂や、国内メディア、音楽業界の無視によって運動は瓦解する。その間に、ラップを利用してさまざまなポピュラー音楽とフュージョンさせる試みが起こり、東からはレゲトンがキューバの音楽シーンを席巻したのだった。どこまでがヒップホップなのかの線引きは難しいが、KRS-Oneが提起したように、抑圧される人々を助ける力、権力に対する抵抗の精神を持つ文化としてヒップホップを定義するなら、一部のアーティストのラップにはその精神を認めることができる。

キューバのヒップホップはアメリカよりも模範的と言われることがある。それは最終節で見たように、一つには不十分な設備を創意工夫で補ってアンダーグラウンド・ラップをプロデュースした、レアル・セテンタのような独立系スタジオがあったからだ。そしてまた、多くのラッパーが周縁的なコミュニティと協働し、直接対話しながら、人々の意識を変えようと試みる様々な非営利の社会プロジェクトを実践してきたことも、その理由に挙げられる。

しかし今日までに、キューバのラッパーの多くは海外に拠点を移した。検閲、メディアへの出演の制限、経済的問題、よりよい環境や活動機会の模索など様々な要因があるが、そもそもヒップホップは敵国アメリカの音楽だと考える上の世代のキューバ人もいて、国内では広く受容が進まなかったことも影響しているだろう。キューバのヒップホップシーンは、今や島の内よりも島の外に拡散しているのである。したがって、初期のアフロキューバ・ラップ後の特徴をまとめるなら、それはトランスボーダー・ラップになるだろう。ジャンルを超えたラップであり、よりグローバルな問題意識を持ったラップであり、そしてキューバの国境を超えたラップだ。

では最後に、まさにそのような線引きを拒むLGBTQラップデュオ、ラス・クルーダス（Las Krudas、生々しい女たち）の「ミ・クエルポ・エス・ミオ」（Mi cuerpo es mío、私の体は私のもの）を紹介して本章を締めくくろう。ベジタリアンでレズビアンの二人は、女性や同性愛に対する社会の偏見に対して、勇敢かつ不敬に、生々しいリリックとMVで立ち向かう。

¿Cuerpos de quiénes?　誰の体？
(¡De nosotras / nosotres!)　（私たちの！）
¿Derechos de quiénes?　誰の権利？
(¡De nosotras / nosotres!)　（私たちの！）
¿Decisiones de quiénes?　誰の決定？
(¡De nosotras / nosotres!)　（私たちの！）

Saquen sus rosarios de nuestros ovarios　私たちの卵巣からロザリオを取り出せ
Saquen su doctrina de nuestra vagina　私たちのヴァギナから教義を取り出せ
Ni amo, ni estado, ni partido, ni marido　主人も国家も政党も夫もいらない
(...)　（中略）
Ya tú lo sabe' asere, so, no te desesperes　わかってるだろ、マイフレンド、諦めるな
Que mi crudeza es la que la gente quiere　私のドギツさがみんなの気に入るのさ

Las femina' no somos solo pa' vernos bonitas　ただかわいく見せるなんてやめちゃえ
Pa' seguirte lo' coros y no, calladita, no　コーラスに続いて、黙ってないで
(...)　（中略）
No somos mickie, ni chiqui, ni riqui　私たちはミッキーでもチッキーでも
［リッキーでもないのよ
Criaturas diferentes pa' tu psiqui'　あんたからしたら違った生きもんさ
Afro latino, americana y caribeña　アフロ・ラティノで、アメリカ［大陸］人でカリブ人
Orgullo de mi gente y de mi cuerpo dueña　私の民の誇りで自分の体の主人

曲はコール&レスポンスの形式で始まり、「私たちの！」と叫ぶ声には nosotras と nosotres が混じる。標準スペイン語には存在しない“nosotres”の語尾 -es は、男性形 nosotros も女性形 nosotras も拒むボーダーレスな言い方だ。リリックには英語とスペイン語が混じり、MV撮影地はメキシコだが、ラッパーの一人が着ているシャツはキューバの国旗で、しかも女性やLGBTQの権利を訴える世界中の人々の写真が挿入される。警察車に中指を突き立て、路上で「立ちション」し、自分の髭を剃るシーンに恥じらいはない。そこにポップなサビのメロディと、疾走感あるラス・クルーダスのラップが交互に展開する。権力を嘲笑し、あらゆるボーダーも偏見も障壁も乗り越え、自分自身の容姿や心・体のあり方を肯定して誇りを持とうという呼びかけは痛快だ。今聴くべきキューバの最高度のボーダーレス・ラップがまさにここにある。

注

＊1　Zurbano Torres, Roberto (2017) "“¡Mami, no quiero más reguetón!” o el nuevo perre(te)o intelectual" en *Contar el rap: Narraciones y testimonios* Vol. II, Hernández Baguer (ed.), Ediciones Cidmuc, La Habana, p. 528.

＊2　KRS ONE (2009) *The Gospel of Hip Hop*, powerHouse books, New York., p. 70.

Interlude

Back in the 1997 to 99
――極私的ヒップホップ・メモワール

ダースレイダー

ダースレイダー（DARTHREIDER）

ラッパー。吉田正樹事務所所属。一九七七年、フランス・パリ生まれ。ロンドン育ち、東京大学中退。一九九八年からラッパーとして活動をはじめ、MICADELICを結成し、二〇〇一年にcutting edgeからメジャーデビュー。二〇〇四年にはラッパーのMETEOR、環ROYらとインディーレーベル「Da.Me.Records」を設立。二〇一〇年に脳梗塞で倒れ、合併症で左目を失明。以後は眼帯がトレードマークに。二〇一四年、漢a.k.a. GAMIの鎖GROUP加入、二〇一七年退社。二〇二四年より国立民族学博物館客員教授。現在はバンド、ベーソンズのボーカルとしても活動。著書に『イル・コミュニケーション――余命五年のラッパーが病気を哲学する』（ライフサイエンス出版）『武器としてのヒップホップ』（幻冬舎）などがある。

出生、ヒップホップとの出会い

僕は、一九七七年四月一一日、パリで生まれました。そして一〇歳までロンドンで暮らしていました。その後、帰国してラップを始めたんですが、人前で初めてラップしたのが一九九七年の三月一〇日です。その日は、特別な日だったのではっきり覚えています。

ロンドンに住んでいたころ、MTVがはやっていて、カルチャー・クラブ、ペット・ショップ・ボーイズ、マドンナ、マイケル・ジャクソン、そういった音楽が身近にあるところで育ちました。

日本に一〇歳で帰国した後も、いわゆる邦楽にはほぼ出会わず、中学校のときには、ロックを中心にブルース、ソウル、ファンクとかを聞いていく。ファンクがどうなっていったんだろうと探ったところ、デジタル・アンダーグラウンドというアーティストがPファンク的な表現の現在進行形であると紹介されていました。

一九九二年頃、僕が一五歳か一六歳ぐらいのとき、周りにスケーターが増えてきていました。そのスケーターミュージックの中にハウス・オブ・ペイン、サイプレス・ヒル、ウータン・クランとかが入ってきていた。だから僕が最初に聞いたのは、ファンクとしてのラップ、ロックとしてのラップなんです。

一九九二年、高校の合宿で同級生みんながそれぞれCDを持ち寄って聞き合った。その中にスヌープ・ドギー・ドッグというアーティストのアルバムがあったんです。その一曲目がただ風呂場でいちゃいちゃして終わるという内容だった。みんな「何だ、これ？」と言って曲を止めた。でも僕は衝撃を受けていました。「すごい。風呂場でいちゃいちゃしてるだけの音楽ってあるんだ」と。

当時、僕はロックミュージックを中心に聞いていて、将来は音楽ライターでもやろうかと思っていました。聞いた曲について、ノートに渋谷陽一みたいな文章を書いて点数をつけたりしていた。それで買ったCDのレビューを書いて友達に配付したり、好きな曲を自分で六〇分テープに編集して友達に配りまくったりしていました。

僕が通っていたのは、私立の武蔵高校でした。東大を受けようと思っていたんですが、高三の夏までサッカー部をやっていたので、現役では受からないだろうと。そこで現役の時は、東大だけを受けました。

現役で東大を落ちた後、さすがに勉強しようと思って、お茶の水の駿台予備校に通い始めた。ある日、自習室に勉強しに行ったら、みんな勉強している中、ラジカセで何か音を鳴らしながらしゃべってる人がいたんです。「何やってるんですか」と聞いたら、「おまえわからない？　知らないの？　これ、ラップだよ、ラップ。今、日本語でラップするのが、一番イケてんだよ」と言うんですね。その人は医学部志望で三浪中のダメな人だったんですけど、お金は持っていた。最新のヒップホップウエアを着て常に最新のヒップホップの音源を買いまくっていました。それだけじゃなく、予備校でみんなの勉強の邪魔をするという「活動」もしていた。例えば、昼休みにみんなを集めて、前の晩に遊びに行ったクラブの自慢話をずっとしたりするとか。あとで聞くと彼は、駿台のいろんな校舎をめぐって、同じ話をするツアーをずっとしていたらしいんです。後々、話をだいぶ膨らませていたことわかるんですが（笑）。でもその頃は、みんな楽しい話を聞くために目を輝かせながら彼の周りに集まっていた。

その人が「K」です。Kは、僕が初めて生で見たラップをする人でした。Kは、ラップも顔もすごくカッコよかった。実は、Kに出会うまで「僕は楽器もできないし楽譜も読めないから、音楽はできない」と思っていたんです。だから自分はレビューを書く側だと居場所を決めていました。でもラジカセで音を鳴らしながらラップをしているKを見た瞬間、直感的に思ったんです。「あれ？　この人、楽器もないし楽譜も読めてないけど、音楽らしきことをやっている。このやり方だったら、もしかして俺も音楽ができるんじゃないか」と。

ところがKにラップのやり方を聞くと、「そんなのはヒップホップを聞いていれば、自然にできるようになる。教わるものではない。やるべき奴はもうやっているんだ」と言うだけで何も教えてくれない。そこでヒップホップとは何たるかを知るために、レコードを探しに行くことにしました。当時、お茶の水の周りにはレコード屋さんが結構、ありました。同年代の浪人生にも、ヒップホップを聞いている子たちがいっぱい、いたんですね。

ある日「これからレコードを買いに行くから、おまえも来いよ」と浪人の友だちに誘われて、朝、渋谷に連れて行かれたんです。そこで、今はもうなくなってしまった、宇田川町にあるCISCOというレコード屋に行くことになった。

九時過ぎにCISCOに着いたら、もう店の前は大行列。しかも、いかつい格好をした人たちが律儀に整列しているという、少し異様な景色でした。でも「みんなレコードを買いに来てるんだ」とすぐにわかりました。並んでると整理券が配られて、一時間半くらいして入ったら、みんな飛びつくように壁にかかっているレコードをはぎ取っていく。僕らは、CISCOのいわゆる「日本のヒップホップ開放セール」の日に行ってたんです。そのときの目玉商品がブッダブランドとシャカゾンビというグループが合体して大神というユニット名で出した「大怪我」という曲の一二インチの再発だった。これを買うために、ワルい奴らみたいな人たちが朝から相当数、並んで奪い合うようにしている、その光景が本当に衝撃的だったんです。

ヒップホップでは、一番新しい音源は全部、レコードで出ます。神保町のレコード屋さんを回ったら、ちょうどライムスターの「耳ヲ貸スベキ」という一二インチが新発売されていた。同時にブッダブランドの「黒船」というCDも出ていて、壁一面にずらっと並んでいる。この二つを買って帰って聞いたら、もうめちゃめちゃカッコよくて一気にはまっていったんです。

ちなみにその九六年の七月七日に、「さんピンCAMP」という非常に有名な日本語ラップの伝説としてよく語られるイベントが開催されました。そこに僕は友達に誘われたんです。七月七日は日曜日だったんですけど、朝起きたら雨。場所は日比谷大音楽堂だから、雨天中止だろうと思って僕は行かなかったんです。次の日、予備校に行ったら大興奮した人たちが「ものすごかった」と言う。土砂降りの中で伝説的なイベントを体験してきた同級生たちは本当にもう一日中その話をしていた。僕はそこに行かなかったということがスティグマになってやべえと心に刻まれちゃったんですよね。だからあのイベントを体験できなかったんだから、今後、どうやって追いかければいいんだという気持ちを持ち続けていた。

ただ自分は浪人生だから、クラブはKの話を聞くだけにして、行くのは我慢していました。でも曲を聴いていくうちに「あっ、ラップってこういう構造になっているのかな」というのが少しずつわかってきた。DJ MAKI THE MAGICとDJ TAIKIの二人がMAKI & TAIKI名義で「ON THE 1+2」というEPを出すんです。その中にキングギドラのZeebraとライムスターのMummy-Dの二人の連名で「末期症状」という曲が入っていた。これがすごくカッコいい。まずは、この曲の歌詞を書き取ってラップの構造を勉強しようと思ったんです。そしてZeebraとMummy-Dの歌詞を自分でノートに書き起こしたりしていた。

当時、お茶の水のディスクユニオンが、ヒップホップの中古レコードを安価でたくさん置いていて、そこでJay-Zの「Ain't No N***（Nワード）」というシングルを買いました。大体、一二インチレコードを買うと裏側にインストバージョンが入っています。これでラップの練習ができるぞと思った。あとMasta Aceというラッパーの「Style Wars」という曲がすごく速くてカッコよかったから、この二枚のレコードに乗せてラップしていましたね。

最初は「末期症状」のラップなんかをコピーしてましたが、今度は自分でリリックを書いてみようと思うようになりました。最初に書いたラップは韻が踏みやすいから半分ぐらい英語でした。でも日本語でラップをやらなきゃだめだと思い、日本語で歌詞を書くようになりました。

その頃、ポケベルが流行っていました。ポケベルには留守番電話機能がついていて、録音ができる。友達にポケベルに電話してもらう形で、僕のラップを聞かせる。つまりポケベルをずっとMTR代わりに使っていたんですね。

そんなことをやりながらノートにリリックを書いていたんですが、やがてラッパーには名前（MCネーム）が必要だと気付いた。僕の本名は和田礼で、礼という名前は非常に気に入っていました。だからMCネームにレイは入れたいけど、レイだけではすごく短い。多分、ラッパーで今後デビューしたとしても、しばらくは下っ端だろうと思っていました。パーティー情報がフライヤーに出たときに、下っ端は下のほうに出ます。でも名前が長ければフライヤーの専有面積はとれるぞと考えたんです。そんなわけで、なるべく長い名前でレイが入っているやつにしようと候補を考えていった結果、ダース・ベイダーを言いかえて「ダースレイダー」という名前に決めたんです。

いろいろ歌詞を書いていく中で、最初につくった曲が「16番地の殺戮現場」です。当時ヒップホップの中ではやっていた、ホラーコアというジャンルがありました。ホラー映画のような恐怖ムードの曲です。そこで自分の住んでいた16番地を舞台にした曲を書きました。「16番地の殺戮現場　振り返ってみろよ　そこでリメンバー」、そんな歌詞だったと思います。ビートは、当時出ていたキングギドラのシングルのB面にしか収録されてない「地獄絵図」という、DJ OASISのソロ曲のインストを使った。元曲では「放射能の雨が降りしきる中」と言うサビをZeebraが雰囲気たっぷりに歌っています。

それをポケベルに録音してKに聞かせたら、「おまえ結構できるようになってきたね。実家の地下にスタジオがあって、そこでレコーディングができるからデモを録ってみようよ」ということになった。Kの家に行ったら、最新のアナログレコードがずらりと棚に並んでいました。一番いいターンテーブルとミキサー、MTRとかも全部あった。

Kが「じゃあサビを俺が歌うよ」と言ってサビを歌ってくれて、ラップの部分を僕がつくる。こうやって完成したデモを聞いたKは「結構よくできたから、おまえの曲もこのデモテープに入れろよ。それをいろんな人に配るから」と言ってくれた。ただ、その後はだんだん受験勉強が本格化していって、ラップどころではなくなってしまいました。

そして一九九七年の三月一〇日、無事、東京大学の文科二類に合格しました。合格発表があったこの日、僕はすぐKに報告の電話をしたんです。すると「今日の夜、高円寺で俺たち、ライブをするからお祝いにおまえもラップしたら？　この前に録音した曲もあるし」といきなり誘ってくる。そんなわけで大学の合格発表の日に、僕は、高円寺のドルフィンというクラブで初めてステージに立つことになったんです。

初ライブ

ドルフィンは、雑居ビルの三階あたりにありました。僕は、キングギドラのレコードを一枚持って現場に向かいました。ビルに着くと、入口にドレッドの軍団がたまっている。少し怯んでいると、そのドレッドの人たちが声をかけてくれた。「このパーティーに遊びにいくの？」そう言ってエレベーターに案内してくれて、三階のボタンまで押してくれる。意外と、優しい人たちでした。

ドルフィンに着くと、Kがいます。彼は出会い頭に「今日はいろんな人たちが出る。ラップの現場ってのは過酷なんだが、おまえはまだ、その厳しさを知らない」と言うんです。そしてこう続けた。「今日はJUBE+BABAがトリで出る。あいつらは歌っている途中のラッパーのマイクのコードとかを抜いてくるから気をつけろ。だからマイクのコードを抜かれないようにしっかりと握ってラップしろ」そんなKのアドバイスを胸に初ステージに立つこととなったわけです。

その日のドルフィンは満員でした。実は、僕はヒップホップのイベントへの参加は初めてだったんですが、こんな楽しい空間があったのかと思うほど、みんな盛り上がっていました。

ライブの一番手は、Kたちのグループが登場することになっていました。ところがKはいきなり「お前は、俺たちの時間の一番最初に出ろよ」と言い放ったんです。そこで僕はDJにキングギドラのレコードを渡した。

司会が「ライブが始まるぜ」と会場に向かって叫んだ。わーっと客が盛り上がったところで、僕はステージに上がったんです。マイクコードを抜かれないように、しっかり持って。そして「16番地の殺戮現場」を歌いました。

当たり前なんだけど、ラップをしたら、自分の声がマイクを通してスピーカーから出ていた。でも、それを初めて聞いて、もう感動しちゃって。それまではポケベルの中でしか流れてなかった僕のラップが、みんなのところに流れている！

このイベントのオーディエンスは、一〇〇人以上はいたと思うんですけど、音が鳴ったらみんな首を振りながら聴いてくれている。これは、すごいって思いながら、一番を歌い終わろうとしていた。その後、サビでKが歌うはずだったので、チラッとステージ脇を見たら、Kは舞台に背を向けて座ってるんですよ。ラップが終わっても、Kが出てこない。僕は手の打ちようがなくて、Kが歌うはずのところを待ってから、二番を歌った。ずっとマイクコードを抜かれないように気にしながら。

初のステージが終わった瞬間、自分のラップができた喜びと、Kが参加してくれない謎があいまって、今まで感じたことがない興奮や感動や喜びを感じていました。それは、東大合格した喜びよりも、はるかに上だった。

自分の曲が終わって、Kたちの曲が始まりました。Kは、それまで座って微動だにしなかったくせに、始まった瞬間、ものすごいアクションでステージに飛び出てきた。それがカッコよかったから、僕もわーって盛り上がった。結構な盛り上がりで何人かのメンバーと一緒に歌っていました。

このライブが終わってから、Kに「今日は本当に歌えてよかったです。ありがとうございます。合格したよりもこっちのほうがうれしかったです」って言った。「でもサビ何で歌ってくれなかったんですか」って訊いたら、「おまえの曲は暗いから、気分が乗んないんだよね」だって。この現場で一番、厳しかったのはKのコメントだよって結構、落ち込んだけど、ライブは楽しいなと思った。そうしたらドルフィンの店長さんがやって来て、「君は声がよかったから、続けたほうがいいよ」って言ってくれました。社交辞令だとは思うんですけど、こういう一言が本当にうれしかった。

ちなみにKたちの後に出演したのはナイトレインというグループでした。このグループにB.D.というラッパーがいる。B.D.はのちにBROBUSというグループでリリースしてブッダブランドのNIPPSとのクルーでTETRAD THE GANG OF FOURにも参加したし、今も活動してる。彼らもすごくカッコよかった。その後に、JUBE+BABAが出てきて、どんな悪いやつらだと思って見たら、ビルの入り口でエレベーターの三階のボタンを押してくれた、あの優しいドレッドのお兄さんだったんです。Kの話と違って、すごく優しかった。全然、マイクコードとか抜いたりしなかったし。このJUBE+BABAもめちゃめちゃカッコよかった。「本物の日本語のヒップホップの現場は、こんなにおもしろいんだ、みんなカッコいいし。お客さんもすごい盛り上がりで、もう全部幸せじゃん、これだよ」と思った。ここに僕のやりたいことが全部ある、と感じたんですね。

ライブが終わった後、「すごいさっきは、よかったよ」と話しかけてくれた人がいました。話してるうちにその彼は、家がすごい近所だということがわかった。しかも彼は絵を描いていて、持ってたイラストを見せてもらったら、ものすごくうまい。庸平という名前だったんですが、絵を描いているときは「尿漏れ」という名前で描いているんだという。

実は、尿漏れは当時ヒップホップ聞いてる人たちの間ではちょっと知られた存在でした。YOU THE ROCK★がTOKYO FMで「(HIP HOP) NIGHT FLIGHT」というヒップホップ専門の番組をやっていたんですね。普段の番組が休みで枠があいている日曜日の夜に突発的にやっていました。三時間ぐらいYOU THE ROCK★がMCをしてDJ Kensei、DJ Master-KeyといったDJがいろんなヒップホップをかける。ヒップホップについての様々な話が飛び交い、遊びに来たラッパーがフリースタイルをするという内容です。当時、ヒップホップ好きな人はみんな聞いてた番組だったのではと思います。この番組は、テープにダビングされて地下流通してたほど人気でした。

YOU THE ROCK★は自ら完璧ティーチャーと名乗り、ラジオでも現場でもヒップホップの先生として振る舞っていました。僕らはみんな彼の生徒でした。

その「NIGHT FLIGHT」に視聴者からファックスで送られてくる。それを見てYOU THE ROCK★がコメントするんだけど、毎回のように尿漏れの描いたイラストが紹介されていた。彼に「えっ、尿漏れってあの、あの尿漏れ？」と聞き返したら、「そうなんだよ。俺、あの尿漏れなんだよ」と。尿漏れという言葉もYOU THE ROCK★のラジオでかかるとカッコいい言葉になってしまう。ヒップホップの魔法です。その時、「尿漏れ」と一緒にイベントに来ていた高校の同級生が、後に僕の相方になる真田人というラッパーなんです。

ちなみにその「尿漏れ」――大森庸平は、今も僕らのバンドのロゴとかをデザインしてくれています。当時、尿漏れの家に行くと、ヒップホップ好きだったりイラストや絵を描いてたりする奴らが集まっていて、すごく楽しかった。そこで創作活動がどんどん回り始めるわけです。庸平はＤＪもやっていたので「じゃあライブするときは俺、曲かけるから」と手伝ってくれることになった。これは面白くなってきたな、と。


その頃のクラブに行くと、誰かしら、同年代の子たちがいました。そして出会った瞬間に仲良くなる。クラブに出かけていっては、友達をつくって家に連れて帰って一緒にヒップホップの話をする。その友達がまた友達を連れてくる。のちに一緒に活動していくＤＪオショウやヒデンカともそうやって出会って仲良くなりました。

当時ヒップホップイベントを開催している小さなクラブだと渋谷にはFAMILY、六本木にはZEUSとていう箱がありました。CISCOやマンハッタンやディスクユニオンといったレコード屋の壁にイベントのフライヤーが貼ってある。それをいっぱい持って帰ってきて、おもしろそうなイベントに遊びに行く。その中で、誰でもラップしていい「オープンマイクあり」と書いてあるものがありました。とりあえず、そういうイベントに行くようにしたんです。

現場では、オープンマイクの時間まで虎視眈々と、パーティーの様子をうかがう。そしてオープンマイクの時間になったら、ばーんとステージに飛び出して、それまでにライブしていた人たちの悪口をラップする。そんなルーティーンを自分で決めていました。ステージで、相手の悪口を言うことで自分のほうがイケてると叫ぶ。でも実は小さなイベントの客って大体、出演者の友達ばかり。だから、ライブしている出演者に対して、「今やってたらやつらはクソだ」とか言ってたら、客だと思ったのがみんな相手の友達でめちゃくちゃ怒られる。文字どおり痛い目にも遭っていました。だけど、なぜか懲りずに続けていました。

ある日、渋谷のFAMILYでソウル・スクリームのE.G.G.MANがソロライブをやるという。見に行こうと思ったら、オープンマイクもありと書いてある。E.G.G.MANは好きなラッパーだから、僕は最前列で見ていました。ライブもすごくかっこいい。

すると司会が「じゃあ、これからオープンマイクやるよ。ラッパーいたら上がってきな」と言ったんですね。E.G.G.MANもステージに残っていた。僕は最前列で見てライブ、ノリノリだったにもかかわらず、ステージに上った瞬間に「この卵男が」と言ってE.G.G.MANをまずディスった。それでわーっとラップを始めたんですが、すぐ次のラッパーが入ってきちゃって僕のラップは全然空振りに終わりました。

オープンマイクが終わった後、「何であんなに好きな人なのに悪口を言っちゃったんだろう」としゅんとしていたらE.G.G.MANが声をかけてきてくれたんです。

「おまえさあ、ラップするときはもうちょっと客のほう向いたほうがいいよ」この人は、悪口言ってた僕にそんなに優しいアドバイスをくれるのか！ なんてかっこいいんだ！ と、すごく嬉しくなりました。アドバイスは続きます。「それとマイクを持つときに口からマイクが離れていると、あんまりラップが聞こえないから。おまえ、何言ってるか全然聞こえなかったよ」。あっ、悪口も聞こえてなかったんだと気づきました。この時の、マイクの声を拾う部分をちゃんと口の前に置くようにという彼の教えは、今でもちゃんと守っています。

当時は、レコードを出しているようなラッパーも、飛び込みで参加するラッパーも、ほぼ地続きの同じ地平にいました。すぐアドバイスもくれるし、服やレコードをどこで買うといった情報も、その場にいる人にはシェアしてくれる。これはZeebraがのちのち言っていたんですが、戦略的にやっていたようです。

知名度のあるラッパーはあえて服屋やレコード屋に顔を出して、そこに買いに来る若い子たちと交流して、なるべく楽しい思いをさせる。とにかく人を巻き込まないとヒップホップは広がらないという意識を、

Zeebra、DEV LARGEやMC SHIRO（後の宇多丸）とかの世代のアーティストたちは強く持っていたようです。僕ら世代の多くのラッパーやＤＪは、本当に先輩世代のそんな粋な計らいに救われていた。

YOU THE ROCK★も「NIGHT FLIGHT」でイラストを送ってくれた「尿漏れ」たちの名前をラジオで言っていた。名前を言うことによって自分がそのカルチャーの一員であるということを自覚させて、参加していくということを、その時期のラッパーやＤＪたちが意識的にやってくれていた。

デモテープ、ラッパーたちの助言

クラブに行ってオープンマイクとかあるときには、必ず自分はデモテープをつくって持っていくようにしていました。庸平が描いてくれたジャケットをコピーして、インデックスがわりにして。電車に乗っている間にずらっとテープを並べて、インデックスを折ってケースに入れる。そんな作業をしていると、Ｂボーイファッションの子とかが話しかけてきて、「これラップしているんで聴いてください」と言って渡す。

今はヒップホップあるいはスケーター風の格好をしているからといって、そういう活動をしているとは限らないですよね。これはファッションのあり方が多様になったからもうやむなしなんだけれども。ともかく九〇年代は明らかにファッションや立ち居振る舞いとやっていること、趣味というのが全部セットでワンパッケージになっていた。だから、ファッションや振る舞いが同じであれば、全く初対面でもお互いに仲間だ、と思えたわけです。特に渋谷とか六本木では、そんな感じでした。

僕は、いつもデモテープを持ち歩いて、クラブで有名なラッパーやＤＪとかがいたら必ず渡すようにしていました。ある日、遊びに行ったクラブでライムスターのMummy-Dがトイレに行ったのを見かけた。そこで僕はトイレの前で彼を待ち伏せをすることにしたんです。Mummy-Dがトイレから出てきた瞬間に「ダースレイダーといいます！　ダースレイダーのリリックで、いきなりおまえをマイクで切りつける」と、ラップしながらテープを手渡した。すると驚いたことにMummy-Dは瞬時に「切りつける前にまずは落ちつけ」とラップで返してくるわけです。当時、Mummy-DはMr.Drunkという名義でトラックをつくっていました。僕が「Mummy-Dのビートでラップしたい！」と言ったところ、「じゃあ、お前は俺にちゃんとビートを頼めるところまで上がって来い。かっこいいラッパーになってたらつくってやるよ」と言ってくれました。

DJ YASという雷（YOU THE ROCK★らが所属するグループ）のDJにはなかなかデモを渡すタイミングがなかった。仕方ないから彼がDJ中のDJブースに入っていって彼の前にテープを置いて。小声で「ダースレイダーと言います！」と話しかけたら「ちょっと今、曲選んでるからさ」って言われましたが、構わずテープを置いてきました。ブースから降りたら、これまた有名なDJのBEN THE ACEがいて、「DJブースというのは聖域なんだから、おまえみたいなやつが入っていい場所じゃないよ」と怒られました。でも怒られながら「ラップ聴いてください！」とデモを渡したら苦笑いされましたね。

さっき言った「NIGHT FLIGHT」の中で、ライムスターがデモを紹介する、デモトピアというコーナーがありました。コーナー名はライムスターのセカンドアルバムのタイトルEgotopiaをもじったものです。その中で特に伝説的な回があった。まずは札幌の、今はTHA BLUE HERBで有名なBOSS THE MCの「悪の華」という曲がかかる。その次は大阪の二人組、DYNAMOというデュオの曲。メンバーは茂千代とATSUというラッパーで、茂千代は今も活動している大阪を代表するリリシスト。

その次がCO-KEYというラッパーの「艱難辛苦」という曲。彼はブッダブランドのディス曲も発表しています。その後に、般若がかかります。この般若は今のソロじゃなくて、ラッパーの般若と女の子のラッパーのRUMIの二人が組んでいた、グループの方の般若でした。般若の曲は、ブッダブランドどころかZeebra、ライムスターを含めて全員をディスってる。パーソナリティーのみんなが「これかなり俺ら言われちゃってんじゃん」とか言って盛り上がってました。BOSS THE MC、CO-KEY、茂千代、般若が同じ回のデモで紹介された回を聴いて、モチベーションがすごく上がったのを覚えています。

アメリカの『SOURECE』誌にUNSIGNED HYPEという、未契約のアーティストを紹介するコーナーがありました。これと同じ機能をデモトピアは果たしていて、当時のヒップホップが好きだったキッズはみんな聴いていました。プロモーション効果は絶大で、ここでかかるとリリース前でもめちゃめちゃ有名になれるんです。

庸平が「北斗の拳」のサントラのレコードを持ってて、その中に「アータタタ一ッ」というケンシロウの百裂拳の音が入ってた。ある日、これをスクラッチで入れて曲のサビにしちゃえばいいじゃんって思いつきました。そこで、ウータン・クランの「Wu-Tang Clan Ain't Nuthing (Ta F' Wit)」という曲のインストの上で、庸平が「アータタタ一ッ、アータタタ一ッ、アータタ一ッ」とスクラッチする「オーアタタタ」という曲を作りました。当時「料理の鉄人」という番組がはやっていたのでそれをもじって、「ラップの鉄人」という曲もつくりました。サビで「ラップラップラップラップラップの鉄人」と歌う曲です。この二曲をAB面にしてデモテープをつくりまくって配ったら、周りで結構評判になりました。

エイベックス資本のヴェルファーレという大きい箱があったんですが、ブッダブランドはエイベックスのレーベル、cutting edge 所属だったこともあり、ヴェルファーレを使ってイベントを主催していました。同じく cutting edge 所属だったシャカゾンビのシングルが出るタイミングで、九七年か九八年頃に、たしか HUSTLERS CONVENTION というタイトルの DEV LARGE 主催の大ヒップホップパーティーがヴェルファーレで入場料フリーで開かれたんです。シャカゾンビはもちろん、THINK TANK や FLICK や LUNCH TIME SPEAX やソウル・スクリーム、そうそうたる面々がライブするから遊びに行きました。会場には、後の NITRO MICROPHONE UNDERGROUND のメンバーになる GORE-TEX が客で来ていて、デモテープを渡したんです。すると「あれ？ ダースレイダーって君なの？ いや、もうテープ聞いたよ。有名だよ」と言われたんです。今もDJとして有名な King Of Diggin こと MURO が僕のテープを気に入ってくれて、彼の家に来た人に聞かせていた。「だから結構うちら周りのやつみんな聞いてるよ」と言われて「えっ、本当ですか」と嬉しくなりました。ちなみに MURO は「ラップの鉄人」が好きだったみたいで、その後一〇年くらいたっても僕のことを「鉄人」と呼んでました。むしろ名前は覚えてない可能性もありますが。「届いている、デモテープを配りまくるとちゃんと聞いてもらえるんだ」という実感が湧きました。

GORE-TEX は、MURO がプロデュースしてる渋谷の STILL DIGGIN という服屋で働いていました。「遊びに来なよ」と言われ店にも遊びに行きました。GORE-TEXに「六本木のZEUSでもイベントやってるから遊びに来ればいいじゃん」と言われたので、さっき言ったE.G.G.MANとバトルした日に知り合ったワルい奴らっぽいラッパーたちを誘って、ZEUSのパーティーに車で行きました。受付で「GORE-TEXさんに言われてきて、ゲスト入ってますか」と尋ねました。ゲストだとディスカウントでイベントに入れて、ちょっと優越感も味わえる。すると、「いや、GORE-TEXは地方ライブで今日いないよ」と言われて。「えっ、誘われたんですけど」と言っても「でもいないから」と返されて入れなかった。

中に入れず戻っていって、「いや、何かゲスト入ってなかったから金かかっちゃうね」と言ったら、「あ？おまえがゲストで入れると言うから来てるのに、どういうことだよ」と言われて。しょうがないから「渋谷のほうの別のイベントに行こう」と提案して車で向かってる間に、運転していたラッパーが「いや、ていうか、おめえ六本木まで連れてきてこれはねえだろう」と怒り始めたんです。彼は突然脇にあったビニール傘でガッとこっちを突いてきた。危ないと思ったらそのまま車を止めて降りろと言われて、僕はぼこぼこに殴られたり蹴られたりしました。

もう大変な痛さで、このままだと危ないと思ったから、２４６脇の側道だったので、とにかく車が走ってる車道にぽんと飛び出た。そうしたら車が止まって「何だ」となった瞬間に、彼らはわっと車に乗って走り去った。近くに住んでる友達に電話して、彼の家に緊急避難しました。鏡を見たらもう顔が二倍ぐらいに膨れ上がってた。その後、家に帰った自分を見て父親に「おまえどうしたんだ」と言われ「いやあ、ちょっとけんかになって」って話したら病院に連れて行ってくれました。けがは全治するまで三週間ぐらいかかりましたね。

ただ、そういうことがあっても、ラップをやめるかラップの現場に行かないという選択肢は全く思い浮かばなかったです。そのとき僕を殴ったのは今は結構知られたラッパーで、一〇年ぐらい後に謝罪されて受け入れました。それで自分の中ではもうＯＫです。当時はいろんな人がラップに参入してて、完全にアウトサイダー文化だったから、バイオレンスな現場というのも珍しくなかったんです。

ヒップホップと暴力という話題になったとき、そもそも論で「ヒップホップは七〇年代にギャングの抗争をとめるために始まったものなのに、暴力に戻るというのはもとがわかってない」といったことを知ったふうに言う人がよくいます。ただ、僕の実感からするとヒップホップから暴力がなくなったことは一度もないです。ただしそうした暴力案件が起こったときに、それは何だったのかということや、そういうことがいいのか悪いのかということをちゃんと話し合ったり向かい合ったりする場所をヒップホップはちゃんと用意できる。そこが実は大事だと思っています。

ヒップホップが始まって人々が音楽で、スキルで勝負するようになったから、暴力とは縁切りですというのは幻想というか、現場感とは違う。この辺境ヒップホップ研究会ではいろんな国のヒップホップを紹介されているけど、治安がよくない地域のヒップホップから暴力的背景を切り取って、カルチャーとしてだけ楽しくやれてますということはないと思います。さまざまな問題とどう対処するか、どう考えるかにヒップホップの本質があると思います。

混乱している社会情勢の中で起こることについて、それが何だったのかを考えるときのツールとしてヒップホップは有効です。ロックとかの歴史もいろいろあるけども、有名なラッパーがこんなに死んでいる文化というのはそうないと思うんですね。それこそ2PACとかビギーとかBig L、最近だとミーゴスのテイクオフもそうですが、次々とアーティストが何かしらのバイオレンスな事件で亡くなっているという文化でもあるということは、考えなければいけない。もちろん、だから暴力こそヒップホップの本質だ、というのも的外れです。現状を、環境を、背景を、文脈をどう考えるか。

法的な秩序のある社会からはみ出したところにヒップホップの活動の現場があって、でもそこにいるからこそ仲間意識も持っているというこの二重構造を、僕はそのときの自分が巻き込まれた事件で実感しました。なぜなら僕を殴った彼らも同じヒップホップ好きで、同じような現場で活動をしている。でも明らかにワルい奴らだったので、彼らは多分暴力的な毎日を送っているけれども、同時に彼らとリンクする場所としてのヒップホップパーティーやラップの現場がある。だから自分の体験を通して「ああ、なるほど。こういうやつらもラップしてるし、そうじゃないやつらもラップしてる」と実感したんです。そういうやつらがいるからラップをしない、ヒップホップの現場に行かないというのは違う。

ヒップホップという文化はいろんな人が参加できる。当然、いろんな背景が混在することになるし、衝突もある。それがいいとか悪いというよりは、そのことにどう対処するかということが大事で、その際に音楽も含めたヒップホップの現場が場として機能する。そんな気づきを僕は自分が渋谷の路上でぼこぼこにされたという経験から得た。いまでもそういうふうに考えるようにしてます。

初めてもらった連絡

話題になってるよといってもすぐにはデビューの話にはなりません。その後また六本木 ZEUS でシャカゾンビがイベントをやっていると聞いて遊びに行きました。DJ HAZIME がＤＪをしてて、GORE-TEX、SUIKEN、S-WORD、MACKA-CHIN という後の NITRO になるメンバーが四天王としてライブで出るイベントでした。オープンマイクはないと書いてあったんだけども、やれるかもしれないと思いレコードを自分で持っていきました。DJ HAZIME がプレイしているところにレコードを渡して「この曲かけてください」と言ったら、DJ HAZIME に「えっ、なんで？」と返されました。「ラップしたいんです」と言ったら、「おもしれえな、おまえ」と言ってレコードをかけてくれたので「オーアタタタ」を歌いました。

でもフロアは「なんだこいつ、誰？」という空気でしーん。やべえ、全然盛り上がんねえと思ったら、シャカゾンビの HIDE-BOWIE が出てきた。いきなり「こいつが歌ったのは全部持ちネタ　俺がこれから本当の即興で今のことを実況」といった風にフリースタイルを始めたら、お客さんがうわーっと盛り上がったんです。自分はかませ犬みたいな感じでやられてるんだけど、HIDE-BOWIE のラップがすごいカッコいいなと思いました。フロアは盛り上がって「この後、俺の仲間たちがライブするからもっと盛り上がろうぜ」と HIDE-BOWIE が締めて終わり、僕はその後とぼとぼとレコードを返してもらいました。

ライブをちゃっかり楽しんだ後、MACKA-CHIN が来て、「おまえ、全然だめだよ」と言われました。「いや、でも自分、自信はあります」と言うと「デモテープ配ってて、電話かかってきたのかよ」と。デモテープには、曲名と連絡先を書くようにしていました。「かかってきてないです」「じゃあ、だめってことじゃん。悔しかったら、俺はいつでも原宿の Fat Beats というレコード屋で働いてるから、ものになったら来いよ」「わかりました」とその場は言って、次の日にFat Beatsへ行ったんです。「おまえさあ、次の日来ることねえだろう。しょうがねえなあ」と言いながら、MACKA-CHINは一応テープを受け取ってくれた。「よかったら電話するけど、だめだったら電話しない」と言われ、やっぱり電話はなかった。

それでも懲りずにデモテープを配り歩いていたら、レゲエＤＪの三木道三が初めて電話をくれました。彼はヒップホップとレゲエを行き来した活動をしていてすごく人気でした。レゲエの人たちの曲を紹介しつつラップ曲も入れたMIKI-FMというミックステープをつくっていたり、Shing02と二人で曲を出したりしていました。三木道三は「すごいコンセプトもおもしろいし声もいいから、リズムのここがよかったから、ここをこうすればいい」といった具合に、一〇分ぐらい具体的なアドバイスをくれました。ちゃんとデモテープに電話番号を書いて配っていればいつかは電話も来るんだなと、すごく嬉しかった。僕は自分がデモテープを貰うようになってからは、なるべくちゃんと聴いて電話するようにしました。この時の喜びがあったからです。

この辺りからラッパ我リヤのメンバーからも「おまえの曲、結構おもしろいよ」みたいなことを言われるようになって、だんだん調子に乗ってきました。そのタイミングで二浪していた真田人が大学に合格して合流し、庸平がＤＪをやって僕と真田人で一緒にやる話になりました。僕はその前から酔花《すいか》というラッパーとグループを組んでました。もともと好きだったＰファンクのグループ、Funkadelicとラッパーの道具であるマイクを合体させたMICADELICというグループ名です。酔花が実家に帰ってしまった後に真田人が入ります。このグループのテープを配っていたら、ある日YOU THE ROCK★から留守電が入っていました。「ダースレイダーの電話だろ。デモ聞いたよ、超よかったぜ。いつでも会いに来いよ」と。周りのみんなに「ＹＯＵさんから電話来たよ。デモ聞いてくれたって！　やばい！」と興奮しながら伝えました。

渋谷のOrgan Barというクラブで毎月第三木曜日にYOU THE ROCK★のイベントが開催されているから、そこでＹＯＵさんに会いに行こうとなりました。仲間と一緒にOrgan Barに早い時間に行ったら、ＤＪのNK-SUNSHINEが一人で回していて、お客さんはまだいなかった。ロビーのほうにYOU THE ROCK★が一人でいて、「おお、ダースレイダー、よく来たな」と迎えてくれました。「YOUさん、電話ありがとうございます」と言ったら、「まあ座れよ」と言われて、二人で話すことになりました。仲間たちは後ろの方に立って見守ってます。座って最初は、「いや、おまえ頑張ってるよ」みたいな話をされました。あのNIGHT FLIGHTをやっているYOU THE ROCK★にデモが届いているというのはすごいことだと思いながら聞いていたら、「ダースレイダー、おまえはヒップホップ好きなのか」と訊かれました。ここは勝負どころだ！　と力がこもります。「はい、好きです！」と答えました。「本当に好きなのか」「はい、本当に好きです！」続けて「おまえはアフリカ・バンバータを知ってるか」と聞かれます。アフリカ・バンバータはヒップホップの創始者の一人であるニューヨークはブロンクスのDJです（いまは児童性虐待疑惑を追及されてます）。

「アフリカ・バンバータ知ってるのか」「知ってます！」。まだ続きます。「おまえはナズを知ってるのか」ナズは当時最も人気のあるニューヨークはクイーンズのMCです。「知ってます」「おまえはアフリカ・バンバータとナズがヒップホップとしてどういう関係なのかわかるか」と言われました。これはちょっとわかりませんでした。知ったふりをせずに素直に「いや、どういうことですか」と答えると「アフリカ・バンバータとナズはお互い敬語を使わないでしゃべってるんだ！」と言われました。

この時、瞬間的に英語だから敬語はないのでは？とは思ったんですが、きっとマインドのことなんだろうと思い直しました。「おまえわかったか」と言われたから、ここはわかったことを示さなければいけない。グッと乗り出して「そうだよね。ダースレイダーとYOU THE ROCK★がこうやってしゃべってるというのはヒップホップだよね」と言ったら、「おめえ、YOUさんだろ！　何呼び捨てにしてんだ！」と胸ぐらをつかまれてしまった。その後は説教モードに変わって一時間ぐらいダメ出しをされました。きわめつきに、このとき九九年だったんですが、「おまえは今年中にレコード契約がとれなかったら向いてないからやめろ。俺は来年もYOU THE ROCK★、おまえは来年はただの人だ」と言われてしまった。一体あの時の正解はなんだったのか、はいまだにわかりません。

今年中に契約がとれなかったら向いてないからやめろ、帰れと言われて帰らされた。褒められに行ったのにえらいことになってしまった。仲間たちは雰囲気が変わった瞬間、みんなヤバいと思ってロビーからフロアに退散していました。憧れのYOU THE ROCK★に怒られてしまったショックは大きいです。

でもちょうどその頃に、ヒップホップとファッションとを扱った『WOOFIN'』という雑誌の編集者の荒野政寿から、デモテープを聞いておもしろかったから新人コーナーで紹介したいという連絡があり、『WOOFIN'』にインタビューが載りました。さらにライターの大前至も「おもしろかったからデモコーナーで紹介するよ」と言ってくれて、ヒップホップ専門誌の『blast』にも載りました。

ラキム来日ライブ

時期は前後するかもしれませんが、Eric B.&Rakimとしても有名な、マイクの神と呼ばれているラッパーのラキムが横浜で公演するとなりました。前座がラッパ我リヤの率いる走馬党とZeebraのURBARIAN GYM（ＵＢＧ）でした。その公演に僕と真田人とＤＪオショウ（庸平はデザイン専門になり、オショウがＤＪを担当するようになりました）というMICADELICの三人で行ったんです。ラッパ我リヤもＵＢＧもめちゃめちゃ盛り上げていた。いざラキムだとなって曲が始まると、すごい声が若くて、昔の曲も当時のままじゃん！　と最初は盛り上がっていた。曲が終わってＭＣでしゃべり始めたラキムは完全におっさんの声だったんです。「あれっ」と思いました。要は口パクだったんです。

ＤＪもいろいろレコードをスクラッチしているように見えたけど、ブースを上から映す映像がスクリーンに映ったらレコードがターンテーブルに載っていなかった。スクラッチしているふりをしていたんです。「レコード載ってないのに何で曲かかってるの」、「もしかしてこれって曲を流して口パクやってんじゃねえの？」という疑念がフロアじゅうにふわっと広がっていくんです。

ついにラキムが生で見れたと盛り上がってる熱狂的なファンもいたけど、途中から後ろのほうで「口パクやろう」みたいなブーイングも飛ぶようになった。結局新しい曲は地声でやって昔の曲は口パクだったんです。これはちょっといかがなものかと思いました。ラッパ我リヤの山田マンが歩いていたので「あいつ口パクじゃないですか」と話しかけたら「もうこれからは、ニューヨークをただありがたがる時代は終わった。あいつら金稼ぎに日本に来てるだけだから、日本のヒップホップをやらなきゃだめだね」という話をして、そのとおりだなと思ったんです。本物だからといって口パクをありがたがるより、本当にラップしている日本のヒップホップのラッパーで盛り上がるべきだ。この時の口パク事件、曲の権利問題とかあったような話も聞きますが、すごく衝撃的でしたね。

URBARIAN GYM の T.A.K THE RHYMEHEAD もいたので、どうなんですかと尋ねると、彼は「でも俺ら世代はラキムを見れるだけでうれしいんだよな」とすごく複雑な表情で言っていました。僕が名前を名乗ると、「えっ、ダースレイダー？」と驚かれました。「Kさんがデモテープを T．A．Kさんに渡したって言ってたんですけど」と言ったら、「「16番地の殺戮現場」という曲もらったな、確かに。でもK名義の曲だったよ」と言われ、「えっ？」となりました。デモテープに収録されたときに、K名義の曲になってたんです。実はあれ僕の曲なんです、と伝えると「あっ、そうだったの。よかったよ」と言ってくれて。『remix』誌で彼の「共鳴」という連載で紹介してくれました。

B BOY PARK のバトル、そしてデビュー

九九年、いろいろ雑誌にも載るようになってきたタイミングで、代々木公園で夏に開かれている大イベント、B BOY PARK で、日本初のＭＣバトルを始めるというチラシが出回ったんです。何をやるのか具体的には誰もわからなかったけど、とにかくこれには出たほうがいいと思って電話をしたらもうエントリー満杯だった。キャンセル待ちのところに名前を書いておくか？　と訊かれたので、お願いしました。

その後しばらくしたら、YOU THE ROCK★から電話がかってきました。「この間は言い過ぎた」「はい」「おまえにもう一回チャンスをやる。このB BOY PARK のＭＣバトル、おまえキャンセル待ちに名前書いてただろう。俺がエントリーしといたから、そこで一発かませ」と言われてエントリーが決まったんです。とにかく備えなきゃ、でもラップバトルって何をやるのかわからない。だからＤＪオショウと練習して、とにかく「おまえをぶちのめすライムのロケット」みたいな八小節ぐらいの攻撃的なラップの固まりを練習して準備したんです。

B BOY PARK のバトルは土曜日に HARLEM で予選が、日曜日に club asia で本選が行われました。僕は予選にエントリーしたと思っていたのですが、YOU THE ROCK★がシード枠に入れてくれたため、

予選が免除されていたので土曜は行きませんでした。日曜日、本選のclub asiaの前のコンビニに行ったら般若がスポーツ新聞を読んでいました。般若に「あっ、ダースレイダーも出るの？　あれ、昨日の予選いたっけ？」と言われて「いや、うん」と答えに困ってしまいました。般若は予選を勝ち抜いてきていて、やる気がみなぎっていました。

バトルの司会はMC SHIROで、ＤＪがDJ KEN-BOでした。ジャッジがYOU THE ROCK★、Zeebra、DEV LARGE、BOY-KEN、J-WAVEの「(Da) Cypher」という番組のパーソナリティで、後にDef Jam Japanの社長になるRIKO、EAST ENDのＤＪのROCK-Tee、ライターの古川耕という布陣で、エントリー一六人のうち八人が予選を勝ち抜いたＭＣで、後の八人がシードＭＣ。シードＭＣはライムスターらのＦＧのクルーのメンバー、ZeebraのＵＢＧのメンバー、ブッダブランドのエルドラドクルーのメンバー、ラッパ我リヤの走馬党といった、実力が保証されている人たちでした。

僕はそうしたクルーには所属していないけれど、シード枠で出ちゃったんです。でも本来、予選に出ていなきゃおかしい立場ではある。これは気まずいなと思いながらしれっとしていたらYOU THE ROCK★が来て「おお、ダースレイダー、おまえ俺のシードで入ってんだから絶対に優勝しなきゃだめだぞ」と大声で言われた。その瞬間にほかの出演者から何でおめえがシードなんだよという、すごい殺気がぶわっと伝わってきた気がしました。「いやいや、別にこっちから頼んだわけじゃないんだけど……」って内心困りました。

日本初のＭＣバトルが始まります。KREVAの登場です。彼のラップが、完全にその場でやっている即興のフリースタイルだったんです。相手が着ている服を見て「こいつが着ているＴシャツ」といったところから始める。明らかにKREVAは今の状況を今思った感覚でラップしている。どうやってるのかわかんないけど、めちゃくちゃカッコいいと思いました。

僕はそれまで用意してきたラップを覚えて必死に披露しようと思ってました。一回戦の相手はティグレというラッパーで、僕は後攻だった。僕はその日は目立とうと思ってルチャリブレの覆面をかぶって出るという余計な演出までしていました。ステージに出る直前に「この場はKREVAが正解だ！　あれをやるぞ」と即興のフリースタイルに切り替えたら一言も出てこない。もごもごしている間に終わって負けてしまいました。

この時、KREVAが見せた日本語のフリースタイルはものすごい衝撃で、日本語でラップして日本語で韻を踏むことの可能性を感じさせました。結局その年のB BOY PARKはKREVAが優勝して、準優勝はILLMURAでした。ILLMURAはマシンガンみたいなすごいラップをするんですけど、完全即興ではなく、いろいろな持ちネタを組み合わせていくスタイルです。

このふたりが決勝を戦ったことで、日本のラッパーたちの間にフリースタイルが一気に広まります。KREVAのようにその場にあることを拾って韻を踏むやり方はKREVAスタイルと言われるようになりました。KREVAはB BOY PARKで三連覇を成し遂げてアーティストとしてもメジャーな舞台で成功していきます。全国にKREVAスタイルのラッパーが増えた後に、漢や般若がまた新しいスタイルでフリースタイルの次元を引き上げていくことになります。

B BOY PARKで名前を売ることに失敗したけれども、この後P-VINE RECORDSから電話がかかってきました。P-VINEは元々はブルースやソウル、ファンク中心のレーベルでしたが、キングキドラやラッパ我リヤ、餓鬼レンジャーなどの日本のヒップホップも扱い始めていました。彼らを扱っている田儀伸夫というA&Rから連絡があって、会いに行きました。「どうも、よろしくお願いします」と言ったら「じゃあ、いつリリースしようか」と言われます。「えっ、いつリリースしようかって何をですか」「いや、だって曲いっぱいあるんでしょう」と。そのとき曲は四曲くらいしかなかったんですが、「二〇曲あります」と言ったら、「じゃあ、もうアルバム出せるじゃん。うちで出そうよ」と言われ、もう出会って五分ぐらいでP-VINE RECORDSと契約が決まったんです。

どうやらラッパ我リヤのメンバーがMICADELICがおもしろいから早めに契約したほうがいいよと、田儀さんに言ってくれてたみたいです。僕はそのことは知らなかったので、すごく舞い上がりつつ、四曲しかないからどうしようと思いながら帰りました。仲間に契約が決まったと言ったら、「えっ」と驚かれた。そこで鉄は熱いうちにの精神ですぐに曲を作ってMICADELICのアルバムを仕上げることが決まりました。デザインは庸平と森忠昭というイラストレーターの二人でやってるmocrockというコンビでやってもらうことにしました。森君は今はRimo名義でリーボックの国際ブランドデザインもやっています。

できた一〇曲を、用賀のアパッチ・ラボというスタジオのエンジニアのアパッチ田中に録音とミキシングをお願いしました。九九年の一〇月頃からレコーディングし、一二月頃にアルバムができました。九九年末にYOU THE ROCK★にアルバムのテープを持っていきました。約束通り、年内に契約を結びましたという報告をしました。ようやくラッパーとしてレコードデビューしました。そしてついに、二〇〇〇年の三月一〇日にMIICADELICの「この男凶暴につき」というシングルと「FUNK JUNK創刊号」というファーストアルバムが出ます。ちょうど三年前の一九九七年の三月一〇日に僕は人前で初めてラップしたので、不思議なめぐりあわせです。

この時代、デビュー前のラッパーは日本全国みんな、デモテープをつくって配りまくって、名前を売るということをやっていました。僕は東京にいたから、渋谷に行けばそれこそライムスターやZeebraやDEV LARGEに会えるという地の利がありました。ヒップホップ雑誌の『blast』『WOOFIN'』の編集部も両方ともお茶の水にありました。よくヒップホップは東京一極集中と言われていましたが、これはもう構図的に仕方ないものだったと思います。九〇年代の日本のヒップホップのリアルな状況として、メディアもレコード会社の本社もクラブも全部東京にあるから、東京以外で流れが始まるということはかなり難しかったと思います。

それに対してカウンターを打っていたグループもいました。大阪のロウ・ダメージはかなり早くから独自のシーンを築いていた。餓鬼レンジャーは九州発のグループとして全国流通の作品を出したことは快挙です。名古屋のILLMARIACHI（刃頭とTOKONA-X）もかっこいい作品を発表していた。ちなみにこの餓鬼とILLMARIACHIはともにP-VINEです。こうした人たちが東京以外というスタンスでヒップホップを作っていましたが、実際にこれが全国的に回っていくのは二〇〇〇年以降だと思います。

九〇年代、僕の同世代にはラッパー、ＤＪがすごく多かったと思います。今も続いている人は流石に少ないかもしれません。あの時期に日々ラップしていた人たちは、もう二四時間ヒップホップという感覚、完全にヒップホップに感染しちゃってたと思います。僕自身、それまで色々な音楽を聴いていたはずが、ヒップホップに出会ってから数年間はヒップホップしか聴かないようになってました。感染することがエネルギーを産んでたとも思います。

MICADELICがリリースする前に、LIBROのアルバムが評判を呼び、SEEDAがSHIDAという名義でアルバムを出しました。アルファも自分たちと同じ月にリリースしました。その頃からようやく、Zeebraやライムスター、ブッダブランド、雷の次の世代にあたる、二〇歳前後のラッパーがリリースし始めます。今度はZeebraが「Grateful Days」でドラゴンアッシュの曲に参加します。その後、リップスライム、そしてKREVAがKICK THE CAN CREWで出て、メジャーシーンにヒップホップが上がってくる。その一方で、さっき出てきたGORE-TEXやMACKA-CHINのNITRO MICROPHONE UNDERGROUNDが、二〇〇〇年ぐらいからアンダーグラウンドで大ヒットします。

二〇〇〇年に『blast』のBlast awardという記事で、その年のいろいろな賞が発表されました。新人賞は「カントリー・グラマー」がヒットしていたアメリカのラッパーのNellyが一位で、二位がNITRO MICROPHONE UNDERGROUND、三位が僕らMICADELICでした。今日語っていた九〇年代のこの時期は、映像や音源記録に残っていないものが非常に多いので、記憶で語るしかないです。今回の話も僕の記憶のみで語っているので、別の視点からは全く違う話になるかもしれません。それこそさんピンCAMPとか、ブッダブランドやライムスターという人たちは音源を出しているけども、例えばKみたいな人の音源は残ってない。彼はラップはうまかったですよ。その後に音源をリリースしている人でも、その時期のJUBE+BABAや、B.D.の初期作品とかは、聞くことはできない。そうした記録に残らない出来事、記憶や体験でしか残っていない出来事をどうアーカイブするかをよく考えます。

著名ではないラッパーやDJのヒストリーは、基本的には記録されない。でも僕が感じていた当時の熱気やエネルギーというのは、この記録からこぼれ落ちたところにも溢れていたんです。まだ何者でもないDJ、ラッパーたちが日々集まっては、どうやって自分の名前を売るか、デビューするかをかけて活動していました。平日の夜のクラブにも熱気がありました。ヒップホップを文化として捉えたとき、こうした記録されなかったエネルギーが果たした役割は大きいと思います。どうしても目立ったものにスポットライトが集まるけれど、その周りに存在していた思い、息遣い、多くの語られない物語を想像していくことが、今までとこれからを貫く本質的なものを考える上で大事だと思います。

（収録＝二〇二三年九月二三日）

第3部

主張するマイノリティ

タタールスタン

祖なるビートに呼応せよ！

――グローバル化時代のタタール・ヒップホップとしたたかな抵抗

櫻間瑞希

お前は自分の生まれのことばを忘れちまったのか／お前が目覚めるのを期待して一曲歌ってやるよ／もし俺がなんて言ったのか分からないなら辞書を開け／そこらのガキよりも勉強しろ／勉強すれば何が嘘か真実か分かるようになるぜ

#SHIKERNYE – İ tuğan, i matur tel（二〇一五）

1　はじめに

ロシア連邦の中にあるタタールスタン共和国をご存知だろうか。日本ではあまりなじみがないかもしれない。タタールスタンはロシア連邦を構成する連邦構成主体のひとつで、モスクワから東に約八〇〇キロメートル、ヴォルガ川中流のカマ川と合流する地域に位置する民族共和国だ。石油生産、工業、農業などで栄え、ロシア連邦のなかでは比較的裕福な地域である。域内民族構成はタタール人五三・二％、民族ロシア人三九・七％[*1]、チュヴァシ人三・一％、ウドムルト人〇・六％と続き、そのほか少数の民族を含めると数十の民族がモザイク画を描くように住まう多民族地域でもある。

この地域のマジョリティであるタタール人[*2]は大多数がムスリムである。同域内に居住する民族ロシア人やチュヴァシ人、ウドムルト人の多くは正教徒だが、目立った民族対立や宗教対立はみられない。このことから、ロシア国内ではさまざまな民族や信仰が平穏に共存する地域として注目を集めている。そしてこの共和国では、多民族・多文化・多宗教地域であることが重要な地域アイデンティティとして認識されている。

そのタタールスタンで、タタール語で歌われたラップがはじめてラジオから流れたのは、二〇〇六年のことだった。黎明期に作られたラップの多くは、タタール歌謡曲で主題とされてきた家族や故郷、自然、愛の讃美といった様式美を踏襲したものだった。やがて、これまでになかった主題——社会問題やそれに対して無力な政治を批判したラップが次々とリリースされるようになっていった。あたらしい音楽、あたらしい価値観、そして、社会問題に対するあたらしい抵抗のありかたは、当時を生きたタタール人の若者たちを熱中させた。

ところが、それから約二〇年が経つ今となっては、こうしたタタール語ラップはまず出てこない。今日のタタール語ラップのほとんどは、前述の様式美的なテーマのほかに、タタール文化に対する愛着を滔々と歌ったものだ。はたして、なぜそうなったのだろうか。本稿では、タタール社会で紡がれ聴かれてきたラップの歴史と今日の状況を通して、ロシアにおけるタタール人の現在を概観してみたい。

2　タタール・ヒップホップの誕生と民族復興運動

タタール社会にヒップホップ・カルチャーが流入したのは二〇〇〇年ごろのことだ。ソ連の解体とその後の経済的な混乱は、タタール人歌手とタタール音楽のありかたにも大きな影響を及ぼした。ソ連期に活動したタタール人歌手の大半は国立楽団などに所属していた。これは当局による検閲を容易にする管理体制であった一方で、歌手にとっては当局の意向から外れない楽曲作りや言動にさえ気をつけていれば、活動資金を得られる旨味もあったという。[*3] つまり社会主義期の歌手活動は国家による後援が前提となっていたことから、その担保のために、表現のなかでは国家のイデオロギーとの整合性が常に問われていたとも言える。

しかしソ連が解体されると、さまざまな混乱のなかでこうした仕組みもいったん解消された。歌手にとっては、表現におけるイデオロギー的縛りは弱化した一方、これまで通りの国家による後援が期待できない時代が到来したのである。このことについて、二〇〇六年ごろまでタタールスタンで歌手として活動していたT氏は、「歌手活動どころか、社会全体が……政治も経済もすべてが混乱のなかにあり、あらゆる側面において困難しかなかったね」と、表情をしかめながら当時を振り返る。[*4]

社会主義体制崩壊後のロシアでは、経済的に混乱するなか、自殺者や孤児の増加、薬物やアルコール依存症患者の増加など、さまざまな問題が生じていた。アーティストたちに関していうならば、派手な演出や高価な機材を使った楽曲制作が困難になった。そうしたなか、タタール社会では、カネをかけずに自分たちの思いの丈を表現する若者たちが出現しはじめたのである。地下道でギターを片手に歌う者もいれば、さまざまなメッセージを込めた意匠を街のあちこちに描いたり、そのステッカーを貼って歩いたりする者もいた。そして、ラップという方法を選んだ者もいた。シンプルな音源にラップを乗せ、最低限の編集を自分たちで行う。作曲家や編曲家に仕事を依頼しないぶん、安上がりというわけだ。

九〇年代末のタタールスタンでは、局地的によく聴かれたデモテープもあったという。歌い手の出自にかかわらず、その多くはロシア語で歌われたものだった。同じ頃にロシア各地で民族復興運動が各地で展開されるようになると、タタール人のあいだでも民族の歴史、文化、言語、宗教を見直す機運が高まるようになっていった。[*5] このような時代が到来しつつあるなかで、タタール語ラップが生まれるのは時間の問題だった。

タタールスタン全土放送のラジオでタタール語ラップがはじめて流れたのは二〇〇六年、イッティファク（IttifaQ）が歌う「無名（Särläüxäsez）」という楽曲だった。そのリリックは表面的には人生への嘆きを歌ったものに思えるが、タタール語が置かれた苦しい状況を嘆いたものとしても受け止められた。

俺たちの家は楽園じゃない　そんなことは分かりきったことだ
調子はどうだ、ああ良くないか　これが人生というものらしい
それでもおまえはかろうじて生きている　俺も生きている
おまえの涙はすっかり乾き　今やその痕跡だけが残る
それは取り返しのつかない過ち　それは沈黙したまま

タタール文学をよく知る人は、曲名に掲げられた「無名（Särläüxäsez）」から即座に一篇の詩を連想した。民族を代表する詩人トゥカイ（一八八六－一九一三）による同名の詩だ。この社会に生きる無数の無名の人々が一時の幸せを求めた先にあるものは、破滅であることを示唆した詩であった。楽曲は苦しい人生模様を歌った曲としても共感を呼んだ。しかし少なからぬタタール人が曲名からトゥカイを連想し、そのリリックをタタール語の危機的状況と重ねて解釈した。

歌い手のイッティファクは二〇〇五年一一月にカザンで結成された大学生グループであった。当初は四人組だったが、ジャッファル（Jahffar）ことイリヤス・ガファロフ、パディーシャ（Padeesha）ことナズィム・イスマギロフ、そしてアルビー（Alby）ことアリビナ・スレイマノワの三人が主要メンバーとして残った。ガファロフとイスマギロフは幼なじみで、一二歳の頃からアメリカのヒップホップを一緒に聴いていたという。ガファロフは学者の両親のもとに育ち、イスマギロフは著名なイスラーム書道家ナジップ・ナッカシュを父に持つ。いずれも高度なタタール語を使いこなす知識人の家庭に生まれ育ち、また、九〇年代にアメリカのヒップホップに魅了されたという点で共通している。すでに東西冷戦は終結していたとはいえ、この時代のカザンでアメリカ文化に触れる人はまだごく一部だった。

2006年ごろのイッティファク。右からガファロフ、イスマギロフ、スレイマノワ。（本人提供）

やがてタタール語詩歌の韻律に興味を持ったガファロフは、カザン国立大学タタール語・タタール史学部（当時）に進学する。

そこで出会ったのが同期のスレイマノワだった。彼女は自身について多くを語らないが、タタール語での詩吟を得意とし、最終的にはタタール語・タタール文学の分野で博士号を取得している。ガファロフ同様にタタール語に強い愛着を持つ人物であったことは確かだろう。イスマギロフはカザン国立芸術大学建築学部に進んだが、ガファロフとは変わらず付き合いがあった。いつしか彼らは頻繁に会うようになり、タタール語での詩作とラップを試みるようになっていく。

タタール語の状況を嘆いた「無名」が最初のヒット曲となったが、イッティファクは結成当初から社会で問題になっていたこと――たとえば自殺や孤児の問題、アルコール依存症をテーマにした楽曲を数多くリリースしてきた。ほぼ全てのリリックに不平等な社会への怒りが込められていた。そして、これらの問題に直面する政治の無力さや、目を向けたがらない大人への批判も暗に含んでいた。

とりわけ二〇〇七年に発表された「孤児の夢（Yatimnär xıyalı）」は、孤独に耐えかねた孤児が母親のぬくもりを夢に見ながら最後に飛び降り自殺することをほのめかす内容であったことから、さまざまな媒体でセンセーショナルに取りあげられた。

なぜ運命は僕を孤児にしたの？
なぜ僕はただ死に向かっていくだけなの？
なぜ苦しみだけがあるの？
時間が心の傷を癒してくれるとでもいうの？
どんなに頑張ってもあの優しさはもう感じられないよ
時が過ぎやがて人生は過ぎ　記憶の糸ばかりがいたずらに伸びていく

僕は運命とやらをぶち破りたい　せめて夢のなかだけでも
歌え　歌え　心よ！
お願いだ　いつだってあなたを感じていたい
あなたが遠くにいることは分かってはいるけれど
月に　ああそうだ　月に向かって飛んでいく
お母さん　僕にどうか勇気をくれないか

保守性が強いとされるタタール歌謡界からは、この曲に対して強い非難が相次いだ。タタール人の伝統的な歌とは内容もスタイルも相容れないというのが理由だった。その一方で、「孤児の夢」と前述の「無名」は当時の若者、とりわけタタール語と文学の素養を持つ知識人層の若者から熱狂的な支持を集めた。

さまざまな社会問題をラップに乗せて提起したイッティファクだが、その名はもっぱら民族復興運動の文脈で語られる。ロシア各地に民族復興運動のうねりが押し寄せるなかで、タタールスタンでも首都カザンを中心にさまざまな活動が展開された。なかでも、二〇〇六年にイッティファクをはじめとする若いタタール人学生と詩人が中心となって立ち上げた青年運動は大きな影響力を持った。これは「私はタタール語を話します」運動（"Min tatarça söyläşäm" aktsiäse）と名付けられ、若い世代へのタタール語普及啓発を目指して二〇二四年現在も続けられている。

この運動には、イッティファクのみならず、若い学生が結成したロックバンドや、タタール語ラップに関心を持った若い詩人などが次々と加わった。二〇一二年にはガファロフが自身のレーベル「Yummy Music」[*6]を立ち上げ、タタール語で歌う若いアーティストの楽曲制作と配信を支援するようになった。音楽面のバックアップがYummy Musicによって全面的に行われるようになると、毎年四月に開催される「私はタタール語を話します」運動のライブステージはヒップホップやロックなど、オルタナティブなタタール音楽の祭典としての性質も徐々に強めていった。

運動の発起人のひとりでもあるイルシャット・サエトフ（現・タタールスタン共和国東洋文化研究所研究員）は、この運動の目的について以下のように筆者に語ってくれた。[*7]

ある言語の能力や知識を競う大会はごまんとあるが、真面目な暗唱大会だけやっていてもだめなんだ。たとえばガレージでタバコを蒸しているような若者たちとも交流を深めるような大会があれば、より多くの若者を巻き込める。タタール語やタタール文化を今の時代の、これからの時代の若者に合った、あたらしいものに発展させる糸口になると思ったんだ。

この青年運動は、オルタナティブなタタール音楽を通してあらゆる階層の若者を——サエトフのことばを借りるなら、「ガレージでタバコを蒸しているような若者たち」をも巻き込もうと展開されてきた。実際に、現在にいたるまで多くのタタール人ラッパーが運動に参加している。その風貌はいかにもストリート育ちを意識したヒップホップスタイルだ。しかしインタビュー記事などを読む限り、かれらのほとんどは知識人や芸術家の家庭に生まれ育っている。そして、その大半はカザンなど都市部の出身者である。つまり、こうした運動は都市部の高い社会階層の若者によって始められ、やはり同じような属性の人々に広がっていったと思われる。

カザンのタタール人青年たちの文化に注目した研究がある。曰く、かれらの文化戦略は①ロシアのなかの他者としての境界形成に焦点を当てること、②退廃的な消費主義や文化の均質化といったグローバル化傾向に対するタタール人の信頼性を強調すること、そして、③覚醒した都市の若者の内省的な民族意識と無知な田舎者とを区別すること、の三つの主要な言説に基づいているという。*8 つまりこうした青年運動やイッティファクのようなグループの登場は、新しい価値観を持ったタタール人であることを宣言したい若者たちの強い意志が発露した結果なのだろう。タタール人らしさ、タタール人であることと強固に結びついたのがタタール語であった。運動において高度なタタール語や文学の知識が共通言語とされると、それは都市部のタタール人知識人層を引き込む力となった。一方で都市部と村落部の断絶を深めることにもつながった。

「私はタタール語を話します」運動の集会で歌うラッパーと聴衆たち（2019）

なぜほかでもなくタタール語だったのか。都市部のタタール人によって行われた運動のなかでも、特に関心を集めてきたのは言語を中心とした民族文化の復興であった。ロシアにおいて民族と言語は不可分だとする価値観は根強い一方で、民族のことばが置かれた状況は厳しい。タタールスタン共和国ではタタール語はさまざまな側面から保護・振興されている。しかし経済や政治、教育などあらゆる分野において、実質的にはロシア語優位な状況が続いてきた。

この状況が生み出された一端に、一九五〇－六〇年代に教育言語が自由に選択できるようになったことがある。[*9] それまでにもロシア語は必修科目として教えられてはいたが、民族自決の観点から教育はあくまで民族語で受けることが主流であった。しかし都市で社会的上昇を目指すにあたってはロシア語の高い運用能力が必須であった。教育言語が選択できるようになると、親は子にロシア語での教育を受けさせる傾向が強くなった。結果的にタタール語を不得手とするタタール人が増えていったのである。

それと同時に、タタール語やタタール文化は後進性や僻地性と結びつけられた。タタール語を話すのは、恥ずかしい、隠すべきものという意識が芽生えることにもつながった。現在もタタール語で教育を行う学校は設置されているものの、このような認識はゆるやかに引き継がれている。そしてそれは、二〇〇六年から今日にいたるまで「私はタタール語を話します」運動が継続する背景にもなっている。

3　グローバル化と民族の危機——都市部の知識人ラッパーの登場

二〇一〇年代になると、タタールスタンでは経済的な発展と観光産業に力を入れ始めたことを背景に、国際的な発信がより重視されるようになっていった。共和国当局は大きな国際行事などを積極的に誘致するようになり、首都カザンが二〇一三年のユニバーシアード開催地に選ばれるといった明るい話題もあった。ロシア全体を見ると、経済状況は九〇年代～ゼロ年代よりも好転した一方で、首都モスクワと地方都市、地方都市と村落部とで経済格差がより深刻になっていった時代でもある。[*10]

タタールスタンはロシア国内外に独自性をアピールしたい思惑もあったのだろう、この頃から民族文化の振興を推進する大規模なプログラムを展開するようになっていた。もちろんタタール文化振興を目的とした独自の政策は以前からも存在した。だがその対象となるのは主に公的機関や民族団体などの組織であった。ところが、二〇一四年に改訂・延長された共和国国家プログラム「タタールの民族アイデンティティの保護二〇一四〜二〇二三」[*11]では、タタール語で歌う歌手個人と楽曲も助成対象に含まれるようになった。プログラム規定の序文には以下のような文言もある。

序文（中略）ロシア国外とりわけ非ＣＩＳ諸国の民族同胞は、グローバル化が進む中で民族アイデンティティの喪失という問題に直面している。（中略）タタール人の民族共同体の団結を強化し、タタールスタン共和国を全タタール人の歴史的、精神的、民族文化的な中心地と位置づけ、ロシア国内外のタタール人の知的、社会経済的潜在能力を強化することが求められている。

今日においてグローバル化は多様化を推進するものとして捉えられることが多いが、ここではグローバル化による均質化と民族文化の喪失に対する危機感[*12]がことさら強調されている。二〇一〇年代以降はさまざまな空間やレベルにおいてヒトもモノも移動がより活発になり、それとともに価値観が交差する時代となった。

これまでタタール語やタタール文化の継承・保持をめぐる問題はロシア化への抵抗という文脈で論じられることが多かった。しかし二〇一〇年代以降は、それに加えてグローバル化による均質化への抵抗という文脈でも語られるようになっていった。その是非はともかくとして、このような危機感を共通認識としながら、タタールスタン共和国ではタタール語を中心とした民族文化の振興を目的に、さまざまな助成制度が設けられるようになっていったのである。

二〇一〇年代前半から、ロシアにおいてもInstagramやYouTubeといったSNSが流行するようになった。タタール人歌手たちもSNSで拡散されること——つまり「バズる」ことを念頭においた、目立つクリップや洗練されたアレンジの楽曲を発信することが多くなった。楽曲クリップに注目してみると、これ以前はそもそもクリップがないか、あっても単にコンサートの様子を撮影しただけのものが多かった。ところがSNSの普及以降は手間のかかった楽曲のアレンジやクリップ[*13]が目に見えて増えている。

ゼロ年代ごろまで、タタール音楽といえば演歌調のエストラーダ音楽[*14]が中心だった。そして歌い手が念頭に置いていた聴き手はそれらに愛着を持つタタール語話者であった。タタールスタンでは、エストラーダ音楽はさまざまな媒体で頻繁に流れる。民族出自や話す言語にかかわらず、その特徴的な旋律を聞いて懐かしさを覚える人々も少なくない。しかしエストラーダ音楽を主体的に聴く人々の大半は普段からタタール語を話す人たちである。つまり従来のタタール音楽は、タタール語話者に対してのみ訴求力があったといえよう。

ところがSNSでの拡散が意識されるようになると、より洗練された、カネのかかった楽曲やクリップが出現するようになった。拡散された楽曲のなかには、助成を受けたものも少なくなかった。なかには民族や言語の垣根をたやすく飛び越えて、これまでリーチしなかった若い世代のみならず、タタール語を話さない層や、そもそもタタール人ではない人々に届いた楽曲もあった。

興味深いことに、このように世代や民族を越えてバズった楽曲のYouTubeやInstagramのコメント欄には、トルコ語やカザフ語、アゼルバイジャン語のように、ほかのテュルク諸語によるコメントが数多く並ぶ。とくにヒットした楽曲のコメント欄には世界中の言語で書き込まれている。コメント欄の言語が多様であるほど、広範囲でバズったことが可視化されるようにもなった。すなわち、タタール音楽への助成は、グローバル化に対抗する道具であるとともに、グローバル化を推進する道具にもなっているのだ。グローバル市場のなかで、タタール的なものを社会・経済資本に転換しようとする、いわば民族文化の資本化の波が起きているといってもいいだろう。これを可能としたSNSはタタール人という民族の存在価値を確認し普及する手段ともなっている。

この助成制度の実施に関わるタタールスタン共和国政府関係者のB氏は「タタール語を話す歌手であっても、ロシア語でのみ歌う人は多いので、このプログラムがタタール語の楽曲を増やすきっかけになればと思っていた。とくにSNSで拡散されることは当初は想定していなかった」と語っている。[*15] この助成制度は、一見すると、歌手たちが当局による後援をあてにしていたソ連期と似ているように思える。しかしポスト・ソヴィエト期においては、歌手たちの活動に追随する形で公的な支援が展開されているのだ。

過去に助成プログラムを利用して楽曲を制作した歌手のG氏もまた、「今はSNSであたらしいファンを獲得し、SNSで視聴される時代なので、今まで以上に目を引くものを作りたいが、これには費用がかさむので、助成制度はありがたい。(中略)ひとたび良いクリップが完成すれば、あとは広告収入で軌道に乗せることができ、またよい楽曲やクリップを作るための足がかりにもなる」と当時を振り返っており、[*16] 助成の有無に関わらずしたたかにSNS戦略を練っていたことが窺える。

広く拡散された楽曲の多くは大まかに、SNSでの拡散と若者受けを狙ったキャッチーなものと、タタール的情緒（曲調、伝統楽器、語彙、韻律）を現代的な洗練された曲調や映像に落とし込んだものとに二分できる。数だけを見れば後者のほうが多い。助成はジャンルを問わずタタール語で歌う楽曲が対象となっている。しかし結果的には、助成に通りやすい楽曲――つまり、共和国の意向に沿った、わかりやすくタタール的な楽曲の制作を助長することにつながった。

この助成制度を使ってタタール語楽曲を制作・配信してきたラッパーは少なくない。その多くはタタール語や文学、民族音楽を専門的に学んだバックグラウンドを持つ。つまり、タタール語ラップの主要な担い手は都市部に暮らす知識人層の若いタタール人ばかりである。この背景として、タタール語詩が伝統的に韻律を重んじることから、同様にライミングを重視するラップと相性がよかったことがまず指摘できる。しかしそれだけではない。都市部におけるタタール語による高等教育の充足と修了後の受け皿の少なさも影響している。

一九八〇年代末以降、ソ連による統制からの脱却と民族の自律を目指し、タタールスタンではタタール語をはじめとする民族文化の復権がさまざまな領域で行われてきた。とりわけ教育分野におけるタタール語化のプロセスは盛んに議論された。後にロシア連邦の諸制度一元化の流れに飲み込まれはしたが、現在もタタール語で中等・高等教育を受ける選択肢はかろうじて残されている。しかしタタール語は公共サービスやビジネスシーンの主流言語になることはできなかった。[*17] その結果、タタール語で高等教育を受けた若い知識人たちのキャリア志向は人文科学分野や文化産業分野に向きやすくなったと言われている。[*18] こうした状況に加えて、二〇一四年に助成制度が始まったこと――よりタタール的な情緒を伴った楽曲とその歌い手の一人勝ちともいえる状況が決定づけられたことも、ヒップホップが若い知識人のものになっていった要因ではないだろうか。

4 民族のことばのゆくえとタタール語ラップ

二〇一五年ごろから、タタール語ラップは、家族や故郷、自然、愛の讃美のほか、タタール語・タタール文化に対する愛着――つまり様式美的なテーマばかりを歌うようになった。ラップのような「あたらしいタタール音楽」は、かつてタタール歌謡界が「伝統とは相容れない」と批判したものだった。

その背景には何があるのだろうか。近年まさにタタール語を主題としたラップを多くリリースするシケルニェ（#SHIKERNYE）に筆者はコンタクトを取った。シケルニェはイスラム・ワレエフとトゥラン・ガタウッリンからなるデュオで、いずれもカザン連邦大学の卒業生だ。筆者の問いに対して、ワレエフは当初「ラップはタタール語とタタール文化のかっこよさをアピールするのにもいいスタイルだと思ったんだ。若い世代にも、世界にもね！」と述べていた。しかし何度かことばを交わすうちに「助成制度は音楽ジャンルを選ばないけれど、タタール的要素が濃いほうが採択されやすいから……」とも語った。[*19] ヒップホップもまた、前述の助成制度の影響により、徐々にタタール的な主題の楽曲が作られやすくなったのである。

シケルニェが二〇一五年にリリースしたラップ「ああ、祖なる、美しいことばよ（ĭ tuğan, i matur tel）」は、そのクリップの突飛さから

シケルニェのふたり。ワレエフ演じるトゥカイ（左）とロシア語混じりのタタール人青年イルハムを演じるガタウッリン（右）。（本人提供）

SNSで再生回数を伸ばした。クリップのなかでは、タタール人を代表する詩人トゥカイをワレエフが、ロシア語混じりのタタール語を話す若いタタール人青年イルハムをガタウッリンが演じている。そのふたりが教室でラップバトルのようにかけあいをするヴァースを歌う。そのあとに続くメロディアスなフックでトゥカイを代表する詩「トゥガン・テル（祖なることば、Tuğan tel）」が教師役の女性によって高らかに歌われる。なお、傍線部はロシア語の単語が混ぜられた箇所を示している。

ヴァース１：青年イルハム
俺の名はイルハム
俺はそんな野暮な野郎じゃあないぜ
俺はギャングスターでMC
俺はもうすぐ超大物になる予感
俺のタタール語で　俺のラップでKZN（カザン）を口撃してやるとするか
SPB（サンクトペテルブルク）もEKB（エカテリンブルク）も　そしてお前も！

ヴァース２：詩人トゥカイ
お前は自分の生まれのことばを忘れちまったのか
お前が目覚めるのを期待して一曲歌ってやるよ
もし俺がなんて言ったのか分からないなら辞書を開け
そこらのガキよりも勉強しろ

勉強すれば何が嘘か真実か分かるようになるぜ

フック：教師
ああ祖なることばよ　ああ美しきことばよ
わが父と母のことばよ！
世界の多くのことを知った
おまえを――トゥガン・テルを通じて

この楽曲は企画自体のユニークさが人々の心を掴んだともいえるが、クリップの映像技術や演出効果も非常にすぐれたものであった。シケルニェは、「このクリップは助成を受けたもので、すぐれた演出によってさらに多くの人の目に留まったのだろう」と語っている。

このようにタタールらしさやタタール語の啓発を全面に押し出したラップは、二〇一五年ごろから数多くリリースされるようになった。なかには、タタール文学研究者であると同時にタタール文学作品をラップアレンジした楽曲を多く生み出してきたラッパーもいる。それがエネキャシュ（Enaecash）だ。彼は、言葉を慎重に選びながらこのように述べている。[*20]

今の時代、何であれテーマの見極めが大事なんだよ。なんと言ったらいいか……人前で言えることと言えないことがあるんだ。たとえば、かつてイッティファクが歌ったテーマを今、歌うのは難しい。問題を提起したとして、人々の抗議の声がどこに行きつくか考えないと。

エネキャシュはこれ以上のことは語らなかった。しかしここで彼が言う「言えることと言えないこと」とは、暗に政治的なテーマを指しているのではないだろうか。

ロシアでは二〇一四年以降、メディアの規制が強化されている。二〇一四年といえばクリミア併合が宣言された年である。あくまで筆者の肌感覚ではあるが、ロシアのクリミア併合以降は、社会問題を正面から歌ったタタール語のラップはずいぶんと減ったように見える。エネキャシュも「抗議の声がどこに行きつくか考えないと」とも述べていた。どうやら現在のロシアでは、少しでも体制批判と受け取られかねない内容の楽曲は作りにくい環境になっていっているようだ。

他方で、あくまで〝多様なロシア社会〟を構成する一員の前提のもとで、タタール語をはじめとする民族文化の啓発や、問題意識の提起はさまざまな場でより活発に行われるようになった。これらは、今日のロシアのなかで公に語ることができる、ぎりぎりの話題なのかもしれない。

5　ロシア語で歌うタタール人ラッパー、タタール語で歌う民族ロシア人ラッパー

一方で、助成を受けずにタタール語でラップをし、多くのオーディエンスを獲得しているラッパーも数は少ないが存在する。そんなユニットのひとつが、サンクトペテルブルクに拠点を置くエレクトロ・ヒップホップ・デュオのアイゲル（AIGEL）だ。

ラッパーのアイゲル・ガイシナは、タタールスタン第二の都市ナーベレジヌィエ・チェルヌィの出身である。彼女は元々、若手のタタール詩人として名の知れた存在であった。

ガイシナは、近年は警察や刑務所、社会不正をテーマとした詩を多く発表している。そのきっかけは、二〇一六年に現夫（タタール人）が、元夫（民族ロシア人）に暴行を加えて殺人未遂の容疑で逮捕されたことだ。そして夫は、懲役四年の実刑判決を受けた。罪に対する刑は重く、被害者の元夫も情状酌量を訴えたが判決は覆らなかった。この判決は、民族的出自または信仰を理由とした差別が疑われている。

ガイシナは、タタール語とロシア語の両言語で詩を発表する。アイゲルとしてラップを披露する際にも両言語を自由に行き来する。以下はたびたび傷害事件を起こしては刑務所に入るタタール人青年と、彼に恋する女心を歌った「タタール人の男（Tatarin）」というラップの抜粋である。ロシア語で歌っている箇所には傍線を引いた。

私の彼氏は超凶暴
彼はチェーンソーを持ってくるだろう
「よう、美しい青年よ、俺が正確に真っ二つに引き裂いてやるよ！」と
私の彼氏はタタール人の男　高圧的な彼に恋してる

ガイシナは、このほかにも暴力に訴えざるを得ない不遇なタタール人男性をテーマにした楽曲を発表している。これら一連の「タタール人の男」系の作品は、ロシア語話者にも広く聴かれ、高く評価されている。タタール人に限らず、ガイシナの詩が自らの日常を歌っていると感じる人は少なくない。なかには、ガイシナの詩で描かれる野蛮さにオリエンタリズム的なまなざしを向けて、自らの先進

性や優位性を確認する人もいるのかもしれない。いずれにしても、ロシア語のパートが多く含まれるからこそ、より広く知られるようになったと見ることはできる。しかし例外もある。二〇二〇年にリリースされた楽曲「ピヤラ〔伝統的な茶碗、Piyala〕」だ。これは全編タタール語の楽曲だが、ロシア国内のみならず周辺国でもヒットした。

愛のピヤラをあなたは投げる　見せる
本当の幸せのピヤラをあなたは砕く　壊す
目には目が　目には目が　目には目が
目には目の光が　焼き付けられる
手には手が　手には手が　手には手が
手にはピヤラの破片が　握りしめられる

この詩は隠喩に満ちており、他の言語に直訳して理解できるものではない。たとえば「ピヤラ」は茶碗を意味するとともに、ガラスなどの破片としての意味も持つ。「目の光」は愛しい人への呼びかけでもある。ガイシナによると、これは愛する人に傷つけられた少女の痛みと失望、そして脆さを表現した詩だ。

楽曲自体は二〇二〇年にリリースされたが、脚光を浴びたのは二〇二三年末のことだった。犯罪組織とストリートギャングが跋扈した八〇年代のカザンを舞台にしたドラマ『少年のことば――アスファルトの血（Slovo patsana: Krov′ na asfal′te）』で、印象的なシーンで繰り返し流れたのが「ピヤラ」

だった。楽曲はロシア語圏を中心に話題となり、アイゲルの公式YouTubeチャンネルに投稿された楽曲クリップは二〇二四年五月の時点で四六〇〇万回以上再生された。アイゲルの楽曲はロシア当局により「好ましくない」リストに加えられているのにもかかわらず、である。アイゲルのふたりはSNSでウクライナ侵攻に抗議したことをきっかけに、二〇二四年現在国外での亡命生活を余儀なくされている。

また、自らを民族ロシア人であるとしながら、タタール語でラップするアーティストも存在する。MCネームもまさに「TATARKA」（タタールカ、タタール人女性の意）という。本名はイリーナ・スメラヤ。以前は「TATARKA」の名でユーチューバーとして活動していた。彼女は、ガイシナ同様、タタールスタンのナーベレジヌィエ・チェルヌィの出身だが、自身は民族ロシア人だと公言している。タタール人比率の高い地区で民族ロシア人の父とタタール人の母のもとに生まれ育ったこともあり、幼少期からタタール文化は身近な存在だった。「だから私はタタール語が得意だし、タタール文化にも愛着があるんだ」と語る。*21 二〇一七年、タタールカは自身のチャンネルの中の企画で全編タタール語のラップに挑戦した。それが後に彼女のデビュー曲となる「アルトゥン（Altın、直訳すると「金」だが褒めことばとしても多用される）」だ。この楽曲は、動画再生回数が五〇〇〇万回を突破する大ヒット作となった。

ねえ聞いて　あんたに教えてあげる
タタール女はここでマイクをぶっ放したくてしょうがないんだ
（中略）そりゃ一見すれば

女の子ってのはみんなソフトでシャイに見えるかもしれないけどさ
だけど　私はいつだって心の中では叫び声をあげている

すばらしい　すばらしい
私はすばらしい！　私は美しい花！

「アルトゥン」は女性であることを肯定し、自由に生きることのすばらしさを讃える内容のラップである。タタールカはこの楽曲について、伝統的・保守的で貞淑であることばかりが良しとされるタタール人女性あるいはムスリム女性のイメージを変えたい、勇気づけたい思いから作った歌だと語っている。[*22] この歌がリリースされた二〇一七年は世界的に「MeToo 運動」の輪が広がり、ロシアにおいてもタタール社会においても、女性への暴力やハラスメントに声をあげるフェミニストが次々現れた年でもあった。

民族ロシア人だと公言する人物が、それもムスリムではない人物がなぜタタール人女性のことを歌うのか、なぜタタール人を代表するようにタタールカと名乗るのかと批判する声も少なくなかった。しかしさまざまな民族が暮らすタタールスタンでは、彼女のように異なる民族の両親のもとに生まれ、民族的にどっちつかずとなる人は多い。そしてかれらは「私はタタール語を話します」運動のように民族意識が表出される場においては不可視化されやすい。タタールカは民族ロシア人とタタール人との境界にいるからこそ感じてきた息苦しさと気づきから、まずマイノリティのなかのマイノリティであるタタール人女性にあらたな価値観を示し、勇気づけようとしたのではないだろうか。

6　おわりに

ここまでに紹介した楽曲は、必ずしも本稿で当初注目しようとした「タタール語ラップ」には収まりきらない。しかしいずれもタタール社会に向けて歌われ、タタール人を奮い立たせてきたものだ。より広く、「タタール・ヒップホップ」としたほうがしっくりくる。

では、タタール・ヒップホップとはいったいどのようなものであろうか。ここまでに紹介してきた楽曲を振り返ると、リリックを紡ぐうえで使われる言語や、その歌い手の背景、居住地も一様ではない。したがってタタールスタン共和国で制作・配信されたからといって、単純にタタール・ヒップホップと定義することはできないだろう。とはいえ民族的出自だけにこだわると、タタールカのようにタタール出自ではないことを公言していながら、タタール語で積極的に楽曲を配信するラッパーは排除されることになる。また、ロシア語だけで活動するタタール人ラッパーの扱いも難しくなる。逆にタタール語で歌われた作品だけをタタール・ヒップホップであるとすれば、アイゲルのようにロシア語でも歌うラッパーの扱いが問題となる。

このように、タタール・ヒップホップがどのようなものであるか、定義することは簡単なことではない。何よりも、その境界を明確に定めることは、タタール・ヒップホップを実際よりも狭く捉えてしまう危うさをはらんでいる。あえてゆるやかな定義を必要とするのであれば、タタール語の問題など明確にタタール人の聴き手に向けて歌われたもの、そして、タタール社会で広く聴かれるものは、少なくとも現在のタタール・ヒップホップの重要な構成要素のひとつといえるのだろう。それでもなお、取りこぼされるものは多い。

そして最後に、あらためて冒頭で示した問いに立ち返ってみたい。近年タタール・ラップの多くがタタール語をはじめとする民族文化をテーマにするようになったのはなぜだろうか。その背景には、少なくとも二つの大きな要因が存在すると考えられる。一つめは、タタール語でのラップの黎明期と「私はタタール語を話します」運動の誕生時期が重なったことにある。この運動は戦略的に、ラップを含むオルタナティブな音楽やミュージシャンを取り込んでタタール語で発信してきた。そして二つめは、タタールスタン共和国がタタール語で歌った楽曲や、タタール的なものをテーマにした楽曲をリリースする歌手に対して助成制度を設けたことである。

こうした社会主義時代の「遺風」である助成金制度との関係の中で成立・発展したタタール語のラップは、従来のストレートな抵抗音楽としてのラップとは異なる進化を遂げたものだと言えよう。タタール・ヒップホップの担い手たちは、アフリカン・アメリカンのラッパーたちのようにストレートな体制批判や人種差別批判を展開するわけではない。そのリリックに政府や権力者に対する直接的な抵抗が立ちあらわれることもない。かれらは、より抽象化された言語文化の「ロシア化」に対して抵抗している。そして高度なタタール語の知識を修得してきた知識人ラッパーたちは、ヒップホップという手段を以ってタタール語のありかただけでなく、自らの置かれた環境と状況にも抵抗する。そしてそれはヒップホップ・シーンというタタール語のあらたな居場所を創り出すことにもつながっている。あるいは女性ラッパーがロシア全体ではなく、自文化であるタタール人の保守的なジェンダーのありかたを批判し、そうではない自画像を描く。これは、マジョリティのロシア社会に向かって、ステレオタイプ的なムスリム女性像を拒否し、あたらしいタタール女性像を提示する行為だといえる。自己主張としての「抵抗」だ。

以上のことから、タタール・ヒップホップは、政治領域での抵抗ではなく「文化領域に限定された抵抗」を行っているといっていいのかもしれない。今日のタタール・ヒップホップの多くは自文化に対する愛着を滔々と歌う。一見するとセルフボースト的な自己賛美のようにも見える。しかしこれは、民族ロシア人を中心とする社会のなかで自らの文化と存在を再定義し、奪い返すプロセスなのだ。ヒップホップがタタール世界に流入して四半世紀が経つ。ヒップホップはタタール世界にとってはまだあたらしい概念であり、現在進行形で目まぐるしく変化と発展を続けている。十代の頃にイッティファクを聴いて以来ラップの虜だという、筆者の友人のことばを紹介して本稿の結びとしたい。

俺たちのヒップホップはまだ赤ちゃんなんだ、形から入ってまだ間もない。だから、これからどう成長していくか見守り甲斐があるだろ？

参考文献

櫻間瑛 2015「現代ロシアにおける民族運動のなかの「民族文化」表象とその限界——クリャシェン（受洗タタール）の「民族的祭り」を事例に」『地域研究』16(1): 240-268.
塩川伸明 1999「ソ連言語政策史再考」『スラヴ研究』46: 155-190.
Faller, Helen M. 2002. Repossessing Kazan as a Form of Nation-building in Tatarstan, Russia. *Journal of Muslim Minority Affairs* 22(1): 81–90.
Friedli, Andrea. 2018. Ethnicity in the City: Tatar Urban Youth Culture in Kazan, Tatarstan. *Diogenes* 3: 118-129.
Omelchenko, Elena. 2021. *Youth in Putin's Russia*. Springer.

Poliakov, Sviatoslav., Omelchenko, Elena., Garifzyanova, Albina. 2020. Holding onto Your Roots: Tatar-Language Rap in Post-Soviet Kazan. *Popular Music and Society* 43(4): 401-413.

Guzel′baeva, I. A. “Dialog tvorcheskoĭ intelligent͡sii i vlasti v period perestroĭki (na materialakh Respubliki Tatarstan)”. Vestnik Tomskogo gosudarstvennogo universiteta, № 404, 2016. st. 57-60.
（I．A．グゼリバエワ 二〇一六「ペレストロイカ期における創造的な知識人と当局の対話：タタールスタン共和国の資料に基づいて」）

Kurt͡sev, T. I. «Ėtnicheskai͡a identichnost′ v ėpokhu globalizat͡sii
（T．I．クルツェフ 二〇一四「グローバリゼーション時代の民族アイデンティティ」）

Omel′chenko E., Poli͡akov S. Kont͡sept kul′turnoĭ st͡seny kak teoreticheskai͡a perspektiva i instrument analiza gorodskikh molodezhnykh soobshchestv // Sot͡siologicheskoe obozrenie. №2. 2017. st. 111-123.
（E．オメリチェンコ、S．ポリャコフ 二〇一七「都市部の若者コミュニティを分析するための理論的視点およびツールとしての文化シーンなる概念」）

注

＊1　本稿では国籍や居住国などにかかわらず、民族的な出自が「ロシア民族」（русский）である人々――つまり東スラヴ系の一民族を指す。日本語において、「ロシア人」という語は出自にかかわらずロシア国籍をもつ「ロシア国民」（россияне）をも内包しうるが、実際的にはロシア国籍をもつ民族ロシア人以外の民族は想定されないことも珍しくない。本稿では民族が重要なキーワードであることから、民族的出自に焦点を当てた表現を用いている。ただし、民族ロシア人と二項対立的にタタール人やバシキール人といった均質な民族が存在するわけではない。今日の諸民族の居住地や国籍のほか、言語状況や各人のバックグラウンドは多様であり、その民族境界はあいまいで流動的である。

＊2　「タタール」という語は時代によって指す対象が大きく異なる厄介な語だが、本稿が対象とするのは現代のタタール人――つまり、主にヴォルガ川中流域に居住する、または、ルーツをもつヴォルガ・タタールのことである。

今日のタタール人はロシア国内外のさまざまな土地に暮らすディアスポラの民でもある。全体人口は六〇〇万人程度と見積もられる。ロシア連邦内には約四七〇万人のタタール人口があり、うち約二〇〇万人はその民族名称を冠したタタールスタン共和国に居住している。

＊3　(Guzel'baeva 2016: 57-60)

＊4　筆者の聞き取りによる。二〇二二年七月二二日オンラインで実施。

＊5　(櫻間 2015: 243-244)

＊6　「Yummy Music」のさまざまな公式アカウントをまとめたページ：https://one.link/yummymusic

＊7　筆者の聞き取りによる。二〇二一年四月二二日オンラインで実施。

＊8　(Friedli 2018: 4)

＊9　(塩川 1999: 170-171)

＊10　二〇一三年のロシア国内のGRPは、モスクワが一人あたり約五万ドルに対し、タタールスタン共和国は同約三万ドルであった。それでもなおタタールスタン共和国のGRPはロシア国内では上位に位置しており、隣のバシコルトスタン共和国では同約一・五万ドル、そして最下位であったチェチェン共和国では約三〇〇〇ドルと、モスクワの約一七分の一の経済規模に留まっている。

＊11　Gosudarstvennai͡a programma «Sokhranenie natsional'noĭ identichnosti tatarskogo naroda na 2014-2023 gody» // Utverzhdena postanovleniem Kabineta Ministrov Respubliki Tatarstan, 21 oktiabri͡a 2013 g. № 785

＊12　(Kurtsev 2014: 1)

＊13　二〇二一年一〇月一一日に行った聞き取り調査によると、カザンに拠点を置き、主にタタール語やバシキール語で歌をリリースするタタールの有名歌手の大半は特定のレーベル等には属さず、自らの事務所を立ち上げるなどしている。レーベルに所属しない場合は、①スタジオでのレコーディング費用、②クリップの撮影費用、③テレビやラジオで宣伝するための費用、④作曲家と編曲家に対する報酬、⑤作詞家に対する報酬をそれぞれ負担する必要があるという。この当時、カザンでは一曲あたりの平均的な作曲・編曲にかかる費用は三万ルーブル程度（当時のレートで約七万円）で、これに録音とミキシングを含んだ報酬は約五万ルーブル（同約一二万円）程度であった。

トップクラスのプロデューサーに依頼する場合は高額になり、一〇万ルーブル前後（同約二三万円）かかる。
＊14 ロシア語圏においては、おおむね大衆向けの軽音楽一般を指す。
＊15 筆者の聞き取りによる。二〇一八年一一月二日カザンにて実施。
＊16 筆者の聞き取りによる。二〇一八年一一月一日カザンにて実施。
＊17 (Friedli 2018: 6-7)
＊18 (Polianov & Omelchenko et.al. 2020: 2-4)
＊19 筆者の聞き取りによる。二〇二一年一二月九日、二〇二二年三月一日オンラインで実施。
＊20 筆者の聞き取りによる。二〇二二年五月二日オンラインで実施。
＊21 筆者の聞き取りによる。二〇二二年九月五日オンラインで実施。
＊22 筆者の聞き取りによる。二〇二一年一〇月二日オンラインで実施。

極北《サハ》の国サハの口琴とラップ

石原三静 a.k.a. ヌマバラ山ポール

はじめに

ロシア連邦のシベリア北東部にサハ共和国という国がある。その面積は、約三一〇万平方キロメートルに及ぶ。日本の約八倍に相当し、インドとさして変わらない大きさだ。サハ共和国は、アジアロシア（ロシアのアジア部分）の約四分の一を占めており、地方行政単位としても世界最大である。また国土の全域が永久凍土で覆われ、大変長く厳しい冬で有名だ。とりわけ「世界一寒い村」として知られるオイミャコン村は、厳冬期、氷点下五〇～七〇度にまで達するのだという。

サハの首都はヤクーツクで、人口三九万人（二〇二三年）。広大な極北の地であるサハ全体で約九七万人が暮らしている。主要な民族は、テュルク語系のサハ語を話す先住民、サハ人（テュルク系）である。サハ人は共和国の人口の四五パーセントを占めるが、ロシア人も四一パーセント強を占めている。そのほか、エヴェンキ人、チュクチ人などの少数民族も暮らしている。

サハ人は、伝統的にトナカイやウマなどを飼養しながら狩猟採集も行うことで生計を立ててきた。[*1]

一七世紀初頭、金や毛皮などの資源を求めてロシア人のサハ入植がはじまる。そしてサハ人たちは、抵抗の末、一六三二年にロシア帝国の支配下に入った。その後一九九二年にソビエト連邦が成立すると、この地はヤクート自治ソビエト社会主義共和国となった。そしてソ連崩壊以降、一九九二年よりロシア連邦内の「サハ共和国」として現在に至っている。そんなサハ共和国のヒップホップ、つまりラップミュージックが本稿のテーマだ。

ところで私は日本の伝統楽器である尺八の奏者である。くわえて日本の芸能などで使用する日本の仮面にも興味を抱き、面の製作も行ってきた。これら伝統芸能にかかる活動をする前、「ヌマバラ山ポール」の名義でラップやビートメイクをしていた。その後、日本の伝統芸能に関わりながら北・中央アジア圏の音楽や民族楽器に傾倒し、口琴という楽器に出会う。そこで口琴で有名なサハ共和国の存在を知ることになったのである。

ある日ふと「サハ共和国にはヒップホップシーンがあるのか」という疑問を抱き調べたところ、二〇一五年、たまたまサハ共和国産のヒップホップのミュージックビデオ「発見」し、そこからさらに深くサハのヒップホップを調べるようになった。もっとも私は現在に至るまでサハ共和国に行ったこともなければ、ロシア語もサハ語もわからない。そこでまずはウェブ上で調べて音源を収集した。これに飽き足らず、私はレーベルやサハのラッパー、トラックメイカーを探し出し、コンタクトを取って、郵送やデータで音源を送って頂いたりもした。こうして三年ほどの間に三〇〇曲ほどのサハ・ラップを集めることができた。

また本稿を執筆するにあたり、SNSなどを使い、ラッパーだけでなく、伝統音楽の奏者や、職人、鍛冶屋、民族学者、日本語が話せるサハの若者など、様々な人々にインタビューを行った。当初は単純にサハの楽曲を楽しんでいたが、彼らのヒップホップミュージックには、サハの文化や社会背景と深く関わっていると次第に気づいていった。そしていつの間にか、私はサハ共和国そのものに魅了されるようになった。ただしインタビューに関しては、メールで行い翻訳ツールを使用したことを断っておきたい。

近年、彼らのラップミュージックに大きな変化が起こりはじめている。そんな、いまの彼らのラップを一言で説明するならば、現代的な手法と伝統的な手法を融合させた実験的なラップミュージックといえるだろう。ここでは、極北の国サハのラップミュージックを、歴史や口琴、口承文芸の文化などにもふれながら紹介していきたい。

サハ・ヒップホップのはじまり

まずは、サハ共和国におけるヒップホップの誕生について説明したい。

サハ共和国の若者の間でアメリカのヒップホップが聴かれるようになるのは、ソ連崩壊後の一九九〇年代後半のことである。その後、サハ共和国で最初にラップミュージックを取り入れたのはルスラン・オチロフ（Ruslan Ochirov）というアーティストだった。彼は、サハ共和国生まれのブリヤート人だった。ブリヤート人は、バイカル湖周辺の「ブリヤート共和国」などで暮らすモンゴル系の人々であり、サハにも住んでいる。ブリヤート人のルスランは、サハ語ではなくロシア語でラップしていた。

そうした中、二〇〇〇年、サハ共和国でヒップホップ協会アントヒル（Anthill）が結成される。呼びかけたのは、サハ・ヒップホップの父と呼ばれるコクラシュ（Kokrash、本名ニキータ・ヴェールキン）

だ。アントヒルは、ラップミュージシャン、ブレイクダンサー、グラフィティアーティストを含む一六人で構成されており、後にコクラシュの自宅スタジオで多くのラッパーの楽曲の録音が行われることになる。

同年にラップユニット「アーバンライム（Urban Rhyme）」がレコーディングを開始した。二〇〇二年には、彼らのファーストアルバム『まだ力がある内に（Poka eshë est' sily）』がカセットテープでリリースされる。このアーバンライムがサハのヒップホップシーンにおいて、最初に音源としての作品を発表したグループだとされている。ただしメンバーは全員、ロシア語でラップしており、サハ語はこのアルバムでは使われていない。ちなみにアーバンライムは現在もメンバーが入れ替わりつつ活動している。

二〇〇三年にはジェッダ（JEADAまたはJEEDDA）というラッパーが現れる。今回、多くのサハ人にインタビューを行ったが、彼のことを知らない人は全くいなかったほどサハでは認知度が高く、英雄視されている。なぜこれほどにまで、ジェッダは多くのサハ人に知られているのか。彼のデビュー作にその理由がある。

首都ヤクーツクで活動するジェッダは二〇〇三年のデビュー作「俺はサハ人」（Min Sakhabyn）をリリースする。ジェッダはサハ共和国で初めてサハ語でラップをした、サハ語ラップのパイオニアなのだ。

俺はサハ人　たくさんの中から一つしか選べない
サハには明るい未来があるのだろうか

今でも疑問に思う　そして目を閉じる
俺はサハ人だから知ってる
全地区の人へ　本物のサハの道を生きよう
母なる大地は塵と霧の中に消えていく
自然の心を…サハの地はサハ人の土地！
それでも人々の願いは叶わなかった
なぜサハ人の数が少なくなるんだ
指で数えてみよう　今年の俺たちは本当にたくさんいる

リリックの五行目の「全地区」とは、サハ共和国を構成する三四地区のことである。つまりサハのすべての区の人に向けたメッセージであるといえる。また八行目の「人々の願い」とは、ロシア領となってしまったサハが独立することを意味していると推測される。なぜなら前の行のバースでは「サハの地はサハ人の土地」と言っているからだ。これらのことから、リリックからサハの置かれた悲しい歴史社会的背景が窺える。サハの地は、ロシアの支配下に置かれてから四〇〇年近い年月が経っているのだ。

当時十代の少年ジェッダがラップしたこの曲はヒップホップファンだけでなく、当時のサハの多くの人々が思っていたことを代弁していたのかもしれない。ジェッダの代表曲であるこの曲は、サハ共和国で最も有名なヒップホップ曲であり、サハではラップに興味が無い層にも知られているそうだ。ともかくジェッダ以降、ロシア語だけでなく、サハ語でラップを行うラッパーも増えはじめ、多くの楽曲がサハで生まれていった。

次に紹介する曲は、私が最初に出会ったサハ共和国のヒップホップミュージックである。二〇一五年にリリースされた首都ヤクーツクで活躍するラッパー達、YAKUTSK MC'sのマイクリレー曲「XX PART2」だ。この曲では、首都ヤクーツクで活躍する一〇人のラッパーが参加している。

南と北は偉大なるトゥイマダと共に
エルケニ、エンシエリは俺たちと共にある
イリン・エンゲルからビュリュ地区へ
俺たちは一つの絆で結ばれている

ここに登場するトゥイマダ、エルケニ、エンシエリはサハ人が住んでいる三つの大きな谷のことである。またイリン・エンゲルはサハの〝東側〟――レナ川を挟んで対岸に位置するウルス(地区)群、ビュリュビュリュ川(ロシア語Vilyuy)沿いに位置する一群の地区である。

この曲は、ロシア語ラップとサハ語ラップが交互に行われるマイクリレー作品である。サハ共和国では、ロシア語を主とするラッパーとサハ語を主とするラッパーが存在するようだ。声やフロウの違いだけでなく、ロシア語ラップとサハ語の響きの違いを堪能できる構成となっている傑作である。サハ語は、どこか日本語にも似ている素朴さと美しい響きを持っているように私には思われた。

またこの作品では、前述したコクラシュやジェッダなど、ヤクーツクの主要ラッパーが参加している。その一方でスタイルの違うMCたちも参加しており、ヤクーツクのMCたちの結束力が窺える。

サハ共和国にはサハ人だけでなく他のシベリアの少数民族も居住している。現地の人々によると、サハに住む少数民族のひとつである、エヴェンキ人の多くはサハ語を話し、外見で区別はつかないそうだ。ただしテュルク語系の言語であるサハ語とトゥングース語系の言語であるエヴェンキ語は全く似ていないため、多くのサハ人はエヴェンキ語を理解できないのだという。近年では、エヴェンキ人に関するラップの作品も公開されている。

キットジャー（KIT JAH）もジェッダに劣らずサハ共和国で有名なミュージシャンである。ここで紹介したい楽曲は、KIT JAH feat. MOSKILA の「キンディカン（Kyndykan）」という曲だ。サハ語で歌っているが、フックはエヴェンキ語で「君の目はオーロラのよう　あなたの動きは北風のように優雅だ　北から来た少女は私の心の主」と歌われているという。

キンディカンとは、二〇〇年前、天然痘の流行で全滅した遊牧民のキャンプでたった一人生き残った少女の驚くべき物語である。ビデオクリップでは、英語のサブタイトルがついているので、歌詞の意味も知ることが出来る。ＭＶでは白銀の世界で、それぞれ民族衣装を着て踊る少女とキットジャーらラッパーが映し出される。

またロシア語でラップをするコクラシュもエヴェンキの詩を題材にした「天と地」（Nebo i Zemlia）という曲でエヴェンキ語でラップしている。

サハ共和国とホムス（口琴）

先に述べたように私がサハ共和国を知ったきっかけは、口琴という楽器である。

口琴は金属や竹などの素材から成り、枠と弁で構成されている。弁を振動させて口腔内で共鳴させ、口腔内の容積、舌や喉、息などを使って音色を変化させる原始的な楽器である。びよよよーんという音を聞けばどこかで聞いたことがあると思うかもしれない。実は、口琴はユーラシア大陸の多くの国にある楽器である。日本では、アイヌの人々が演奏する竹製の口琴「ムックリ」がよく知られている。特に中央アジア圏の遊牧系の諸民族の伝統音楽には喉歌と共に口琴が演奏されるものが多い。楽器としての性能も高く、デザインも音色も美しいものが多い。

サハ語で口琴はホムス（khomus）という。サハでは、国民的な楽器としてホムスが多くの人に親しまれているため、サハは口琴大国と呼ばれている。首都ヤクーツクには、口琴博物館もあるというので将来、ぜひ行ってみたいと考えている。

私も口琴を演奏するだけでなく、世界各地の口琴を収集してきた。サハ共和国のホムスは鉄製で、倍音もきめ細かく温かみのある伸びのある音色をしている。装飾などのデザインも含め、非常に美しい口琴である。サハには、著名な口琴職人も非常に多い。おそらく口琴愛好家でサハ共和国のことを知らない人は、まずいないであろう。

サハでは鍛冶屋はウース（uus）と呼ばれる。ホムスもウースが生み出す。サハのホムス職人ウラン・イノケンティ氏に話をうかがったところ、古代のサハでは各部族に鍛冶屋が存在し、彼らの鍛冶技術が各部族の命運を左右したのだという。ウースは外敵から身を守るための鋭く研がれたナイフや剣、長距離用の弓などを作る。また良い響きのホムスは、シャーマンが自然と一体となることを助け、家畜や人々を癒してきた。イノケンティ氏曰く、極寒の自然環境を生き抜く上で、ウースの存在は必要不可欠だったのだという。サハ人たちの間では、シャーマンよりも鉄を扱う鍛冶屋の方が力を持つとされてきたほど、ウースは重視されている。[*2]

ソ連統治時代には、サハ人はシャーマニズムや武器を作り出す鍛冶の技術など、多くの伝統文化を失った。しかしホムスはシャーマンの道具としてではなく、楽器としてソ連に認識されたので、宗教的な弾圧をかいくぐり生き残ることができたようだ。その一方で失われたサハの楽器も多いという。一七世紀からの植民地時代の争いや、極寒の環境下では木製の楽器などは継承や保存に向かず消失し、彼らにとっての命綱である鍛冶技術によって作られるホムスは生き残ったと考えられる。

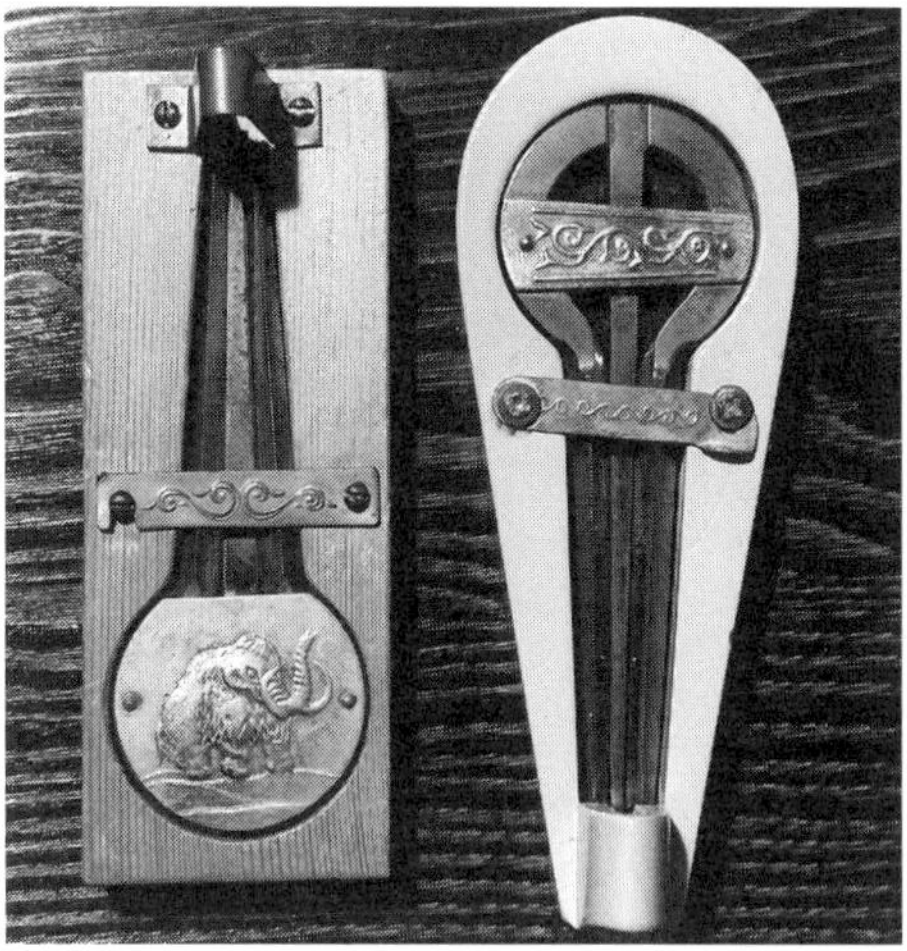
サハのホムス（口琴）

口琴愛好家たちが、世界一の口琴大国サハのヒップホップを聴いたときに気になるのは、サハのヒップホップ楽曲において、ホムスはサンプリングされているかどうかである。私自身、サハのヒップホップ音源を初めて見つけた時にまず気になったのはその点だった。

調べてみると、サハのヒップホップのビートにホムスが使用されているものを、数曲見つけることができた。例として、アントヒルの「聖地オロンホ」（HOLY LAND Olonkho）[*3]が挙げられる。この曲はアントヒルのコクラシュやジェッダなど、サハの定番ラッパーが参加しているだけでなく、ホムスの演奏が録音されている。これは音源などからサンプリングしたものではなく、サハの著名な女性ホムス奏者、オレーナ・ウウタイ（Olena Uutai）が、この曲のために即興で演奏したものである。オレーナ・ウウタイが演奏したホムスの原曲「自然への賛歌（英 Blessing of Nature; 露 Blagoslovenie Priirody）」は、YouTubeでも視聴することができる。ともかく日本においても著名な口琴奏者がサハのヒップホップに関わっていたことは、個人的には非常に衝撃的であった。

もちろん日本やその他の国のヒップホップのビートにおいても、口琴がサンプリングされている楽曲はごく稀だが存在する。しかしサハのホムスはそれらの口琴とは似て非なるものである。同じ口琴でもサハのものは、音色も性能も非常に優れている。おそらく口琴愛好家が聴けば、音色だけでサハのホムスだと判別できる人も少なくないのではないだろうか。そんな口琴大国のサハでは、他にもホムスが含まれたトラックを使用したヒップホップの楽曲が多く存在するようだ。ただしビートに合わせてホムスの演奏をレコーディングしたものがほとんどのようである。

現地のアーティストたちにホムスをヒップホップのビートに使用する理由を聞いたところ、「ヒップホップのビートとホムスは相性が良い」という意見があった。私自身もビート上で口琴を演奏するパフォーマンスも行うことがあるが、確かに相性は良いと思う。

ちなみにサハでは、ヒップホップ以外でもホムスを使われた音楽があり、なかでもトランスミュージックに多く存在する。口琴は聴衆よりも演奏者が一番トランス状態に入りやすい楽器でもある。サハのホムスなら、たとえ弁で口が切れて口元が血まみれになっても気付かないくらい、没入感のある気持ち良い演奏を体験することができるだろう。

ラップと口承文芸

トナカイの牧畜や狩猟採集で移動生活を行ってきたサハ人たちの間では、口承文芸が発展し、中でもオロンホ（Olonkho）と呼ばれる英雄叙事詩が有名である。山下宗久によると、モンゴルや他のテュルク語系民族にも叙事詩があるが、サハの叙事詩はよりアルカイックで神話的色彩が強いそうだ。またオロンホは、英雄叙事詩というジャンルを指す語であり、個々の英雄叙事詩は、主人公の英雄の名前で呼ばれる。短いものだと数千行から一万行、長いものだと三万行から四万行に及び、楽器の伴奏なしで夜に歌われたという[*4]。

サハの民族学者アイセン・パブロフ（Aisen Pavlov）よると、オロンホは非常に膨大な量で、昔は数日かけて語られたそうだ。オロンホは非常に奥が深い世界であるためここでは深く追求せず、ここではラップと口承文芸の関係性について私なりに探ってみたい。

以下は『ヌルグン・ブートゥール・スウィフト』の三二節「バヤナイの声」というオロンホの一部を抜粋したものである。引用箇所は動物の性質を詩的に語った部分である。私は、サハ語はわからないが、ラテン文字に転写してみると、少なくとも頭韻から始まり、文末も韻を踏んでいることが理解できる。

Khatyy balyk
Khaia sarbaibytyn kurduk
Khanalas bychchynnaakh,

Khanyl beieleekh,

Tynyrakhtaakh kyyl
Tyyra tebimmitin kurduk

Tallannaakh kurbuhakhtaakh,
Tardyrgas tanyylaakh,

Alamai kun aalyytyn kurduk
Alta bylas altan amagachchylaakh,

Tolomon magan kun
Toguutun kurduk
Togus bylas
Torgo tehiinneekh

ちなみに前出の山下によると、オロンホの一つである「モドゥン・エルーソゴトフ」の場合、行頭で韻を踏んでいる箇所の割合は約四〇パーセント（六三七七行中二五五六行）であるが、詩の冒頭部では、約八〇パーセント（一三七行中一〇九行）にも及ぶ。これは冒頭部では決まり文句が多用されているためだという。[*5]

ところでオロンホの歌い手はオロンホスト（olonkhosut）と呼ばれる。オロンホストはシャーマンや鍛冶屋と並び、サハの人々の間では、最も尊敬される職業の一つであるようだ。

サハ語はおもに、会話で使用するコミュニケーション用のサハ語と、オロンホで使用するサハ語の二種類に分けられるようだ。後者をオロンホ語と呼ぶ人もいたが、一般的にはウウスウラン（Uus Uran）と呼ばれている。

ウウスウランはサハ語で「文芸的な」という意味で、オロンホだけでなく、詩や映画などでも使用される。日常会話で使用することはあまり無い単語のようだが、年配の人の中には使っている人もいるという。サハの人たちによると、会話で使用するサハ語自体、会話用に簡略化されたもので、近年ではロシア語なども混じりはじめていると語る人もいた。またウウスウランは他の言語に翻訳するのが非常に難しく、翻訳すればその言葉の美しさや本来の意味が損なわれてしまうという。このことに関して詳しく尋ねてみると、「意味はわかるが、どうやって伝えたらいいかわからない」と答えられることが多かった。日本の詩なども他言語に完璧に翻訳することは難しいが、ウウスウランにも外国語に訳しづらい概念がたくさんあるのかもしれない。

またサハの口承文芸には、「チャブルハーブ（Chabyrryakh）」という早口言葉も存在し、これもラップとの関連があると思われる。サハ共和国では、チャブルハーブのコンテストも行われている。[*6] 実際にYouTubeなどで聞いてみると、もはや高速ラップといえるほどのスピードのものであった。

伝統文化と融合するラップ

私が見つけたサハ共和国のヒップホップミュージックのほとんどはアメリカの影響を受けたものだった。又、ラブソングと思わしきものが多く感じたが、これは結婚式などでもラップ曲の需要があるのが関係しているのかもしれない。普段聴かないような曲調のものでもサハ語の美しい響きの効果によって心惹かれたものである。

動画サイトでサハのヒップホップミュージックを探っていくうちに、私は非常に興味深いイベントのプロモーション映像を見つけた。それが「sakha underground poetry "SIGNAL"（サハ・アンダーグラウンド・ポエトリー〝シグナル〟）」である。

このイベントはドルホーン・ドックスン・ヴォログシン（Dorkhoon Dokhson Vorogshin）というラッパーが考案し、二〇一三年に始まった。

このイベントは、非常に実験的である。というのも表現者がパフォーマンスを行う際、ラップに限らずフォークソングやレゲエの演奏に、伝統詩の朗唱やホムスなどの伝統楽器の演奏、あるいはオロンホの歌といった伝統文化を融合させることに挑んでいるのである。

都市化とグローバル化に伴い、失いつつある自然との繋がりや祖先への畏敬の念をいかに回復させるか。サハでもこうした問題への危機感があるようだ。このイベントのタイトルにある"SIGNAL"とは、自分がどこから来たのか、自分達が何者なのかを忘れてはいけないという祖先からのメッセージを指しているという。

主宰のドルホーン・ドックスンはラッパー、そしてビートメイカーで、さらに民族学者でもある。

また彼は、サハの伝統的なナイフであるヤクートナイフの製作や、民間伝承などの伝統文化を子供たちに継承する活動もしている。そのため、シグナルのイベントには彼以外の民族学者や、伝統技術や伝統楽器の復元に関わる職人たちも参加しているのだという。また、イベントのパフォーマンスで使用する言語はサハ語に限定されている。

ラッパーとしてのドルホーン・ドックスンの真髄は、二〇一八年に発表された彼の楽曲「ホプク(hopuk)」のMVに集約されている。ホトゥグ・ホムクン(Khotugu Khomuqun-the north zion crew)というクルー名義で発表された曲だ。曲名の「ホプク」とは、ドルホーン本人によると「第三の目」、または「異世界への回廊」といった意味合いが近いという。ただしこの語の意味について、多くのサハ人に尋ねてみたが、こんなサハ語知らないという答えがほとんどだった。ともあれ、タイトルのシンプルさからは想像もつかないような、意味のディープさに脱帽する。

彼のラップはオロンホの詩句を多く取り入れ、シャーマニズムや天空神崇拝の要素を入れるなど、サハの民族色が強いのが特徴である。彼のリリックについて意味を説明できる人はほとんどいなかった。

この曲はMVも非常にクオリティが高い。彼らの国の自然や民族的なアイデンティティが、ヒップホップ要素と絶妙なバランスを保ち上手く映像に落とし込まれている。私がサハ共和国のヒップホップを多くの人に知ってほしいと思うきっかけとなった曲の一つでもある。

楽曲が再生されるとすぐにホムスの音に気づく。一般的な口琴よりキーが低いホムスの音は非常にシャーマニックに聞こえる。そして遮光器土偶を彷彿とさせるサングラスを装着したドルホーンがラップを始める。彼が装着しているのは、サハの伝統的な遮光器チャラプチュ(Charapchy)だ。雪

上から１番目、３番目はオレグ・ソロビチョフ作のチャラプチュ。２番目は日本の口琴。４番目はサハのホムス。

国で生活する北方民族が雪の反射から目を守るために使うもので、いわばサングラスの祖先である。映像で使用されているチャラプチュの素材は革と銅を使って作られているが、様々なデザインのものが存在し、フレームも含め金属製のものや、マンモス牙やビーズなどが使われたものも存在する。

チャラプチュの由来は、シャーマニズムと深く関わっている。チャラプチュ製作者のオレグ・ソロビョフ（Oleg Solovyov）の語るところによると、彼の村には昔、シャーマンが村のはずれに住んでいた。シャーマンの目にはエネルギーがあるとされ、その目を見たものは死んでしまう。したがって人に見られないようにこのチャラプチュをかけていたという。このようなシャーマンとチャラプチュに関する物語は多く存在するようだ。

ちなみに私は、このチャラプチュに一目惚れしてしまい、製作者に直接オーダーしたほど惚れ込んだ。さらには、サハの友人に頼んで別のチャラプチュも手に入れた。現地のサハ人によると、チャラプチュは若者、特に女性に非常に人気があるらしい。思ったより視界があるので、怪しいというデメリットに目をつむれば、サングラスとして普段使いもできる。

また映像の中には、ヤクートナイフや、マンモス牙やシルバーを使った装飾品なども登場するのだが、これもこのプロジェクトのメンバーの若き職人たちが作ったものである。

もうひとつ、映像で目を引くのが、弓状の楽器を弾いている人物である。彼が弾いている楽器はサハの失われた楽器の一つ、オフ・サー・クルンパ（Okh saa kyrympa）と呼ばれる。演奏しているのはルスラン・カビシェフ（Ruslan Gabyshev）という人物で、この楽器を復元した研究者なのだという。

弓状の楽器はサハ人と同じテュルク語系のトゥバ人のチャホムスや、日本の安土弓などが挙げられる。ただしオフサークルンパは、共鳴板がなく、二本の弓をこすり合わせるという非常にアーカイックな擦弦楽器だ。この楽器の演奏動画を見ると、音色も奏法もシンプルでおもしろい。弦楽器の起源を見るような気分になる[*7]。

以上のようにサハ・アンダーグラウンド・ポエトリー〝シグナル〟のプロジェクトには失われたサハの伝統文化の復興や研究に関わる人々が数多く参加していることがわかる。

二〇二〇年には「モキンクァ・オモルゴン（Mokinqa omolgon）」という一五分に渡る長編のＭＶが世界に向けて公開された。映像は、ドローンによる空撮で映し出されたサハの広大な自然で始まる。そして岩山に立ってチャラプチュをかけ、ナイフを握ったドルホーンは、サハ神話に登場する天界の最高神ユリュング・アイー・トヨンに祈りを捧げる。この曲のテーマは、環境問題やテュルク語系民族の結束である。またこの曲は、ロシア語から始まり、サハ語、ツングース語、カザフスタン語、トルコ語など様々な言語でドルホーンがラップしているのも特徴だ。

題名の「モキンクァ・オモルゴン」も雅語であるウウスウランだが、ドルホーンによると「自然の子」といった意味合いだそうだ。サハ共和国の土地は永久凍土に覆われているが、近年、温暖化により凍土の融解が進んでいる。地盤が不安定となり、住宅などに影響が出はじめていることから、彼らは地球の環境問題に対し強い危機感をもっているようだ。ちなみにエンドロールのスタッフクレジットには、私の名前も日本のコンサルタントとして登場している。

そのほか、サハ・アンダーグラウンド・ポエトリーのイベントの映像を観察してみると、ラップするドルホーンの近くで、ビートに合わせ即興でホムスを演奏している人物がいる。彼はウラン・イノケンティ（Uran Inokentii）というモンゴル在住の著名なサハの若手のホムス職人である。

上段：MV「ホプク」より
下段：（左）オロンホを語る姿勢でラップするドルホーン（右・真ん中）オロンホストの絵

またドルホーンが椅子に座り、脚を組みながらラップしているが、これはオロンホを語る時の姿勢である。

さらにドルホーン以外にも、オロンホを取り入れはじめるラッパーたちが出てきている。例えばアムッチャ（Amychcha）というラッパーは、もともとFIESTAという名義でサハ語でラップをしていた。しかしオロンホの研究を重ね、近年では、ホムスや復元された伝統楽器の演奏を取り入れたサハの民族色が強いスタイルへと変化を遂げている。

サハ・ラップと伝統文化の未来——おわりにかえて

現在、サハ共和国ではサハ語の話者が少なくなっているという。サハの映画の字幕やインターネットには、ロシア語が溢れている。サハ語がわからない若いサハ人も増えてきたそうだ。サハ共和国にはサハ語を話すサハ人だけではなく、様々な民族が暮らしている。サハ人でもロシア語だけしか話せないサハ人もいれば、ロシア人の血を引く人でもサハ語で物事を考えサハ語で話す人もいる。当然、ロシア人やその他の言語を話す民族も住んでいる。多くのサハ人にインタビューしてきた中でも特に、私の印象に残った言葉がある。

私たちはたくさんの自国の文化を失いました。私たちはそれを思い出したい。しかし、失ったものが多すぎて何を失ったのかさえわからないのです。

私の知る限り、サハのヒップホップ楽曲には、明確に政治批判をしている曲は存在しない。ただし彼らはサハの民族文化の復興を掲げ、自分たちの祖先たちが残したものがなんなのかを自ら研究している。それだけでなく、ヒップホップ、ラップミュージックという現代的な表現手段の中に音楽だけでなく、視覚的にも自らの文化や美しい自然環境、彼らのアイデンティティを落とし込み、MVを制作している。またSNSなどのグローバル化したシステムを利用し、世界に進出しようとすらする姿勢が、私には英雄的にすら見えた。それは、彼らなりの反抗ではないだろうか。

本稿ではサハのヒップホップが伝統文化を取り入れているさまを紹介したが、翻って伝統文化とはなんなのだろうか。私の住む街、京都では伝統という文字が溢れる。着物を着て和楽器を演奏すれば、それは伝統文化なのだろうか。そう捉えることもできるのかもしれないし、違う気もする。例えば、尺八の歴史は長いが、記録から抜け落ちている時代も長く謎が多い。現在の形になるまで、曲だけでなく、楽器の形状、音階や音色も時代により変化し続けている。

「これが本物の伝統」という言葉を聞くことがある。西洋化する前の形のものを〝本物の伝統〟だと謳う人もいる。例えば能楽には、六〇〇年の歴史がある。能楽で使用される能面も同じく六〇〇年間、変わらない保存された伝統工芸品のように語られる。しかし実際のところ、面打ちの技術や技法は幕末期に失われている。

現在、私が面を打てているのは自分だけの力ではない。戦時中や戦後の壮絶な環境下で、古面を手本としながら、失われた彩色技術などの研究を行った昭和の名人たちや研究者たちの努力のおかげである。くわえて室町や江戸時代の面打師によって打たれた古面を守り抜いた先人たち、そしてそれを継承した私の先生のおかげでもある。古い面打ちを再現する研究は今もなお続けられている。しかし、こうした伝統の断絶と復元は、能面に限られたことでは無いのだろう。

実は、私の実家は豆扇子という人形用の扇子などの仕上げを行っている。扇骨職人から転身し豆扇子を生み出した曽祖父から続く豆扇子職人の家である。残念ながら、時代の波には逆らえず、私は家業を継ぐことはできない。父の代でまもなく廃業となる。その父も曾祖父から直接、豆扇子の扇骨技術を伝承したわけではない。曽祖父が作った豆扇子の扇骨の製作技術は恐らくこうだろう、と推測しながら、父が我流で編み出した技術である。だから実際の曾祖父の時代の技術はわからない。そしてまもなく豆扇子の技術も全て失われるだろう。

その土地に住む人たちで継承される、とある民間芸能がある。戦争や高齢化、継承者不足、その他の事情で、継承することが叶わず、泣く泣く廃曲となってしまった演目も存在する。彼らはその他の似た芸能や過去に残された映像資料などを参考にして研究を重ね、伝統を復興させるために奮闘する。おそらく地震などの自然災害や先般のコロナ禍でも静かに失われてしまった芸能や伝統技術はあるにちがいない。

もちろんサハ共和国と日本は、社会的にも歴史的にも抱える背景が大きく異なる。しかし私はサハのラッパーや職人、研究者たちの活動を見ていると、他人事とも思えないのだ。伝統とは何なのか、何が正解なのか、今は即答できるような答えを全く持ち合わせていない。しかし様々な方法を駆使して文化復興のために奮闘するサハのラッパーたちや芸術家、研究者たちから、考えるきっかけをもらったような気がしている。

時として、伝統的なものから現代人には決して生み出すことの出来ないセンスや先人達の生き方に触れることができる。そこには多くの未知なる魅力がある。無言の置き土産たちが時空を超えて語りかけ、私を行動させる。そんな「おもしろいもの」に対する私の興味は尽きない。

謝辞
リリックの翻訳など、ご協力頂いたロクサナさん、Pavlov Aisen さん、Erkin Popov さん、Dorkhoon Dokhsun Vorogushin さん、KOKRASH さん、インタビューにお答え頂いたサハ共和国の人々に感謝します。皆様といつかサハでお会いできる日を楽しみにしております。

引用文献

エリアーデ、ミルチア（堀一郎訳）『シャーマニズム　古代的エクスタシー技術　下』筑摩書房、二〇〇四年。

高倉浩樹『極北の牧畜民サハ——進化とミクロ適応をめぐるシベリア民族誌』昭和堂、二〇一二年。

山下宗久「英雄叙事詩における英雄とは——サハ（ヤクート）の英雄叙事詩を考察して」『口承文芸』二二号、一九九九年。

山下宗久「サハ（ヤクート）の英雄叙事詩「モドゥン・エル・ソゴトフ」「クイース・デビリイエ」『千葉大学社会文化科学研究科研究プロジェクト報告書第五四集『ユーラシア諸民族の叙事詩研究——テキストの梗概と解説（1）』、千葉大学大学院社会文化科学研究科、二〇〇一年。

注

＊1　高倉 2012

＊2　エリアーデ 2004（1968）：287

＊3　アントヒル『ニューバビロン』コクラシュレコード

＊4　山下 1999：13

＊5　山下 2001：69

＊6　https://youtu.be/kHktpQIHFwU?si=kbOdoqHyERw4iHR6

＊7　この楽器の演奏動画は以下から視聴することができる。Байанайбар махталым https://youtu.be/X1lfz8phFDI?feature=shared

アラスカ

抵抗とケア
――アラスカのネイティブ・ラッパーＡＫレベル

野口泰弥

コミュニティホールの壁に掛けられた飾り額。数えてみろよ、その中の何人が酒で死んだのか。カラ、アーノルド、ダニエルJr.、ロニー・リンカン、ピート家のみんな。数えだしたらキリがない。

ＡＫレベル（Samuel Johns 名義）「Stand Up」（二〇一二年）

1　ヒップホップの中心内部の「辺境」

アラスカと聞いて何を思い浮かべるだろうか。おそらく多くの人は写真家の星野道夫が紹介したような広大な自然を思い浮かべるのではないだろうか。事実、アメリカ最大の州であり、日本の国土の約四倍の土地を有するアラスカ州には数多くの野生動物が生息し、夏季の観光シーズンを中心に大自然を目当てに世界中から観光客が詰めかける。

この広大な自然のイメージと都市的な文化であるヒップホップはいささか相性が悪いようにも感じられる。しかし、このばつの悪さこそが「辺境ヒップホップ」を謳う本書において、ヒップホップの中心アメリカの一地域である、アラスカのヒップホップを取りあげる理由となる。そもそもアラスカ州のニックネームが「ラスト・フロンティア（最後の辺境）」なのである。

アラスカがこのニックネームで呼ばれるようになったのは、次節で確認するように、アラスカがアメリカの領土拡張の最終期に編入された土地だからだ。アメリカにおける「辺境（フロンティア）」という概念は東部から西部へと入植・開拓が進められていった時代において、開拓地と未開拓地のその時期ごとの境界を意味するものであった。[*1] この本来的な意味での「辺境」は西部開拓時代の終わりとともに姿を消した。しかし、アラスカが未だにこのニックネームで呼ばれ続けているのは、「フロンティア」という語に伴っていた、周縁性や「手つかず」の自然、自由、新天地といった様々なイメージの少なくとも一部を、アラスカが今もなお保持していることを意味しているのだろう。そして、西部劇で「インディアン」とカウボーイの衝突が描かれるように、フロンティア開拓の背後には、常に、その土地に長年暮らしてきた先住民の姿があった。アラスカはほぼ全土に渡り先住民が暮らしてきた土地であり、このこともフロンティア・イメージの再生産に一役買っているものだと考えられる。

本書の編者である島村一平は旧社会主義圏のポピュラー音楽が二重の意味で周縁＝辺境に置かれていると指摘している。一つには旧社会主義圏であるという地政学的な周縁性であり、二つ目は、「旧敵国」である旧社会主義圏の音楽は、アメリカを主とする音楽市場の「中心」とはネットワークを持たず、本質的には決して「中心」に拡散していかないという、ポピュラー音楽という領域自体が持つ文化帝国的主義的な意味での周縁性である。[*2]

もちろんアラスカは旧社会主義圏ではないが、本章で取り上げるアラスカ先住民のヒップホップにも類似する二重の周縁＝辺境性を指摘することが出来る。第一に、アラスカがアメリカ本土から見てカナダを挟み飛び地となっているという、一種の地政学的な意味での周縁性である。このことはアラスカが「ラスト・フロンティア」として政治・経済・文化的にアメリカという国家の周縁に位置づけられることと密接に関係している。第二に、アラスカ先住民はアラスカ社会の中でもマイノリティであるという民族的な周縁性である。もちろん以下に見ていくように少数ながら、商業的に成功している先住民ラッパーも存在し、アラスカ先住民のヒップホップは旧社会主義圏ほどには「中心」と隔絶されていない。しかし、それでもなおマイノリティの音楽や声は構造的にマジョリティ側には届きづらく、この意味でアラスカの辺境性とは、半周縁的なものだと位置づけられるかもしれない。このことを念頭に置きつつ、本章ではヒップホップ文化の中心アメリカにおける「辺境」のヒップホップとはどのようなものなのかを考えてみたい。

2　アラスカ先住民の歴史

一般的にアラスカ先住民は次の四つのグループに大別される。①アリューシャン列島のアリュート、②アラスカ本土の南西部以北の沿岸地域のエスキモー、③アラスカ本土内陸部の北方アサバスカン、④アラスカ本土の太平洋沿岸に暮らす北西海岸先住民である。それぞれのグループは言語的基準によってさらに細分化されており、アラスカには一般的に二〇の先住民族集団が存在するとされる。

アメリカ本土がイギリスの植民地として発展していったのとは異なり、アラスカは当初、ロシアが植民地化を進めた。一七四一年、ロシア帝国が派遣した探検隊、ヴィトス・ベーリング一行がヨーロッパ人として初めてアラスカを「発見」する。これ以降、北太平洋に生息するラッコの毛皮を求めて、多くのロシア人商人がアリューシャン列島を中心に、アラスカへと遠征するようになった。ロシアは一七九九年に毛皮交易を主要業務とする国策会社の「露米会社」を設立し、以降の植民地経営にあたらせた[*3]。

ロシアが先住民社会に与えた影響は地域や民族ごとに異なる。最も大きな影響を受けたのはおそらくアリュートであり、ロシア人による酷使や疫病の拡大で人口が一万五〇〇〇人あまりから二〇〇〇人あまりへと激減した[*4]。

一八六七年にロシアはアリューシャン列島を含むアラスカ全土をアメリカに売却した。アメリカ領となってまもなくアラスカと周辺地域では金鉱が発見され、世界各地から外部者が押し寄せる「ゴールドラッシュ」の時代を迎える。外部者の大量流入は先住民社会に感染症の流行をもたらし、多くの先住民が亡くなったとされている[*5]。一九五八年、アラスカはアメリカ四九番目の州へと昇格した。それを契機にこれまでほとんど不問にされてきた先住民による土地返還運動が活発化した[*6]。

一九六八年、北極海に面するプルードー湾で大油田が発見されたことで、土地問題は大きく進展する。冬季に凍結するプルードー湾で石油を採掘するにはアラスカ南岸の不凍港までパイプラインを敷設する必要があり、そのためには先住民の土地問題を解決する必要があった。このことを背景に一九七一年に「アラスカ先住民権益処理法（ANCSA）」が施行され、アラスカの土地所有権が確定された。この法は端的に言うと先住民がアラスカ全土の土地の約一一％を選択し、その土地を管理下に残したうえで、それ以外の土地の権利を放棄し、その補償として連邦・州政府が補償金を支払うというものであった[*7]。

ANCSAが先住民社会にもたらした影響は複雑である。先住民が民族自決を行っていくための経済的・政治的基盤が整えられ、文化の活性化に貢献したという肯定的な意見もある。その一方で、それまでの先住民と土地の関係を根本的に歪めてしまったという否定的な意見も存在する。[*8] どちらにせよ、ANCSAにより現在のアラスカ先住民は、アメリカ本土の先住民とは異なる法的地位に置かれることになったのである。

3　アラスカ先住民の社会問題

ANCSAはアラスカ先住民の経済的自決に貢献し、貧困や、教育へのアクセス、ヘルスケアといった問題の改善に寄与したされるものの、[*9] 各種の統計データ[*10]はアラスカ先住民が現代も様々な社会問題を抱えていることも示している。

アラスカ州の総人口に占める先住民の割合は約一五％である。それにも関わらず、アラスカのホームレス人口における先住民の割合は二〇二四年四月の時点で、約四八％にものぼる。さらに二〇一九年時点のデータによると、一五〜二四歳の自殺率は、アラスカ先住民はアメリカ平均の約一〇・五倍、二五歳以上でも約三・八倍にも上る。その他、貧困率、傷害致死事件の発生率、交際者からのDVなど多くの項目でアラスカ先住民ではアメリカ平均よりも高い数値が出ている。これらの諸問題に深く結びついているのがアルコール依存問題である。二〇一九年時点でアラスカ先住民は非先住民に比べて約三・七倍、アメリカ平均の約八・四倍の割合でアルコールが原因で亡くなっている。

なぜアラスカ先住民社会ではこれらの諸問題が生じているのだろうか？　アラスカ先住民に関する入門書を編集したリビー・ローデリックは、その理由を前節で見てきた歴史に起因する「トラウマ」に求め、歴史的トラウマの原因となった要素を五点指摘している。それぞれ、①疫病による先住民社会の壊滅的被害、②外部者の大量流入による伝統的生活様式の喪失、③宣教師や寄宿学校による同化政策、④植民地主義状況下における実質的な奴隷制・経済的搾取・文化的暴力の経験、⑤現在も続く差別である。こうした状況から先住民の生活改善には金銭的援助、教育・政治・法的制度の改革だけではなく、トラウマへの対処も必要であるとされている。[*11]

現在の社会問題の根源を過去のトラウマ的事象に求める視点は研究者だけではなく、アラスカ先住民側にも見られる。例えばユピック・エスキモーのハロルド・ナポレオンは、研究史的にも最初期に、アラスカ先住民のアルコール依存問題とトラウマを結び付けて論じた。彼は先住民社会で有望視されるリーダーであったが、次第に飲酒に耽るようになり、泥酔して記憶のないまま自身の息子を殺害してしまうという悲劇を引き起こした。[*12] 獄中で類似した経験を持つ同胞たちと接し、悲劇の根源を探っていく中で、彼が行きついた答えが全体のうち六〇%のエスキモーと北方アサバスカンが死亡したとされる一九〇〇年のインフルエンザの大流行であった。パンデミックに対し為す術を持たず、伝統的世界の崩壊によって生存者たちは心に傷を負った。宣教師や白人教師たちは彼らに手を差し伸べてくれたものの、教育と称して子供たちに虐待や同化政策を行う存在でもあった。それでも心に傷を負い、自信も失った親たちは彼らに盲目的に従い、抑圧された感情、混乱、劣等感、無力感が次世代へと浸透し、現在のアルコール依存問題の原因になっているとナポレオンは指摘した。[*13]

歴史的トラウマ論は現在の先住民社会に生じている諸問題を過去の事象に還元することで、現在も残る構造的抑圧を隠ぺいしてしまう可能性があるという点には留意すべきであるが、[*14] 現在も精緻化が進められ、影響力を持っている。

4　伝統音楽とヒップホップ

概して、北米先住民にとって音楽はエンターテイメントであるだけはなく、知識や歴史、民族や家族のアイデンティティを伝え、心身の健康のための癒しともなる精神的、文化的に重要なものであった。[*15] このことはアラスカ先住民の伝統音楽においても同様である。アラスカ先住民の伝統音楽にはドラムのビートと歌によって構成される「ドラムソング」や、伴奏無しで歌唱されるアカペラの「歌」などがある。歌やドラムは生業活動を含む日常の様々な機会で演じられた。例えば北方アサバスカンのグィッチンでは饗宴、メディスン（呪術）、ダンス、死者や生者へのトリビュート、愛、戦争、狩猟、物語の挿入歌などの歌が、またイヌピアック・エスキモーには、遊び歌、物語の挿入歌、ダンスソング、特別な儀礼での歌がある。[*16] グィッチンのメディスン・ソングとは次のようなものである。[*17]

「カリブーのためのメディスン・ソング」
演者：ジョニー・フランク（Johny Frank）
採録：クレイグ・ウォレス・ミシュラー（Craig Wallace Mishler）、一九七二年

カリブーよ　お前の尾を私に　戻しておくれ

歌詞は非常に短いが、猟師はこの歌を歌うことによってカリブーを見つけて捕らえる能力を高めることができたという。

北米北方地域は一九世紀から白人との交易を通じて音楽も影響を受けてきた。例えば北方アサバスカン社会では外部者からの影響で一九世紀からフィドル音楽が広まり、独自の発展を遂げている。[*18] 一九六〇年代以降、北方の先住民社会にもラジオやテレビが普及し、その影響でギターを使用したカントリー、ウェスタン、ロックといったポピュラー音楽が広まっていった。[*19]

一九七〇年代のニューヨークで生まれたヒップホップは、一九八〇年代には北米先住民社会にも急速に普及していった。音楽学者のイレイン・ケイラーらはその理由を二点指摘している。[*20] ①ヒップホップはリリックとメッセージをベースにした音楽であり、先住民社会では概して雄弁であることが評価される。②また概して伝統的な儀式は歌に依存しており、それはドラムと話し言葉によって構成されている。つまり、ヒップホップという表現スタイルは、言葉を重視するという北米先住民の価値基準に本質的に合致しているというのである。

一九八〇年代後半からネイティブ・ラッパーが登場しはじめ、一九八八年に結成され、一九九二年にキャニオンレコードと契約したウィズアウト・リザベーション（WithOut Rezervation）がメジャーレビューした最初のネイティブヒップホップグループとなった。[*21]

「赤、白、青（Red, White and Blue）」 ウィズアウト・リザベーション（一九九四年）

血は赤く流され　銃弾は頭に撃ち込まれる
死んだ方がましだと彼らは言った
だけどそれが俺らの土地を奪うための　奴らのやり方だった

お前には俺の民族の絶滅が分からねぇだろな
同胞は死んだ　奴らは全ての嘘を隠そうとしたが
国旗の赤は血まみれのぼろきれ　死体袋だと分かった
いま俺らが持ってるものを　かつて持ってたものと比べると悲しくなる
だけど俺は奴らが転落したからトリップしてるんじゃない
そして俺らは、あるべき場所にしっかりと戻ってきている

このグループはアメリカ本土の先住民であるパイユート、ナヴァホ、トホノ（パパゴ）のメンバーによって結成されており、一九九四年に発表されたデビューアルバムでは右のリリックのように人種差別や、先住民への偏見、植民地主義の問題について訴えた。[*22]

同じく一九八八年にデビューしたラッパーとしてアメリカ本土のチェロキーに属するライトフット（Litefoot）がいる。彼は商業的にももっとも成功したネイティブ・ラッパーとして知られている。[*23]彼の代表曲「マイ・ランド（My Land）」（一九九六年）では、ウィズアウト・リザベーションと同様に植民地主義がもたらした惨状がラップされた上で、「この土地は俺らの土地だ。この土地はお前らの土地ではない。カリフォルニアからニューヨークの島々まで」というフックが高らかに歌われている。

北米先住民全体で見ればライトフットのように広く認知されているラッパーも存在し、先住民ヒップホップの研究も進んでいる。一方で、自身もアラスカ先住民である音楽学者のジェシカ・B・ペレアが指摘するように、ヒップホップを含むアラスカ先住民の〝非伝統音楽〟はほとんど未開拓の研究領域となっている。[*24]

おそらくアラスカ先住民のミュージシャンがヒップホップを取り入れた最初期の曲は、ミクスチャーグループのパミュア（Pamyua）が二〇〇三年に発表した「ゲームズ（The Games）」（ライブアルバム、『現行犯逮捕（Caught in the Act）』に収録）だろう。パミュアはユピック・エスキモーの母と、黒人の父を持つフィリップ&スティーブン・ブランシェット兄弟を中心に結成され、ユピックの伝統音楽とブラックミュージックを融合し、国際的な成功を収めている。ブランシェット兄弟は一九七四―八六年の少年期をシアトルで過ごし、そこでアンダーグラウンド・ヒップホップの放送局をよく聴き、可能な限り録音をしていたという。[*25]

筆者が知る限りアラスカ先住民のラッパーとしては、アンカレッジ博物館が二〇二〇年に製作した北方先住民ヒップホップのドキュメンタリー映画[*26]で取り上げられた北方アサバスカンのアトナのビショップ・スライス（Bishop Slice）ことジュリアン・リリー（Julian Lillie）、イヌピアック・エスキモーのアク＝マチュ（AKU-MATU）ことアリソン・アクチュック・ウォーデン（Allison Akootchook Warden）の他に、北西海岸先住民のクリンケットのエア・ジャズ（Air Jazz）ことエリアス・ホイル（Arias Hoyle）、アラスカ先住民連盟（Alaska Federation of Natives）の会長賞を受賞しているユピックのバイロン・ニコライ（Byron Nicholai）、そして次節で取り上げるAKレベル（AK Rebel）がいる。またビートメーカーとしてユピック、イヌピアック、黒人の出自を持つリバーフローズ（RiverFlowz）ことトリン・ジェイコブス（Torin Jacobs）、アリュートと黒人の出自を持つグラフィティアーティストのビスコ（Bisco）ことアリエロ・テイラー（Arielo Taylor）などがいる。それぞれのアーティストが伝統文化とヒップホップの融合、アイデンティティや社会問題などについて独自の表現を行っている。

この内、エア・ジャズとバイロン・ニコライはそれぞれ消滅の危機に瀕する彼らの母語でのラップを試みている。両者の活動は先住民言語や伝統文化の再活性化の試みとして位置づけることが可能だろう。

「オヒョウ釣り（Cháatl Ast'éixi: Halibut Fishing）」　エア・ジャズ（二〇二一年）

僕はオヒョウと結婚するだろう…　特に理由もなく…
そのことを誇りに思う　誇りに思う
オヒョウ釣り　オヒョウ釣り　高貴な人々　高貴な人々　緩やかに
僕らの生き方を誇りに思う　僕らが必要とする世界　僕らは聴く
君のボートはどこ？　君は「オヒョウ」と呼ばれる
ダグラスとジュノーの人々　友よ　僕は釣り針に餌をつけてはいない

「一人じゃない（Kiimetenrituten: Not Alone）」　バイロン・ニコライ（二〇二二年）

ちょっと前まで　僕は教師になりたかった
だけど僕は作っている曲で　教えてるんだ
家族のことを見て　彼らみたいになりたいと思った
彼らもこれが出来るんだって分かるだろう

もし誰かを愛しているなら　彼らを手放すな
道に迷ってしまったなら　なぜその道を歩き始めたのか考えるんだ
君自身が歩くべき道へ　それは君を連れていくだろう
それを忘れないでくれ
誰が食べ物を与えてきてくれた？　誰が泊めてきてくれた？
それらに注意を向けて　君は一人じゃない
誰が電話をくれる？　誰がメールをくれる？
彼らは君のことを考えている　君は一人じゃない

この二曲はそれぞれクリンケット語とユピック語でラップされている。右は本人が公開しているリリックの英訳から訳出したものである。クリンケットの神話は人間が動物の世界を訪問し、結婚するという異類婚姻譚が多く、エア・ジャズのリリックは彼らの伝統的な世界観を表現していると考えられる。バイロン・ニコライの曲は家族愛がテーマとなるものが多い。これはヒップホップでよく取り上げられる家族愛のオマージュとして捉えるべきでない。伝統的なユピック文化は、家族・親族こそが生活の基盤であり、彼らは現在も家族を非常に大事にしている。「トクソックベイから来た（Nunakauyarmiungunga: I'm from Toksook Bay）」という二〇二一年の曲で彼は「家族のことを理解できるなら僕はそれでいい。僕の孫たちがユピック語を話すなら僕はそれでいい」とラップする。「ちょっと前まで、僕は教師になりたかった」と歌うバイロン・ニコライも、ラップを通じてユピックの伝統的な世界観や価値観、文化を伝えようとしているのだと考えられる。

5　ＡＫレベルのヒップホップ

ＡＫレベルことサミュエル・ジョンズ（Samuel Johns：以下、サムと表記）は現在、アンカレッジを拠点に活動するラッパー、社会活動家である。彼は北方アサバスカンのグィッチンの母と、アトナの父のもとに一九八五年に生まれ、父側のコミュニティであるカッパー・センター（Copper Center）で育った。

サムの名前が広く知られるようになったきっかけは二〇一五年六月に、彼がフェイスブック上で「私を忘れないで／忘れな草（Forget Me Not）」というホームレス支援コミュニティを立ち上げたことだった。このコミュニティは本人の許可を得て、路上生活を送る人の写真や名前などをフェイスブック上で公開することで、家族や友人へと繋ぎ、故郷への帰還を支援することを目的としている。このコミュニティは大きな話題となり、立ち上げ後三カ月で一万二〇〇〇人、現在は二万五〇〇〇人ものメンバーを有するまでに成長した。このこともあって二〇一八年には彼の活動を追うドキュメンタリー映画「そして今、我々は立ち上がる――サミュエル・ジョンズの肖像（AND NOW WE RISE: A Portrait of Samuel Johns）」（以下、単に映画と表記する）[27]が公開された。

2022年9月19日のインタビューにて（右：AKレベル、左：筆者）

映画で語られるように彼がホームレス支援に関わ

り始めたのは、路上生活者を見かけた時に、自分の幼い娘が「あの人たちにサンドイッチを作ってあげようよ」と言ったのがきっかけだった。そして二〇一四年からホームレスや生活困窮者のための支援施設「ビーンズ・カフェ」で伝統的なドラムソングを演奏するボランティア活動を始めた。[*28] サムはここでドラムを演奏することで、先住民の路上生活者たちの目が輝くことを実感した。[*29]

二〇二二年九月、筆者はアンカレッジにてサムにインタビューを行った。彼の説明によるとアラスカ先住民が路上生活者になってしまう理由の一つは裁判制度の問題だという。罪を犯した者が仮釈放される場合、仮釈放期間は保護観察が必要とされるため、充分な支援も得られないまま、地方出身者でもアンカレッジ近郊に留まることを余儀なくされる。その結果、酒浸りになったり、路上生活者になってしまったりするという。それゆえ仮釈放後にすぐ地元の村に帰れるようなセーフティーネットが必要だと彼は考えている。

そういう状況をラップで変えていきたいのか？ と尋ねると、サムは次のように答えた。「いや、ラップは俺が俺自身であるための方法だ。実際に変えていくのはコミュニティーワークや、アクティビズムワークとかだよね。音楽で火をつけるのは良いことだと思うけど、それは持続的な変化をもたらすものじゃないんだ。でも、音楽で火をつけることはできる。誰かが曲を聴いて、ちくしょう！ 外に出て何かやりたいぜ！ って思ってくれればいいんだ。だけどそれを持続させる方法を見つけるのはその人自身だよ」。それでは彼はラップによってどのような火をつけようとしているのだろうか。

「立ち上がれ（Rise）」 ＡＫレベル feat. Junya, Ayyu, Byron Nicholai（二〇一八年）

奴らが俺らの習わしを封じたとき　抵抗の種が植えられた
俺らは今　地球のあらゆる場所から一つになって立っている
俺らは成長し　開花し　あらゆる運動に加わっている
どうやるのかを見せつけるんだ
一つになって立ち上がり　さぁ追求しようぜ
スタンディング・ロックの奴らにエールを送ろうぜ
（中略）
奴らは俺らの神聖な習わしも理解できねぇさ
（中略）
豊かさを感じるのに金が必要じゃなかった頃
俺らに身の危険が無かった頃に戻してくれよ
そしてアメリカを再び聖なる国に
アメリカを再び聖なる国に

映画の主題歌となったこの曲は、彼の代表曲だと言える。スタンディング・ロックとは、ノースダコタ州とサウスダコタ州の境界にあるスー族の保留地である。このすぐそばを通る石油パイプラインの建設計画が持ち上がったことで、二〇一六年、水源の汚染や聖地の破壊を懸念したスー族たちが建設反対運動を開始し、最終的に北米各地の先住民たちが集う全土的な抗議運動へと発展した。[*30] サムは二〇一七年に現地を訪れ抗議運動に加わった。

インタビューによれば、この曲のテーマは脱植民地化であり、昔のやり方を取り戻そうとする曲である。リリックはマジョリティ社会の無理解が抗議運動を活性化し、先住民たちの団結をもたらしたことを示している。また「アメリカを再び聖なる国に（Make America Sacred Again）」とは、パイプライン建設を推進した当時の大統領ドナルド・トランプのスローガン「アメリカを再び偉大な国に（Make America Great Again）」と掛けて、彼の言う「アメリカ」には先住民の立場が無視されていることへの批判になっていると解釈できる。

二〇二〇年に発表された曲「親愛なるダンへ（Dear Dan）」ではアラスカにおける石油開発問題が取り上げられた。ANCSA制定のきっかけとなったプルードー湾の油田の東にはアメリカ最大の国立野生動物保護区である「北極圏国立野生生物保護区（ANWR）」がある。この保護区の北端にあたる「一〇〇二地区」はかねてより石油埋蔵が指摘されており、開発を推進する共和党と反対する民主党の間で一進一退攻防の論争が続いている。[*31] しかし曲が発表された二〇二〇年には、トランプ大統領がとうとう開発を認可してしまった。

一〇〇二地区は北米最大の個体数を有するポーキュパイン・カリブー群の繁殖地であり、石油採掘はこのカリブー群への悪影響が懸念されている。一九八八年に開発計画が発表されてからはこのカリブーに依存してきたグィッチンによって開発反対運動が続いている。しかし厳しいことにANCSAによる土地選択の結果、彼らには一〇〇二地区の所有権は無いのである。[*32]

「親愛なるダンへ（Dear Dan）」[*33] AKレベル（二〇二〇年）

親愛なるダン・サリヴァンへ　お前にハートを送ったよ
貴重で美味しい小さなハートさ
お前がそれを持っていないと聞いたんだ　本当に辛かったろうな
強い孤独を感じるから　俺の故郷を引き裂きたいんだろ？
ルダが言うように下がってろ　お前は侵入者だ
子供たちの未来を希薄にするような真似をするんじゃねぇよ
だからお前にカリブーのハートを送ったのさ
心配するな　ゴッドファーザーみたいに暴力は振るわないさ
俺の娘たちからの祝福さ
だからそのメディスンを食べて　全ての言葉を吸収しろよ
人々の声に耳を傾けろよ　お前が聴いてきたことを俺らに言うなよ
もし植民地の与太話を押し通すなら　引っ込んでた方が良いぜ
もし俺らが「ランドバック」へと近づいていないのなら　引っ込んでろよ

冒頭で「お前にハート（心臓＝心）を送ったよ」とラップされるこの曲では一〇〇二地区の採掘を支持するアラスカ州選出の上院議員ダン・サリヴァン（共和党）を痛烈に批判している。グィッチンとカリブーは神話時代において心臓を分かち合っていたとされるほど深く結びついた存在であり、[*34]一〇〇二地区の石油開発はグイッチンの精神的・物質的「生存」に関わる問題である。

しかし、驚くことに「心臓を送ったよ」とは比喩ではない。二〇二〇年七月十一日、ダン・サリヴァンの選挙イベント中にカリブーの心臓を持った女性が乱入する騒動が起きた。実はこれは当日、イベントに参加できなかったサムが知人女性に依頼した抗議活動であった。石油開発はアトナとともにグィッチンのアイデンティティを持つサム自身にとっても重要な問題である。サムはメディアの取材でダン・サリヴァンを「オズの魔法使い」に登場する心を持たないブリキ男に例えながら、「カリブーの心臓は我々を何千年も生かし続けてくれたものだというシンボリックなメッセージは、彼に贈られるべきだと思ったんだ」と答えている。[*35]

先住民社会への無理解、無配慮に対する怒りは二〇二二年の曲「はけ口（Vent）」でも歌われる。この曲では「奴らは俺の先祖の痛みを知らない。奴らは自分の先祖が得たものさえわかっていない」というリリックとともに、トラウマに起因する犯罪、アルコール問題が語られ、「多くの銃弾とともに植民地化され孤児となり、ほとんど同化させられた。トラウマが多すぎる。今こそ真実で癒される時だ。だから全てのジョン・ウェインに告ぐ。てめぇらのクソったれブーツはとっておけ!!」と、西部劇の代表的な俳優であるジョン・ウェインに代表させる形でマジョリティ社会を批判する。

最後の「てめぇらのクソったれブーツはとっておけ!!（KEEP YOUR FUCKIN BOOTS!!）」の意味を、サムは「Pull yourself up by your bootstraps（自分の靴ひもで自分を引き上げろ＝自力で這い上がれ）」という慣用句と掛けたものであると語った。経済的に困窮する先住民を見て、非先住民はよくこのような言葉を投げかけるという。しかし、歴史的に多くのものを奪われてきたが故に困窮している先住民の立場からすると、「自力で這い上がれ」とはあまりに身勝手な言葉である。「てめぇらのクソったれブーツはとっておけ!!」にはマジョリティ社会の無理解に対する怒りが込められていると考えられる。

この三曲のメッセージが主にマジョリティ社会に向けられたものだと解釈できる一方で、メッセージが先住民社会に向けられた曲も存在する。例えば、以下の二曲だ。

「目を覚ませ（Wake Up）」　ＡＫレベル faet. Blaack（二〇一四年）

これは化粧で隠してる女のためのものだ
お前の男は　お前の目にアザを作るような男ではない
目を覚ませ
そいつはお前のせいだと言っている
それが殴られる理由なんだろ？　ベイビー
それはそいつのせいだ
だから自分を信じなきゃならない
弾丸をよけて彼を捨ててしまえ

「お前は尋ねてくれなかった（You never asked me）」　ＡＫレベル feat. Mista Mista（二〇二一年）

そいつは戦士になるよう育てられた
タフであるよう育てられた
涙を流すたびに言われたんだ
「もう充分だろ。前を向いて強くならなきゃ

怒りに困惑するなら　ただそれを溜め込んでおきな」と
彼らは毎日酒で悲しみを紛らわせ
それでも祈ることを見せていた
（中略）
見ろよ
俺らはトラウマを経験しても　その理由をただ酒で紛らわしてしまう
奴らは俺らの髪を切り落とした
だから俺らは受け入れられるだろう
名前を消された
だから受け入れられるだろう
母語を奪われた
そうすれば受け入れられるだろう
だけど結局俺らの心の内なんて全部無視されてたな
（中略）
俺らは男だ
俺らは戦士だ　死ぬまで壮絶な戦いが続く…
だが　どうか聞いてくれ
俺らは泣いてもいいんだぜ

前者は（主に先住民）女性のＤＶ被害者を励まし、後者は同化政策に傷つきながら、その痛みを誰にも明かせず、酒に溺れてしまう先住民男性たちに「泣いてもいいんだぜ」と優しいメッセージを送る。映画でも語られているが、実はサム自身がかつては酒に依存し、自殺することまでを本気で考えていた。酒に溺れてしまう先住民の苦しみをよく理解しつつも、そこから立ち直った経験を持っているからこそ、彼の音楽と社会活動は何とかして同じ苦しみを抱える同胞たちを助けようとしていると考えられる。ではどうやって苦しみを断ち切れば良いのだろうか。サムは以下のようにラップする。

「君は好きだと知っている（You know I love you）」

ＡＫレベル／映画『そして今、我々は立ち上がる』（二〇一八年）より

ドラムをあげて誇りを示せ
そしてこのクリプトナイトを終わらせよう
俺のクリプトナイト　俺のクリプトナイト　俺のクリプトナイト
俺たちのクリプトナイト　俺たちのクリプトナイト
お前らがアル中になってビールを飲むために
俺らの先祖は生きてきた
俺はそいつらを自分の文化にもう一度繋げるために
ホームレス・シェルターにドラムを持って行くんだ
悲しい日だ　悲しい道だ　悲しい祈りだ

しかし俺らは今
愛情も知らずに育てられた子供たちと一緒にいて
家族はバラバラになっている
再出発できない世代
自分らに誇りを持てない世代
俺の脳裏に焼き付いた棺桶
俺の村に未だにある酒販店
そして棺桶の代金なんてその店は決して支払わない

クリプトナイトとは「スーパーマン」の弱点だとされる架空の物質のことである。この曲では先住民のアルコール問題をクリプトナイトになぞらえ、アルコール依存とそれに起因する数々の悲劇を、ドラムによって自文化と再び繋げることで断ち切ろうと呼びかける。それはおそらく、アルコール依存から立ち直った自分自身へのメッセージでもあるのだろう。

なぜ飲酒を始めたのか？　と尋ねると、サムは親しくしていた従兄弟たちの飲酒による死について語った。そして、かつて彼のコミュニティでは死とどのように向き合い、みんなでどうやって乗り越えていくかを知っていたが、周囲のアルコール依存や家庭の機能不全などによってその方法が失われてしまい、悲しみを忘れるために若い頃から飲酒することが普通になってしまったと述べた。また、伝統的なドラムソングとは、本来は誰かが亡くなった時に、みんなで集まって元気になるためにやるものなんだと説明してくれた。つまり「共に悲しみを乗り越える」ということが、彼らにとって音楽が本質的にもっていた力の一つであった。そして、この曲が示すように、サムはその力をヒップホップによって発揮させようとしているにちがいない。

6 「抵抗」と「ケア」——アラスカ先住民ヒップホップの二面性

本章ではアラスカ先住民の歴史と現在の社会状況を踏まえた上で、ヒップホップ文化の中心国における辺境のヒップホップとはどのようなものか？　という問いをAKレベルことサミュエル・ジョンズの音楽と活動から考察してきた。アラスカ先住民が経験してきた歴史的トラウマ、そして現在も続くマジョリティ社会の無理解や構造的抑圧を踏まえると、現在のアラスカ先住民はマジョリティ社会に対する反論や「抵抗」、そして心の傷を負った同胞たちに対する「ケア」を行っていかなければならない状況にあると言えるだろう。

前節ではサムのラップが、主にマジョリティ社会に向けられているものと、先住民社会に向けられているものの二種類があることを示した。両者はそれぞれ無理解や構造的抑圧に対する「抵抗」のラップ、トラウマに苦しむ同胞への「ケア」のラップになっていると指摘できる。

もちろん、歴史的トラウマやマジョリティ社会の無理解といった問題は、アラスカ先住民だけではなく、多かれ少なかれ北米先住民全体が抱えている問題である。したがって「抵抗」と「ケア」という要素は、アラスカ以外の北米先住民のラップにも見ることが出来るだろう。その中において、例えば「一〇〇二地区」の石油開発問題や、その背後にあるANCSA制定といったアラスカ固有の文脈が反映されている点が、アラスカ先住民ラップの特徴の一つではないだろうか。

もちろんサムのラップにおいて「抵抗」と「ケア」は完全に分離しているわけではない。「先住民に向けてラップしているんだよね?」という筆者の質問に対し、サムは「そうだよ。だけど実際はニュースレポートみたいなもんで、実際に起こっていることをラップしているんだ。DV、自殺、文化の活性化に関するラップを聴いたときに、リスナーは俺らが経験してきたことについて学んでくれていると思うんだよね。だから、先住民と非先住民両方のためにラップしているようなもんだね」と述べた。このように仮にメッセージが先住民に向けられたものであっても、非先住民のリスナーがそれを聴いてくれることで、「抵抗」のラップのように先住民社会への理解を深めてくれることが期待されていると言えるだろう。

「抵抗」と「ケア」のラップを通じてリスナーに「火をつける」ということ。それによって、彼のヒップホップは先住民社会が抱える様々な問題を乗り越える具体的な活動を呼び起こす起爆剤となるかもしれない。ドラムソングが死の悲しみを乗り越える力を持っていたと語るサムは、おそらくヒップホップに対しても同様の力を期待しているのではないだろうか。メディスン・ソングの例のように、アラスカ先住民たちは音楽に神聖で特別な力を認める伝統[*36]を有してきた。そのことを考えると、この推論は決して的外れだとは言えまい。

謝辞

インタビューに応じてくれたサミュエル・ジョンズに心より感謝する。また本稿執筆にあたりArCS II 北極域研究加速プロジェクトの援助を受けた。

引用文献

井上敏昭「アラスカ先住民と石油開発」（岸上伸啓編著『開発と先住民』pp.305-330、明石書店、二〇〇九年）

岸上伸啓「北米北方地域における先住民による諸資源の交易について——毛皮交易とその諸影響を中心に」（『国立民族学博物館研究報告』25（3）、pp.293-354、二〇〇一年）

近藤祉秋「北米先住民研究における『歴史的トラウマ』論の展開」（『アイヌ・先住民研究』一号、pp.53-66、二〇二一年）

近藤祉秋『犬に話しかけてはいけない——内陸アラスカのマルチスピーシーズ民族誌』慶應義塾大学出版会、二〇二二年

島村一平『ヒップホップ・モンゴリア——韻がつむぐ人類学』青土社、二〇二一年

ターナー、フレデリック J.「アメリカ史におけるフロンティアの意義」（渡辺真治・西崎京子訳『アメリカ古典文庫9 フレデリック・J・ターナー』pp.63-93、研究社、一九七五年）

林千恵子「アラスカ先住民族の病——アルコール依存と一九〇〇年のグレート・シックネス」（『エコクリティシズム・レヴュー』九号、pp.68-78、二〇一六年）

柳田大元『アラスカ最底辺』青峰社、一九九一年

Aquallo, Alan Lechusza. 2009 *Without Reservations: Native Hip Hop and Identity in the Music of W.O.R.* Ph.D. dissertation, University of California.

Healthy Alaskan 2022 *Healthy Alaskans 2020 Final Report: Alaska's Statewide Health Improvement Plan: A retrospective of Healthy Alaskans progress from 2010-2019.*

Huhundorf, Roy M. & Shari M. Hufndorf 2015 Alaska Native Politics since the Alaska Native Claims Settlement Act. In Robert Warrior(ed.) *The World of Indigenous North America*, pp.67-81. Routledge.

Johnson, Thomas F. 1976 The Eskimo Songs of Northwestern Alaska. *Arctic* 29(1): 7-19.

Keillor, Elaine et al. 2013 *Encyclopedia of Native American Music of North America*. Greenwood.

Lantis, Margaret 1946 The Social Culture of the Nunivak Eskimo. *Transactions of the American Philosophical Society* 35(3):153-

323.
Mishler, Craig Wallace 1981 *Gwich'in Athapaskan Music and Dance: An Ethnography and Ethnohistory*. Ph.D. dissertation, The University of Texas at Austin.
Mishler, Craig 1993 *The Crooked Stovepipe: Athapaskan Fiddle Music and Square Dancing in Northeast Alaska and Northwest Canada*. University of Illinois Press.
Napoleon, Harold 1996 *Yuuyaraq: The Way of the Human Being*. Alaska Native Knowledge Network.
Perea, Jessica Bissett 2012 Pamyua's Akutaq: Traditions of Modern Inuit Modalities in Alaska. MUSICultures 39:7-41.
Roderick, Libby 2010 *Alaska Native Cultures and Issues: Responses to Frequently Asked Questions*. University of Alaska Press.
Wright-McLeod, Brian 2005 *The Encyclopedia of Native Music: More Than a Century of Recordings from Wax Cylinder to the Internet*. The University of Arizona Press.
Wright-McLeod, Brian 2015 Songs of Transformation: Music from Screech Songs to Hip Hop. In Robert Warrior(ed.) *The World of Indigenous North America*, pp.265-290. Routledge.

ウェブサイト

Anchorage Coalition to End Homelss/ Data. https://aceh.org/data/
Drumming and Healing at Beans Café. *Alaska Public Media*. 2014/2/10. https://alaskapublic.org/2014/02/10/drumming-and-healing-at-beans-cafe/
Key Moments in The Dakota Access Pipeline Fight. *The Two-Way*. 2017/2/22. https://www.npr.org/sections/thetwo-way/2017/02/22/514988040/key-moments-in-the-dakota-access-pipeline-fight
Protesters: Caribou heart meant to send message to senator. *Tronto Star*. 2020/7/13. https://www.thestar.com/news/world/united-states/protesters-caribou-heart-meant-to-send-message-to-senator/article_02b1e591-ed94-55e8-bf99-38a0646efe94.html

※最終閲覧日は全て二〇二四年五月二二日。

映像資料

Anchorage Museum 2020「WE UP: Iidigenous Hip-Hop of the Circumpolar North」https://www.anchoragemuseum.org/major-projects/projects/we-up/

Mary Katzke 2018「AND NOW WE RISE: A Portrait of Samuel Johns」Affinity Films

注

＊1　ターナー、フレデリック J.「アメリカ史におけるフロンティアの意義」（渡辺真治・西崎京子訳『アメリカ古典文庫9 フレデリック・J・ターナー』pp.63-93、研究社、一九七五年）

＊2　島村一平『ヒップホップ・モンゴリア――韻がつむぐ人類学』pp.48-52、青土社、二〇二一年

＊3　岸上伸啓「北米北方地域における先住民による諸資源の交易について――毛皮交易とその諸影響を中心に」（『国立民族学博物館研究報告』25（3）、pp.305-309、二〇〇一年）

＊4　岸上、前掲書、p.312.

＊5　Huhundorf, Roy M. & Shari M. Hufndorf 2015 Alaska Native Politics Since the Alaska Native Claims Settlement Act. In Robert Warrior(ed.) *The World of Indigenous North America*, pp.69-72. Routledge.

＊6　井上敏昭「アラスカ先住民と石油開発」（岸上伸啓編著『開発と先住民』pp.307-308、明石書店、二〇〇九年）

＊7　井上、前掲書、pp.309-310.

＊8　Roderick, Libby 2010 *Alaska Native Cultures and Issues: Responses to Frequently Asked Questions*, p24. University of Alaska Press.

＊9　Huhundorf & Hufndorf、前掲書、p.78.

＊10　Anchorage Coalition to End Homelss. https://aceh.org/data/ / Healthy Alaskan 2022 *Healthy Alaskans 2020 Final Report: Alaska's Statewide Health Improvement Plan: A retrospective of Healthy Alaskans progress from 2010-2019*. なお、アラスカ州総人口に占める先住民の割合は、二〇二〇年の国勢調査でエスニシティを「アメリカ・インディアンとアラスカ先住民のみ」と回答した者の割合であり、複数のエスニシティを回答した者は含まれていない。ホームレス人口

における先住民の割合はエスニシティの複数回答者を含む割合である。また両者ともアラスカ州に居住している、アラスカ先住民以外の先住民も含む数値である。

*11　Roderick、前掲書、pp.68-70.

*12　林千恵子「アラスカ先住民族の病――アルコール依存と一九〇〇年のグレート・シックネス」(『エコクリティシズム・レヴュー』9号、p.75、二〇一六年)

*13　Napoleon, Harold 1996 *Yuuyaraq: The Way of the Human Being*. Alaska Native Knowledge Network.

*14　近藤祉秋「北米先住民研究における『歴史的トラウマ』論の展開」(『アイヌ・先住民研究』1号、pp.59-61、二〇一一年)

*15　Wright-McLeod, Brian 2015 Songs of Transformation: Music from Screech Songs to Hip Hop. In Robert Warrior(ed.) *The World of Indigenous North America*, p.265. Routledge.

*16　Keillor, Elaine et al. 2013 *Encyclopedia of Native American Music of North America*, pp.36-37. Greenwood. / Johnson, Thomas F. 1976 The Eskimo Songs of Northwestern Alaska. *Arctic* 29(1): 7-19.

*17　Mishler, Craig Wallace 1981 *Gwich'in Athapaskan Music and Dance: An Ethnography and Ethnohistory*. Ph.D. dissertation, pp.89-90. The University of Texas at Austin.

*18　Mishler, Craig 1993 *The Crooked Stovepipe: Athapaskan Fiddle Music and Square Dancing in Northeast Alaska and Northwest Canada*. University of Illinois Press.

*19　Keillor et al. 前掲書、pp.10-11. / Wright-McLeod, Brian 2005 *The Encyclopedia of Native Music: More Than a Century of Recordings from Wax Cylinder to the Internet*, pp.12-13. The University of Arizona Press.

*20　Keillor et al. 前掲書、pp.314-315.

*21　Keillor et al. 前掲書、p.316.

*22　Aquallo, Alan Lechusza 2009 *Without Reservations: Native Hip Hop and Identity in the Music of W.O.R.* Ph.D. dissertation, pp.169-217. University of California.

*23　Keillor et al. 前掲書、p.317.

＊24 Perea, Jessica Bissett 2012 Pamyua's Akutaq: Traditions of Modern Inuit Modalities in Alaska. *MUSICultures* 39, p.11.

＊25 Perea、前掲書、pp.16-17.

＊26 Anchorage Museum 2020 *WE UP: Iidigenous Hip-Hop of the Circumpolar North*. https://www.anchoragemuseum.org/major-projects/projects/we-up/

＊27 メアリー・カッツキー（Mary Katzke）監督、Affinity Films、二〇一八年

＊28 ビーンズ・カフェの生活実態についてはジャーナリスト柳田大元によるルポルタージュがある（柳田大元『アラスカ最底辺』青峰社、一九九一年）

＊29 Katzke 前掲映画 / Drumming and Healing at Beans Café. *Alaska Public Media*. 2014/2/10. https://alaskapublic.org/2014/02/10/drumming-and-healing-at-beans-cafe/

＊30 Key Moments In The Dakota Access Pipeline Fight. *The Two-Way*. 2017/2/22. https://www.npr.org/sections/thetwo-way/2017/02/22/514988040/key-moments-in-the-dakota-access-pipeline-fight

＊31 井上、前掲書、pp.310-322.

＊32 井上、前掲書、p.321.

＊33 リリック中の「ルダ」とは著名なラッパーであるリュダクリス（Ludacris）を示しおり、彼の曲である「下がってろ（Get Back）」と掛けていると考えられる。また「ランドバック」とは近年国際的に活発化している先住民による土地返還運動のスローガンであり、その運動自体のことも指す。

＊34 近藤祉秋『犬に話しかけてはいけない――内陸アラスカのマルチスピーシーズ民族誌』慶應義塾大学出版会、二〇二二年、p.162.

＊35 Protesters: Caribou heart meant to send message to senator. *Tronto Star*. 2020/7/13. https://www.thestar.com/news/world/united-states/protesters-caribou-heart-meant-to-send-message-to-senator/article_02b1e591-ed94-55e8-bf99-38a0646efe94.html

＊36 グィッチン以外の例として、例えば Lantis, Margaret 1946 The Social Culture of the Nunivak Eskimo. *Transactions of the American Philosophical Society* 35(3): 205-209.

第４部

伝統文化をラップの武器に

ポーランド

先駆者ラッパーと振り返るポーランド・ヒップホップ

平井ナタリア恵美

はじめに

ポーランドにおいてヒップホップ・カルチャーは、一九八九年の民主化以降にアメリカから流入してからサブカルチャーとして進化し続け、今ではラップミュージックが年間総合チャートの上位を制するほどの人気となっている。その人気は二〇二三年に入っても衰えず、ヒップホップ関連のイベント（ライブやコンサート、フェス）数は前年比一・五倍、それらのチケットの売上は前年比で一〇〇〇％も増加しているという[*1]。さらに、スポティファイ（Spotify）などの音楽ストリーミングサービスで、最も聴かれている音楽ジャンルはヒップホップだ。民主化直後の一九九〇年代にヒップホップを聴いて育った世代が親になり、家族間で文化が共有されたことなどから、若者の間でも人気が続き、この勢いは当分衰えそうにない。

　二〇一七年はアメリカで初めてヒップホップやR&Bがロックの売上を上回ったことからも、ヒップホップ人気の高まりは世界的な傾向といえよう。元はアメリカ、ニューヨークのアフリカ系アメリカ人の間で生まれたヒップホップ・カルチャーは、いかにしてポーランド人に受け入れられ、発展していったのか。またその発展の過程で、どのような独自性を育んでいったのか。本稿では、ポーランドにおけるヒップホップ・カルチャー黎明期から活動するワルシャワ出身のラッパー・エルド（Eldo）のインタビューを通じて、その歴史や特徴、社会的背景を考えていきたい。

ポーランド・ヒップホップの歴史

本稿に入る前に、基本的なポーランド・ヒップホップの歴史についておさえておきたい。まずヒップホップ・カルチャーはラップ、DJ、ブレイクダンス、グラフィティの四つの要素で構成されるが、ここでは主にラップに重点を置いてカルチャーの発展を紐解いていく。民主化以降にヒップホップが本格的にポーランドへ流入したのは冒頭に述べた通りだが、一九八〇年代には既にごく一部ではあるが、国民の間にこれらの要素が伝播していた。

社会主義政権下のポーランドにおいては、国境を越えた行き来や情報の交換が自由にできなかった。その時代に西欧やアメリカの文化に触れ、国内に持ち込むことができたのは、共産圏外の国々と交易していた貿易業の人々、東ベルリンを中心とする国外に行く機会があった政府関係者、あるいは国外に移住した家族を持つ人々などである。

ポーランド国内でも比較的早い、八〇年代後半からグラフィティやブレイクダンスが発展したのは、ドイツの国境に近い港町シチェチンやバルト海の港町グダニスクだった。音楽面で最初にラップを取り入れたと言われているのは、パンクロック・ミュージシャンのカジク（Kazik）で、その後にパンクロック・バンドのデウテル（Deuter）が続いた。今彼らの音源を聴くと、エレクトロなシンセサウンドに乗せたラップがグランドマスター・フラッシュなどのオールドスクール・ヒップホップを彷彿とさせる。とはいえ、彼らにとってラップの導入はあくまで楽曲制作における実験的な挑戦としてであり、その後、主な活動のなかでラップミュージックを追求することはなかった。

一九九〇年代に入ると、世界的に大きな人気を博したＭＴＶのヒップホップ番組「ヨー！　エムティーヴィー・ラップス（Yo! MTV Raps）」の放送がポーランドでも開始された。この番組は、ポーランドのみならず世界の多くの国でヒップホップ・カルチャーの基礎を作るのに大きく貢献したといわれている。さらにヒップホップ・カルチャー専門のラジオ番組「コロルショク（Kolorszok）」「ラポテカ（Rapoteka）」がそれぞれ一九九三年、一九九四年にスタートした。このことも、ポーランドの若者へのヒップホップ伝播に一役買ったといえる。ヒップホップに魅せられた若者たちはおのおのの街で表現活動を始め、特に首都ワルシャワ、西部の街ポズナニ、南部の工業都市キェルツェやカトヴィツェなどを中心に発展するようになった。

バンド等でなくラッパーで、初めてヒップホップ曲がヒットしたのは、キェルツェ出身のリロイ（Liroy）だ。一九九五年に大手レコード会社ＢＭＧからリリースされた「ナイフ（Scyzoryk）」は、二ヵ月の間ヒット曲ランキングの一位に君臨し続ける大ヒットとなった。リロイは翌年、ポーランドのグラミー賞にあたるフレデリック賞を二部門で受賞したが、一方でネガティブな評価もなされた。というのもこの曲は、アメリカの人気グループ、サイプレス・ヒルの曲に酷似していたからだ。ポップスのシーンではヒットはしたものの、ディスソングがリリースされるなど当時のヒップホップ・シーンではあまり評価されなかった。しかし「ナイフ」のヒットが生んだ光と影は、どの国でも新しい文化や技術が伝播するときは、最初はオリジナルのコピーから始まる、ということの一例に過ぎない。

九〇年代後半はモレスタ・エヴェネメント（Molesta Ewenement）、カリベル44（Kaliber 44）、グラマティク（Grammatik）、スラムス・アタック（Slums Attack）、パクトフォニカ（Paktofonika）など、その後のヒップホップ・シーンの礎を築いた重要なラッパーやユニットが次々とデビューした。それに加え、エル・エル・イクス（R.R.X）やビート・レコーズ（B.E.A.T. Records）といったポーランド初となるヒップホップ専門レーベルの創立、『クラン（Klan）』や『シリズグ（Ślizg）』などといったヒップホップ専門誌の創刊が続き、それまでポップスやロックが主流だったポーランドにおいて、ヒップホップはジャンルの壁を越えてリスナー層を広げていった。

二〇〇〇年代に入ると、現在でも名盤として愛聴される作品のリリースが続き、二〇〇〇年代前半にはヒップホップは大きなブームを迎えた。二〇〇一年にヒップホップに生きる若者を捉えたドキュメンタリー映画『団地者（Blokersi）』が公開されたことも人気を浮き彫りにした。映画の流行から、ヒップホップがサブカルチャーとして広がり始めていたかなり初期の段階で、それがどういったものなのかを捉えようとする客観的な視点がポーランドの市民の間にあったことが窺える。

しかし、ポーランド各地でシーンが拡大していった二〇〇〇年代の間、主要メディアが自国で発展しつつあるヒップホップ・カルチャーについて取り上げることはほとんどなかった。これまでに筆者が会ったラッパーたちによれば、不良のような見た目のラッパーやDJたちが若者から大きな支持を得てアルバムやライブチケットが飛ぶように売れるようになった事態を、主要メディアが受け入れられず、ヒップホップ・カルチャーを理解するのに至らなかったという。この異様な状況が打開されるには、パクトフォニカの軌跡を描いた二〇一二年の映画『お前は神だ（Jesteś Bogiem）』の公開を待たねばならない。

この映画が商業的に成功し、また映画としても高く評価されたことにより、ヒップホップはオーバーグラウンドのエンターテインメント業界でも受け入れられるようになった。以降、勢いづいたヒップホップはサブカルチャーからメインストリーム・カルチャーへと成長を遂げ、二〇一六年には年間総合チャートでラップ・アルバムが初めて一位を制した。[*2] その後もヒップホップ・シーンは多様化しながら成熟・拡大していることは冒頭に述べた通りだ。こうして「ショパンの国」として有名なポーランドは、ヒップホップ大国となっていったのである。

先駆者ラッパー、エルド

エルドは、九〇年代後半にヒップホップ人気を押し上げるのに大きく貢献したグループ、グラマティクの創設メンバーだ。グラマティクの結成は一九九七年。二〇〇八年に解散するまでに彼らは四枚のアルバムと二枚のEPを残した。

なかでも二〇〇〇年にリリースしたセカンド・アルバム『街の灯り（Światła miasta）』は、唯一無二のオリジナリティから、当時のヒップホップ・シーンでも特に際立っていた作品だ。彼らの地元ワルシャワで主流だったストリートラップとも、カトヴィツェで人気だったサイコラップとも、ポズナニ発でギャングスタラップ系を得意としたスラムス・アタックとも異なる。このアルバムの特色は、今なお高く評価されるビートメイカー・ヌーン（NOON）が紡いだアンビエントなサウンドと、ラッパーのエルドとヨトゥゼ（Jotuze）による内省的で繊細なリリックが織りなす叙情的なスタイルだった。ポーランド・ヒップホップのクラシックである『街の灯り』は、ワルシャワの孤独な夜のアンセムだった。本作は風の音で始まり、風の音で終わる。アルバムの出だしを飾るリリックを読むだけでも、その叙情性が垣間見られるはずだ。

街では一日の明かり消える頃、人々が寝る時間
俺たちは旅に出る　街は庭のよう
ワルシャワ、月、夜、静けさ　何も起こらない
俺たち、空っぽなストリート　グラマティクと友人たち
「風の時間（Wiatruczas）」

筆者も大学時代、ポーランドで購入した『街の灯り』のカセットテープをウォークマンに入れて繰り返し聴いた。ちなみに二〇〇〇年代はじめ頃までは、ポーランドではカセットテープでアルバムを買うのが主流で、CDやMP3へ移行したのはもう少し後だったと記憶している。

二〇二二年一〇月、私はグラマティクのラッパー、エルドにインタビューをする機会に恵まれた。エルド、本名レシェク・カジミエルチャク。一九七九年、ワルシャワ生まれである。彼は一八歳のときにラップを始めたのだが、最初はポーランド語では絶対ラップはできないと思っていたそうだ。

グラマティクのセカンド・アルバム『街の灯り（Światła miasta）』（2000年）

ポーランド語ではかっこよく聞こえないだろうと思っていた。ポーランド語という言語は歌詞を書くのがとても難しい言語なんだ。単語やフレーズが長いものが多くて、発音するのに数秒か

かることがあるし、シューシューいうような発音が多いし、[*3] あまりメロディアスに聞こえない。また英語には同じ発音の単語で複数の意味を持つような言葉が多いけど、ポーランド語にはそういう単語は比較的少ないから言葉遊びが難しいんだ。

ポーランド語はラップに向いていると思っていた私には少し意外な発言だった。ポーランド語の文法には、語尾が変化する名詞・形容詞の格変化や動詞の格支配があるため、それらを利用すれば韻を踏みやすいはず、と私は考えていた。しかしラッパーからしても、伝えたい文章を短いヴァースにうまくまとめるのはやはり簡単ではないのだろう。

エルドの父は軍人で、軍事工科大学で教鞭をとっていた。社会主義時代は居住地が職業別で分かれていることが多かったため、エルドが住んでいた団地も軍関係者の家族が居住するエリアだった。そう聞くと、軍の規律が家に持ち込まれたような厳しい家庭を想像してしまうが、厳しくも温かい家庭で育ったとエルドは振り返る。そして、後にリリシストとして名を馳せることになるエルドの表現力を育んだのは読書だったようだ。

父は小説から宗教関係の本まで幅広い分野の本をたくさん読んでいた。子供の頃、父が時々夜勤で家に戻らない日はよく本を置いていってくれた。それに父は、俺たちが読んだり見たりしたことについて話し合うことが好きだった。つまりただ本を説明なしに置いていくだけじゃなくて、あとでそれについて話し合っていたんだ。

博識で視野の広い両親は、エルドがラッパーの道を歩み始めても反対することはなかったそうだ。

ポーランド語でのラップに可能性を感じていなかった十代のエルドは、ブレイクダンスやグラフィティからヒップホップ・カルチャーに入っていったと言う。そのきっかけとなったのは民主化以降に入ってきたケーブルテレビだ。それまでは国営放送のみで二つしかチャンネルが存在しなかった。ケーブルテレビのアンテナは、当時は非常に高価で、誰の家にでもあるものではなかったため、放課後や週末はケーブルテレビのある友達の家に集まってＭＴＶを観ていたと言う。

一九九三、四年頃、つまり俺が一四、五歳の頃、ケーブルテレビで『ビート・ストリート』という映画が放送され、その一週間後に伝説的な映画『ワイルド・スタイル』が放送された。一九八〇年代ニューヨークのヒップホップ・シーンを描いた映画を観て、すっかり夢中になったんだ。ブレイクダンスを踊るＢボーイたち、地下鉄の車体に描かれたグラフィティ、そしてラップ。僕が最も惹きつけられたのは、サブカルチャーとしてのヒップホップが広義的な表現だった点だ。

興味深いことに、ワルシャワではこの頃、ヒップホップがスケーター・カルチャーと結びついていたようだ。第一世代のラッパーの多くは、ラップミュージックがＢＧＭに使用されていた、ケーブルテレビのスケート動画でヒップホップに出会った。もっとも、スケーター・カルチャーではもともとパンクやハードコアが聴かれていたため、この結合は一時的なものだったらしい。

エルドがラップを始めるきっかけとなったのは、九七年にポーランドを来訪したラン・ディーエムシーのコンサートに行ったときのことだ。前座に出演していたモレスタやカリベルといった、ポーランドのヒップホップ・ユニットのパフォーマンスを観ていたときのことを彼は熱く語った。

ライヴを見ていたら、なんともいえない感情が沸き上がってきて「俺はいつかあそこに立つぞ、あれがきっと自分の居場所になる」と思ったんだ。

そこからの行動は早かった。小学校時代の同級生がラップ・ユニットをやっていることを知ったエルドは、彼らの次のライブまでにリリックを書くから出演させせろ、とせがみ、半ば強制的に出演した。そして、そのライブで手応えを感じた彼は、同じ団地に住んでいたヨトゥゼを誘い、グラマティクを結成したのである。プロデューサーのヌーンとは、インターネット上のヒップホップに関する掲示板で募集をかけて出会い、意気投合した彼らは出会った三日後にはレコーディングを始めた。

グラマティクのデモテープ『EP』(1998年)

このようにトントン拍子でデモテープ『EP』の制作を終えたグラマティクは、当時、最も効果的なプロモーション方法だったラジオのヒップホップ専門番組にデモテープを売り込むことにした。しかし残念ながら、最も視聴者数が多かった「コロルショク」は出演直前に番組が終了してしまった。彼らの前にゲスト出演したグラフィティライターたちが、出演後、ラジオ局の建物中にグラフィティを描いてしまったことで、番組を担当していたパーソナリティのボグナ・シフィョントコフスカが局から追い出されてしまったのだ。そこでグラマティクは、もう一つのヒップホップ専門ラジオ番組「ラポテカ」に出演し、『EP』の楽曲を流してもらった。この放送で「翌日には世界が一変したんだ」とエルドは言う。デモテープは飛ぶように売れ、小さいところではあるもののレーベル契約にこぎつけた。そしてポーランド中をツアーするようになった。

『街の灯り』が大ヒットとし、年間一〇〇本ものライヴを行っていたグラマティクだが、その後まもなくしてヌーンと『街の灯り』にのみ参加していたラッパーのアッシュ（Ash）が脱退し、人気絶頂期にグループとしての活動を休止することとなった。エルドはそのままソロ活動を開始し、ソロでも堅実なキャリアを築いている。グラマティクはその後、ヨトゥゼとエルドの二人組で活動を再開し三枚のアルバムを発表したが、二〇〇〇年頃に並ぶほどの成功を収めることはなく、二〇〇八年に解散した。エルドも、そして多くのリスナーも、グラマティクにはやはりヌーンが不可欠だと考えていたようだ。

二〇一七年にグラマティク結成二〇周年記念の特別コンサートを行った際には、脱退したヌーンも参加して話題を呼んだ。そのときにエルドは新曲の可能性について聞かれ、「ヌーン、ヨトゥゼが揃わないグラマティクの新曲はありえない」と答えている。[*4] ヨトゥゼはグラマティク解散後、実質的にほぼ引退状態であったこと、ヌーンも自身のアーティスト活動で忙しいことを考えると、今後の再結成の可能性は低いだろう。だが、彼らの最高傑作『街の灯り』がポーランド・ヒップホップの金字塔の一つであるという事実は、今後も語り継がれていくはずだ。

九〇年代のポーランド――お金の価値の変化

見たか？　幸せが俺たちから逃げていく
一〇年前誰かがより良いバージョンを約束した〔民主化された八九年のこと〕
俺の夢なんてクソくらえ
起こるべきならまもなく起こるはず
でも状況が良くなるなんて信じるなよ　賢くなれ
運命は一人じゃ変えられない　近道だってない
俺の背には灰色の、背の高いバウティ〔団地名〕
俺が育った、愛する場所
共産時代は監視人がポストの中を覗いていた
良くなる変化？　信じないね
団地のストーリーを見てみろ
ここは仕事がない人でいっぱいだ

オー・エス・テー・エル（O.S.T.R.）「確かなこと2（Masz To Jak W Banku2）」

エルドは、ヒップホップに出会って夢中になり、ラッパーの道を進むようになった九〇年代を懐かしむように話したが、九〇年代のポーランドは実際のところ苦しい時代であった。ポーランドは民主化にあたり、社会主義経済体制から市場経済体制への転換することになったが、ショック療法と呼ば

2023年6月。ワルシャワにて。左は筆者。右がエルド。

れる短期間で構造改革を目指す方法が取られた。その結果、一時期は経済が不安定になり、九三年には失業率が一六パーセントにも上った。しかし犠牲を伴いながらも経済の調整が進み、九二年にはポーランド経済はプラス成長に転じた。この間には主に国営企業の民営化、外国資本の流入、貿易の自由化などが行われ、混乱がありつつもEUやアメリカによる支援により経済成長をとげることができた。しかし九〇年代後半になっても失業率は依然として高く、約一〇年間の間に九回も政権が交代するなど、国民の政治に対する不満や不信感は大きかった。[*5][*6] エルドはこの体制変化についてこう語った。

ポーランド人は確かに西側の影響を貪欲に受け入れた。突然、カラフルな世界がやってきたような感覚で、ヒップホップにまつわるすべての要素が手に入るようになった。俺らが生まれ育ったのは物資がない時代だったけど、まさに大人になろうとする十代後半〜二〇代前半の時期に最も強力な形で資本主義が入ってきたわけだ。自由市場が入ってきて、共産主義時代に伝統的だった工業系の事業が下落し、人々は突如、どうやって稼ぐかを自分で管理しなきゃいけなくなった。

この時代は資本主義と同時に、競争社会も国に入ってきた。これにより市場成長は促進されたが、金銭を巡り、争いや汚職も増えるようになった。この傾向は、二〇〇三年頃の汚職の年間被害者率がOECD諸国の平均一・九パーセントに対し、ポーランドは四・四パーセントと高い水準であったことからも伺える。*7

でも、やっと西側に行けるようになったんだ。西側の言語を覚えることができた。そして外国人がポーランドに入ってきた。この変化の時期は非常に重要だったが、精神的にはポーランド人はまだその影響下にあると俺は思う。それに、この変化は必ずしもポジティブなものだけをもたらしたわけではなかった。九〇年代ポーランドは病的な状態にあった。組織犯罪が増加したり、汚職が蔓延したりといったことは、突如として大金が入ってくるようになったことと関係している。

また組織犯罪の増加に伴い、この時期のポーランドには多くの違法薬物が入ってきて社会問題となった。エルド曰く、団地中の住民がヘロイン（ワルシャワではブラウンと呼ばれていた）中毒になった地域もあったそうだ。このことはワルシャワのヒップホップ・ユニット、ヴァルシャフスキ・デシュチュ（Warszafski Deszcz）の一九九九年の楽曲「アルミニウム（Aluminium）」が象徴的に表現している。

アルミホイルがかさかさ鳴る〔ヘロインを炙る行為〕
気持ちいいのかよ？
（中略）
見ろよ、あの空虚な目　ブラウン中毒

何のことか分からないなら、ちゃんと知れよ
すごく痛い　手に追えなくなってしまった
アルミホイルの新たな犠牲者
大都会にゾンビが増えていく
どうしたらこれほど全てを台無しにしてしまうことができたんだ?

体制転換による経済・社会の変化が音楽やリリックにもたらした影響は甚大なものだったとエルドは言った。その一方でラッパーたちの政治への関心は薄かったようだ。というより、期待値がゼロだったといった方が近いのかもしれない。「ヒップホップは八〇年代のパンクが持っていた反骨精神の継手として、少しアナーキーな思想があったから、政治は汚いから脇に置いておこうという風潮があったんだ」。

エルドが言うように、九〇年代後半から二〇〇〇年代前半にかけて、資本主義・商業主義が西側から押し寄せてきた。社会主義時代の価値観が大きく揺さぶられるなか、ポーランドのラッパーたちは「ヒップホップで稼ぐ」ことに対して強い抵抗や反発、戸惑いを持っていた。

そんな彼らの典型的なテーゼが見てとれるのは、モレスタに所属するラッパー、ヴウォディ（Włodi）の一九九七年の楽曲「名声のためじゃない、カネのためじゃない（Nie dla sławy i nie dla pieniędzy）」だ。タイトルから分かるように、ラップはカネのためにやるものじゃない、と力強く主張している。これがシーン全体に広がっていた考えだったために、ワルシャワのラッパー、テデ（Tede）が二〇〇〇年頃に「ヒップホップで稼ぐ」という主旨をラップした際にはシーンから大きなバッシングを受けた。

そんななかでエルドは、ヴウォディのこのスローガンに異を唱える数少ないラッパーの一人だった。

俺には当時のあの傾向が理解できなかったよ。ミュージシャンがお金を稼ぐと、それはセルアウトだっていうステレオタイプがあった。だが、ミュージシャンになり、成功して人気が出たら、その結果としてアルバムが売れてお金を稼ぐことになるのは自然なことだろ？　テデはいつも身近な存在だったけど、彼がお金を稼ぐことについて正直に表現して受けた攻撃的な批判は、俺には理解できなかったね。「無料（Friko）」を書いたのは当時の状況がおかしいと思ったからだ。

グラマティクの代表曲の一つでもある「無料」は、まさにお金を稼ぐことをテーマに論理的にラップした名曲で、当時シーンに蔓延していたスローガンへのアンチテーゼとなっている。

お金では幸せを買えないってよく言うよね。それは事実かもしれないけど、お金は確実に自由をくれる。幸せを得るための選択肢を入手できる。だからこそ、そのことを曲の中でラップしたんだ。

アメリカのヒップホップ・シーンでも、セルアウトしたことを批判するような楽曲はあるが、基本的にはいかにお金を稼いでビッグになるか、ゲットーから抜け出すか、といった考えが根底にある。それに加え、ヒップホップ自体がメインストリームとなった現代では、セルアウトという概念自体が薄れつつある。ポーランドでも、このような商業主義を忌避する一種の美意識のようなものが存在したのは一時的なことだった。

明日コンサートをやる　その分の支払いをもらうんだ
新しいレコーディングの資金になり　家賃も払える
驚いてんのか？　俺たちの仕事はライムとビート
ポーランド・ラップのCDを買えよ
（中略）
覚えとけ　カネは目的に到達するための手段でしかないんだ
（中略）
俺のポケットがカネでいっぱいだったらな
ヤマハの店から一番いいものをすべて持ち出せるのに
（中略）
俺たちは皆アーティストだけど　同時に人間でもある
だって吸い込む空気じゃ子供を食わせてやれないだろ
誰だって食わなきゃいけないんだ　俺だって必要なことがある
まずライムを書いて　あとでギャラをもらうために列に並ぶ
分かってるだろ？　タダのものなんて無いのさ

グラマティク「無料」

実際にラッパーたちが大金を稼ぐようになると、当時のスローガンにあったような考えは次第に姿を消していった。『街の灯り』リリース後に人気絶頂期のグラマティクが、二五〇〇人収容の会場を売り切ったコンサートで受け取った報酬はたった一六〇〇ズロチ（約五万円）だった。それでも当時の若者にとっては大金にあたる額であり、一ヶ月に八回ライヴをやれば両親の月収を超えるほど稼ぐことができたと言う。その後、ヒップホップ人気が高まるにつれ、アーティストたちが稼ぐ金額も増加していった。これはポーランドが二〇〇四年にEUに加盟し、安定した経済的成長を続けてきたこととも無縁ではない。ポーランドの一人あたりの名目GDPは二〇〇四年の約六六八〇米ドルから二〇二二年には一八三四〇米ドルまで大きく成長している。*8

現代はラッパーがマクドナルドと契約し、一〇〇〇万ズロチを稼ぐ時代になった。昔はどこかの企業と広告契約するなんてありえなかったよ。それはセルアウトを意味したからね。テデですらそんなことしなかっただろう。

とエルドは振り返る。

今はかつてとは真逆の価値観になっているわけだ。今は稼ぐことが一番大事になっているんだから。アーティストとしてのステータスは、芸術的に価値のある曲を作ることではなく、たくさん稼ぐことになっている。それがいいか悪いかは別にしてね。

ただ一つ言えるのは、現代のラッパーたちが稼げるようになった状態は、エルドらパイオニア・ラッパーたちがシーンを築き、盛り上げてきたからこそ実現したものだということだろう。

文化として評価されるヒップホップと世代交代

二〇一〇年代以降のポーランドのヒップホップ・シーンは、メインストリーム・カルチャーへの成長、文化としての評価、次世代の台頭が主なキーポイントになる。前述したように、映画『お前は神だ』以降、ヒップホップがエンターテイメント界に受け入れられると、一気にメジャーな音楽ジャンルとしてシーンでの存在感を増していった。二〇一六年に続き、二〇一七年も年間総合チャートでラップ・アルバムが一位となり、多くのヒップホップ、ラップ・アルバムがランキングの上位を占めるようになっている。[*9] この傾向は二〇二〇年代に入っても変わらず、ますます拡大しているようだ。

そしてそれに伴い、ヒップホップとさまざまな他ジャンルの音楽やカルチャーとのコラボレーションが増加するようになった。音楽面では、まず二〇一二年にプロデューサーのドナタン（Donatan）がポーランドの民族音楽とヒップホップを融合するというコンセプトで制作し、総勢三〇名のラッパーが参加したアルバム『彼岸、スラヴ魂（Równonoc. Słowiańska Dusza）』がリリースされた。本作ではこれまで掛け合わされたことのなかったジャンルの融合によって非常にユニークなサウンドが生まれ、また各曲のコンセプトに合わせたMVが数本作られたこともあり、大きな注目を浴びた。ドナタンはこのプロジェクトについて、「以前はエスニックなサウンドを引用したくてさまざまな国の伝統音楽を探していたが、ある時、自分たちのルーツにも誇るべき豊かな伝統音楽があるじゃないか、と気付いたのがきっかけだ」とインタビューで話している。[*10]

また二〇一五年にはカトヴィッツェ出身のラッパー、ミウォシュ（Miuosh）がポーランド国立放送交響楽団（NOSPR）と作曲家で指揮者でもあるアーティスト、ジメク（Jimek）とコンサートで共演し、それをコンサートアルバム『二〇一五』としてリリースするプロジェクトが実施された。つまりヒップホップがフルオーケストラで演奏される企画であり、後日公開されたコンサート映像を見ると、ストリートの音楽であるヒップホップと、オーケストラによるクラシックの融合が圧巻のパフォーマンスであった。ちなみに、ジメクは同じ企画でアメリカのヒップホップ・クラシックメドレーを指揮し、ポーランド国外からも多くの賞賛を集めた。

このほかに、この時期にはかつてはセルアウトだとして避けられていたポップス・シンガーとのコラボも増え始めた。サビのメロディーをシンガーが歌い、その他のヴァースがラップで構成される一般的なコラボのほかにも、ヒップホップ・レーベルのアルコポリガミア（Alkopoligamia）は、過去のポーランド・ヒップホップの名曲をジャズやポップスのミュージシャンが新解釈でカバーする、というコンセプトでコンピレーションアルバム『あるいは別のやり方で（Albo Inaczej）』を二〇一五年に発表し、このアルバムが好評を博したためシリーズ化した。

また同じ年に、二〇世紀ポーランドを代表する詩人の一人、タデウシュ・ルジェヴィチ（Tadeusz Różewicz）の詩を、人気ラッパーのソクウ（Sokół）やハデス（Hades）がラップ・アルバムとして発表するというプロジェクトも行われた。さらに二〇一九年にはカトヴィッツェのシロンスク博物館で、九〇年代のシロンスク地方で興ったアンダーグラウンドのヒップホップシーンを回顧する大規模な展覧会が開催された。こうした詩やアートなどの異なる文化とのクロスオーバーが出てくるようになったのも、ヒップホップがカルチャーとしてポーランド国内で認められたことを示していると言えよう。文化としての再評価が進む一方で、ポーランドでもトラップが台頭し、次世代のラッパーが続々と活躍するようになった。長く活動するベテランでトラップを取り入れるラッパーは少なく、まさにトラップの流行を分岐点として世代交代が始まっているようである。こういったシーンの変化をエルドはどう見ているのか。

俺たちは、今の若者にとっては歴史博物館に展示されている恐竜みたいなもんだよ。存在していた価値はあるけど、今は生きた伝説のように思われている。でも俺たちはもうアーティストとしての価値を若者に提示できないんだ。逆も然りで俺には今のヒップホップは聴けないよ。俺は自分の曲を通じて意味のあるメッセージを届けたいし、そういう音楽を作りたい。でも今はリリシストと呼べるラッパーは五本指で数えられるくらいだ。

エルドは世代が変わりつつあることを強く認識していた。またトラップの流行による影響で、一曲の中で使われる言葉数も減ったと分析する。

黄金時代のスタンダードは一ヴァースで一六行だった。一曲書くときはヴァースが二、三個、つまり合計四八行のリリックが書かれるわけだ。最近は四八行のリリックがあったら三曲できてるよ。客演するとき、「何行くらい用意すればいい？　一六行？」って聞くと「いや八行でいいよ」ってよく言われるんだ。それか一二行とかね。一六行は多すぎるらしい。

時代の変化を肌で感じつつ、自分のスタイルを貫いてきたエルドは新しいトレンドに迎合する気はないようだ。彼が最後にアルバムを出したのは二〇一六年の『犬の（Psi）』で、音楽的には引退に近い状態だと漏らす。

アルバムの売上でみると、キャリアで最高潮だったのは二〇一〇年の『千一夜のノート（Zapiski z 1001 nocy）』だ。アルバムチャートでも確か八週間一位だったし、ノンストップでツアーしてた。ある時点で終わりにする時がくるだろうというのは分かってたよ。サブカルチャーというのは若者が好むものだ、特に反抗と結びつくものはね。結婚して家族ができるとそういう反抗心は薄れていくものだし、大人になるにつれダボダボのパンツ履いていたのに、パンツの幅が狭くなる、ということだよ（笑）。ただ、俺は幸せ者だったと思う。二五年間ずっと好きなことだけをやって自由でいられたから。俺は今でもこのサブカルチャーを愛しているし、人生で出会えた最高の出来事だと思っているからね。

まるで完全に引退したかのような話しぶりだが、ニューアルバムを発表する計画もあり、エルドはラッパーとしてのキャリアを終わらせたわけではない。もはやヒップホップ・シーンのスタンダードとなったトラップを、エルドが取り入れることがないことは想像できるが、それでもなお表現者としてエルドがシーンに貢献していく姿をこれからも期待したいものだ。

ここまで、ポーランドにおけるヒップホップ・カルチャーの歴史やその特徴、社会的背景などについて、エルドのライフストーリーを通して見てきた。エルドの体験談から、社会主義から民主主義への体制転換を経験した世代ならではの視点や、ポーランド・ヒップホップの地盤を育んだ社会情勢について、より深く掘り下げることができたように思う。

ポーランド・ヒップホップの特徴のなかでも特に印象的なのは、二〇一〇年代以降にみられる他文化とのクロスオーバーだ。ヒップホップをオーケストラで演奏するジメクとミウォシュのプロジェクトは人気を博し、二〇二二年にはポーランド・ヒップホップの歴史をオーケストラによる演奏と三八名のラッパーによるパフォーマンスで辿るコンサートが開かれ、翌年には第二弾も開催された。また有名詩人の詩をラップで表現したり、逆にラップの名曲を他ジャンルの音楽で再解釈したカバーが出たりするなど、一度愛されたものに敬意を持って別の解釈を行い愛し続けていく、という傾向もみられる。これはラップに限らず、ポーランドでは他の音楽ジャンルでも見られる特徴だが、過去の詩や名曲を現代に引き継いでいく土壌があり、そこにポーランド文化の豊かさを感じられる。今やポーランド文化の一部となったといえるヒップホップもまた、その土壌の上で他文化とのクロスオーバーがなされ、人々はそれを自然に受け入れているようだ。

私の知る限り、このようなストリート文化とハイカルチャーや伝統文化の融合は、まだ他国ではそこまで多くみられる現象ではなく、ここに文化を大切にするポーランド人の精神が感じ取れるように思う。ふりかえってみれば、ポーランドは一八世紀末より一二三年間、領土を分割され、一部ではポーランド語の使用を制限されるなどの憂き目にあったが、これによって民族意識が薄れることなく、自らの文化を守り抜いてきた歴史がある。この精神が現代にも受け継がれているからこそ、文化を評価し、大切にする土壌があるのではないだろうか。また、エルドがインタビューのなかで「（第一世代の）多くのラッパーが非常にクオリティの高いリリックを書いてきたし、これは誇りに思っていいと思う。ポーランドは昔から質の良い詩や表現を書く文化があった。ラップはそれを引き継いでいる」と話していたように、その精神はラッパーたちにも受け継がれていると感じた。

最後に、ポーランド・ヒップホップの発展について解説しつつ、その進化について黎明期から活動するパイオニアとしてエルドの語りに耳をそばだてることができたのは、貴重な体験だった。本稿を通じて多くの方がポーランド・ヒップホップに関心を持っていただければ幸いである。

参考文献

平井ナタリア恵美『ヒップホップ東欧』パブリブ出版、二〇一七年。

注

＊1 NOIZE.PL"SPRZEDAŻ BILETÓW WZROSŁA O 1000 PROC.". POLSKI RAP JEST SILNY JAK NIGDY（二〇二二年八月一二日配信）https://noizz.pl/kultura/sprzedaz-biletow-wzrosla-o-1000-proc-polski-rap-jest-silny-jak-nigdy/tsvkk3n

＊2 ZPAV "W 2016 roku najlepiej sprzedającym się albumem było "Życie po śmierci" O.S.T.R."（二〇一七年一月一二日配信）http://bestsellery.zpav.pl/aktualnosci.php?idaktualnosci=1465

＊3 ポーランド語ではシュやジュといった子音が多く聞こえるため、このような表現がされている。

＊4 Popkiller "Eldo - wywiad na 20-lecie: jubileusz, Grammatik, zmiany i nowa szkoła"（二〇一七年一二月一六日配信）https://www.popkiller.pl/2017-12-16%2Celdo-wywiad-na-20-lecie-jubileusz-grammatik-zmiany-i-nowa-szkola

＊5 田口雅弘「移行期ポーランドにおける政治変動と経済変動の相互依存」『立命館国際研究』一五巻三号、pp.157-180、二〇〇三年。

＊6 田口雅弘、岡崎拓「現代ポーランドの国家発展戦略と経済成長の原動力」『岡山大学経済学会雑誌』五一巻二―三号、pp.15-37、二〇二〇年。

＊7 鈴木拓、溝端佐登史「移行経済諸国の倫理破綻と汚職行動——体系的レビュー」『比較経済研究』五五巻一号、pp.23-43、二〇一八年。

＊8 IMF "World Enocomic Outlook"（二〇二三年一〇月発表）https://www.imf.org/external/datamapper/NGDPDPC@WEO/POL?zoom=POL&highlight=POL

＊9 ZPAV "Najlepiej sprzedającym się albumem ubiegłego roku była płyta rapera Quebonafide "Egzotyka""（二〇一八年一月一七日配信）http://bestsellery.zpav.pl/aktualnosci.php?idaktualnosci=1607

＊10 UrbanRecTV "Donatan Równonoc Wywiad"（二〇一二年四月六日配信）https://youtu.be/2mZpJ-QP56A?si=Zle5Cy3tn4vO7zwI

モンゴル

共起するナショナリズムと社会批判
――モンゴル・ラッパーたちの二重意識

島村一平

俺の故郷は銃が許されない街だが　ここはもうコンプトンだぜ

Young Mo'G

1　はじめに

モンゴルはヒップホップがざわめく国だ。

モンゴルではヒップホップのMVのYouTube動画再生回数が一〇〇万回を超えることも珍しくない。最近では、民族スポーツの祭典「ナーダム」に合わせて発表された若手ラッパー、ヤング・モジー（Young Mo'G）によるパーティーチューン「NAADII（ナーダムやろうぜ）」（二〇二二）のMV動画再生回数が二二〇〇万回を超えた（二〇二四年一月時点）。今や彼はモンゴルの市民から圧倒的な支持を得るラッパーとなった。また昨年八月一九日、タタールというベテランのヒップホップ・ユニットが結成二〇周年記念コンサートを開催し、四万三〇〇〇人もの観客動員を記録した。

モンゴルの人口は三四〇万人程度であり、日本の人口の三〇分の一にも満たない。そのような状況のモンゴルで、ヒップホップ曲のMVは二〇〇〇万回以上にものぼる再生回数を記録し、先述の通り、

ラッパー Young Mo'G。大ヒット曲 NAADII（2022年）の MV より。

四万人を超えるライブ動員数を記録している。[*1] このことからも、いかにこの国でヒップホップが大きな人気を集めているのかが分かるだろう。

ラップ・ミュージックは、ヒップホップの四大要素のひとつであるが、モンゴルでは「ラップ・ミュージック」という呼称よりも、「ヒップホップ」という呼称の方が一般的だ。それに倣い本稿では、「ヒップホップ」は、ラップ・ミュージックを指すものとする。

ヒップホップは、アメリカの黒人たちの社会矛盾に対する叫びから生まれた。モンゴルのヒップホップ人気も、貧富の差や環境汚染、政治腐敗などが大きな社会問題となっていることと無縁ではなく、ラッパーたちは、舌鋒するどく政治家や社会批判をする。例えば、モンゴル・ヒップホップのオリジネーターのMCIT《エムスィット》は、「大統領への手紙」（二〇〇〇年頃）という曲で、貧しい庶民の視点から当時の政府の無為無策を強烈に皮肉った。ゼロ年代から現在に至るまで、モンゴル・ヒップホップの代表的なグループとして活動し続けているICE TOPも「76」という曲で汚職をする国会議員たちを歯に衣着せずに批判した。さらに「モンゴルのヒップホップの帝王《ハーン》」BIG GEEも貧困や鉱山開発といった環境破壊に切り込む、コンシャスなリリックを放ってきたことで知られる。

その一方で彼らは、ウルトラナショナリストと評せるほどの、強烈な自民族愛をラップで訴える。おそらくモンゴル愛を歌わぬラッパーはほとんどいない。このような社会批判性とナショナリズムがまるで共起表現のように併存する点が、モンゴル・ヒップホップの大きな特徴だといえる。日本ではナショナリスティックな歌詞を歌う者は、体制批判や社会批判をしない傾向が強く、逆に体制批判や社会批判をするアーティスト（少数派だが）が「愛国主義」を歌うことは稀だ。ところがモンゴルのラップの場合、それが当たり前かのように両立しているのである。本稿では、それをナショナリズムと社会批判の「共起」と呼んでおこう。そこでモンゴル・ヒップホップの歴史を振り返りながら、「社会批判するナショナリスト」としてのモンゴル・ラッパーたちのラップを紹介していくと同時に、その背景について考えていきたい。

モンゴルでオリジナルのヒップホップ（ラップ・ミュージック）が生まれたのは、一九九八年頃のことだ。またたく間にヒップホップはモンゴルの人々を虜にしていき、今やヒップホップはモンゴルの「固有の文化」と呼べるほどの進化を遂げている。

そもそもモンゴルでは韻を踏む口承文芸が発達しており、現代に至るまで韻詩の伝統が引き継がれていた。ラッパーたちは伝統の韻踏み技術に加えて、モンゴル語の音声的特徴を生かし、子音を多く重ねてパーカッシブなラップを作り上げていった。またリエゾンを使うことで新しい韻踏み技術を生み出し、モンゴル・ラップは進化を遂げてきた。さらに、馬頭琴やペンタトニック音階（民謡音階）をビートに用いることでモンゴルらしさを強調する。

筆者は、そんなモンゴルのヒップホップとラッパーたちを追いかけ、二〇二一年、『ヒップホップ・モンゴリア――韻がつむぐ人類学』（青土社）を上梓した。同書のあとがきでは、モンゴルのラッパーたちの世界進出に夢を託していたが、彼らは現在厳しい現実に直面している。世界を襲ったコロナ禍、政治不信、ポストコロナの経済不況と自国に対するプライドとの間のジレンマ。しかし、そんな中でもモンゴルのラッパーたちはラップすることをやめなかった。本稿では、そんなヒップホップ・モンゴリアの最新状況も描き出したい。

2　ウランバートルの光と影

本題に入る前に、簡単にモンゴル・ヒップホップの揺籃の地、首都ウランバートルの概況を簡単に説明しておこう。一〇〇年前、人口六万人程度だったこの町は、今や人口一六八万人の大都市に成長している。ちなみに前作『ヒップホップ・モンゴリア』では、二〇一九年のデータから一四九万人だと紹介していた。ここ四年の間に約二〇万人近く増えたことになる。そしてモンゴル国の人口の半分がウランバートルに集中している。

モンゴルといえば、大草原と遊牧民のイメージで語られることが多いが、実は遊牧民はもはや総人口の一〇パーセントにも満たない。急激な人口流入とグローバル化が進むこの都市では、高層ビルの建設が進み、街の中心部には高級ホテルや高級レストランが立ち並ぶ。二〇〇〇年代以降、鉱山開発によりモンゴルの経済は急成長し、煌びやかな都市文化が花開いていく。その陰で貧富の格差は拡大し、明日のパンにも困りゴミを漁って暮らすウェスト・ピッカーが街に見られるようになった。

ウランバートルは、南北を山に挟まれた盆地にある。政府庁舎のあるスフバートル区を中心に都市は、東西に細長く広がっている。街の中心部周辺は、高層ビルが立ち並び、社会主義時代に作られたソ連式の集合住宅の合間にタワーマンションが林立するようになった。

都心部のタワーマンションや高層ビルはセントラルヒーティングが完備され、氷点下三〇度を超える真冬でも、室内は常に二〇度ほどに保たれている。しかしこのような快適な暮らしを享受できるのは、この都市の住民のうち半分弱に過ぎない。残りの人びとは、「ゲル地区」と呼ばれる暖房や上下水道が整備されていないスラムで暮らしている。

ウランバートルが抱えるもう一つの大きな問題は、世界最悪レベルの大気汚染だ。この街が、「ウランバートル（赤い英雄）」ならぬ、「オターンバートル（煙の英雄）」だと住民に皮肉られるようになって久しい。一方で政治家や会社経営者といったモンゴルの富裕層は、大気汚染の影響が少ないウランバートル南部のボグド山麓に豪邸を建て暮らしている。

ウランバートルのゲル地区　2014年筆者撮影。

そんなウランバートルでヒップホップの震源地となったのが、「ゲル地区」である。ゲル地区は、ウランバートルの中心部から東西および北に向かってスプロール化している。自然災害で家畜を失って食い詰めた遊牧民たちや、仕事のない地方都市や村の出身者が、ゲルを持って次々とウランバートルへ流入しているのである。

ゲル地区は「ハシャー」とよばれる二メートル以上の高い柵で区切られており、路地は細い。近所付き合いはほとんどなく、治安も悪い。以前と比べ舗装道路は増えてきたが、上下水道が整備されていないため、丘から汚水が流れ出していることも少なくない。電気の整備も進んできたが、セントラルヒーティングがまだ来ていない。したがって暖をとるために石炭ストーブを用いるため、排煙が出されウランバートルの大気汚染を進めている。

　ウランバートル市の中心に住む市民は、地方から流入してきたゲル地区の住民を見下す。彼らは、大気汚染や車の渋滞、都市の犯罪の増加やモラルの低下といったウランバートルの社会問題の原因をすべてゲル地区の地方出身者に求める傾向が強い。その一方でモンゴル政府はここ二〇数年、地方に対しては遊牧民から税金を取り立てるばかりで、地方のインフラへの関心は低かった。

　そんなゲル地区こそ、モンゴル・ヒップホップの揺籃の地である。モンゴル・ヒップホップのオリジネーターである「ダイン・バ・エンヘ（Dain ba Enkh、戦争と平和）」のクルーたちもこの地区の出身だ。ゲル地区の少年たちがつくったアンダーグラウンドのヒップホップ・クルー、ギャングスタ・セルヴィス（Gangsta Service）は、露天市場があるデンジン・ミャンガ（丘の千軒）をテーマにした曲「D-thousand」（二〇〇九）で、この地区のリアルを以下のようにラップする。

ゲル地区中のみんな　俺についてこい
仔牛が二歳牛になるのはたわいもない
粋がったクソ野郎*2　命を落とすかもしれねえぞ
俺の神は、Mobb Deep なんだぞ
（中略）
ストリートじゃカツアゲ《バリア》されるぞ　あっち行け
強姦　強盗　泥棒　また強盗
石とナイフで喧嘩が多発

D-thousand だ　これを覚えておけ

ウランバートルの中心部からは想像がつかないような、荒涼とした都市富裕層に対するルサンチマンが充満した世界がゲル地区には広がっている。ここは、モンゴルのゲットーなのだ。

3　ポスト社会主義とＭＣＩＴの抵抗

一九二四年からおよそ七〇年間、モンゴルはソ連の影響下に置かれ社会主義体制だった。そのため、モンゴルのポピュラー音楽、とりわけヒップホップの歴史は浅い。社会主義体制下では、言論や表現の自由が厳しく制限されていたが、一九八九年一一月にベルリンの壁が崩壊すると、モンゴルでも民主化を要求するデモやストライキが国中で組織されるようになった。モンゴルのヒップホップを追ったドキュメンタリー映画『モンゴリアン・ブリング』でも触れられているとおり、ポピュラー音楽はモンゴルの民主化運動で重要な役割を果たしている。

民主化運動において最も重要なアイコンとなったのは、かつてソ連の圧力の下で語ることが許されなかった「チンギス・ハーン」だった。当時、ロック・バンド「ホンホ（鐘）」は、チンギスについて「社会主義時代に記念すべき御名を歌にもできず、お呼びしたかった御名を口に出すことすら恐れてきた。哀れな我らを許したまえ」と歌い、市民から熱狂的に支持された。当時のモンゴルの人々は、民主化運動をソ連のくびきから離れる一種の「民族復興運動」でもあるとも認識していたのである。

一九九〇年七月、自由選挙が行われ、一九九二年二月にモンゴル人民共和国は社会主義を放棄した。

国名も「モンゴル国」と改め、市場経済・自由選挙を導入した民主主義国家として再出発することとなった。この頃、モンゴルにロック、ポップス、ヒップホップといった「西側の音楽」が洪水のごとく流入してくるようになった。それに呼応する形で、様々なジャンルのバンドが結成されるようになった。

このような西側のポップスの流入は、一九九五年のFMラジオ局の開局とケーブルテレビの放送の開始によってさらに加速した。また安価なケーブルテレビの普及により、モンゴルの人々は数百チャンネルにものぼる海外のテレビを視聴できるようになった。その結果、MTVに代表される音楽チャンネルが毎日放送されるようになり、FMラジオでも欧米のポップスが常に流れるようになった。

九〇年代末には、アメリカの影響を受けたヒップホップグループが登場しはじめる。九〇年代半ばからMTVを見て影響を受けた若者たちがグループを組んでブレイクダンスを始め、ラップもするようになった。

一九九七年に、自ら詞を書きモンゴル語でラップするグループが登場する。ダイン・バ・エンヘ（戦争と平和）やルミノ（Lumino）といったグループだ。彼らは〝伝説の黒人〟ジェイソンから薫陶を受けた若者たちだといわれている。このジェイソンについては、いまだに謎が多いのだが、九〇年代に英語教師としてモンゴルに滞在していた人物だと伝わっている。彼は、FMラジオのDJも行いモンゴルにヒップホップを紹介した第一人者といわれている。英語が苦手だが音楽の才能があったゲル地区の貧しい少年に、彼はシンセサイザーでの打ち込みを教え、英語が得意であった都心のエリート層の少年たちには、ライムの方法を伝授したのだという。

そのジェイソンにシンセサイザーを学んだゲル地区の少年が、ヒップホップ・ユニット、ダイン・

バ・エンへのMCITこと、D．エンフタイワン（一九七六―二〇一二）である。彼は独学で英語を学び2PACの歌詞を翻訳し始めた。彼は驚くべきことに自力で学ぶことでヒップホップとは何なのかを理解していた。一方、ライムの方法を伝授された都心の少年たちがルミノのメンバーたちやクイザ（Quiza）といったラッパーだった。MCITは、アーティスト活動にとどまらず、ラジオのDJやヒップホップのニュースを伝える新聞の創刊など、幅広い普及活動を行い、総合プロデューサーとして活躍したことで知られている。まさにモンゴルにヒップホップ文化を根付かせた立役者であったが、若くして非業の死を遂げてしまった。その詳細は拙著に譲りたい。

やがてモンゴルのヒップホップは、「ゲル地区派」と「都会派」という二つの流派に分かれ、互いにディスりあうようになった。ゲル地区派は、ラブソングも時おりつくるものの、社会批判を前面に押し出したラップを多くするようになる。これに対して都会派はラブソングを中心とした「コマーシャルラップ」を主に歌うようになっていった。ただし本稿では、モンゴル・ヒップホップにおける社会批判やナショナリズムをテーマとしているので、「ゲル地区派」のアーティストの曲を中心に紹介するものとする。

ゲル地区派のオリジネーターであるMCIT（ダイン・バ・エンへ）が2PACに影響を受けて創った「大統領への手紙（Erönkhiilögchid bichsen zahidal）」は、ポスト社会主義期の過酷な現実をえぐり出している。パンチの効いたリズムとベースにピアノが乗るところは、Words of Wisdom を彷彿とさせるビートだ。

大人しいモンゴル国民たちは、数千トゥグルクの給料を家族で分けて

なんとか暮らすために一トゥグルグまで細かく計算して
朝も昼も食べず夜は一杯のうどんを食べてます
石炭の煙で霧のようになったこの首都で
石炭を燃料にしたゲルで　石のように固くなった古い茶で入れた黒茶を飲み
一切れのパンに昨日の残りを食べるか　何も食べないのが朝ごはん
（中略）
国のお偉いさんたち　あんたたちは
祖国や国民の名誉を高めるのが仕事であって
自分の親族やお仲間たちにだけに徳を施すのは
やっちゃいけないことでしょうが

何年か灰色の政府宮殿で　けんかを重ねてつくった法律も
それを逸脱する権限を　官僚たちに与えているだけじゃないんすか
法律って誰に有効なもんなんっすか
貧しい国民を抹殺するためにつくった命令ですか

時空を超えて我々の心にも刺さるリリックであるが、この曲は放送禁止処分をうけてしまう。その後、都会派のルミノがラブソングでヒットを飛ばしていく一方、ダイン・バ・エンへは静かに表舞台から消えていった。

4 ICE TOP の時代——ゼロ年代

ゼロ年代になると、伝説のヒップホップ・グループICE TOPが登場する。ICE TOPは、メンバー全員が社会主義末期の新興住宅地である第一地区の出身である。彼らはゲル地区出身ではないが、舌鋒鋭いポリティカル・ラップを展開する。例えば、「76」（二〇〇二）では、腐敗した国会議員を強烈に批判した。タイトルの76は、当時のモンゴルの国会議員の定数を意味している。

柔らかい椅子からケツを上げることなく　毎日話し合い
正しいか、間違っているか　たーくさんの法律を決めて
ほんのちょっとだけ　国民の前にテレビで姿を見せて
実行はしないくせに　口約束ばかりの七六人にこの歌を捧げる

飲んで食って　腹いっぱいになって　喉につかえているじゃないか？
国をゴミにするためにおまえたちは今　しなくちゃいけないことをやめたんじゃないのか？
人のためにこの社会の汚染を滅ぼそうぜ
国の繁栄のために貢献することを決意しろ！　決意しろ！　決意しろ！

ゼロ年代前半のモンゴル・ヒップホップをけん引していたのが、このICE TOPとルミノであった。ルミノは、代表曲である「突然やってきて去ってしまった恋（Ireed Butssan Khair min')」（二〇〇二

年）に見られるように、社会批判よりもラブソングを得意としたグループだ。二〇〇〇年代後半になると、鉱山開発バブルの時代が始まり、モンゴルのGDPは急速に成長したが、一方で貧富の差も拡大していった。ICE TOPやルミノに加えて、ダイン・バ・エンへから出たラップデュオ「ホヨル・フー（二人の子）」、ICE TOPから分かれて結成されたDIGITALやS&Iといったグループが登場し、当時のモンゴルの音楽シーンを席捲した。

ゼロ年代には、ラブソングのラップが全盛期を迎えるが、ナショナリスティックな傾向も強まっていった。たとえばホヨル・フーは「モンゴルの空（Mongolyn tenger）」（二〇〇二）という曲で次のようにラップする。

永遠の蒼天の下　俺は俺として生まれ　母や父の愛に甘えながら育ってきた
人を欺きさまよう多くの部族[*3]どもは
モンゴルに来るのが好きなんだな　この空を見るために来るんだな
毒まみれのやつらの見せかけ（öngö）や金（möngö）にだまされるわけねえ
白鳥が飛び立つ澄みきった湖に他人の足跡をつけさせるな
汚れた手を水に浸すんじゃねえ

この歌詞に登場する「永遠の蒼天の下」とは、チンギス・ハーンが大シャーマン、ココチュから永遠の蒼天のつづくところ、すべてがチンギス・ハーンの支配下になるべし、と託宣を受けたという『モンゴル秘史』の故事の引用である。

このような歌が成立する背景には、ポスト社会主義時代におけるモンゴル経済が、外資の開発によって成り立っていた、という状況があった。また外国からの援助を中抜きして富を得ているのは一部の官僚とそれに群がる人々であった。このような状況は、プライドの高いモンゴル人の自尊心を著しく傷つけたのである。

ICE TOPは他にも、仏教ナショナリズム曲とも呼べるような「オム・マニ・パドメ・フム（Um mani badmi hum）」という曲も発表している。タイトルの「オム・マニ・パドメ・フム」は、チベット・モンゴル仏教で唱えられる観音菩薩の真言である。この曲は僧侶の読経でビートが始まり、いきなりフックが全員で「オム・マニ・パドメ・フム」と絶叫するインパクトの強い曲だ。

オム・マニ・パドメ・フム　毎日そう拝んどけ
拝んでおけば、やること為すこと、うまくいくってもんだ
そうだ　うまくいく　俺ら皆、お釈迦様を信仰しているだろ
信仰していたら　為すことすべてがうまくいくってもんだ
徳を積んで　仏を拝み　五体投地しろよ　それで許しを乞いな
自分自身を信じて行けよ　他人をはめるなよ
俺はキリスト教徒じゃなんかじゃねえ　自分が黄教〔チベット仏教黄帽派〕だってことをわかっているぜ

一七世紀後半以降、モンゴル高原ではチベット仏教が急速に広まっていった。社会主義を経た現在も、モンゴルの人口の半数以上が仏教徒だといわれている。モンゴルでは、シャーマニズムと並びチベット仏教をナショナルな宗教だと考える人々が多い。

一九九二年に無神論を標榜する社会主義政権が崩壊すると、海外からキリスト教福音派を含む多くの宗教が入ってきた。とくにキリスト教福音派はゲル地区を中心とする「貧困」地域で食事や衣服を配給するなどの慈善活動をすることで急速に信者を獲得していった。二〇一四年には、モンゴル全体でキリスト教の教会数は六〇〇、信者数も人口の約三％にあたる八万〜九万人に達した。しかもそれは、一時的な現象に収まらなかった。[*4]「オム・マニ・パドメ・フム」が生まれた背景にはこのような状況があったのである。いずれにせよICE TOPは、アメリカ生まれのヒップホップを実践する一方で、宗教に関しては海外の文化を排除するという二面性を有していた。

5　ゲル地区派と都会派のビーフ——ゼロ年代後半

二〇〇〇年代以降、食い詰めた地方出身者が首都に移住してゲル地区が膨張していく中、モンゴル・ヒップホップの帝王BIG GEEが登場する。一九八三年生まれのＧＥＥは、ゲル地区出身のラッパーとして名を馳せているが、実は貧困層の出身でもなければ、遊牧民の出身でもなく、彼の父は職業軍人（士官）だ。ただし彼が幼少時にゲル地区で過ごしていたことは確かである。

ＧＥＥの家庭は裕福ではなかった。おしなべて軍人の家庭といえば、社会主義時代は「赤い貴族」として豊かな暮らしを享受していたが、ＧＥＥはその豊かな時代を知らない。民主化とともに軍人の給料は紙切れ同然となってしまったからだ。やがてＧＥＥはシングルマザーとなった母親の仕事を手伝うようになり、学費を稼ぐために母の韓国車で白タクをするなどして、家計を助けた。ゲル地区に住んでいた彼の日課は、日々の水汲みや火起こし、石炭の運搬などだった。十代の頃に、ＧＥＥはアメリカやフランスのヒップホップに影響を受けてラップをはじめた。彼は、地元のＫＡやDESANTといったラッパーたちとClick Click Boomというクルーを結成する。

二〇〇五年、ＧＥＥはラジオのラップ・コンテストで優勝し、またたく間にスターダムへと駆け登っていった。ＧＥＥは出世作である「モンゴル人ラッパー（Mongol Rapper）」（二〇〇八）で、高らかにモンゴルのラッパーとは何かを宣言している。この曲では、「モンゴルは目立たない」「何かに繋がれている」といったコンプレックスが語られる一方で「外国の文化は関係ない」とも言い切る。「モンゴル人ラッパー宣言」は、こうしたコンプレックスと愛国心による二重意識の中で生まれたといってよい。曲中でも、その意識がよく表れた箇所を見てみよう。

コメディアンの××野郎　アメリカからモンゴル・ラップに文句を言うな
ハリウッドでスターになったなら　そんなにえらそうにするんか

俺はモンゴルで生まれたモンゴル人ラッパーだ
呪われた外国の文化は俺には関係ない
俺はモンゴルで育ったモンゴル人ラッパーだ
俺はお前らとは違う　驚いたか　クソ野郎

GEEがこの曲でかみついたのは、海外留学経験のある「都会派」のラッパーたちだった。その一人であるクイザは、酒造会社のCMに出演していたが、「ヒップホップは金儲けの道具ではない」とGEEは憤った。ゲル地区で火をおこし水汲みに行く生活をしていた者として、簡単に金を稼ぐクイザが許せなかったのだ。「G地区（G horoolol）」（二〇〇八）という曲でGEEは「水を汲んで運ぶのは毎日の仕事　口答えは　自分への自信　ここで大人になった人々と白い手をした奴らは口論するな」とラップしている。「白い手をした奴ら」とは、水汲みのような肉体労働をしたことのない都心の高層アパートの住民のことだ。ウランバートルでは、都心の裕福な若者は、ゲル地区の住民を「黒人」と呼んで蔑んでいた。これに対してゲル地区の若者は皮肉を込めて都心の人々を「白人」と呼んでいたのである。

さらにGEEは、アメリカ留学中の都会派ラッパー、ツェツェー（Tsetse）に対しても「ハリウッドスター」と皮肉っている。これに対してツェツェーは、「モンゴル人ラッパー」の翌年に発表した「ヘイト・オン・ミー（俺を嫌え）」（二〇〇九）でGEEに反撃する。ツェツェーは、「都心に育ったからって金持ちでもない」と以下のようにラップで返歌した。

自分のことを「俺はスターだ」なんて誰が言ったか
異国でバイトに明け暮れる　俺のようなスターをお前は見たことあるのか
歌のレコーディングは　クローゼットの中だったよ
罵っているのなら　ごめんなさいよ

真っ暗な部屋の中で　CDを二枚つくったぞ

実際、ツェツェーが言うとおり、アメリカで暮らすモンゴル人は、夢のような暮らしをしているわけではなかった。多くのモンゴル人は経済的な理由から海外へ出稼ぎに行っていたからである。留学生も決して豊かではなかった。出稼ぎや留学先の中で最も人気を集めたのは「夢の国」アメリカである。あるいは学費が無料のドイツや、給料が日本よりも高く労働ビザが簡単におりる韓国も人気だった。ＩＯＭ（国際移住機関）の情報によると、二〇一六年時点では、人口の約四％にあたる一三万人のモンゴル人が海外に移住していたという。[*5] もっともこれは公的なデータなので、実際の人数はもっと多いと推測できる。アメリカへ渡った者の多くは留学ビザを獲得して渡米するが、ビザが切れて違法移民状態になっている者も少なくないといわれている。

アメリカのシンクタンク、ピュー研究所のデータによると、在米モンゴル人の二六・一％は貧困ライン以下で生活しているのだという。アメリカ国民の貧困率が一五・一パーセント、アジア系が一二・一パーセントであることを考えると、これは非常に高い数字である。また在米モンゴル人の平均収入は二万二〇〇〇ドルだ。アメリカ国民の個人の平均収入は三万五六〇〇ドルである。つまり在米モンゴル人の収入はアメリカ人の三分の二にも満たない。一方でアメリカに渡っているモンゴル人は高学歴者が多い。在米モンゴル人の二四パーセントが大学院卒、三五パーセントが大卒、二七パーセントが短大／専門学校卒であり、高卒以下は一四％しかいない（Pew 2017）。[*6]

このデータから浮かび上がってくるのは、多くの高学歴な在米モンゴル人が、語学学校などの留学ビザでアメリカに渡り、低賃金労働に従事しながら必死で生きている姿だ。アメリカで暮らすモンゴル人の実態は、モンゴルで暮らす者たちがうらやむようなものではない。しかし、海外渡航者を批判するゲル地区の人間が、アメリカのビザを取得できる可能性は低い。彼らは、資金力や留学するための情報、コネクションといった文化資本が都心の高層アパート住民に比べて圧倒的に低いからだ。批判の矛先を向けるのも無理もない。

九〇年代末、ダイン・バ・エンへとルミノに始まったゲル地区派と都会派のビーフはゼロ年代になっても続いていた。ゲル地区と高層アパートという二つの地域に分かれた市民が、お互いのことを理解しづらくなるほど高い認識の壁が、ウランバートルという町にできてしまったのである。

6　環境汚染と生きづらさを叫ぶ――二〇一〇年代前半

二〇一〇年代に入ると、地下資源開発によってモンゴルの経済は急速に成長していく。二〇一一年にはGDP成長率が世界第一位の一七・五%を記録した。モンゴルでは、グローバル企業の人と資金が流入することで多くの地下資源開発が成立している。世界最大級の金や銅の埋蔵量を誇るといわれる南ゴビ県のオユ・トルゴイ鉱山も、事実上の経営主体は英・豪系のグローバル企業リオ・ティント社だ。

一方で、地下資源の利権に絡む政治家のスキャンダルが連日のように報道され、それに対する市民の不信感も最高潮に達していた。急速な経済発展の裏側で貧富の格差がさらに広がっていった。ウランバートルでは、高級なタワーマンションや一戸建て邸宅に住み、新品の高級車を乗り回す富裕層がいる。その一方で明日のパンにも困るような貧困層がいる。

また経済成長と並行してインフレ率が二桁で進行し、物価は目に見える形で日に日に上昇していった。そして地下資源開発によって引き起こされる環境汚染は、周辺地域に暮らす牧民たちに深刻な影響を与えていった。そんな中、GEEは鉱山開発による自然環境の破壊を批判した曲、「俺に故郷を残しておくれ（Minii nutgiig nadad üldee）」（二〇一一）を発表する。環境破壊によって滅んだ近未来のモンゴルが舞台となったMVには、荒地をさまよいながら悲しみに打ちひしがれる一群の男女が登場する。本当の豊かさとは何なのか、曲中でGEEは問いかける。

カネだけがあればいいんだよって　バイラグ（豊かさ、資源）[*7]を売っちまった
富や資源っていうが　物質的なものばかりを探し求めているだろう？
でも本当の豊かさ《バイラグ》ってもんは　その大地の下になんかに　ねえぞ
おまえの血　おまえの知恵　おまえの大地　そしてその地に育つ植物
それが本物の豊かさ《バイラグ》ってやつさ
金や銀を売っても　カネを人間は食うことはできねえんだよ
草を家畜が食い　家畜を人が食っているってことをわからなくなったっていうのか？
まさかだろ？　将来、モンゴルという名の砂漠を俺たちは見ることになるかもな

当時のモンゴル・ヒップホップシーンでは、GEEやDESANTのようなゲル地区のリアルを歌うギャングスタ系アーティストと、ルミノ、BXやクイザ、永遠のラップ（Monkhiin rep）といったラブソング系アーティストが人気を二分していた。一方でMCITの流れを汲むゲル地区派のメッセー

ジを重視したラップは、若者からは説教くさく映るようになっていた。

鉱山開発でＧＤＰの成長率が二ケタに達する一方で、拡大する貧富の格差。社会不安がモンゴル国を覆う中、ある女性シャーマンがマヤ暦に基づき二〇一二年の一二月に世界が滅亡すると予言した。それを真に受けた多くの市民がウランバートルを車で脱出する騒動すら起こった*8。

現代モンゴルは、男性が生きづらさを感じやすい社会だともいえる。医師・弁護士・教師の六～七割が女性であり、大学進学率も男性より女性の方が高い。失業率も女性よりも男性の方が高い傾向にある。またモンゴルは自殺率が高い国であり、今世紀に入ってから二〇二〇年までで自殺率は一〇万人あたり二〇人～二四人で推移している。とりわけ二〇～三〇代の男性の自殺が多いといわれており、男性の自殺率は一〇万人あたり三五～四〇人という非常に高い数値で推移している。男性の自殺率が高い背景には、彼らの孤独と将来への不安があるといわれている。

そのような事情からか、ラッパーたちは男性に向けた応援歌を歌うようになっている。例えば、モンゴル・ヒップホップの第一世代ユニットの一つであるDIGITALは、「くじけねえぞ（Gandan Buurahgui）」（二〇一三）のフックで以下のように叫ぶ。

昇る太陽のごとき　気魂《ヒーモリ》をもつ誇り高き男だ　この俺は
そうだ　俺はモンゴル人だ　広大《テヌーン》な心を持つ親父の息子だ
燃え盛る炎のごとき　熱い血を持つ誇り高き男だ　この俺は
暮らしを困窮させるわけにはいかない　くじけねえぞ

リリックの勇ましさに相反するマイナーコードのメロディが流れる。この曲のビートは、当時を生きるモンゴル人男性たちの辛さや切なさを醸し出していた。

7　パーティラップ全盛期からコロナ禍へ――二〇一五年以降

二〇一〇年代後半になると、モンゴルのヒップホップシーンはチルアウト系やトラップ系、ジャズ系、ホラー・ラップなどへ広がりを見せるようになり、都会派のラッパーたちはラブソングのヒットを次々と飛ばしていった。また他の音楽分野とのクロスオーバーも起きていった。チルアウト系ラッパーの代表格、男性ラップデュオのヴァンデボ（Vandebo）は、ポップス歌手とのコラボを積極的に進め、YouTubeで数百万回以上の再生回数を記録するヒットを連続で飛ばした。彼らが二〇一九年六月にラッパーのエネレル（Enerel）とコラボしてリリースしたパーティーチューン「ウナナ（*Unana*）」は、YouTubeで再生回数二一七七万回という驚異的な数字をたたき出している（二〇二四年二月現在）。

また二〇一〇年代後半以降、NMNやMrs. Mといった才能ある新世代のフィメール・ラッパーが次々と登場するようになった。アンニュイなチルホップを得意とするナードなアーティストであるNMNは、二〇一〇年にインターネット上のラップ・バトル「アソールト・バトル」で優勝しデビューした。その後、馬頭琴とコラボしたラブソング「火花（tsakhilbaa）」（二〇一六）で一世を風靡する。Mrs. Mは、出世作「Bang」（二〇一六）で男に媚びてブランドを欲しがる女たちを皮肉る。「あたしに頂戴！　グッチ、グッチ！　ルイ、ルイ！　フェンディ、フェンディ！　プラダ、プラダ、プラダ！」ブランド名をリピートする強烈なパンチラインが印象的な一曲だ。彼女は、実の従兄弟であるGINJIN

とのデュエットで多くのコンシャス・ラップを発表している。

二〇二〇年には、変幻自在なフローをつむぎだす女性ラッパーNENEが登場した。特に「Sugar Mama」（二〇二〇）でのフローは特筆に値する。所属事務所の方針でポップス歌手とのコラボ曲を多く発表していたが、事務所との契約が終了するとハードコアなラップ曲を再びリリースするようになった。二〇二三年五月には、モンゴルの民謡ゴーリンゴーをアレンジした同題の曲を発表し、動画再生回数二〇〇〇万回を達成している。NENEは、今やモンゴルでトップのフィメール・ラッパーといって間違いないだろう。

政府のコロナ政策に中指を立てるラッパーのPACRAP。Give Me Justice 2（2021年）のMVより。

モンゴルのヒップホップはほぼ完全に商業化し、トップのラッパーたちはビジネス面でも成功を収めるようになっていたが、彼らは批判精神を忘れたわけではなかった。コロナ禍の中で、モンゴル政府の対コロナ政策を批判し、デモに参加したラッパーが出てきたのである。

事の発端は二〇二〇年一月一〇日の夜のこと。コロナウイルスに感染した産後間もない女性が、パジャマとスリッパだけの姿で赤ちゃんを抱きしめながら救急車に乗せられ、感染症センターへと隔離された。そんな中、マイナス二五度を超える極寒の中、無理やり女性が救急車に乗せられている写真が一月二〇日未明に拡散される。それを見た市民の怒りは爆発した。モンゴルの人々は母性を神聖視する傾向が伝統的に強い。この政府の対応は、彼らの目には母性への冒涜として映ったのである。母性への冒涜は、命への冒涜でもあった。

この事件への抗議デモに参加していたのが、鋭い社会批判が売りのラッパー、PACRAPだ。彼はデモに参加した直後に、「Give Me Justice 2」という曲を発表する。そして「厳冬の中で出産した母親と／可愛い小さな幼子を非人間的に扱って／また問題を作るのかよ」とラップし、政府の対コロナ政策へ中指を立てたのである。この曲のMVは一週間で動画再生回数が四〇万回に達し、大きな話題を集めた。そしてMV発表から数日後、当時の内閣は総辞職している。

8 おわりにかえて——モンゴル化するヒップホップ

モンゴルのアーティストは、ヒップホップに馬頭琴などの伝統楽器の演奏や、ホーミーなどの歌唱法を取り入れた曲を頻繁につくっている。ホーミーとは、濁声のような低い声と天に届くような高い声を同時に発声する内陸アジアの伝統的な歌唱法だ。ホーミーの濁声はラップと実に相性がいい。伝統音楽と融合した彼らのヒップホップは、エスニック・ラップといえるだろう。

ヒップホップで最初に伝統音楽とコラボレーションした楽曲はクイザの「ラクダの隊商」（二〇〇六）という曲だったが、ルミノもほぼ同時期に民謡や伝統音楽とのコラボレーションをはじめている。そしてこのエスノラップの文化は新世代のラッパーにも継承されている。先述のNMN ft. JONONの「火花（Tsakhilbaa）」（二〇一六）も、女性の一途な恋心を歌ったチルアウト系の曲だが、NMNのささやくようなラップと馬頭琴や横笛リンベといった伝統楽器が心地よく融合している。

ところで日本では、沖縄のウチナーポップや、演歌や和楽器を用いたロック・バンド「和楽器バンド」のような例を除くと、伝統楽器や伝統的な歌唱法がポピュラー音楽と融合した曲が日常的に聞かれることはほとんどなかったといえる。

このようなポピュラー音楽におけるモンゴル人の自意識の強さは、日本のそれと対照的だ。南田勝也が指摘するように、日本のポピュラー音楽の世界では「洋楽においつかなければならない」「日本の音楽は遅れている」と嘆く「洋楽コンプレクス」が長く支配的だった。[*9] また磯部涼も「『日本語ラップは聴くに値する音楽なのか』と一五年近く考え続けてきた」と告白している。[*10] このような「洋楽コンプレクス」は、欧米にあこがれる一方で自国の現状になげく「西洋コンプレクス」に相応している。[*11]

一方、木本玲一は日本のラッパーが和太鼓や尺八を使用した例を取り上げ、日本固有のものとしての「日本らしい」サウンドというよりも、あくまで「本場」合衆国との関係において「日本らしく」響くサウンドであると突き放す。[*12]

モンゴルの場合、ヒップホップと伝統音楽の融合は、「本場」合衆国との関係性において響く「モンゴルらしさ」なのだろうか。モンゴルでは伝統音楽が今でも市民に聞かれている生きた文化である。また伝統音楽とヒップホップを含むポピュラー音楽との融合は、一九九〇年代から一般化している。この融合の背景には、二〇世紀の社会主義的な発展史観の影響の下で「伝統文化は、発展すべきものである」という思考様式が定着したことがあげられる。

ここでの「発展」とは近代化や社会主義化といった意味だが、音楽や舞踊の場合は事実上西洋化を意味する。伝統音楽は、楽器を西洋風に改良したり、馬頭琴オーケストラを生み出したりすることにより西洋音楽の形式に近づけられていった。また民族舞踊はロシアン・バレエの要素を取り入れ「発展」していった。つまり二〇世紀の間、モンゴルの人々は伝統文化を「発展」の名のもと西洋文化に近づけようとしてきたのである。

一方で、モンゴルの人々は「モンゴル化する（*mongolchilokh*）」という名の下で、外来の技術や文化を主体的に改変してきた。興味深いことに、中古ベンツのシャシーにロシア製のジープのエンジンを積み込むなどといった、モンゴルの伝統要素が入っていない改変でも彼らは「モンゴル化」と呼んでいる。彼らにとって大事なのは、自分たちの意思で何かを創り上げているという主体性の感覚であるようだ。モンゴルのヒップホップも、ある種のローカライズともいえるモンゴル化を経て形成されたものだといえよう。

モンゴルでは、近代化＝社会主義化の中で「モンゴル化」と「発展」の緊張関係の中で新たな文化が生み出されたり、古くからの文化が更新されたりしてきた。その結果、伝統文化と欧米出自の文化の融合を肯定的に捉える価値観を、モンゴルの人びとは内面化していった。日本では自国の伝統楽器とラップの融合は一見すると違和感を覚えるが、モンゴルの人々の感覚では決して不自然なことではない。言い換えるならば、モンゴルでは、ポピュラー音楽と伝統音楽との融合がむしろ「自明化」[*13]しているのである。

興味深いことに、モンゴルの人々はヒップホップという「外来の文化」に対して、韻踏みが発達した自国の伝統的な口承文芸との文化的連続性を見出していた。「ヒップホップの出自はモンゴルだ」と大真面目に語る詩人がいたほどである。もちろん多くのモンゴルの人は、これを信じているわけではない。だが少なくとも彼らがヒップホップにモンゴルの伝統文化との親和性を感じていることは、確かであろう。

そのような事情からか、モンゴルではロックよりヒップホップの方が、圧倒的に人気がある。世界的な成功を収めたエスニック・ロック・バンド、ザ・フー（The HU）も実は、モンゴル国内でさほど人気はない。彼らは「ロックは海外からの文化であり、ラップは口承文芸の延長線上にあるものだ」と感覚的に理解しているからかもしれない。

とはいえ、モンゴルのラッパーたちは、欧米の「本場」へのコンプレックスがないわけではない。例えば、BIG GEEは、「モンゴル人ラッパー」（二〇〇九）という曲で「俺はモンゴルで生まれたモンゴル人ラッパーだ　俺には呪われた外国の文化は関係ねえ」と言う一方で「G-unitのモンゴル支部をつくったんだぜTNN　50セントが双子だなんて報道はしなかったよなCNN」とアメリカのギャングスタ・ラップのMCの名を挙げて「支部」だという。このリリックからは、アメリカ黒人のラッパーへのリスペクトだけではなく、彼らに対する劣等感も窺える。つまりBIG GEEのモンゴル人意識は、優越感と劣等感のはざまで揺れ動きながらも叫ぶ自意識だといっていい。

このような強烈なモンゴル人意識は、世界を征服したチンギス・ハーンとモンゴル帝国の存在を抜きにして考えられないであろう。モンゴル帝国の末裔としてのプライドと自民族に対する強い愛着。一方で、低迷する経済、拡大する貧富の格差といった現実がある。首都の大気汚染はすさまじく、政治も腐敗している。海外へ出稼ぎに行けば、差別を受ける。

このような状況下で、現在もっとも人気を集めているラッパー、ヤング・モジーは、大ヒット曲「Mongol Swag（モンゴル、やべえ）」（二〇二三）で、強烈なエスニック・ラップをかましている。MVに映ったラッパーは、民族衣装にサングラスという出で立ちで、バックに伝統音楽の楽団と民族舞踊の踊り子たちを従えている。動画再生回数が、一三六〇万回（二〇二四年二月時点）を超えるこの曲のリリックは、英語で以下のようにはじまる。

俺の故郷は銃が許されない街だが　ここはもうコンプトンだぜ
おまえらは　モンゴル人が何を考えているか知らねえだろ

挑発的なリリックである。アメリカのロス郊外のギャングスタ・ラップの聖地であるコンプトンを引き合いに出し、モンゴルは銃こそないが「鉱山開発で国はルールのない動物園」のような状況にあるとモジーは言う。そして「だから大モンゴル帝国の時代に思いを馳せよ」と彼は呼びかけるのである。

この曲のMVでは、伝統衣装に身を包んだ戦士や踊り子が華やかな舞を見せる。それはあたかも大モンゴル帝国の宮廷での宴のようだ。最後のフック（サビ）でモジーは「俺たちが、大ハーンたちの子孫であることを思い出すんだ」と繰り返す。このような過去の栄光への傾倒は、乱開発で混沌とした状態にある現代モンゴルへの怒りや不満の裏返しであろう。自国愛とままならぬ母国の現実。モンゴルのラッパーたちが歌う、一見すると矛盾するかのような批判精神とナショナリズムは、そんな二重意識の中で生まれたものなのかもしれない。いずれにせよモンゴル・ヒップホップでは、社会批判とナショナリズムが常に共起表現となっている。

しかしこのような二重意識は、モンゴル人に限られたものではないだろう。おそらく世界中の「辺境」で、多くの人々が自分たちの生きる世界に対して複雑な思いを持ち続けているに違いない。そういう意味において、モンゴルのヒップホップは、世界の不平等な構造を映し出す鏡のひとつだといえないだろうか。あるいは、辺境ヒップホップにおけるナショナリズムと社会批判の共存は、世界各地の「辺境」に住む人々がアメリカ黒人から継承した最大のレガシー[*14]なのかもしれない。ウランバートルがコンプトンだと言っているのは、それだけモンゴル人も、アメリカ黒人と同じ周縁配置に置かれていることを暗に物語っているのではないか。アメリカの「ヒップホップ・ネイション」という想像上の共同体と異なり、モンゴル・ネイションは独立国である。この曲のリリックで両者が同列で語られていることの含む意味は大きい。

モンゴルのラッパーたちに忖度はない。オブラートに包んだようなメタファーもない。ストレートで歯に衣きせぬモンゴル・ラップはもっと聞かれてもいいはずだ。

引用文献・ウェブサイト

磯部涼『音楽が終わって、人生が始まる』（アスペクト、二〇一二年）
木本玲一『グローバリゼーションと音楽文化――日本のラップ・ミュージック』（勁草書房、二〇〇九年）
コンドリー、イアン（上野俊哉監訳　田中東子・山本敦久訳）『日本のヒップホップ――文化グローバリゼーションの「現場」』（NTT出版、二〇〇九年）
島村一平『ヒップホップ・モンゴリア――韻がつむぐ人類学』（青土社、二〇二一年）
島村一平『憑依と抵抗――現代モンゴルにおける宗教とナショナリズム』（晶文社、二〇二二年）
滝澤克彦『越境する宗教　モンゴルの福音派――ポスト社会主義モンゴルにおける宗教復興とキリスト教の台頭』（新泉社、二〇一五年）
南田勝也「序章　洋楽コンプレックス」南田勝也編『私たちは洋楽とどう向き合ってきたのか――日本ポピュラー音楽の洋楽受容史』（花伝社、二〇一九年）

IOM (International Organization for Migration), IOM in your country Mongolia, 2017 https://www.iom.int/countries/mongolia（二〇二〇年一一月二六日最終取得）

Mitchell, Tony. *Another root—hip-hop outside the USA*. Global Noise. Rap and Hip-Hop outside the USA. Middletown: Wesleyan University Press, 2001.

Morgan, Marcyliena, and Dionne Bennett. "Hip-hop & the global imprint of a black cultural form." *Daedalus* 140.2 (2011): 176-196.

Pew（Pew Research Center, Mongolians in the U.S. Fact Sheet ）(2017.9.8) https://www.pewsocialtrends.org/fact-sheet/asian-americans-mongolians-in-the-u-s/（二〇二〇年一一月二六日最終閲覧）

引用音源

HUNGER『舌鼓（SHITATSUZUMI）』松竹梅レコード、二〇二〇年七月。

注

＊1　モンゴルは人口が少ないのでＣＤの売り上げや音楽ソフトの配信によるビジネスは成立しづらい。そこでＭＶを公開し、ライブによる集客数を稼ぐというビジネス・モデルが一般的である。

＊2　原文では、ロシア語のスラングで女性器を意味する語が使われている。ロシアでもモンゴルでも罵り言葉として使われる。

＊3　この「部族（yastan）」とは、原義としては「モンゴル民族」の下位概念にあたるエスニック集団を意味する。現在モンゴル国には一八のエスニック集団が存在するといわれる。ただしこのリリックでは民主化以降、ウランバートルにあふれかえる諸外国人のことを指している。

＊4　滝澤 2015

＊5　IOM2017

＊6　ピュー研究所は、二〇一九年にも調査を行い、二〇二一年に最新のデータを発表しているが、あえてここではG

ＥＥとツェツェーのビーフが起こった時期に近い、二〇一〇年代の半ばのデータを使用している。
＊7　モンゴル語でバイラグ（*Bayalag*）という語には、「豊かさ」と「資源」という二つの意味がある。
＊8　島村 2022：2-78
＊9　南田 2019：12-17
＊10　磯部 2012：178
＊11　南田 2019：14
＊12　木本 2009：53-56　ちなみに和太鼓ラップのアルバム『舌鼓』を発表したラッパーのハンガーは、本書のインタビューの中で「本場」合衆国との関係というより、「東京」との関係において、むしろ東北震災以降、仙台の地元らしさを模索する中で和太鼓ラップが生まれたことを語っている。
＊13　Mitchell 2001：33；木本 2009：164-179
＊14　モーガンとベネットは、ヒップホップはグローバルに刻印された黒人の文化形式だと論じている（Morgan and Bennett：2011）。

インド

成り上がり・フロム・ガリー
——How To Be BIG in India

軽刈田凡平

はじめに

インドは多様性に溢れ過ぎた大国である。

一四億人にせまる人口と、旧ソ連諸国を除くヨーロッパの面積に匹敵する国土を誇るこの国は、言語、宗教、民族、地域といった横軸と、貧富、カースト、教育レベル、宗教的保守性（あるいはリベラルさ）といった縦軸がさまざまに交錯し、語り尽くせないほどの複雑さを体現している。

多様性に満ちたこの国では、ヒップホップシーンも地域や言語によって多面的・重層的に形成されており、あらかじめ断っておくと、この小論でその全体像を示すことは不可能である。網羅的に紹介するために、固有名詞を書き連ねて現場の熱気から遠ざかってしまうことも本意ではない。そこで今回は、インドにおけるヒップホップカルチャーの受容・解釈・実践の一例として、最大都市ムンバイのストリートラップシーンに焦点を当てて書くことにする。

インドでは、二〇一〇年代前半頃から、欧米に暮らす移民や留学経験者を通じて輸入されたラップが、派手で都会的なパーティー音楽として受け入れられていた。これに対し、二〇一〇年代中盤以降になると、インターネットで直接アメリカのヒップホップに触れた若者たちが、各地でよりリアルなストリートラップのシーンを形成してゆく。今回紹介するのは、ムンバイにおける後者のシーンの一端である。本稿で扱うのは多様なインドのヒップホップのごく一部に過ぎないが、これから述べるのと同様の熱いストーリーが、インドではシーンの数だけ、いやラッパーの数だけ存在していると考えて構わない。

第一節では、日本でも公開された二〇一九年のヒップホップ映画『ガリーボーイ』について概説し、第二節、第三節では同作のモデルとなったラッパーたちのエピソードを通して、都市部のロウワーミドルクラスの若者がどのようにヒップホップと出会い、惹かれていったのかに着目する。第四節では、ストリート、団地、スラムといった、本場アメリカにおいてもヒップホップ誕生の母体となった場所／概念が、インドでどのようにシーンや個々のラッパーと関わっているのかを考察する。第五節では『ガリーボーイ』のモデルとなった二人を通して、シーンが成長した後のラッパーたちのあり方を見てゆきたい。最後に、成長著しいシーンの現状と、インドにおいてヒップホップが持ちうる社会的意味に注目して本稿を終えることとする。

インドのヒップホップシーンの勢いは凄まじい。今、この瞬間にも、インドでは若者がマイクを握り、新しいラッパーが生まれている。まずは時計の針を少しだけ戻して、ムンバイのシーンが最初にスポットライトを浴びた瞬間を見てみよう。

1　『ガリーボーイ』の衝撃

「インドのポピュラー音楽」というと、歌って踊る映画音楽をイメージする人が多いかもしれない。だがインドでも、ここ数年でヒップホップの人気がすっかり定着してきている。例えばムンバイの人気ラッパー、エミウェイ・バンタイ（Emiway Bantai）のヒンディー語ラップ「楽しくやろうぜ（Firse Macheyenge）」[*1]（二〇二〇）の YouTube での再生回数は五億六〇〇〇万回を超えているし、北西部のパンジャービー語や南部のタミル語にも数億回再生されているラップの曲がある。ヒップホップはインド全体で非常に人気のあるジャンルになりつつある。

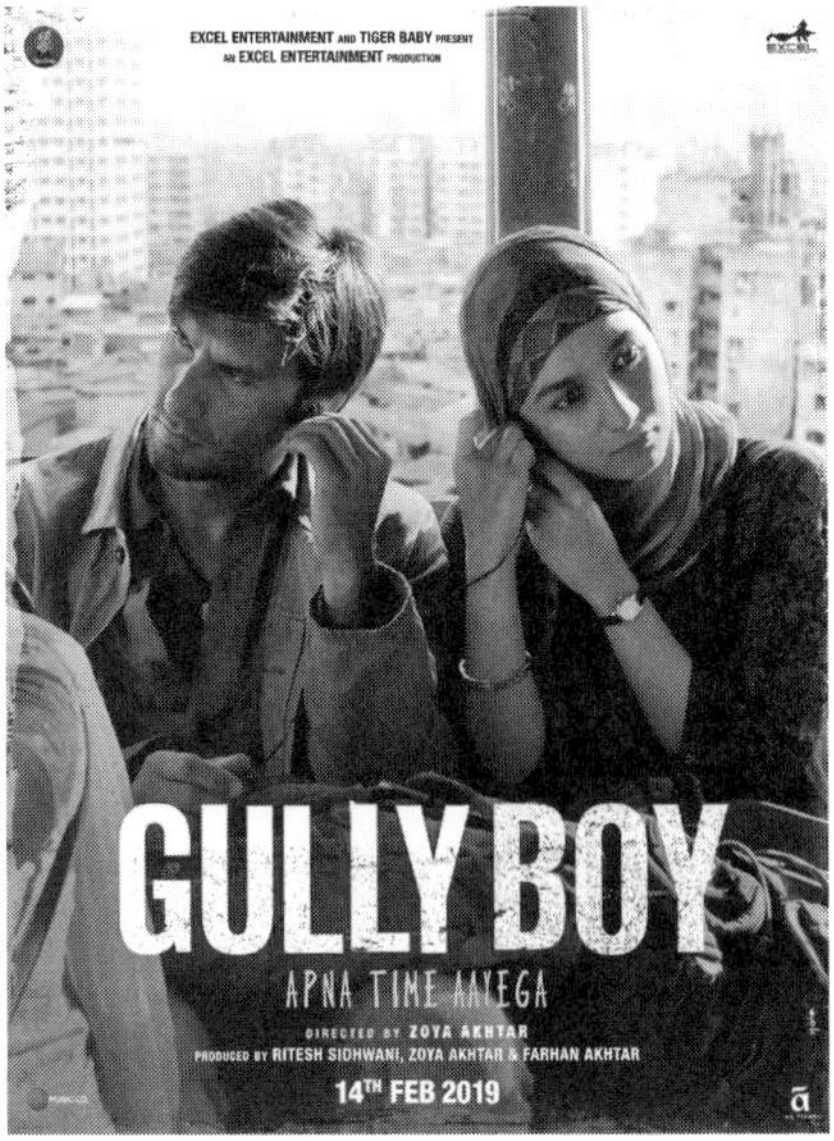

映画「ガリーボーイ」のポスター

映画音楽が独占していたインドのポピュラー音楽シーンにヒップホップは風穴を開けたわけだが、そのきっかけとなったのは、皮肉にも一本の映画だった。二〇一九年に公開されたボリウッド初のヒップホップ映画『ガリーボーイ』は、その年のボリウッドの映画賞を総ナメにするほどの高評価を受けた。

『ガリーボーイ』は、スラムで暮らすヒップホップ好きの若者がラッパーとなり、憧れていたアメリカの有名ラッパー、ナズのオープニングアクトの座をつかみ取るまでを描いた物語である。この映画は、単なる音楽映画にとどまらず、インドでは認知度の低かったヒップホップ文化を紹介する「ヒップホップ啓蒙映画」でもあった。

例えば、映画の冒頭で、主人公のムラドが仲間たちに誘われて、自動車泥棒に手を染めるシーンがある。盗んだ車のステレオから流れるコマーシャルなラップソングを聴いた彼は、「俺の車、俺の靴、俺の服……自慢ばかりのこんな曲はラップじゃない、ラップもどきだ」と吐き捨てる。

インドには二〇一〇年代前半から、商業主義的で享楽的なパーティー音楽としての「ヒップホップ」がすでに存在していた。ヨー・ヨー・ハニー・シン（Yo Yo Honey Singh）やバードシャー（Badshah）といったパンジャーブ系のラッパーたちに代表されるド派手なパーティーラップは、ボリウッド映画にも導入され、人気曲ともなるとYouTubeでの再生回数が数億回を超えるほどの人気を博していた。この冒頭のシーンは、そういったラップしか知らない一般的なインドの観客に向けて、コマーシャルなパーティー音楽とは違うよりリアルなヒップホップを扱う映画であることを宣言しているのだ。

他にも、主人公の兄貴分的なラッパー、MCシェールによる「お前の言葉を俺がラップしても意味がない。お前の心の声ならお前が歌え」「ラップとはリズムと詞。詞は書けてる。リズムを覚えろ」といった台詞は、ヒップホップという表現様式をさりげなく解説する役割を担っている。

ニューヨークへの留学経験のあるゾーヤー・アクタル監督は、以前からドクター・ドレー、ノトーリアスB.I.G.、2パックらを愛聴するヒップホップファンだったという。ムンバイにもヒップホップシーンが育ちつつあることを知った彼女は、その熱気をなんとしても映画にしたいと決意した。彼女の父はインドを代表する詩人・作詞家・脚本家のジャーヴェード・アクタルで、実の母は女優で脚本家のハニー・イラーニー、父の再婚による義理の母は名女優シャバーナー・アーズミーだ。ストリートとは縁遠いボリウッドのサラブレッド一家出身の彼女が、インド映画の世界にこのアメリカ生まれのカウンターカルチャーを持ち込んだというのが面白い。

ヒップホップというテーマを除けば、『ガリーボーイ』はボリウッドのフォーマットにかなり忠実に作られた映画である。カーストや出自による運命への抵抗、息子の父親に対する反発、身分違いの秘めた恋、挫折と自己実現といった要素はボリウッド映画の定番だ。ゾーヤー監督は、そこにムンバイの路上に生まれたばかりのストリートラップをスパイスのように混ぜ合わせて、大衆娯楽映画とヒップホップの融合という離れ業をやってのけた。監督の父のジャーヴェードも挿入歌の作詞に携わっており、この映画はインドの詩文化とヒップホップの融合という点でも意義深いものになっている。また、サウンド面でも伝統文化との融合がみられ、サウンドトラック収録曲『インディア91』では、伝統音楽とラップの融合がなされている。

主人公のムラドを演じたランヴィール・シンもまたヒップホップヘッズの一人だった。監督曰く、彼はラッパーに憧れ、こっそりラップの練習をしていた「クローゼットラッパー」だったという。この配役は見事に的中し、ランヴィールは通常別の歌手によって吹き替えられるミュージカルシーン（この作品ではもちろんラップ）を全て自らラップする熱意を見せた。カメオ出演したラッパーたちともすっかり意気投合して、撮影の合間にはサイファーに興じ、彼らのMVに出演までしている。[*2] インド屈指の人気俳優である彼が、ほぼ無名のローカルラッパーのMVに参加するというのは、これまでのインドの常識では考えられないことだ。要するに、この映画には、インドでもようやく産声を上げたヒップホップというカルチャーを本気でフックアップしようという作り手たちの熱意が、全編にわたって満ち満ちているのである。

2　ネイジー

『ガリーボーイ』はフィクションだが、登場人物にはモデルとなった実在のラッパーがいる。主人公ムラドのモデルとなったのは、映画の設定同様にムスリムの家庭に生まれたラッパーのネイジー（Naezy）だ。『ガリーボーイ』からさかのぼること五年前、二〇一四年にムンバイ映画祭で最優秀短編映画に選ばれた『ボンベイ70（Bombay 70）』は、知る人ぞ知るアンダーグラウンドラッパーだった頃のネイジーに密着した貴重なドキュメンタリーである。[*3]

『ガリーボーイ』では物語の舞台はムンバイのスラム街「ダラヴィ」[*4]に置き換えられているが、実際に彼が生まれたのは、労働者向けの集合住宅が並ぶ西クルラ地区というエリアだった。

一九九三年生まれのナヴェード少年（後のネイジー）がラップと出会ったのは、一三歳のときだった。地元の結婚パーティーで、ＤＪがショーン・ポールの『テンプラチャー』をかけると、参列者たちは狂ったように踊り出したという。

「すごくファンキーで、フロウがあった。ラップに乗せて好きなことを言うのは簡単そうだって感じたんだ。韻を踏んでみんなを楽しませるのも面白かった。一度ハマってからは、このジャンルのルーツを調べたりするようになって、すっかりヒップホップヘッズになったのさ」[*5]

彼が十代の入口の多感な時期にヒップホップと出会うことができたのは、じつはインド社会の変化が関係している。一九九一年の経済自由化以降、経済成長が続くインドでは、九〇年代から衛星放送が、二〇〇〇年代からはインターネットが普及し始める。ポピュラー音楽といえば国内の映画音楽一辺倒だったインドにも、ヒップホップをはじめとする世界のヒット音楽にアクセスできる時代がやってきたのだ。[*6]

その頃のネイジーは、仲間と店で盗みを働き、路上で車を叩き壊す手のつけられない不良少年だった。喧嘩に明け暮れ、盗みや破壊行為を繰り返して、一五歳のときにはとうとう留置場に入れられてしまう。心配のあまり半狂乱になった母を見た彼は、こんな生活を続けていては破滅するだけだと悟り、自室にこもって詩を書き綴るようになった。

ネイジー（画像は本人インスタグラムから）

目の前にはたくさんの道がある／それなのにお前は誘惑に膝まで浸かっている／お前は最初からやり直したいと思っているが／時がお前を引き止める／もしお前がまだ完全に沈んでしまっていないのなら、持ちこたえろ／神はお前のために別の計画を用意してくれる[*7]

部屋から出てきた彼の詩を読んで、家族は驚いた。不良だった息子が、急に詩人になるなんて。インドでは詩を書くことは身近な伝統のひとつだが、親族には芸術家タイプの人間は一人もいなかった。ともかく、ヒップホップに惹かれ、ワルから更生して詩を書くようになった少年がラッパーになるのは必然だった。

ラッパーとなったネイジーが、「これが俺のホームスタジオだよ」と見せるのは、海外で出稼ぎをしている父から送ってもらったiPadだ。キャリアの初期、彼はすべての音楽制作をiPadでこなしていた。

iPadでダウンロードしたビートでトラックを作り、iPadのマイクからラップを吹き込み（動画で見ると、マイクに息がかからないようにするためのネットの代わりに、チャイを入れるときに使う茶漉《ちゃこ》しを使っている）、埃まみれの街角でiPadのカメラを使ってミュージックビデオを撮影した。その映像をYouTubeにアップしたのも、もちろんiPadからだ。

「あるもので工夫して間に合わせる」方法論は、インドでは「ジュガール」（Jugaad）と呼ばれるが、そもそも音楽ジャンルとしてのヒップホップは、ブロンクスのDJたちが二台のレコードプレーヤーを使って既存の楽曲の一部を繰り返し再生したことで誕生したものだ。手近にあるもの（彼の場合はiPad）で音楽を作ってしまおうという方法論は、まさにヒップホップ精神の現代版だと言えるだろう。そして、彼のラップのスキルは、当時のインドでは極めて高かった。

ボロボロの街角で生まれ育った*8
ストリートじゃ誰もが抜け目なく振るまっている
他とは違う非情な場所　騒ごうものならぶっとばされる

超危険なボンベイ70
ここにいるやつらは一味違う
クリケットで見事にかっとばすやつもいれば
楽してズルして稼いでるやつもいる
闇のビジネスをやってるやつもいれば
闇のビジネスに使われてるやつもいる

思いやりを持っているやつもいれば
プライドに生きるやつもいる
一目置かれているやつもいれば
いい暮らしをしているやつもいる
現実に気付きながら偽りの人生を生きているやつもいる
でも自信を持って生きているやつはほとんどいないのさ

スラムみたいな街角で、シンプルなビートに乗せて強烈なラップをかます無名の若者がいる。「災難！（Aafat!）」と題されたこの曲は、ついにインドに登場したリアルなヒップホップとして、まだアンダーグラウンドだったシーンの話題を独占した。

ボリウッドのゾーヤー・アクタル監督もこのMVに衝撃を受けた一人だった。彼女はネイジーと会うためにライブを訪れ、アンダーグラウンドなヒップホップの現場に渦巻くエネルギーに圧倒される。『ガリーボーイ』というビッグバンに向けて、インドのヒップホップシーンの運命が大きく動き出した瞬間だった。

3　ディヴァイン

ゾーヤー・アクタル監督が見に来たネイジーのライブで共演していたのが、ムンバイの下町的エリア、東アンデーリー出身のラッパー、ディヴァイン（DIVINE）だ。『ガリーボーイ』の主人公ムラドの兄貴分的なラッパー、MCシェールのモデルとなった、ムンバイのシーンの第一人者である。

彼の本名は、ヴィヴィアン・フェルナンデス。クリスチャンで、不良少年だったにもかかわらず教会には熱心通っていたことから、ディヴァインというMCネームが付けられたという。[*9] 一九九〇年生まれの彼は、ネイジーの三つ年上にあたる。

少年時代のある日、友人が学校に着て来たTシャツにプリントされた人物を尋ねたことが、彼の運命を変えてしまった。

「50セントさ。ヒップホップだよ」

「ヒップホップって何？」という質問の答えとして友人が持ってきたCDには、50セントだけでなく、エミネム、2パック、ビッグLらの曲が収められていた。このCDを繰り返し聴くうちに、ヴィヴィアン少年はすっかりヒップホップにはまってしまった。リリックに分からない言葉があるとネットで検索し、アメリカのラッパーたちがどんな生き方をしているのかを学んだ。ヒップホップに関する全てがクールに思えた。

ネイジーの家庭では父親が出稼ぎに出ていたが、ヴィヴィアン少年の家では母が海外で働いていた。[*10] 酒飲みで暴力的だった父は、お金を家に入れずにすべて使ってしまうため、母が出稼ぎをして家計を支えていたのだ。やがて父が去ると、母と離れて暮らすヴィヴィアン少年は、祖母のもとに身を寄せて、地元の仲間たちとつるむようになる。少年時代の孤独と仲間との絆は洋の東西を問わずラッパーを育む条件のひとつだが、インドでもそれは同様だったようだ。

ディヴァイン

祖母が亡くなると、彼はカレッジをドロップアウトして、大麻を吸ったり売ったりしながら無為な日々を過ごすようになる。彼がそのまま腐ってしまわなかったのは、ヒップホップを知っていたからだ。ネイジーの音楽活動のきっかけは父が送ってくれたiPadだったが、彼の場合は母が送ってくれたマイクだった。彼は母から送られたマイクを自宅にあった旧型のPCに繋ぎ、自分のラップを作り始めた。やがて地元のヒップホップクルー、ムンバイズ・ファイネスト（Mumbai's Finest）に加入し、ラッパーとしてのキャリアを開始。大都市ムンバイとはいえ、当時ヒップホップ好きはまだ少なく、クラブに集まるのは友人ばかりだった。
二〇〇〇年代後半のインドでは、都市部を中心にヒップホップファンが生まれつつあったものの、シーンと呼べるものが形成される規模ではなかったようだ。数少ない同志たちはインターネットを通して結びつき、当時まだ音声のやりとりが難しかったネット上で、ときに「テキストラップ」でのバトルに興じていたという話もある。[*11]
ディヴァインは、やがて自分の感情をより直接的に表現したいと思うようになり、クルーを脱退してソロアーティストとしての道を歩き出す。
「俺が最初に書いたのは、この街についての曲。それで俺は、自分のことを取り上げることにした。ヒップホップはいつだって自分のコミュニティをレペゼンするものだろ。自分がどこから来たのかをレペゼンして、人々を結びつけるんだ」
二〇一三年にリリースした「これが俺のボンベイ（Yeh Mera Bombay）」は、のちにシーンに名を馳せるデリーの名ビートメーカー、セズ・オン・ザ・ビート（Sez On The Beat）とのコラボレーションだ。この曲で、彼は英語でラップしていたそれまでのスタイルをやめ、母語であるヒンディー語でのラップに取り組んだ。

ストリートの塵の中に俺の秘密が隠れている[*12]
新しい一日もまたいつもと同じ
お前は何を知っている？　うぶな世間知らずが
このあたりには花も咲かない　路地にはイバラが繁るだけ
自分の信念を売り飛ばすよりもストリートで生きていたい
俺はこの街と結ばれているんだ　このストリートが俺の恋人

やれるもんならやってみな　お前のパンチは届かない
お前は単なる使用人で　俺はお前のボスのダチ

これが俺のボンベイ　誰もがそう呼ぶ
これが俺のボンベイ　誰もがそう呼ぶ

バッチャンが住む街　テンドゥルカルもプレイしてる*13
アンバニの金もある　芝居じゃない本物のスラムドッグ
テロリストの攻撃だってあるが
競技場のジャマイカ人よりも速く　俺たちは街を再建するだけ
ハトの群れ　道路の窪み　ヤシの木陰
とにかく金を手にするために必要なことをするだけ
食べるものすらないやつもいるが　だからこそ仕事は大事
分かるだろ？　ここでは誰もが成り上がろうとしてる

線路、おばあちゃんの杖
仕事場の蜘蛛、スラム街
バンパーすれすれで走るリクシャー〔三輪タクシー〕
こんな街は他にない　信じられないなら誰かに聞いてみな

ディヴァインは、地元への愛にあふれたこの曲のMVで、労働者が大八車を引き、洗濯物がぶらさがる路地を仲間たちと誇らしげに歩きながらラップしている。アメリカの模倣ではない、インドならではのリアルなストリートラップが誕生した瞬間だった。ネイジーが「災難！」をリリースするたった二か月前のことだ。

まだ規模が小さかった当時のシーンでは、才能のある者同士が知り合うのも早かった。ディヴァインもまたYouTubeでネイジーを見て衝撃を受け、ネイジーもシーンの第一人者であるディヴァインに一目置いていたようだ。意気投合した二人は「俺の路地で（Mere Gully Mein）」（二〇一五）で共演を果たす。パーカッシブで活気に満ちたビートは前作同様セズが担当。ムンバイの路上をリアルに描写したこの曲は、のちに映画『ガリーボーイ』でも大きくフィーチャーされることになる。

4　路地《ガリー》、団地《チャール》、スラム

ディヴァインがインドのヒップホップシーンに定着させた言葉が「ガリー（gully）」だ。ヒンディー語で「細い路地」を意味するこの単語を、彼はヒップホップ的な「ストリート」の文脈で使った。彼がレペゼンするのは、高層ビルが立ち並びスーツ姿のビジネスマンが闊歩する大通りではなく、汗水垂らして働く労働者や地元の主婦が行き交い、子どもの声がこだまする路地だ。売人もいれば、ときに犯罪も発生する路地《ガリー》こそが、彼の生活に根ざした地元《フッド》だった。

「俺はいつもこの言葉とともに生きてきた。俺は路地《ガリー》育ちだし、毎日路地《ガリー》を見てる。路地《ガリー》から出てビルを眺めてはまた路地《ガリー》の中に帰る。だから、俺の人生にいちばん関わりがあるのは路地《ガリー》なんだ」

それまでインドに存在していたド派手なパーティーラップとは異なる、リアルでタフな日常を扱うムンバイ生まれのスタイルは、「ガリーラップ」と呼ばれる新しいムーブメントを巻き起こした。[*14]もちろん『ガリーボーイ』のタイトルもここから取ったものだ。

いっぽう、ネイジーが自身のルーツを語るときによく使う言葉が「チャール（chawl）」だ。このヒンディー語の単語は労働者向けの集合住宅を指しており、しいて日本語にするならば、「団地」と訳すことができるだろう。

団地とヒップホップとの関係は深い。アメリカでは「プロジェクト」と呼ばれる低所得者向け集合住宅がヒップホップ誕生の母体となり、日本でもANARCHYやKOHHが団地育ちであることをラップしている。[*15]

ネイジーがショーン・ポールの曲でラップに出会ったのも、団地《チャール》で行われた結婚パーティーだった。インドでは、祝い事やパーティーにDJを呼ぶのは珍しくない。インドの団地は、まるでブロックパーティー（ネイジーは『ムンバイ70』の中で「ガリーパーティー」と呼んでいた）のような祝祭が行われる、ヒップホップと親和性の高い環境なのだ。「センセーション（Tehelka）」（二〇一六）のMVでは、仲間たちと団地《チャール》を練り歩きながらキレキレのラップを披露するネイジーを見ることができる。

前述の通り、『ガリーボーイ』の舞台は、実際のネイジーやディヴァインの地元ではなく『スラムドッグ$ミリオネア』でも有名な、アジア最大とも言われるスラム街のダラヴィに置き換えられている。これは単なる劇中の設定ではなく、ダラヴィは実際に数多くのラッパーを輩出しているムンバイのヒップホップの一大震源地なのである。

スラム暮らしというだけで見下され、劣悪な住環境でチャンスの少ない過酷な生活を強いられる彼らが、遠く離れたアメリカで同じような立場の人々が起こした「クールな反逆」であるヒップホップに共感するのは当然だろう。ガリーやスラム出身のラッパーたちは、ナズや2パック等の九〇年代アメリカのラッパーからの影響を公言することが多いが、その理由は、この時代のUSヒップホップに色濃い「ゲットーに暮らすマイノリティの反骨精神が込められた音楽」という部分が、彼らにとってリアルに響くからに違いない。

ダラヴィのヒップホップシーンをテーマにしたドキュメンタリーは数多く制作されており、YouTubeでもインドの楽器販売大手バジャーオ社（Bajaao）が手がけた『ダラヴィ・ハッスル――オフィシャル・ドキュメンタリー』（二〇一六）[*16]や、ウェブメディアのクイント（Quint）が制作した『ガリーボーイに影響を与えたラッパーに会う』（二〇一九）[*17]などの作品を見ることができる。ラップではなくブレイキンを扱ったものでは、英ガーディアンがダンスのフリースクールを取り上げた『スラムゴッズ・オブ・ムンバイ――希望、ヒップホップ、ダラヴィの流儀』（二〇一四）[*18]が素晴らしい。

これらのドキュメンタリーで印象的なのは、ヒップホップがスラムの人々に誇りを与えているだけでなく、多様なコミュニティや宗教を結びつける役割をも果たしているということだ。MCアルターフが所属していたエニミーズ（Enimiez）は、メンバー三人の本名を見る限り、ムスリム、ヒンドゥー、クリスチャンで構成されている。またダラヴィを代表するクルーのひとつであるセブン・バンタイズ（7 Bantai'Z）は、ヒンディー語、タミル語、マラヤーラム語、英語でラップするマルチリンガルなグループである。ダラヴィを代表するヒップホップユニット、ドーパデリクス（Dopeadelicz）のメンバー、ストーニー・サイコ（Stony Psyko）は、『ダラヴィ・ハッスル』の中でおどけながらこう挨拶する。

「みんなに言うよ。ナマステ、ナマスカール、ワナッカム、それからサラーム・アライクム！」ナマステとナマスカールはインドのさまざまな言語でおもにヒンドゥーの人々が使う挨拶だ。ワナッカムは南インドのタミル語の挨拶、サラーム・アライクムはムスリムが使うアラビア語由来の挨拶で、ちなみに彼自身はクリスチャンである。

ヒンドゥー至上主義が台頭する現代のインドでは、イスラームやキリスト教などの外来宗教や、聖なる動物とされる牛肉を食べる人への迫害が報じられることも少なくない。前述のドキュメンタリーで語られる「ヒップホップはヒンドゥーやイスラームやキリスト教のような、ひとつの文化なんだ」という言葉は、宗教や民族による断絶が生じがちなインドで、ヒップホップを愛することが、異なるコミュニティをつなぐ役割を担っていることを表している。

5 『ガリーボーイ』後のストーリー

映画『ガリーボーイ』は、主人公ムラドが栄光の第一歩を踏み出し、いよいよこれからラッパーとしての活躍が始まる、というところで幕を閉じる。だが、続編を待つまでもなく、主人公たちのモデルとなったネイジーとディヴァインのその後の活動を追うことで、我々はリアルな「ガリーボーイ第二章」を垣間見ることができる。映画のクライマックスを「俺の路地で」が発表された二〇一五年頃と考えて、その後の二人の足跡を見てみよう。

劇中のＭＣシェールはナズのオープニングアクトを決めるためのラップバトルで早々に敗退してしまったが、現実世界のディヴァインは快進撃を続けている。「俺の路地で」やライブパフォーマンスが評判を呼び、ディヴァインは二〇一五年一〇月にソニーミュージック・インディアとの契約を締結する。彼はソニーの社員たちが居並ぶ会議室で、ビートもマイクもないままラップを披露して契約を得たという。[*19] ディヴァインは、ヒップホップでガリーから成り上がった、インドでまったく新しいタイプの成功者だった。

リアルでクールなガリーラップの旗手のイメージは、成長著しいインドの市場を狙う海外ブランドのPRにもぴったりだった。ディヴァインは、二〇一七年にはアップルの協力のもと「荒ぶる獅子(Jungli Sher)」のミュージックビデオを全編iPhoneで撮影して話題をさらい、またプーマがインド各地のラッパーを招いて製作した楽曲「スエード・ガリー(Suede Gully)」でもパフォーマンスしている。他にもバカルディやバドワイザーのプロモーション用トラックにも参加するなど、コマーシャルな仕事でも引く手数多となった。二〇一八年にはボリウッド映画『ボクサー(Mukkabaaz)』のサウンドトラックにも起用され、着実にキャリアを積み重ねていった。

二〇一九年に『ガリーボーイ』が公開されると、インドのヒップホップシーンは、一部の音楽ファンのものから誰もが知るものとなり、爆発的な成長を遂げる。現実をもとにしたフィクションが、そのもとになった現実に大きな影響を与えたのだ。ディヴァインはゲスト出演に加えて、自らがモデルとなったMCシェール(新人俳優シッダーント・チャトゥルヴェーディが演じた)のラップの吹き替えも行ない、大いに注目を浴びた。

いっぽうのネイジーはというと、主人公のモデルであるにも関わらず、カメオ出演もしておらず、映画との関わりはエンディングテーマへの参加くらいで、劇中での存在感はかなり薄い。『ガリーボーイ』前夜、ムンバイのシーンがいよいよ盛り上がりを見せてきた頃、ネイジーはシーンから忽然と姿を消した。その理由には、彼の家族と信仰が関係している。

じつは、彼の家族は敬虔なムスリムだった。とくに父は「ヒップホップは非イスラーム的である」として、彼のラッパーとしての活動に反対していた。ネイジーは、二〇一七年から二年にわたって父が暮らすドバイに滞在し、父を説得するとともに、自身の信仰と向き合った。そして、進歩的なイスラーム学者たちの教えに触れて、ムスリムであることとラッパーであることとの折り合いを見つけることができたのだという。ネイジーの父もラップはイスラームの伝統的な詩に通じる、という理解に至り、最終的に息子がラップするのを認めた。『ガリーボーイ』でもインドの詩文化との接続が見られたが、南アジアの豊かな詩の伝統は、現代のラップにまで繋がっているようだ。そうした経験を経て、ネイジーは、マイノリティであるムスリムとしての感情を、ラップを通して伝えることこそ自身の役割だと思えるようになったと語っている[20]。

ガリーから豪快な成り上がりを果たしたディヴァインと比べると、ネイジーには映画のムラドと同様に、生真面目で繊細なところがあるようだ。『ガリーボーイ』の公開時に、彼は率直な心境を吐露している。

「今の状況はなんとも言えないな。複雑な気持ちだよ。自分をテーマにした映画が公開になるのはうれしいけど、同時に自分の人生や私生活を知られてしまうのはちょっと怖いんだ[21]」

こうした姿勢の違いからか、「俺の路地で」以降、ムンバイのヒップホップの立役者である二人のコラボレーションは『ガリーボーイ』のプロモーションを除いて一度も行われていない。その後のネイジーは、映画やプロモーションなどの仕事はほとんど引き受けずに、マイペースで音楽活動を続けている。

ディヴァインの勢いは『ガリーボーイ』後も止まらなかった。二〇二一年にはNetflix映画『ザ・ホワイト・タイガー』のテーマ曲で、ヴィンス・ステイプルズとプシャTというアメリカの第一線で活躍するラッパーたちとの共演を実現させ、メタリカのトリビュートアルバムにも参加するなど、インドのみならず世界に活躍の舞台を広げている。

彼の「成り上がり」を象徴的に描いているのが「ライダー（Rider feat. Lisa Mishra）」（二〇二二）のMVだ。大人になったスラムの少年（ディヴァイン）が幼馴染の上流家庭の女の子をランボルギーニで迎えに来るというストーリーははっきり言って荒唐無稽だが、ほんの数年前まで薄汚れた路地で「これが俺のボンベイだ！」と叫んでいた彼が今やヒップホップスターであることを思えば、決して大袈裟な作り話とは言えないだろう。

現在のディヴァインは、「路地の兄貴《ガリー》」のイメージから完全に脱却している。二〇二〇年にリリースされたアルバム『善と罪悪（Punya Paap）』では、信仰と自身の内面や、仲間への不信といったヘヴィーなテーマと向き合う一方で、陽気なレゲトン風のパーティーソングにも挑戦している。二〇二三年のシングル『勝負師（Baazaigar）』では、一九九二年に公開された同名映画のテーマソングをサンプリングし、『ガリーボーイ』とは別の方法論でヒップホップとボリウッドを結びつけた。[*22]

路地裏の少年だった彼は、今ではすっかりムンバイのヒップホップシーンの帝王の貫禄を見せつけている。

終わりに——インドのヒップホップシーンの今とこれから

繰り返しになるが、インドのヒップホップシーンの勢いは凄まじい。

本稿では『ガリーボーイ』のモデルとなったディヴァインとネイジーに焦点をあてて書いたが、ものすごい速さで進化し続けるインドのシーンでは、立役者であるこの二人でさえも、もはやオールドウェーブになりつつある。

前述の通り、彼らは九〇年代の米国のヒップホップの影響を大きく受けているが、今ではエモ／マンブルラップ系のMCスタン（MC STΔN）や、トラップ以降のビートに超絶ラップスキルを持ち込んだデリーの二人組シーデ・モート（Seedhe Maut）、ポップなメロディーとラップを融合したキング（KING）やチャール・ディワーリー（Chaar Diwaari）など、新しい世代の才能が次々と出現している。感覚的に言うと、インドのヒップホップシーンはここ数年で世界のヒップホップの三〇年分の発展を一気に遂げたような印象がある。

今回はムンバイのヒンディー語ラッパー二人に注目したが、インドには都市と言語の数だけシーンがあると言っても過言ではない。YouTubeでインドの都市名や言語名に続けて、hiphopまたはrapperと入れて検索すれば、各地域・言語のラップの動画がほぼ間違いなくヒットする。海外のインド系ラッパーたちの存在感も大きく、イギリスやカナダに多いパンジャーブ系や、マレーシアに多いタミル系のラッパーたちは、海の向こうから本国のシーンを刺激し続けている。北インドで圧倒的な人気を誇るバングラーラップ*23の世界では、リアルなギャングスタ精神と現代的なヒップホップのビートを導入して旋風を巻き起こしていたシドゥ・ムーセ・ワラ（Sidhu Moose Wala）が国際的ギャング団の抗争に巻き込まれて射殺されるという衝撃的な事件が起き、シーンを激震が襲った。シーンのあらゆる場面でビッグバン後の猛烈な進化と変容が起こっているのだ。

注目すべきはラッパーだけではない。ディヴァインやネイジーとともにガリーラップのビートを作ったセズは、その後大幅にスタイルを変え、今では芸術的とも言える深みのあるビートメイクでシーンをリードしている。同様にこの二人の作品を数多く手がけているカラン・カンチャン（Karan Kanchan）[*24]は、ローファイからトラップ、ポップな歌ものまで、多彩なビートをラッパーたちに提供し、シーンの多様化に寄与している。彼らをはじめとする多くのビートメーカーたちが、インド的なサウンドをビートに導入してルーツをレペゼンしているのも頼もしい。

インドでのヒップホップムーブメントの広がりは、社会運動としても無視できなくなってきている。ムンバイのディーMC（Dee MC）、ベンガルールのシリ（SIRI）、北東部メガラヤ州のメバ・オフィリア（Meba Ofilia）、カリフォルニア生まれのテルグ系であるラージャー・クマーリー（Raja Kumari）といったフィメールラッパーたちは、家父長的な考えがまだまだ強いインド社会で、さまざまな言語で女性をエンパワーするメッセージを発信している。

そして、スラムの若者たちがヒップホップに勇気づけられたように、インド最大の宿痾であるカーストによる差別に苦しむ者たちも、ラップで声を上げ始めた。反カーストをテーマにしたチェンナイのバンド、その名もカーストレス・コレクティブ（Casteless Collective）のラッパー、アリヴ（Arivu）や、オディシャ州出身のスミート・サモス（Sumeet Samos）、デュール・ロッカー（Dule Rocker）らが、差別へのプロテストと同胞へのエンパワーメントをラップに乗せて吐き出している。彼らは#DalitLivesMatterというハッシュタグを使ってメッセージを発信することもあり、アメリカで生まれた黒人たちのための運動が、国境を超えて普遍的な意味を持ちつつあることを実感させられる。

考えてみれば、格差や差別や貧困など、インドが抱える社会問題の多くは、ヒップホップが発信してきたメッセージと親和性が高いものだ。こうした社会問題を抱えるとともに、弁が立ち、議論とダンスが大好きな国民性のインドで、ヒップホップが盛り上がらないわけがない。

インドのヒップホップ史は、おそらくまだ序章にすぎない。ヒップホップというカルチャーが、今後インドの社会や個人をどうエンパワーしてゆくのか、ますます目が離せなくなってきた。

注
＊1 ムンバイのヒップホップ関係者に聞いたところ、現地のスラングで「We will have fun/Let's have fun」という意味らしい。
＊2 ダラヴィ出身のラッパーMCアルターフ（MC Altaf）feat. ジェイ・キラ（Jay Kila）による「Wassup!」https://youtu.be/2A2c1a_V7gk
＊3 『Bombay 70』（二〇一四）https://youtu.be/WmC4eJJcICA ディシャー・ノヨーニカ・リンダーニー（Disha Noyonika Rindani）監督作品。タイトルの「70」はネイジーの地元クルラ地区の郵便番号を著している。
＊4 現地の言語に忠実な表記では「ダーラーヴィー」となるが、本稿では一般的によく知られた「ダラヴィ」の表記とした。また、『ガリーボーイ』の登場人物、関係者については、本稿では劇中やパンフレットの表記で統一している。
＊5 Mumbai Mirror「5 things you didn't know about Naezy」（二〇二〇年二月配信、最終閲覧日二〇二四年六月一日）https://mumbaimirror.indiatimes.com/others/things-to-do/5-things-you-didnt-know-about-naezy/articleshow/74410591.cms この記事中では一一歳のときとあるが、年齢に関しては『ボンベイ70』での証言を採用した。

＊6　とはいえ、ショーン・ポールの「テンプラチャー」がヒットした二〇〇五年のインドのインターネット普及率はたったの二パーセントで、ネイジーがデビュー曲を発表した二〇一四年でもまだ一四パーセントに過ぎなかった。インド最大の都市であるムンバイのネット普及率はもっと高かったとしても、インターネットへのアクセスという点に関して言えば、彼が比較的恵まれた立場にいたことは間違いない。（どちらも International Telecommunication Union (ITU) World Telecommunication/ICT Indicators Database（最終閲覧日二〇二四年六月一日）https://data.worldbank.org/indicator/IT.NET.USER.ZS?locations=IN）

＊7　『ボンベイ70』の彼のインタビューの英語字幕から筆者訳。ネイジーの少年時代のエピソードもこのドキュメンタリー映画のインタビューによる。

＊8　このリリック抜粋は筆者友人がヒンディー／ウルドゥー語から英訳したものを筆者が翻訳。

＊9　VERVE「MEET DIVINE, THE RAPPER WHO FOUNDED GULLY GANG」（二〇一七年二月配信、最終閲覧日二〇二四年六月一日、現在はリンク無効）https://www.vervemagazine.in/people/divine-vivian-fernandez-indian-rapper

なお、ディヴァインはここでアメリカのクリスチャンラッパー、ラクレー（Lacrae）の影響も語っている。

＊10　ディヴァインのエピソードは、主に彼の YouTube チャンネルで公開されている『GULLY LIFE – The Story of DIVINE』（二〇一九）https://youtu.be/hjmqRgIoHP8 による。

＊11　ムンバイのラッパー、アイベックス（Ibex）への聞き取りによる。ベンガルールのベテランラッパー、スモーキー・ザ・ゴースト（Smokey the Ghost）も『O.R.K.U.T.(feat. Epr Iyer)』という曲の冒頭で、「インドのヒップホップはガリー（路地／ストリート）で始まったんじゃない。インターネット上の Orkut〔インドで人気の高かったSNS〕から始まったんだ」と語っている。

＊12　リリックのヒンディー語の部分はムンバイ出身の筆者友人が英訳したものをもとに筆者が和訳。なお、この曲の後半には「町の名前を変えたって、何も変わらないボンベイのまま」という英語のセリフが入っている。ムンバイは、一九九五年にヒンドゥー至上主義的な地域政党シヴ・セーナーによってボンベイから改名されたが、この曲にはそのことに対するクリスチャンであるディヴァインからの抗議がこめられていると見ることもできそうだ。

＊13 このヴァースのみ英語でラップされている。リリック中の固有名詞は、ボリウッドの名優アミターブ・バッチャン、国民的スポーツであるクリケットの英雄サチン・テンドゥルカル、リライアンス財閥の会長で大富豪のムケシュ・アンバニを指している。「テロリストの攻撃」は二〇〇八年のムンバイ同時多発テロ、「競技場のジャマイカ人」はムンバイとは関係ないがウサイン・ボルトのことだろう。

＊14 ヒンディー語圏以外のラッパー（例えばベンガル語圏であるコルカタのCizzyなど）からは、インドのストリートラップがひとくくりで「ガリーラップ」と呼ばれることへの反発の声も聞かれる。

＊15 例えば『ガリーボーイ』の主人公ムラドの憧れのラッパーであり、同作のエグゼクティブプロデューサーを勤めたナズの代表曲「Nas Is Like」のミュージックビデオには、ニューヨークのクイーンズ地区の団地（プロジェクト）が登場する。『ガリーボーイ』ではムラドの兄貴分MCシェールが団地《チャール》暮らしという設定である。

＊16 『Dharavi Hustle: Official Documentary』https://youtu.be/ecuJVG0zPl0

＊17 『Meet Some of the Rappers Who Inspired the Ranveer Singh's 'Gully Boy'』https://youtu.be/Ms8hYtYZDT0

＊18 『The SlumGods of Mumbai: hope, hip-hop and the Dharavi way』https://youtu.be/x5PEzPavEmE

＊19 その後、二〇一八年にはソニーを離れて自らのレーベルを立ち上げ、二〇一九年にはナズのレーベルのインド部門である「マス・アピール・インディア（Mass Appeal India）」に加入したことを発表した。

＊20 Mid-day「Naezy: Through hip-hop, as a Muslim, I can express how I feel」（二〇一九年二月十六日配信、最終閲覧日二〇二四年六月一日）https://www.mid-day.com/mumbai-guide/famous-personalities/article/naved-shaikh-aka-naezy-through-hip-hop-as-a-muslim-i-can-express-how-i-feel-20414186 および Vice「EXCLUSIVE: The Return of the Prodigal Son of Indian Hip-Hop, Naezy」（二〇一九年二月十六日配信、最終閲覧日二〇二四年六月一日）https://www.vice.com/en/article/xwb8pq/exclusive-the-return-of-the-prodigal-son-of-indian-hip-hop-naezy

＊21 THE NEW INDIAN EXPRESS「It's a mixed feeling: Naezy on life after 'Gully Boy'」（二〇一九年二月配信、最終閲覧日二〇二四年六月一日、現在はリンク無効）https://www.newindianexpress.com/entertainment/hindi/2019/feb/20/its-a-mixed-feeling-naezy-on-life-after-gully-boy-1940978.html

＊22 この曲のプロデュースは後述のカラン・カンチャン。彼はこの本のもとになった国立民族学博物館での「辺境

ヒップホップ研究会」でインタビューに応じている。https://minpaku-ees.jp/news/4/
＊23 パンジャーブ地方の伝統音楽「バングラー」の歌唱法をフロウに活かしたラップ。古くは二〇〇四年に世界的ヒットとなったパンジャービーMCの『Mundian To Bach Ke』が有名。
＊24 彼は日本のカルチャーからも大いに影響を受けており、ソロ活動では日本風の要素を取り入れたトラップ「J-Trap」というジャンルを「発明」している。

Interlude

「外」から「内」へ
——町と、日本と出会いなおす旅

HUNGER（GAGLE）

聞き手＝矢野原佑史

HUNGER（ハンガー）

仙台在住のMC／ラッパー。実兄のDJ Mitsu the Beats、DJ Mu-Rと一九九七年にヒップホップ・グループ、GAGLEを結成。二〇〇一年に『BUST THE FACTS』でデビュー。東京ではなく地元の仙台にてシーンを盛り上げる覚悟を歌った「雪ノ革命」は、日本語ヒップホップのクラシックとして名高い。ソロとしては二〇一六年にアメリカ、タイ、オーストラリア、モンゴル、韓国のアーティストたちとコラボした『SUGOROKU』、二〇二〇年に和太鼓とのコラボアルバム『舌鼓』をリリース。仙台を拠点に、全国のクラブやフェスなどで精力的に活動を広げている。

矢野原佑史（やのはら・ゆうし）

京都大学アフリカ地域研究資料センター・特任研究員。専門は音楽人類学、アフリカ地域研究。単著に『カメルーンにおけるヒップホップ・カルチャーの民族誌』（松香堂出版）、共著に『音楽の未明からの思考――ミュージッキングを超えて』（アルテスパブリッシング）がある。

ヒップホップとの出会い

矢野原　本日は貴重なお時間をいただきありがとうございます。ハンガーさんには、辺境ヒップホップ研究会の記念すべき第一回目のスペシャル・ゲストとしてご登壇いただきました。そもそもの発端は、二〇二二年九月〜一二月にかけて行われた民博特別展「邂逅する写真たち――モンゴルの100年前と今」の関連イベントとしておこなわれた、島村一平さん主催のみんぱく映画会「ヒップホップから見た現代モンゴル社会――映画『モンゴリアン・ブリング』から考える」（二〇二二年三月二一日開催）の座談会にハンガーさんも登壇されたのがきっかけでした。ハンガーさんは、モンゴルのヒップホップに遭遇した初めての日本人ラッパーなんですよね。

ハンガー　おそらく、そうだと思います。

矢野原　辺境ヒップホップ研究会のご発表では、「モンゴル・ヒップホップ体験記」に加え、「和太鼓ラップの誕生」という贅沢な二本立てでお話しいただきました。あまりに面白かったので、研究会メンバー内での〝伝説回〟としておくのは勿体ないとなりまして、今回、ハンガーさんのヒップホップ人生の軌跡について改めてインタビューさせていただく運びとなりました。実はこれには狙いがあり、文化人類学的調査方法のひとつである「オートエスノグラフィー」も本著に含めようというものです。つまり、ヒップホップ・カルチャー実践者であるラッパーご本人に自分の人生を振り返ってもらい、歴史の一部として残すというものです。それでは、ハンガーさんがどのようにしてヒップホップ・カルチャーと出会ったかというところからお話していただきたいと思います。まず、ご出身はどちらですか？

ハンガー　生まれは北海道の旭川です。家族の仕事の都合で札幌に引っ越し、一二歳まで北海道をぐるぐるして、中学生の時に新潟に行きました。そのころにヒップホップとの接点が生まれて。一番はじめは姉ちゃんの影響です。彼女が洋楽の「NOW」とか「MAX」とかのコンピレーションCDをよく車でかけてました。そこから、新潟のローカルテレビの深夜番組で流れてた全米トップ四〇のMVを見るようになり、明らかに異質な「音楽」と出会って。僕の兄貴のMitsu（Mitsu the Beats）も一緒に見ながら、「あれ？」という感覚になって、少しずつその世界へ入っていった。

矢野原　「あれ?」というのは、「アメリカの中でも〝アフロ・アメリカンの音楽〟は、何かが今まで聴いてきた音楽と違うぞ」ということですか?

ハンガー　初めはもっと視覚的な話です。MVでアフロ・アメリカンたちの何か自由な動き、映画で見る彼らの「ノリ」が全然違うぞって。映画やMVを見てても、仕草や考え方、リアクションとか、あと挨拶の仕方からして一つ一つ違う。それがかっこよく見えて、「ヒップだな」っていう感じだった。同時に「なんか違うよな。決定的に違うよな」って。スポーツの世界、例えばNBAでは同じ人間とは思えないような高い身体能力を持っていて、動きも派手でかっこいい。その辺が全部まざってグーンと自分の中に入ってきました。だからブラック・カルチャーは、音楽も映画もドキュメンタリーもスポーツも何でも好きではまりましたね。

多分、彼らの考え方の違いにやられたんだと思う。日本で子供のときに感じていた窮屈さやルールに対して、「もっとラフでいいんだ」、「自由でいいんだ」という感覚を、外国人と会う機会がなかった日常の中で、娯楽を通して知ることができた。それが新潟にいた中学の時の話です。さっき話した全米トップ四〇を流す番組でピックアップするMVが週ごとに違っていて。ヒップホップのMVが流れたときに「何かすごいな」って感じて。兄と「これがいいね」って曲の情報交換をしたり、意見のすり合わせとかしてましたね。

矢野原　Mitsuさんとは何歳差でしたっけ?　二人でMVの真似とかしてたんですか?

ハンガー　一歳差です。真似まではしないで、ただMVを見て二人で楽しむ感じ。多様な人種のアメリカの中でも、この人たちはちょっと特殊だぞって。「アメリカ人面白い」って中でも、考え方や、喋り方、動きにしろ、「アフロ・アメリカンめっちゃ面白いね」って。今考えるとそこから大きい影響を受けたのかなと思います。

矢野原　ヒップホップ以外で聴いていたアフロ・アメリカンの音楽は?

ハンガー　そのときはR&B、ニュージャックスイングですね。新潟のローカルテレビ局の番組も、最初はニュージャックスイングを楽しみにしてましたが、トップ四〇のチャートにヒップホップの曲が入ってくるようになり、だんだんそっちが楽しくなってきました。ただ当時は、兄貴の方が全然ヒップホップを追うのが早くて、話についていけなかった。例えばダス・エフェックスとかパブリック・エネミーなんかを聴いても、シンプルすぎてどこが聴きどころかわかんない。ニュージャックスイングみたいな展開があって、ダンサブルで、歌があって…ってのが全くないから。最初の頃は「退屈だな」とも感じてた。今はシンプルなループの美学も、中毒性の高さもわかるけれど。当時はよくわからなかった。

それこそヘヴィ・Dとかデジタル・アンダーグラウンドのような、「ニュージャックスイング×ヒップホップ」だったり、「Pファンク×ヒップホップ」だったり、何かしらの付随する要素がついてないと当時はあんまりハマれなくて。兄貴は割と早い段階でウータン・クランや、ビートナッツとかを聴いてましたね。盛岡に引っ越して、兄貴が一六歳ぐらいだったかな。兄貴は「REMIX」ってレコード屋さんに毎週のように通ってそこでひたすらレコードをディグ（レコード店にある大量のレコードの中に紛れた「お宝レコード／お宝サンプリング・ネタ」を掘り当てる行為）してました。中学時代に感じた初期衝動みたいなものに突き動かされたのかな。

僕はまだその時はレンタルビデオショップでヒップホップ・ジャンルのCDやビデオを借りるぐらいでしたね。兄貴は最初からレコードに夢中で、色々聴かされましたが、当時の自分にはあんまりしっくりきていなかった。

矢野原　レンタルビデオショップで借りていたヒップホップのビデオはどのようなものでした？

ハンガー　例えば、ツー・ライヴ・クルーのLukeとかのマイアミベースや、ア・トライブ・コールド・クエストとかのビデオもありましたね。Qティップのラップが好きで、次第にレンタルビデオ屋でCDを借りるようにもなりました。とりあえずヒップホップコーナーにあるCDを手当り次第借りていったという感じです。

CDに付属している歌詞カードの和訳を見て、こんなかっこいい音楽なのに下世話な内容の、どうしようもないことを歌ってたりもするんだな、と思ったり（笑）。そんな歌詞の曲は邦楽にほぼ存在してなかったので衝撃だった。そもそも歌というのは恋愛についてだったり、あるいは人生について歌ったりするものだと思っていた。「そんなのもありなんだ」みたいな感覚になりましたね。

でもその時は自分が演者側になろうとは全く考えてなくて、ただ聴く側としてとにかくかっこいいと思っていて、感覚的に何か「バグらされた」っていう感じです。自分の日常生活の中にはないものに影響を受けて、「当たり前のものは当たり前じゃない」って感覚にさせてくれた。それがいつしか憧れになった。僕が当時触れた洋楽のラップの歌詞には厳しい現状が書かれてるけど、自分の生活から見たら、逆にそこには強い意志や表現の自由があり豊かな感じがしていた。

矢野原　その時、ハンガーさんの中で、自分のアイデンティティの一部っていうか、「俺はラップが好きなんだ」っていう意識はあったんですか？

ハンガー　ただただ好きになって次から次にどんどんハマっていっただけなんです。自分のアイデンティティになる以前に、ただ好きだった。そして気がついたら、「アイス・キューブのラップスタイルはこうなんだ」、「アルバムの一曲目はこういう構造になっている」みたいな楽曲のレビューを自分でノートに書いて分析して楽しんでいた。そういう楽しみ方もしてましたね。当時のヒップホップ雑誌のレビュー記事を見て、「自分の評価と全然違う」ってびっくりしたことは一度や二度じゃなかった。

矢野原　アイスキューブとか、結構、社会批判するじゃないですか。そういうところにも衝撃は受けましたか？

ハンガー　そこに関してはあんまり感じてなかったです。リリックにかかれるギャングスタライフは、自分にとってリアルな話じゃないので、まるでバイオレンス映画を観てるような感じで当時は受け取ってましたね。今では、アメリカの実生活を増幅させて「ギャングスタ・ヒップホップ」として作品にしていたんだなという別の意味でのリアリティをすごく感じますが（笑）。自分の中でリアリティを持つ体験になるまでには時間がかかりましたね。

矢野原　その時どういう雑誌を読んで情報収集してたんですか？

ハンガー　「FRONT」とか「ブラック・ミュージック・リヴュー」とかですね。

矢野原　なつかしいですね。話は戻りますが、やはりMitsuさんの影響は大きかったんですね。

ハンガー　そうですね。僕が高三になった時、兄貴は大学に進学して仙台に行きました。レコードやターンテーブルがなくなっている部屋を見渡して「ああ、音楽は、兄貴ありきで色々知れてたんだな」って気付かされて。そこからは自分でもしっかりレコードを掘る生活になりましたね。別々に暮らし始めてから、兄貴から自作のミックステープが定期的に送られてくるようになり、そこにキングギドラとか、ライムスターとか、ブッダブランドとか、「証言」とかの日本語のラップが入っていて。当時ヒットしてた、EAST END×YURIとかスチャダラパーは自分でも聴いてたけど、テープに入っていたそれらの曲は全く知らなかった。

矢野原　アメリカのヒップホップの曲の間に日本語ラップが入ってくるようなテープだったんですか？

ハンガー　そうそう、いきなり日本語ラップが入ってくる。自分にとって感覚的に新しい何かを兄貴のミックステープを通じて知っていった感じです。

矢野原　その後仙台でMitsuさんと再び合流したんですか？

ハンガー　そうです。そんなこんなで一年が経って僕も仙台へ行くと、兄貴はもう「オリジナル・カバー」っていうラップグループの一員になっていた。２ＭＣ１ＤＪで、兄貴がＤＪ。パーティーももう何回かやってて、この一年間で兄貴はかなり先に進んでて。大学に入学してすぐの五月ぐらいに「オリジナル・カバー」のＭＣのＮＯＲＩくんに誘われて歌詞を書き始めて、ＮＯＲＩくんと一緒に曲を作ることになって、いきなり学校どころではなくなりましたね（笑）。日本語でラップする人たちが少しずつ世の中に出てきて、それを少し聴き始めた頃。自分でも日本語ラップの曲をラップできるようになってくると、「日本語で新しいラップができるぞ」という可能性をキャッチできた。あと当時はYOU THE ROCK★さんが司会してたTOKYO FMのヒップホップラジオ「NIGHT FLIGHT」もだいぶ影響受けました。仙台では聞けなかったから、番組を録音したテープを友達から入手して聞いて。ダース（DARTHREIDER）が彼のライフ・ヒストリーを辺境ヒップホップ研究会で話しているのを聞いてたときも、「この（「NIGHT FLIGHT」を聞いて衝撃を受けるという）文脈は俺と全く同じだ！」ってなった。

初ステージ、そしてGAGLE結成

矢野原　オリジナルカバーのＮＯＲＩさんと出会って、初めてのリリックを一八歳で彼と一緒に書くことになるんですよね。そのリリックは憶えてますか？　あと、トラックはどんなのに合わせていたんですか？

ハンガー　憶えてる。「ドカーン、ドカーン！」っていう擬音語から始まるセルフボースティング・ラップでした。「俺が盛り上げてくぜ！」みたいな。自分の中ではハードにやってるつもりで。トラックははっきり憶えてない。でも、アメリカのヒップホップ・レコードのインストを使ってた。選曲は兄貴が選んで、「これで書いて」と。その時の実力では観客のツカミしかできないのはもう自分も承知してるから、そこでとにかくインパクト出そうと。

矢野原　インパクト推しの擬音語の後はどんなリリックだったんですか？

ハンガー　当時オウム真理教の事件があって、「お前の頭をポアするぜ」って感じのリリックだった気がする。といってももちろん「殺す」って意味じゃなくて、出演するライブで「お前の頭をバグらせるぐらいに盛り上げてやるぜ」みたいなことを言ってたはず。実際にライブでやったときには、お客さんはみんな座ったままで、「何だこいつ？」みたいな反応だったけど。

矢野原　初のパフォーマンスはいつだったんですか？

ハンガー　五月にリリックを書きはじめて、そこから二〜三ヶ月後にはライブに出てましたね。デイイベントで午後八時ぐらいがイベントのピークなんだけど、自分は新人だったから、ＮＯＲＩくんと一緒にイベント開始後すぐに前座のような形の出演で、たしか一〜二曲。もう恥ずかしくてお客さんの目とか見れない。すべる・すべらない以前の問題だった。でも、そのライブ後に「お前、このまま頑張った方がいいよ。何か面白いこと言ってるよ」って言ってくれた人がいて、「あれ？　今まで生きてきて、自分が何か作ってそれに面白いねって言われたことってないかも」ってなった。ＮＯＲＩくんも「お前面白いからやった方がいいよ」とか言ったりしてくれて。そういう声がけがなかったら多分、一歩目から二歩目は踏み出せていなかった。

矢野原　お客さんのフィードバックは超重要ですよね。

ハンガー　めちゃくちゃ重要。「なんかいいね。このままやった方がいいよ」って言ってくれた人は、自分にとってめちゃくちゃ大事だった。それまでは、ただヒップホップが好きなだけで、自分がラップをすることに関しては最初は誘われるままやっていたところがあった。やっていくうちに完全に目覚めていったけど、彼らのフィードバックがなかったらやってない可能性も、続けていない可能性もあった。

矢野原　そこでもう、GAGLE のソロ・ラッパーとしてやっていこうといった流れになったんですか？

ハンガー　いや、はじめは兄貴と自分と２ＭＣスタイルですね。兄貴が「オリジナル・カバーのDJをやりながらだけど、二人でもグループやろう」って言ってきて。この時期はみんなハードコア・ヒップホップに夢中になってた時で。NORIくんはまた面白い人で、彼だけはEDUさんのようなパーティー・ラップが好きだった。彼はライムスターや EAST END、スチャダラパーも好きだったけど、EDUさんの影響が大きくて、そのスタイルを大切にしていた。オリジナル・カバーは基本的にパーティー・ラップ・グループだったから、仙台のヒップホップシーンの人からは少し軽く見られるところがあった。兄貴はDJでいろんな曲聴いて、プレイしてて「他の感じのスタイルもやりたいな」ってなってきてた時期で。多分兄貴の中で、僕と二人の方がやりたいヒップホップができるかも、っていう意思がだんだん生まれてきてて。NORIくんは兄貴の親友だったから、友達関係に影響する本当に難しい話だったんだけど。でもお互い、「この方向性の音楽をやりたい」ってなった時、そこが一つの別れ道だったのかな。NORIくんは今も陰から応援してくれてると思うんだけど。

そんなこんなで、最初は GAGLE の前身の「影法師」っていうグループになった。兄貴もだんだんこっち側の活動に注力してくるようになったけど、そこに関してもどかしい気持ちは常にあった。オリジナル・カバーも影法師も一緒のイベントに出て一緒にやってるけど、やりたい音楽としての兄貴の本心はこっち側に徐々に傾いていきていたという。

矢野原　「HUNGER」というMCネームはどの時点で決まったんですか?

ハンガー　はじめてライブをすることが決まった時「MCネーム決めた方がいいよ」ってNORIくんから言われて。「本名のコージっていうのは駄目だよ、DJ KOJI っていうすごい人が仙台にいるから」と。それで部屋にかけてあったものを眺めていって、「ハンガーは?」って言ったら、「それでいこう」って。

矢野原　意外です! 「ハングリー精神」のイメージがありました。

ハンガー　最初はなんにも考えてなかったから、語呂と雰囲気だけで決めた。いつもよく動いてて、よく食べてるから、「もう HUNGER だよね」とか。ハングリー精神とかのイメージは全然後付けだった。でも最初の方の自分のスタイルを見たら、本当にただ腹減らしてる大食いラッパーってイメージはあった。

矢野原　でも、「名は体を表す」じゃないすけど、不思議と今のスタイルと合っていますね。
ハンガー　考えなさすぎたなと思うときもある（笑）
矢野原　でもストーリーがそこからちゃんと生まれていくっていうか、「ストーリーがついてくる」というのは面白いですね。ちなみに「影法師」の由来は？
ハンガー　当時の日本語のヒップホップ・シーンは漢字三文字のグループが全国的に増えた時期だったんで、それに乗っかった感ありますね（笑）。「日本のヒップホップらしさとはなんぞや？」ってみんなやんちゃでありながらも自問してた時代だったからそういうグループ名が多かったのかな。多分、EAST ENDやスチャダラパーとか、その頃にヒット曲をリリースしたグループに対して、カウンターを打ってた時なんだろうなと思う。スラングを使ったり、漢字の名前が多かったです。
矢野原　我々の辺境ヒップホップ研究会で言うところの「日本のヒップホップの第一世代の最後のライン」が彼らなのかもしれないですね。そこで「（日本のヒップホップの）第一章」が終わって、第二世代による「日本のヒップホップの第二章冒頭」に影響を受け始めたのが影法師のころのハンガーさんなのかも。Mitsuさんと二人でやっていた影法師にDJ Mu-Rさんが入って、グループ名を変えることになったんですか？
ハンガー　うん、そうだと思います。影法師はＤＪがいなくて兄貴がＭＣしながら同時にＤＪもやるスタイルだったので、ライブＤＪを誰かにお願いしようとなった。当時仲間に色んなＤＪがいて、その中で一番もう確実にうまくて、人間的にも合うのはMu-Rだねってなって、うまくそそのかして（笑）。バックＤＪとして誘って。だから当初は「２ＭＣ・１ＤＪ」のスタイルだった。
矢野原　GAGLEっていう名前は？
ハンガー　そのタイミングでグループに名前もつけた方がいいってなって、割と適当につけた気がしますね。特に意味はなくて、「今までと全然違う方向で、かつあんまり意味のない言葉がいいよね」って。辞書で調べたら「Gaggle」ていう英単語が「ガチョウがガーガー言う、やかましい」っていう意味で。本当に恥ずかしいんだけど。Gが二つの「GAGGLE」で、「ガチョウじゃないからGを一個取って、GAGLEで」という感じです。
矢野原　その時のラップ・スタイルは？
ハンガー　その時の自分はバスタ・ライムスのような

爆発的なスタイルで、兄貴がスタンダードなスタイル。まず兄貴が切り込んで、自分がそっからもうワーってもう盛り上げて行くみたいな感じですね。当時はとにかくライブで場をにぎわす存在だったから、ちょうどいい名前だったのかな。

矢野原　そうして三人で活動しだして、Mitsuさんがトラックを作り始めたっていうのはいつから？

ハンガー　GAGLEの名前が仙台に広まり、自分たちが主催するパーティーにもお客さんが沢山入るようになって。その頃に兄貴が「もうラップはいいかな。曲作ろうかな」というモードになり作り始めましたね。兄貴は昔から楽器や機材とか買ってきて遊んだりするのが好きだったから。そしてMPC2000を買った頃、「これでいいかも。これからはハンガー一人でラップやったら？」って。

矢野原　そこから今のGAGLEの1MCスタイルになるんですね。2MCの時は、ハンガーさんの方が結構前に出てた感じだったんでしょうか？

ハンガー　もちろん兄貴のファンもいました。ただ自分は奇抜なスタイルだったからキャラ立ちしてたし、わかりやすかったから前にはガンガン出てましたね（笑）。GAGLE主催のパーティーにもお客さん一〇〇人ぐらい来て盛り上がってましたね。あの時はコミュニティーがタイトだったから、違う主催者のイベントでもみんな出てて。色々、週末出させてもらったりしてましたね。

矢野原　仙台のシーンはその頃結構すでに熟成してたんですね。

ハンガー　もう全然すごい人たちは他にもいっぱいいて。仙台で第一世代だとナンバー・ブロックとワイルドスタイル・クルーの二大勢力で。熱気もすごくて集客して毎週のように盛り上がっていた。九〇年代前半から仙台でクラブイベントをやってる人たちが沢山いて、もう完全にシーンが出来上がってるときに、兄貴が仙台にやって来て、その後に自分も来て。NORIくんとかも第一世代ではなくて、すでにあったシーンに自分たち第二世代が加わっていった感じですね。

矢野原　ハンガーさんが仙台に行ったのが一八の時ですよね。それが何年になるんですか？

ハンガー　九六年ですね。

矢野原　ということは、わずか一年ぐらいの間にシーンに大きく関わる存在になっていたんですね。

ハンガー　すごい早いように感じるけど、あの時は「早く自分らの出番が欲しい」って思ってて、「これじゃ遅い。全然ものにならない」って感覚の方が強かったです。

矢野原　リリック書き始めて三ヶ月でライヴ・デビュー、一ヶ月ちょっとで自分たちのパーティーを持つようになって、どんな実感でしたか？

ハンガー　最初はもう平日の火曜日にお客さん二人だけとかの現場をひたすらやってましたね。半年以上はそんな感じだった気がする。そうしてるうちにクラブシーンの中にファンができて、あの時は皆ヒップホップに夢中だったから、お客さんが自分たちの方にも徐々に集まってきた。何かどっかまったく別の畑の一般の人っていうよりは、すでにシーンの中にいた人たちが自分たちのパーティーにもどんどん顔出してくれるようになっていったのかな。あの頃は後輩もいっぱいいいましたね。

矢野原　ナンバーワン・ブロックとワイルドスタイル・クルーという二大勢力があって、GAGLE はどっち側だったんですか。

ハンガー　GAGLE はどっちでもなかったです。あと、そこに夜光虫というグループが台頭してきて。夜光虫を含む三大勢力は、当時の自分にとって「何やってもかっこいい、手が届かない先輩たち」という感じで。東京からゲスト・アーティストがぽんぽん毎週のようにイベントに来る九〇年代後半、大きいイベントのフロント・アクトはこの三つから大体選ばれてましたね。例えばブッダブランドの時はワイルドスタイル、シャカゾンビの時は夜光虫って感じで。だから、「どこかのクルーに所属しないとなかなかチャンスをもらえないんじゃないかな」と思ってたけど、「いや、でも、多分その三つの下にいるより、第四勢力になろう」っていうのを決めて活動してましたね。

矢野原　第四勢力の予備軍みたいなのは他にもいくつかあったんですか？

ハンガー　名前挙げたらキリがないぐらいいっぱいクルーがありました。レギュラーイベントを週末やってる人たちもいっぱいいいた。

矢野原　仙台のシーンが GAGLE を含む四大勢力になっていったのはいつぐらいからですか？

ハンガー　大体九八年くらいです。GAGLE が台頭してくると、「GAGLE のライブが面白い」って噂になって、「フロント・アクトとしても盛り上げてくれる、人を呼べる」ってなるから、徐々に話が回ってくるようになりましたね。

矢野原　結構ポンポンって感じでテンポよく成長して

いったんですね。自分たちでつくったトラックの上でラップしだしたのもその頃ですか？

ハンガー　そうそう。仙台だと兄貴が二番目ぐらいにMPCを使ってトラックを作ったんじゃないかなと思います。その頃はまだほとんどの人がありもの（既発曲）のインストでライブをやってた時代ですね。

矢野原　自分たちのトラックでやってたら、ほかのグループのその先へ行けますよね。アーティストとしての意識も高くなっていくし。曲をつくる際のサンプリング・ネタもその頃から掘り始めてたってことですよね。

ハンガー　そうですね、昔のレコードを掘り始めたのはMPCを購入したのと同じ時期ですね。まずはソウル／フュージョン／ジャズあたりから、サンプリング・ソースとなるレコードをどんどん買っていって。気になるフレーズをループして、ってやっていくと「結構、俺たちできるな」って手応えを得られるようになってきて。その時に世に出てた日本語ラップ作品と聴き比べても、「自分たちのすげえいいな」と思っていた。九七・九八年ぐらいのアメリカでRAWKUSとかが台頭してきた時期ですね。

矢野原　コンシャスなアンダーグラウンド・ヒップホップの台頭ですね。

ハンガー　そう。「何これ、超かっこいいじゃん」ってなってきた時に、「これを日本語ラップ・グループで表現してる人たちいるのかな？」「まだ誰もいないよね」ってなって。デトロイトならスラム・ヴィレッジ、ロスならダイレイティッド・ピープルズとか、あの辺の音楽をやってるアンダーグラウンド・ムーブメントが当時めちゃくちゃすごくて。日本のDJもみんなこぞって反応して彼らのレコードを買ってたのに、こういったサウンドやスタイルでライブしたりリリースしてる人たちが日本にはいないことに気づいて。

自分たちなりの感覚も組み合わせてやってみたら、「これってすごくない？」「誰もまだやってないじゃん」って（笑）。そのときはひたすら、「お前天才だね」「お前も天才だね」ってグループ内で言い合ってた。無理やりなのか何かなのか、励まし合ってた。「俺たちのやってるのが絶対来る」っていう手応えっていうか、「これやってる奴は絶対他にはいない」って、自分たちしか知らない事実みたいなものがあると感じてやってた。どんな感じの感触だったかって今思い出せないけど、それはそうだったとしか伝えられないですね。

矢野原　新しいトラックができあがって、そこにラップを乗せてさらにグルーヴが立ち上がってきて、お互い「これはやばい」「やばいよな」としか言い合えないような感覚が生まれる時ってありますよね。

ハンガー　そうそう。早い段階で「二〇〇〇年までにはリリースできるな」って思ってましたね。実際ちょうど二〇〇〇年に出来上がって二〇〇一年五月三一日に出たのが、ファースト・ミニアルバム（『BUST THE FACTS』）。一年後にファースト・アルバム（『3 MEN ON WAX』）が出るんだけど、それらのリリースがすべて決まったのも二〇〇〇年だった。でも本当にそんなのただ何となくの直感で「二〇〇〇年ぐらいには出せそうだな」と思ってただけなんですけど（笑）。

矢野原　そのとき大学生で、「俺たちはこの音楽で食っていくぞ」という意識はあったんですか？

ハンガー　いや、「俺たちは音楽で食っていくぞ」っていうモチベーションはなかった。ただ、「自分たちの曲がレコードになったらやばいな」っていう衝動はあった。やっぱりレコードが好きで、レコードを買いまくって青春を過ごしてきてるから、自分の作品がレコードになることの価値は計り知れなかった。兄貴なんて、バイト代が入ったその日にレコードを買いすぎてその日のうちにもう飯を買うお金がなくなってたぐらい。そんな生活を見て僕は呆れたり怒ったこともあったけど、同時に「すごいな」とも思ってた。でもそういうものですよね、「行動」っていうのは。

矢野原　「レコードを作る」っていうのがピュアなモチベーションになっていたんですね。

ハンガー　あとは自分たちが本当にかっこいいと思ってるものが、まだ世の中に出ていないなとも思っていました。

矢野原　自分たちの作品を出してみて、それがちゃんと受け止めてもらえてたっていう感触もあったんですか？

ハンガー　作品を出す前の、九八・九九年頃から感触はありましたね。中でもすごく大きかったのは、さっき話した盛岡のレコードショップ「REMIX」で働いていたCHOKUさんの出会いですね。CHOKUさんがどっかから僕らのデモテープを手に入れて複製しまくって、盛岡のクラブシーンにバーって配ってくれた。「ヤバいのが仙台にいるから」って勝手にプロモーションしてくれていた（笑）。盛岡へライブに行ったら、お客さんが全員GAGLEの曲を知ってて、まだ一般にリリースされてない曲をみんなが歌ってくれて。あのときは本当にすごかった。CHOKUさんは、兄貴が高校生のときに「あの人、怖そうでちょっと話しづらいんだよね」って言ってたような当時からオーラのあった人で。そのテープがきっかけで、盛岡のクラブ「DJ BARDAI」に集まった数十人が熱狂的なファンになってくれた。そしてそのCHOKUさんが後に、GAGLEが所属することになるレコードショップ／プロダクションのJAZZY SPORTを立ち上げる。

さらに言うと、GAGLEが二〇〇一年の時点で契約してたFILE RECORDS、そこで働いてたのが、後にJAZZY SPORTのもう一人のボスとなる、マサヤさん（Masaya Fantasista）と気仙さん。その後、兄貴のソロアルバムのタイミングでJAZZY SPORTが立ち上げられて、GAGLEのマネージメントもしてくれるようになった。それが二〇〇四年ぐらい。

矢野原　話を一旦ここでまとめると、FILE RECORDSから二〇〇一年にミニ・アルバム『BUST THE FACTS』、二〇〇二年ファースト・アルバム『3 MEN ON WAX』、二〇〇四年にはPLANET GROOVEからMitsuさんのファースト・アルバム『THE NEW AWAKENING』が出るんですよね。

ハンガー　そう。そしてワーナーと契約して、GAGLEは二〇〇四年『SUPEREGO』でメジャーデビューしました。翌年コロムビアに移籍して。そこから二〇〇五年に『BIG BANG THEORY』、二〇〇七年に『3PEAT』を出しました。

モンゴル・ヒップホップとの邂逅

矢野原　この辺りですよね、モンゴルへ行くことになるのは。

ハンガー　二〇〇七年と二〇〇八年の二回ですね。二〇〇七年には、できたばかりのアルバム『3PEAT』を持って行っている。

矢野原　この時は、もうアーティスト一本で生計をたてられていたんですか？

ハンガー　いや、恩人でもあるおじさんの印刷屋の手伝いをしてました。大学卒業後に就職して秋田に行ったり、ずっと働きながら音楽活動をやってましたね。

矢野原　日本のラップシーンで確固たる位置を築いていきながら。

ハンガー　いつまで働いていたかな。アルバムが完成した時はいつもヘトヘトで。アルバムツアーモードにドーンとなる前のちょっとした空きのタイミングを見つけて、「創作後のガス抜き」みたいな理由でモンゴルに行きましたね。二回とも大体一週間〜一〇日くらい。行き先をモンゴルにしたのは、たまたま観光ビザがいらない特別な期間で、ふらっと行けそうだったから。

矢野原　今までいろいろなところへ一人旅した経験があった上でのモンゴルということですか？

ハンガー　色々といっても、アメリカとアジア何カ国かを旅したぐらいですね。

矢野原　特にヒップホップという文化を求めて行ったというわけではないんですね？

ハンガー　求めて選んだ国ではなかったけど、飛行機に乗ってから読み始めた『地球の歩き方』に「モンゴルではヒップホップが流行っている」と書いてあるのを発見してたまげましたね（笑）。

矢野原　島村一平さんの『ヒップホップ・モンゴリア』にも書いてある通り、モンゴルでのヒップホップ人気の隆興には、日本のそれとは異なる経緯があるんですよね。

ハンガー　僕も後に映画『モンゴリアン・ブリング Mongolian Bling』とかを通してモンゴルのヒップホップの歴史を知ることになるのだけれど、当時はもう本当にわからなくて、自分が行った場所や出会った人という「点」でしかシーンを把握できなかった。そこでQuizaとBoldooに出会ったりするのだけれど、別のタイミングだったら出会ったのがGeeだったかもしれない。Geeと先に会っていたら「Geeを起点としたモンゴルのヒップホップ」を吸収することになったのかもしれない。そのあたりはもう本当にタイミングと縁でしかないですね。

矢野原　それは文化人類学者のフィールドワークにも同じことが言えますね。フィールドワークへ行った先で出会った人の「眼」を通した世界観がリサーチのとっかかりになる。そうやって現地のラッパーたちと知り合ったのは、モンゴルが初めてですか。

ハンガー　完全一人旅で行って、旅を通して出会っていったというのは初めてですね。例えば韓国だとライブが目的でアーティストとして行き、現地のラッパーと知り合ったり。ニューヨークだと日本人の友達を頼って行っているので。それらとは違いますね。

矢野原　アメリカへ行ったのは、モンゴルへ行く前ですか？

ハンガー　そうですね。ニューヨークは二〇〇五年くらいですかね。海外に何も持たずに行って、いきなり出会い頭にラッパーと仲良くなるというのはモンゴルが初めてだった。けど、似たようなことは人生において実は多々あって。例えば、二二歳で就職して秋田に赴任した時、ヒップホップが好きな人と繋がろうと思って、とりあえずイベントのフライヤー（チラシ）を探そうと服屋さんに入っていった。たまたまそこが九〇年代初頭、渋谷にあった伝説的な店「DJ's CHOICE」を経営してたシノブさんっていう人が、秋田へ戻ってきてから始めたお店だった。自分と秋田のシーンがいきなり接続されるという出会い頭の出会いだった。だから感覚的にはそういうことを人生ですでに体験してきてて、その面白さにはどこか気づいていた気がする。モンゴルはその延長線上だったのかもしれない。

矢野原　やはりフィールドワーカー的な面白さを知っていた感じなんですね。

ハンガー　まあ、引っ越しが多い家庭に生まれたっていうのもあって、必然的にそうならざるを得なかったところもあったのかなと（笑）。同時に、心の中では常に「俺って根なし草だよな」というコンプレックスもあった。「俺には地元がない」って。

矢野原　ヒップホップでは、「地元を誇る生き方を伝える」というのがひとつの要素ですからね。「俺はレペゼン〇〇〇！」と言える場所がない、と。

ハンガー　そうそう。今でこそ強く言える部分もあるけれど、そういうのが当時はずっとなかったですね。

矢野原　意外ですね。僕は十代の頃から「GAGLE」という言葉を聞くと〝雪〟を連想するようになっていて、そういう意味では「レペゼンする〝背景〟をしっかり持ったグループ」というイメージでした。

ハンガー　たしかに東北から北海道のあたりを北国として言うのであれば、「ふるさと」かもしれないですね。

矢野原　話をモンゴルに戻しましょうか。

ハンガー　それで、一度目のモンゴル滞在最終日の二〇〇七年の七月七日、Quizaが招待制のリリース・パーティーに招いてくれて。行ってみたらコカ・コーラとかタイガービールとかのスポンサーがついたレセプションパーティーだった。しかもこの時、Quizaが着てたジャケットの後ろに日本の有名な重機系の総合機械メーカーのでっかいロゴが書いてあって。「ラッパーに重機のスポンサーがついてるんだ！」って驚いた。このときにQuizaにCDを渡して、帰国後に連絡が来た感じですね。

二回目に行った時は、Quizaが一緒にライブして欲しいと僕を招待してくれて、一緒にメディアに出演して、リハーサルをして、ライブをして、遊んで、みたいな感じでしたね。Quizaのライブは本当にすごかった。旧スフバートル広場にある演劇ホールでモンゴル・ヒップホップ史上初めてライブをする、その日でした。街中のいたる所にライブの宣伝をする看板があったり、一緒にストリートを歩けばファンが次から次へと声をかけてくる。最終日前日には一緒にレコーディングしようってなり、Quizaが立派なスタジオを用意してくれて。そこでQuizaとBoldooと三人でその場で歌詞を書いてレコーディングして。その後、みんなで飯食って、朝方近くまで飲んで、最後見送りに空港まで来てくれて。今となっては「夢だったのか」って思うような旅でしたね。本当に「ヒップホップの力」を感じたというか。その時に録った曲「One Time In Mongolia」はＭＶも作りました。僕がハンディカムで撮った旅の記憶の映像をつなげて作ったものです。この時は僕も彼らも二〇代だったから、それぞれの誇りのぶつかり合いっていうのかな、見栄の切り合いみたいな雰囲気もスタジオにあった気がしますね。

矢野原　この経験が、後のアルバム『SUGOROKU』へと繋がっていくんでしょうか。

ハンガー　やっぱりこの経験はすごいドラマチックで忘れられないもので。当時は「どこの土地に行ってもこういうことはあるかもしれないし、こんなときに曲が生まれるんだろうな」って、旅の楽しみ方が一つ増えた感覚だった。けれども実際はその後、あれほどの経験はなかった。他の土地も行ったけど何にもなかった国もある。現地のラッパーと出会い頭に何か曲を作っちゃうってのは本当に刺激的です。

タイでDUJADAというグループと一緒に曲を作ったこともあります。仙台出身のDJ TO-RUを通じてではあるけど、現地で一緒にライブして仲良くなった後に「曲を作ろう」ってなって。それも後にＭＶになってます。

こういう外国を旅して曲ができるっていうのをずっとやっていて、「あれ、もうこれまとめてった方がいいのかな」ってなって、ゆっくり『SUGOROKU』制作の方に向かっていった感じです。

矢野原　『SUGOROKU』って自然な流れでできたものだったんですね。まずはコンセプトありきでスタートした、いわゆる「企画モノ」のプロジェクトだと思っていました。

ハンガー　DUJADAと一緒に曲を作った時も最初は「シングルでリリースすればいいや」って思いでやってたけど、「これ他の曲と一緒にパッケージにできるかも」っていう風に考えだしました。『SUGOROKU』は二〇一六年に出たから、このタイでの曲はターニングポイントになってるんだろうなという気がしますね。

矢野原　このような「多国籍ヒップホップ・アルバム」をここまでやってる人は、まず日本ではいないですよね。「企画モノ」として、海外アーティストと曲を何曲か作ってるって人はいると思うんですけど、アーティストが自分ひとりで動いて、現地で知り合った人たちと作っていくという作品は海外でも少ない気がします。

ハンガー　確かに珍しいタイプかも。その分、聴き手がどう受容していいのかわからないところもありますよね。「これどういう作品でどういうジャンルのものなんだろう?」、「グローバル・ヒップホップっていうジャンルなのか?」って。

矢野原　『SUGOROKU』をリリースしてみて、他人からのフィードバックや、自分の中で気づいたことや変化したことはありましたか?

ハンガー　いや、本当に「旅の記録」だし、それに対して他人からの特別なフィードバックは別にないですね。「そんなにいろんな人たちとやって面白いです ね」っていう感じです（笑）。

矢野原　タイの人たちと制作した時にリズムの新しいはめ方とかに気づいたということはありましたか?

ハンガー　レコーディングには仙台のプロデューサーの6th Generastionのビートを持って行ってたから、それにタイ語のラップが乗るとこういう風に聴こえるんだなって感じですね。そして大切なのはバンコクの宅録に近い環境のスタジオにみんなで入って一緒に録る時間の価値そのものですね。このアルバム（『SUGOROKU』）に関しては商品になるか云々っていうのは二の次でやってて。やっぱり何か自分の中で体験したものとかを「素晴らしい」と感じているのであれば、その瞬間は貴重な瞬間で。まずはそれを残そうと思っている力の方が強いんじゃないかなと思います。そういう作品だと頑張って売ろうとするし。

矢野原　『SUGOROKU』が出たことによって広がった世界みたいなものはありましたか?

ハンガー　直接的なものは、今のところないような気がしますね。

町と出会いなおす——震災、コロナ禍

矢野原　でも、聞き手の僕の中では、こうしてお話を聞いてきて、ひとつに繋がった「ライン」が見えてきていますよ。どういうことかと言うと、まずハンガーさんのヒップホップ人生には、スタート地点で、「仙台・地方vs東京・中央」という構図の中にいる自分があった。そのため中央のラッパーにはないヒップホップ・ゲーム観をお持ちで、日本のヒップホップ・シーンの中にいつつ客観視できていたと思うんです。モンゴルっていう、当時の日本では「ヒップホップ・カルチャーは広がっていないだろう」と思われていたヒップホップ辺境地へ行ってみたり、当時の日本のメディアが取り上げていなかったアジアのアンダーグラウンド・ヒップホップと関わって『SUGOROKU』に収めたり、コロナ禍では和太鼓とラップで対峙して『舌鼓』というオルタナティヴな「辺境ヒップホップ作品」を制作されたりしてきた。つまり、「メインロード」ばかり行く人たちはしない動き」もしてきている。そこに、日本というヒップホップ辺境地の中でも極めてオルタナティブなヒップホップ・ストーリーが見えてきます。ハンガーさんご本人の中ではどのようにこれまでの道筋を捉えていますか？

ハンガー　もう、興味っていうか探究心がまず先にあって動いてるだけですね。まずは「面白いものを作りたい」、「自分が好きな音楽を通じてだったらいろんな人と繋がれる」って感覚で。現代だったら、SNSを見ちゃえば「この人は誰々に影響を受けてるんだな」とかもう大体わかるからそこに面白みは感じないんだけど、ひと昔前は、「さっきの人の作品を聴いたら、何か系譜が見えてきたぞ。この人となら仲良くなれるかも」みたいなことがあった。ただその感覚が日本の「中」じゃなくて常に「外」に向いてたのは、いろんな事情があったからなのかな。

矢野原　そこに「日本のヒップホップにおける「地方の視点」」があるような気もするのですが、ハンガーさんの中で「地方のヒップホップ」を担ってきたみたいな自覚はありますか。

ハンガー　「東京ではないところで俺はやっぱやってるんだ」っていう自覚はありますね。あるけど、常にこの「地方」を意識してるのかって言われるとそうではない。自分のいるところがここであって、俺はただ自分のことやってるっていう感覚。

いや、でも、地元に対する思いっていうのは難しい

な。強いて言うなら、「地元と言えるのはだいたいこの辺りかな」ぐらいの結構大きな範囲で自分は「地元」を認識してる感じです。「ローカルとちゃんと付き合う」ってのはこういうことかなって手応えは最近になってからの方が強い。最近はよく遊んで、いろんなローカルのお店を知るようになって、そこからエールもいっぱいもらって。今が一番地元に対しての思いが強いかな。ようやく仙台が地元になったっていう。

地元のプロバスケチーム、仙台89ERSのテーマソングを五シーズン任せてもらってる、っていうのもその一環で。マイナースポーツの一地方のチームだから、全国的に見ればちっちゃいスケールかもしれないけど、仙台においてはすごく大きい存在で、それを応援するのも地元への愛の形ですね。一緒に年を重ねるごとに思いは深まります。けれども、実際に愛の実感を得るとしたら、さらにローカルなものなのかもしれない。地元への愛みたいなスケールって、もう少しミニマムなものじゃないかなという気がしていますね。

矢野原　オーディエンスから見ると、ずっとGAGLEといえば仙台だよなって感じでしたけど、最近になってようやく地元意識が芽生えてきてるっていうのはすごい面白いです。

ハンガー　そうですね。芽生えというよりは、地元と自分の繋がりを実感できるようになったということですね。あとは二〇一一年の東日本大震災のとき。震災が起きた一ヶ月後にGAGLEで「うぶこえ」という曲を作りました。あの時はとてつもないことが起きて、多くの人の命が失われて、そのタイミングでの曲制作はいつもとは全然違うものだった。そこの過程で「地元」っていう感覚がまた強くなったっていう。愛とは別の感覚かもしれないけれども。

矢野原　「コミュニティのひとりとして動く」っていうことでしょうか？

ハンガー　そうそう。「やれることを考える」、そこから「この街でできることを考える」っていうこと。あらとは震災後に自分に家族ができて、いろんな局面で接点もいろいろ増えてきた。そういうふうにして地元意識は育まれていくものなのかな。気持ちも必然的に変わってきて、街の見え方とかも変わってきた。それまではずっと「外」に向かって自分たちは活動していかなきゃ、ってなってて。ずっとそう思ってたから、リリースしてツアー回ってる時も意識は「外」。最後はもちろん仙台でライブするけれど、基本的にはもう毎週「外、外、外、外」。「外」から仙台に戻ってきたときには、「よし、また次の準備をしよう」ってなる感じだった期間が長かった気はする。

矢野原　震災後にご家族ができて、コロナ禍に『舌鼓』が生まれ、「外」へ「外」へ向かってた意識が、震災やコロナで「内」へと向かいはじめた、と。

ハンガー　コロナ禍の時に、こういう状況だから外に出て行けないし、週末ライブに呼ばれることもない。クラブやライブハウスも営業できない状況で、「じゃあ、みんなでクラブを借りて生配信やろうぜ」ってなって、「PRACTICE&TACTIX」っていう無観客イベントを始めた。自分が普段のライブではやらない曲を中心に三・四曲ぐらいインスタライブで披露していくものだった。イベントの残り三〇分間は、誰でも、もう本当に何歳でもいいから来て、一緒に何かやろうって。ダンサーやドラマーなんかもたまに参加してくれたけど、基本的にはラッパー同士、マスクしながら、ひたすらサイファーをやってましたね（笑）。コロナ禍で合計一七回ぐらい無観客配信イベントをやって、そこで同い年のラッパーSHOWGOを中心にみんなとあらためて仲良くなって、自分の知らないローカルの店を教えてもらった。ローカル店の大切さをようやく知ったのもその時。誰かが遠くから来たら「この店連れてこう」と思う店とかも自分の中で増えてきた。ここ数年、ただ一緒に遊んだり、いろんな人と話したりすることで気づかされることが本当に多かった。いろんな線が繋がってきて、今すごい良い〝旅〟を仙台の中でさせてもらってる。そんな流れに呼応するように最近は色々な層のお客さんが混じってきた。それがすごく面白くて、自分の中で何かが芽生えてきています。ある種当たり前だったかもしれないローカル愛みたいな、「コミュニティ」が今はっきり見えてきてるところ。「仙台めっちゃいいとこやな」って気付き直す。そうすると街が立体的に見えてくるっていうか。そんな中で仙台の中でシンボリックなデパートの、三越の九〇周年記念ソングの制作とかそういう話も来たりして。

今一緒に遊んでる人たちとかをひっくるめながら、オーバーグラウンドでもアンダーグラウンドでも自信持ってグッと「地元」を押し出せるような感覚のことを「地元愛」というのなら、今は結構いい感じかなと思います。

矢野原　九六年に仙台でステージ・デビューしてから約三〇年かけて、ある種の気負いが取れた新しいフェーズに入ったと。

ハンガー　地元の新しい友達もだけど、本当にもう家族に感謝してて。やっぱりアートや芸術、音楽とかを仕事にするとなると、その時々でないがしろになってしまうものは多分あるでしょう。家族は自分の活動を理解してくれてます。これまでの自分の人生は探求の歴史でもあるけど、逃避の歴史でもあるのかなとも思う。「どっか行って一人になりたい」みたいな。孤独であることがオンリーワンを作るんだ、って感覚だったのかな。「別に、仲間も兄貴もMu-Rもいるし、大丈夫だけど」って感覚だったと思う。

和太鼓とラップするということ

矢野原　今日の研究会でのハンガーさんのコメントで、地方の太鼓にも地域ごとにちょっとしたスタイルの違いがあるという話が挙がりました。昔は、「この地域に行けばこのタイプの叩き手がいて、あの村ならあいつが一番太鼓うまいよ」みたいな感じだったと。僕はその話を聞きながら、そんな状態に今の日本のラップ／ラッパーたちがなっていってるのかもって考えていました。例えば、「仙台にはハンガーさんがいるから、あの人にラップ頼んだらまあまず間違いないよ」といった代表格と呼べるラッパーたちが各地方にいる状態ができたのは、実はここ最近のことなのかもしれないな、と。そのフェーズに入ってるってことは、日本でもヒップホップが熟成してきているということなのかなと思いました。

もしかしたら昔で言うところの「太鼓叩き」と、現在の「ラッパー」はどこかしらつながりを見出せる存在で、しかも、日本の伝統文化が消えかけてるように見えるけど実はヒップホップが「そこ」と接続されてるのかもしれないな、と。

ハンガー　自分の場合は、東北という土地で続いてきた風習だったり、東北の地で生きてきた人の伝統だったりをくみ上げようとする作業をしているうちに、「この日本において東北に住んでる人の気持ち」っていうのは、すごい大きい視点で見たら、ある程度みんなで共有しているものがあるんだって思えてきた。和太鼓と一緒にラップやらないと、そういうことは考えもしなかったかもしれない。東北がどういう歴史をたどってきたか、それを想像しうるぐらいの年齢にはなったんだなって思う。多分、二〇歳〜二五歳で和太鼓の音とラップしていたとしても出来上がるものは根本的には一緒なんだろうけど、制作するプロセスに自分から理解しようと取り組む面白みがなかったような気がする。

矢野原　ようやく和太鼓の音が持つ文化性と自分を接続して捉えられる歳になったと。

ハンガー　かっこつけて言うと、今までのいろんな経験があったからこそ、コロナを機に太鼓と本気で向き合ったときに自分の中でしっくりきたと思う。自分の中で、「これは太鼓と向き合ったと言い切れるものだ」って実感が得られた。俺もラッパーとしてリズムというもので勝負して生きてきてて。太鼓とラップは、リズム×リズム、そしてエネルギー×エネルギー。自分の中で太鼓のビートとやるのは装飾を落としたところに挑んでいる感覚があったから、『舌鼓』はラップアルバムとして成り立つかどうかがポイントだった。和太鼓って、響きが独特すぎて、一緒にやったら大体どんな楽器も押されちゃうぐらい強烈な楽器だと思ってて。それなら、「和太鼓とラップのアルバムなんだけどラップ・アルバムとして聴ける強度が自分のラップにあれば大丈夫だ」と。

矢野原　あのアルバムがちゃんとヒップホップへ昇華されているのはハンガーさんのラップがひとつのパーカッションとして機能しているからこその偉業だと思います。

ハンガー　自分の声はどうしても自然と前にボンとエネルギーが出ていってしまうし、自分のラップの仕方ではところどころビートとそぐわないときもあるんだけれど、その声でずっとやってきてるからそれは生かすものだろうと。André3000が、「ラッパーは言葉から隠れることができない」ってあるインタビューで言ってたんだけどその通りで、直接的に伝わりすぎてしまうもどかしさもあって。相手とライブしてて自分がどんな細かくリズム組んでも、相手にはっきりと伝わっちゃうから、隠せない。どんなビートでも乗せれるって自負はあるけど、きっと聴いてる側にとっては完全にビートとフィットしてる感じではないというか、「もどかしい」と感じるときが当然あるだろうなって。太鼓とのリズムをドンピシャで合わせられる人もいるのかもしんないけど、自分が和太鼓とやりたいラップっていうのはそういうタイプではない。ラップのバリエーションも増やして、なるべく合わせようとは頑張るんだけど。

矢野原　でも改めて冷静に考えてみると、和太鼓と一対一で対等にやり合えるラッパーってなかなかいないですよね。逆に見ると、「ハンガーっていう楽器」の強度とやり合えている太鼓もすごいんだとなりますけど。とにかくラップで太鼓とやり合うには、絶対的な声量と、波形分析したらクッキリ分かるほどにアタック感が強い声であることが関係してそうな気はします。

ハンガー　和太鼓って、ライブでもめっちゃ強い楽器のイメージがあるけど、録音物となると他の楽器を覆い隠しちゃうぐらいの存在感と度を越えた響きがある。まず一緒に演奏する楽器や人は、太鼓と当たり負けしない存在感や独特の鳴りに呼応するセンスがないと、釣り合うことが難しい楽器だと思う。和太鼓のビートがヒップホップ・ビートとして組みづらい理由もそのあたりにもあるんだろうなって考えてます。

矢野原　音色が独特というのもありますけど、日本人が和太鼓に対して持ってる伝統文化的イメージが強すぎるっていうのもありますよね。たとえば、カニエ・ウェストが『808s & Heartbreak』の「Love Lockdown」で大々的に和太鼓の音を使ってるんですよ。でもMVを見ると、アフロ・アメリカンであろう人たちがアフリカの太鼓を演奏しているような映像が当てられている。実際に鳴っている和太鼓の音は他の音とうまく混ざって、その音響的個性を気にさせていない。音の文化性のようなものが排除されて、「ただのひとつの音」として他の音と同等に扱われているんです。

僕たち日本人は和太鼓の音を聴くとすぐに文化性を感じてしまうんですけど、カニエは和太鼓の音に我々日本人が見出してしまう文化性という、言わば、「和太鼓の顔の正面」に向き合ってはいない。翻って考えると、その「和太鼓の顔の正面」とまっすぐ対峙してハンガーさんがやり合えているのは、ハンガーさんの日本語が持つ文化力の強さもある気がします。単なるサンプリング音としてではなくて、明らかに「文化装置」としての和太鼓と向き合ってるじゃないですか。

ハンガー　花火の音もそんな感じだけど、今言った「文化装置」としての太鼓って、日本人だったら心に何か響いてくるみたいな。そんな感じですよね。ポピュラー・ミュージックにおけるドラムセットには、そういう特定の文化を連想させる力があるかっていうと、それ自体にはやっぱりないのかな。アフリカの楽器だとどうなんだろう。

矢野原　ドラムはどちらかというと無機質なイメージですよね。その分、何にでもなれる、どんな音楽にも対応できるっていう感じ。例えばジェンベの音が入るとやっぱりアフリカのイメージが広がっちゃいますよね。

ハンガー　うん。いわゆる「ヒップホップ」から感じられる現代性って無機質なものでもある。

矢野原　だから、もっとも無機質と言えるローランド社の「TR-808」のビートがぴったりなんでしょうね。ポピュラー・ミュージックに無機質な音がフィットしてるってことは、大衆に無機質なものが求められてきた時代っていえるのかもしれないですね。でも、和太鼓と同じ日本から「TR-808」が生まれてるっていうのもまた面白いですよね。ドラム・セットや808にも感情を込めようとすればもちろん込められるんですけど、やっぱりデフォルトの音は無機質ですもんね。

ハンガー　そう。だから素材として扱ったときには相当無機質になる。あくまで素材としてのドラムの音っていうことだと、今の時代はたしかに808の音の印象を受ける。もちろんそれは駄目っていうことでは全くない。自分もそういうものを楽しんでるし。

矢野原　808の音って国や地域性を感じさせないから世界中どこの誰が使っても遠慮しなくていい。そういう無国籍性もありますね。ヒップホップがグローバル化した理由とも繋がってるのかな。ヒップホップが持ってるユニバーサル性と808という音は関係ありそうな気がしますね。「無機質」という感覚から生じるニュートラル性が、ユニバーサル性の土台になっていると。「俺たち（の民族）はこの音なんだ」という文化性を強く持たないニュートラルな音だからこそ、みんながその音や音楽に接続できる。ニューヨークでヒップホップ・カルチャーが誕生したときからすでに多様なバックグラウンドを持つ人々が混ざっていたことも要因でしょうね。

ハンガー　無機質な時代にマッチしてるのもあると思うけど、みんな一緒のドラムの音のリズムの土台にいられるっていう感覚はあるでしょうね。このへんはすごい深そうな。

矢野原　最後にですけど、今日の研究会では、「日本のラップって本当に多様だよね」っていう話にもなりました。「日本ってこういう国だからこういうヒップホップになるんだ」って一言で言いきれないとか、日本の中でもいろんな地域性があるっていう話が出ました。そんな中でもハンガーさんが感じている、日本発の「辺境ヒップホップ」の可能性があれば教えていただきたいです。

ハンガー　自分の体験から言うと、『舌鼓』に入っていた曲が『John Wick: Chapter 4』っていうハリウッド映画で使用されたというミラクルがあったのはやっぱすごく面白い出来事だった。「太鼓とラップ」というマニアックなアルバムを作って、それがハリウッドの映画で使われて、大雑把に言うと「超ローカルなもの」が巨大な装置にバーンと引っこ抜かれる」という不思議な体験をした。

そんな経験もあって、ヒットを打とうという気持ちでやったら多分打てない領域があると思いました。別にじゃあ三振かホームランかってことをやるつもりはないんだけど、「感覚的に思ってやったものに関してはいずれ何かしら物語がついてくるんだな」ってのはある。外れる確率も全然あるけど、何かが起きた時はめっちゃ面白いし興奮する。肯定感が全然違うんですよね。誰もその作品が何だかわかってなくて、果たしてどうなるかわかんないけど、それが受け入れられ、肯定されるのはすごい喜びだなと思ってます。

日本の辺境性を考えると、日本は、クラブで音楽を楽しむという文化が一般的には根付きづらい国だと思います。そして、クラブミュージックとして日本の響きを感じる音楽が世界レベルのクラブミュージック・シーンをリードすることは難しい。日本的な音色が世界のミュージックシーンで当たったということがまだないんですよね。プエルトリコのレゲトンや、ジャマイカのダンスホールみたいな当たり方はまだしてない。日本ならではの音色があることを俺らは知っているけど、ダンスミュージックの中では通用しないと思っている。でも無理じゃないんだろうなって思います。自分がやるかやらないかは置いといて、そういうのが受け入れられたとき、何が起こるかってことにはすごく興味がある。日本の音楽なりカルチャーが世界に対して達成できてないことがあるからこそ見える可能性は、全然いろんなとこに転がってるんじゃないかなっていう気はしますね。

矢野原　まだ世界が知らない「日本」があると。

ハンガー　うん。それが「ハイブリッドな日本」なのか、「日本の和の世界」なのか、そのへんはわからないけど。何か日本人の心の根底にあるものって何なんだろうなって思う。「それ」が世界に伝わったときはめっちゃ嬉しいんじゃないかな。

矢野原　僕は、その「日本」が、インターナショナルなコラボレーションを重ねていくうちに見えてくるかもと思います。今度、私の調査地カメルーンの太鼓にハンガーさんのラップを乗せて、曲をつくってみませんか？

ハンガー　ぜひ。『SUGOROKU』や『舌鼓』から真っ直ぐつながる道だと感じるし、やってみましょう！

（収録＝二〇二三年一二月一〇日）

第５部

混淆する文化の中で

インドネシア

リッチ・ブライアンを超えろ

金悠進

1　インドネシア・ラップ三世代史

インドネシアは、東南アジア島嶼部に位置する群島国家だ。国土面積は日本の五倍であり、世界第四の人口大国（約二億七〇〇〇万人）である。総人口の六割がジャワ島に集中しており、ジャワ人が多数派だが、「多様性の中の統一」という国是が象徴するように、多宗教・多民族・多言語社会である。三〇〇年以上のオランダ植民地支配と日本軍の占領を経て、一九四五年、スカルノが独立を宣言し初代大統領に就任する。その後、スカルノから実権を奪ったスハルトが、一九六七年から三〇年以上にわたる長期権威主義体制を敷いたが、一九九八年に民主化し、現在に至る。二〇〇〇年代半ば以降、高い経済成長率を達成・維持しており、人口比率における若年層の割合も高く、都市中間層が巨大市場の活性化に寄与している。

インドネシアにおいてラップ・ミュージックがヒップホップ文化として定着し始めたのは一九九〇年代である。当時のラップは、首都ジャカルタを中心とする商業的な音楽だった。しかし、一九九八年の民主化を境に、アンダーグラウンドなラップ実践が地方を中心に台頭する。さらに二〇一六年以降は、インターネットの普及に伴い、リッチ・ブライアン（Rich Brian）のような華々しいグローバル・スターなど、多様な新世代ラッパーたちが登場した。本章では、九〇年代（第一世代）から現在（第三世代）までのインドネシア・ヒップホップ（ラップ）史を紐解く。

リッチ・ブライアン＝「インドネシアの」ヒップホップ？

二〇一六年、「事件」が起きた。とある「アジア系」ラッパーの曲が本場アメリカで大きな現象となった。リッチ・ブライアンの「ダット・スティック（Dat $tick）」だ。一九九九年ジャカルタ生まれ、当時一六歳の青年がYouTubeに投稿した同曲のMVが、瞬く間にバイラル・ヒットし、彼は文字通り一夜にしてグローバル・スターに躍り出た。ヒップホップ史上まれに見る画期的なことだった。

K-POPグループBTSにしろ、リッチ・ブライアンにしろ、スタイルは異なるとはいえ彼らが「グローバル・スター」として成功を収めるとき、本場アメリカは重要な評価軸として存在する。そしてそうした「世界的」評価に日本も追従する。ブライアンがアメリカで絶賛されるとすぐに、日本メディアは彼のラップや斬新なMVに称賛の声を寄せた。『ミュージック・マガジン』は二〇一八年に「アジアのヒップホップ最前線」を特集し、「現在最も注目されているアジア系ラッパーのひとり、インドネシアのリッチ・ブライアン」を「アジアのヒップホップ」の象徴として紹介した。そのときに必ず決まったように、「インドネシアの」「アジアの」という言葉が冠せられる。

ブライアンは本当にインドネシアを代表するラッパーなのだろうか。彼のグローバルなラップ地図における位置づけはわかりやすい。本場の承認を受け、主にアジア系ラッパーを擁するアメリカのレーベル〈88rising〉によって「アジア系」代表としてブライアンが発掘される。同レーベルの創設者は「ここまでアメリカで人気になったアジア人ラッパーはいない」、「彼はまさに世界一のアジアンラッパーだ」と絶賛する。[*1] すると日本メディアは「インドネシアのラッパーといえばリッチ・ブライアン」との認識を強める。

こうした認識を強めるほど後景に退いてしまうのが、ローカルなラップ実践の多様性である。リッチ・ブライアンは母国インドネシア国内においてどのような位置付けにあるのだろうか。ローカルな文脈において、ブライアンは「インドネシアを代表するラッパー」と言ってよいのだろうか。

少なくともブライアンは「インドネシア・ラップの始祖」ではない。同国では彼が生まれる前、一九九〇年代初頭にインドネシア語ラップが登場し、彼が生まれた一九九九年には、すでにインドネシア・ラップは第一次黄金期を迎えていた。

本章では、こうした視点から、インドネシア・ラップの形成過程を、その歴史的な背景を中心に述べていく。

インドネシア・ラップをどう語る

ボッデンのインドネシア・ラップに関する論文[*2]は、この研究分野の嚆矢であり必読論文であるが、同論文は二〇〇五年刊行という制約から、対象年代が九〇年代に限定されている。そして（理由は後述するが）対象地域がジャカルタに限定されている。そう、実質的には「九〇年代ジャカルタ・ラップ論」なのだ。そのため本章では、中長期的な時間軸（八〇年代末から二〇二二年）と地域の多様性（ジャカルタ以外のバンドンやジョグジャカルタなど地方都市）に目を配らせつつ、インドネシア・ラップを多面的に迫っていく。

その際に、世代を切り口に考察してみる。インドネシア・ラップ史を大雑把に三つの世代に分けると、一九九〇年代の第一世代、二〇〇〇年代の第二世代、二〇一〇年代の第三世代となる。[*3] 先に述べておくと、上記世代区分からみるならば、リッチ・ブライアンは第三世代に位置する。とはいえインドネシア・ラップは多様過ぎて全世代の重要人物をすべて取り上げるのは無謀なので、ここでは政治社会的な文脈を意識しつつ大局的な視点からインドネシア・ラップの大まかな見取り図を提示することに専念してみたい。

2 「ラップ」の起源？——インドネシア・ラップ前史

インドネシアにおけるラップ人気の高まりは一九九〇年代以降だが、じつはそれ以前に、すでに「ラップっぽいもの」が歌われていた。例えば、一九六〇年代から七〇年代頃、当時のエンタメ界のスター歌手ベンヤミンS（Benyamin S）の歌には「ラップ調」のものがある（「バドミントン（Badminton）」など）。[*4] しかし、これらはあくまで「ラップ調」の歌謡曲であって「ラップ・ソング」ではない。

「ラップっぽい」のではなく、本当にラップを取り入れた最初の曲は一九八九年である。初代大統領スカルノの息子グル・スカルノプトラ（Guruh Sukarno Putra）作の「夕方の散歩（Jalan Jalan Sore）」「ジャッジャッジャッジャカルタ（Jak Jak Jak Jakarta）」（歌はデニー・マリック（Denny Malik））を嚆矢に、「恋しい（Ini Rindu）」（一九九〇年、ファリド・ハルジャ（Farid Hardja））、「バリ・ファニリ（Bali Vanilli）」（一九九一年、イゴル・タメルラン（Igor Tamerlan））がいずれもヒットしたが、どれもラップが取り入れられている。これに関しては次の三点のみ指摘しておく。

第一に、上記楽曲群の作り手たちはラッパーではなく雑食タイプの音楽家であった。三者は、一九八〇年代を通して、ラテンやレゲエ、フォーク、ジャズ、ロック、ディスコなど、様々なジャンルを折衷して提示する作風傾向にあった。そう考えると、彼らがラップを取り入れたことは別に不自然ではない。

第二に、「恋しい」は、二〇〇二年結成のラップ・グループ、ソウルＩＤ（Soul ID）によって二〇〇七年にカバーされている。しかも、それがインドネシアで最も名誉ある音楽賞「ＡＭＩアワード」のラップ部門にノミネートされている。このことから、あくまでラップ的だった旧世代のポップスが、後続世代によって正式にラップ・ソングとして再評価されていることがわかる。

第三に、イゴルの「バリ・ファニリ」は、おそらくインドネシア史上初めて歌詞に「ラップ」という言葉を使用した曲だ。括弧付きだが「ラッピング（rapping）」が登場し、その後「リズムをとる（berirama）」という言葉があるが、これは「ラッピング」を受けて意訳すると「韻を踏む」と訳すのが適切だろう。少なくともイゴルは明らかにラップを意識的に取り入れていることがわかる。

ただし、上記楽曲群はラップがポップスの範疇で部分的に取り入れられたと見るのが妥当だ。音楽評論家のレミ・シラドが編纂した『音楽百科事典』（一九九二年初版）に「hip hop」や「rap」が載っていないように、ヒップホップやラップはまだ当時の国内でそれほど認知されていたわけではなかった。[*5]

しかし、一九九〇年代以降、「インドネシア・ラップの始祖」の登場によりラップ、ヒップホップが次第に市民権を得るようになる。

3　第一世代――インドネシア・ラップの創始者たち

一九九〇年代、インドネシアの政治社会は大きく変容した。一九六〇年代後半から三〇年以上続いたスハルト権威主義体制は、言論・表現の自由を抑圧し、長期安定政権を築いた。同時に、開発による経済成長を実現し、一九九〇年代頃から都市部で「新中間層」が台頭した。盤石にみえたスハルト体制だったが、九〇年代半ばに変化が起きる。まず、一九八九年までテレビは国営一局しかなかったが、メディア規制が部分的に緩和され、民放が開局された。また、スハルト周辺の汚職や縁故主義が露骨になり、それに対する市民社会からの反発が強まっていった。こうした政治社会変容のなかで、一九九七年アジア通貨危機がインドネシアを襲い、経済に大打撃を与える。それを契機として翌九八年にスハルト体制が崩壊、民主化へと至る。

九〇年代は、このような激動の時代だったわけだが、同時期にポピュラー音楽界にも新たな動きがあった。一九九五年にMTVが民放で放送を開始し、都市部のラジオ局がロックなど英米圏の最新若者音楽を流し始めた。その結果、これまで支配的であったポップや国民的音楽ダンドゥットといった主流の大衆音楽ジャンルとは異なるオルタナティブな音楽シーンが形成されていった。*6

こうしたなかで登場したのが、イワK（Iwa K）だ。今現在も「インドネシア・ラップの始祖」として全世代・全ラッパーのリスペクトを集める人物である。

ラップがインドネシアで初めてポピュラーになり、ヒップホップ文化を定着させるきっかけとなったのが、イワKの一九九三年アルバム『戻りたい（Ku Ingin Kembali）』と一九九五年の大ヒット曲「自由（Bebas）」（九四年作）である。*7 インドネシア版『ローリングストーン』誌による「歴代ベスト一五〇曲」にヒップホップ部門では唯一「自由」が選ばれている。[*8] ちなみに「歴代ベスト一五〇アルバム」のほうは、イワKの『戻りたい』と、後述する第二世代のヒップホップ集団、ホミサイド(Homicide)の二〇〇六年作『Tha Nekrophone Dayz』の二枚のみがラップ・アルバムとして選ばれている。[*9]

　イワKは「インドネシアの後続のラッパーに道を開く」存在だった。[*10] デナダ(Denada)、スウィート・マルタバック(Sweet Martabak)、ネオ(Neo)など後続のラッパーたちは全員九〇年代に活躍した第一世代であり、その多くは、一九九五年のコンピレーションアルバム『ラップ・パーティ(Pesta Rap)』に参加している。

国内最大級の音楽フェスティバルでライブをする『ラップ・パーティ』勢のペーパークリップ(Paperclip)(筆者撮影、ジャカルタ、2017年10月7日)

　一九九五年はインドネシア・ラップ史にとって重要な年だ。イワKの「自由」と第一世代ラッパーたちの『ラップ・パーティ』がヒットし、ラップが商業的に成功した年である。そして何より、政治がラップに介入した年であった。

ラップをめぐるポリティクス

　一九九五年、ハビビ技術評価応用庁長官(のちの第三代大統領)は、ラップについて以下のような否定的な見解を示した。

若い世代は我が国において好ましくない海外文化の奴隷になるべきではない。かの国〔筆者注：アメリカ〕ではもちろん、ましてやインドネシアでは相応しくない。私は賛成できない。我が国にとって、特に若い世代にとって何の役にも立たない。[*11]

「奴隷になる（diperbudak）」という強い言葉遣いからも、ハビビ元大統領がラップを毛嫌いしていたことがわかる。さらに、ラップは芸術性に欠ける上に、歌詞の言葉遣いは卑猥で汚い、文学的価値のないものだと痛烈に批判し、「先進国の文化がすべて価値あるものというわけではなく、ネガティブな影響をもたらすこともある」と自身の見解を述べた。[*12]

ハビビはテレビ番組で流れていたアメリカのラップを偶然耳にして、歌詞が「粗野（kasar）」だからインドネシアには向いていないと感じた。[*13] これに対し、第一世代の女性ラッパー、デナダは、じつはインドネシアのラップには「上品な（halus）言葉遣いが含まれていて、乱暴な表現は抑えられている」と語った。[*14] このハビビとデナダの両意見が表すのは、本場アメリカのラップとインドネシアのラップの違いだ。大きく二つある。

一つ目は歌詞だ。アメリカのラップは、暴力的で性的な歌詞が多い。一方、インドネシアの九〇年代ラップは、どちらかというと上品（sopan）だった。[*15] 何がそうした違いを生み出したのか。

それは二つ目の違いである、担い手の階層だ。アメリカの初期ヒップホップは、荒廃地区（ゲットー）の貧困層の表現として生まれた。一方、インドネシアの場合、第一世代のラップ実践者たちは、比較的恵まれた層だった。私が知る限り、当時、ジャカルタのスラム街からラッパーとして大成した例はない。つまり同国では貧困層が成り上がる手段ではなく、むしろ中上層の表現としてヒップホップ文化が浸透していった。[16] イワKなど多くのラッパーは一九七〇年代生まれで、スハルト開発独裁期、とくに一九八〇年代の経済成長の恩恵を受けた都市中間層の若者であり、その多くは大学進学組である。[17] 彼らが、アメリカ文化の流行に敏感に反応し、ヒップホップを実践していったのである。

こうした両国の明確な違いの一方で、ややその境界が曖昧なのが政治性である。両国共にそうだが、たしかに政治的メッセージ性が含まれるラップがあるものの、全てが政治的とも言えない。インドネシアの場合は、その政治的・社会的な表現が本場と比して「暗黙的（implisit）」であることは特徴の一つとして言えるだろう。[18] つまりあからさまに政治的な表現は慎まれる。これはスハルト体制が一九九八年まで自由を制御したことを考えれば当然である。そのためできるだけ暗黙的・婉曲的に政治社会性を歌詞に匂わせる。汚職が蔓延する我が国、私服を肥やす特権的な政財界エリート、開発による環境破壊などを批判（というよりは揶揄）するような（中流階級らしい）社会的メッセージを込めている。これは、本場のヒップホップ文化を自国の文脈に流用した「抵抗」の一形態として考えられよう。[19] ただし、その歌詞は本場の暴力性を抑えた「丁寧な」表現にとどまった「建設的な」批判を用いるのもインドネシア・ラップの特徴である。[20]

大金持ちの豪華な生活を満喫し目立つ人の話
エリート住宅街で土地を持つ　裏にはプールがある
ガレージには日本車から外車のセダンまで
ブルジョワのくせにイキるな
気取りやがって

（ネオ（Neo）「ブルジョア（Borju）」一九九九年）

第一世代の活躍によってジャカルタの初期ラップ・ブームは、九〇年代末に一旦頂点を迎える。一九九八年、イワKに続いて人気となった『ラップ・パーティ』勢の一員であるスウィート・マルタバックの「ティディッ（Tididit）」（一九九七年『ラップ・パーティ3』収録）がインドネシア音楽賞（AMI）のラップ部門を受賞し、翌九九年には、ネオの「ブルジョア」がヒットし、音楽賞ラップ部門を受賞した。インドネシア音楽賞は、商業的なポップやダンドゥットを中心とする権威ある賞だが、そのラップ部門に選ばれたことは、ラップが単なるサブカルチャーとして周縁的な位置づけにあったのではなく、むしろメインストリームの音楽としてみなされていたことを示唆している。

すなわち、第一世代の九〇年代ラップは、次の二点により、何よりもまずメジャーな音楽産業に組み込まれていた。

第一に、イワKが九〇年代に発表した一連のアルバムや『ラップ・パーティ』関連作品はいずれもジャカルタの巨大レコード会社ムシカ（Musica）（の傘下レーベル）からリリースされていた。当時のラップは「市場に適応しよう」としていたし、「ムシカはラップにインドネシアのポップ要素を多分に含ませていた」。[*21] ボッテンの論文がジャカルタのラッパーのみを扱っていたのもこのためである。

第二に、当時の音楽業界が〈主流のポップ／ダンドゥット〉対〈非主流のパンク／ハードコア／メタル〉という位置づけならば、ラップはポップほど商業的ではないがパンクほど反商業的でもなかった。つまり、パンクなどの他の「よりアンダーグラウンドな」音楽実践に比べると相対的に主流のジャンルであった。ちなみに、先ほどラップは政治性もあると述べたが、当時のパンクやハードコアのほうがもっと政治的であったし、実際に反体制的なメッセージ性が強い直接表現はラップよりもよほど多かった。ラップを「抵抗」とみなすことは構わないが、その評価は相対的であるべきだ。

4　第二世代──民主化とシーンの多様化

二〇〇〇年に入ると、一時期の勢いに陰りが見えたものの、イワＫや『ラップ・パーティ』に影響を受けたサイコジ（Saykoji）が頭角を現し、ジャカルタのラップを継承した。*22 第二世代の登場である。この第二世代の特徴は、サイコジのような首都中心の業界で活躍するスターだけでなく、地方を「レペゼン（代表）」したり、政治的主張をより明確にしたり、伝統文化を意識するなどそのスタイルは多様化していった。

急進的ポリティカル・ラップ──ウチョックという男

一九九四年に西ジャワ州バンドンで結成し二〇〇六年に解散したホミサイドは、インドネシアで最も政治的なラップ・グループとして知られる。冷戦期に西側諸国の支援を受けた反共スハルト政権は長らく共産主義思想を禁じていたが、ホミサイドのＭＣであるウチョック（Ucok）は、学生時代にマルクス主義に影響を受け次第に政治的なラップ実践に傾倒するようになる。九〇年代後半になると打倒スハルトや反軍、改革を掲げる学生運動が盛り上がり民主化に向かうが、そのときの運動に実際に参加した活動家でもある。一九九六年に結党した社会民主主義的非合法政党の民主人民党（ＰＲＤ：Partai Rakyat Demokratik）に一時的に参加したこともある。現地評論家が「ホミサイドは音楽が社会運動を導く啓蒙のメディアとなる可能性に地平を開いた」と評価するように、*23 当時のラッパーのなかでこれほど政治的なのはウチョックぐらいだ。

ウチョックは、八〇年代から九〇年代に活躍したＮＹのヒップホップ・グループであるパブリック・エネミーに対する敬愛を何度も公言しており、アメリカのヒップホップ文化にどっぷり浸かってきた。ヒップホップの評論では他の追随を許さない生粋のヘッズである。[*24] バンドン工科大学とパジャジャラン大学のバンドン二大名門大学に通ったインテリであり、その頭脳明晰さゆえに歌詞は難しい。現地リスナーや評論家ですら理解できない難解な詩的・文学的・哲学的隠喩に富んでおり、歌詞分析の研究書すら出版されている（が、その解説すらも難しい）。[*25]

先述したように、『ローリングストーン』誌「ベスト一五〇アルバム」にイワKとホミサイドのみがラップ・アルバムとして選ばれている。ホミサイドのアルバム・ジャケットにはマルクスやニーチェにインドネシアの左翼革命家タン・マラカの本が積み上げられた様子が描かれ、歌詞にはフーコーやグラムシからの引用が散らばっている。他にも「良きファシストとはその死である」という強烈なパンチラインを筆頭に、インドネシアの活動家たちの言葉も引用している。九〇年代末の民主化活動家・詩人のウィジ・トゥクル（Widji Thukul）の詩を歌詞にしてラップしたり、人権活動家ムニル（Munir）の演説をサンプリングしたりもしている。両活動家は政府見解では行方不明や不自然な死を遂げたとされるが、実際は国軍によって政治的に抹殺されたという事実を多くの民衆が知っている。ホミサイドは、民主化後もスハルト時代の亡霊に抵抗し、過去の人権侵害の忘却に抗い、闘い続けてきた。[*26] 歌詞の意味がわからなくても、力強いラップに反資本主義や反ファシズムといった思想、怒りが伝わってくる。これは第一世代の暗黙的政治表現とは異なる実践だといえよう。

こうした政治的主張が、第二世代でより明確になったのは、当然だが一九九八年の民主化が一因である。言論・表現の自由が認められ、ラップは抵抗の意味合いを強め、アンダーグラウンドなラップ・シーンが徐々に形成されていった。

こうしたホミサイドの政治性はしばしば強調されるが、一方で見過ごされがちなのは、彼らが地方都市バンドンを拠点としながら、そこでコアな支持層を獲得し、次第に同市を超えて他地域のリスナーに多大なる影響を与えていったことである。[*27] ウチョックはラップを通じたメッセージだけでなく、バンドンの都市再開発による貧困住民の強制立ち退きに徹底的に抵抗し、地元住民たちと連帯して路上での抗議運動やデモに直接的に参加してきた。

こうした「地方レペゼン」が台頭したのも、政治的ラップの登場とともに第二世代を特徴づけている。その代表格が、ジョグジャ・ヒップホップ・ファンデーション（Jogja Hip Hop Foundation）だ。

レペゼン地方――ジョグジャ・ヒップホップ

ジャワの農村出身のマルズキ・モハマド（Marzuki Mohamad a.k.a. Kill the DJ）を中心に、ラップ・グループ、ジョグジャ・ヒップホップ・ファウンデーション（以下、ＪＨＦ）が二〇〇三年に誕生した。ジョグジャカルタ（以下、ジョグジャ）をレペゼンした二〇〇九年の代表曲「スペシャル・ジョグジャ（Jogja Istimewa）」が大ヒットし（二〇二四年五月時点で二四八五万回以上の再生回数）、地元ヒップホップ・シーンを牽引する。

ジョグジャ　ジョグジャは特別であり続ける
ジョグジャはインドネシアにとってスペシャルなんだ

ＪＨＦの特徴は、まさに「スペシャル・ジョグジャ」の歌詞に出てくる「近代化の中で生きる伝統」である。メンバー全員が、ベースボールキャップ、Tシャツ、ダボジーンズ、スニーカーといった本場アメリカのヒップホップ・ファッションを基調としつつも、Tシャツの上からジャワの伝統衣装（バティック）を羽織り、演奏にジャワの伝統的な楽器（ガムラン）を用いるなど、本場と土着の折衷的な実践を自覚的に追求している。[*28] さらに歌詞は地方語（民族語）のジャワ語[*29]を多用し、ジャワ語ラップの代表的な成功例としても知られるようになった。こうして彼らは、二〇〇〇年代以降の地方語ラップ・シーンの定着に貢献した先駆的グループとなった。[*30]

ホミサイド同様、JHFも第一世代と異なり非主流のシーンの一端を担った。マルズキ曰く、JHFは「インドネシアのメインストリームの音楽産業と差異化した」実践を行っている。[*31] メジャーに媚びることなくインディーズで活動し、そして二〇一〇年に成功したのちもジャカルタに上京することなくジョグジャを拠点とし、「レペゼン」し続けている。JHFがヒップホップに土着文化を混交したのは決して戦略的なものではなかった。試しに英語でラップをしてみたがしっくりこず、自分たちのアイデンティティをより良く表現するためにジャワ語ラップに挑戦し、それ以降、JHFは地元文化の保持を決意するようになった。[*32] マルズキが語るように、ジャワ語やガムランはJHFのメンバーにとって生活の一部であり、売れるかどうかというビジネスのため手段ではないのである。[*33]

二〇一一年にジャカルタでの公演を行ったのち、ヒップホップの本場アメリカのニューヨークでの公演に招待され、それが好評となり、その翌二〇一二年にはアメリカ・ツアーを実現した。本場アメリカで初めて認められたインドネシアのラッパーは二〇一六年のリッチ・ブライアンではなかった。彼らは母国インドネシアに帰国してわずか三日後にクラトン（ジョグジャの王宮）に招かれ、地域社会への貢献と国際舞台におけるジョグジャ文化の発信を讃えられ、ジョグジャ親善大使文化部門の賞を受賞した。[*34] ＪＨＦは地元が誇るスーパースターとなったのである。

このように、二〇〇〇年代に活躍した第二世代のラッパーたちは、九〇年代の第一世代のように主流の音楽産業に参入したわけではなく、むしろ商業化と距離を取る傾向にあった。民主化を背景に、政治的な主張をよりはっきりと提示したりするなど、首都のラップ産業に組み込まれない地方レペゼンを志向していった。こうした第二世代の活躍は、後続の第三世代のシーンに継承されていったのだが、二〇一〇年代以降は、インターネットの普及によってインドネシア・ヒップホップの見取り図はより複雑化していった。

5　第三世代——インターネットが変えるラップ地図

二〇一〇年代以降の第三世代の特徴は大きく三つある。グローバル・スターの登場、成り上がりスターの登場、そしてローカル・ラップシーンの成熟、この三つである。

二〇一七年、第三世代の女性ラッパー、ラーメンガール（Ramengvrl）は、インドネシアのヒップホップ界の現状について問われ、「この類の質問の回答は常に避けるようにしている。たくさんの人を怒らせてしまうから」と前置きしつつも、ラッパーを四つのタイプに分類している。第一に、リッチ・ブライアンを代表とするグローバル志向タイプ、第二に、ヤング・レックス（Young Lex、後述）のような超メインストリーム志向で商業的に売れることに価値を置くタイプ。第三にイワＫなど旧世代のベテランたち。そして第四が、ラーメンガールのようなローカルのシーンに（も）軸足を置くタイプである。[*35]

若きグローバル・スター――リッチ・ブライアン

最もわかりやすい例が、リッチ・ブライアンを象徴とするグローバル・スターの登場だろう。先述のとおり、ブライアンは、二〇一六年に大ブレイクし、アメリカで喝采の声を浴び、世界ツアーを実現、LAに拠点を移して、グローバル・スターとなった。「彼やばいすね、ラップまじで上手いすね」(Jin Dogg)、「こいつやばいと思った」(Awich) と日本人ラッパーたちも彼を絶賛した。*36

何がどう「やばい」のか。アメリカの文脈でいえば、これは二〇一〇年代以降に顕著となったアジア系カルチャーの台頭=「エイジアン・インヴェイジョン(アジアの侵略)」と捉えることができよう。*37まずはブライアンの場合、MVが話題になった。ピンクのポロシャツとリーボックのウェストポーチを身につけ、警察、ギャング、ドラッグ、殺し合いなどを本場仕込みの英語詞でラップするMVは衝撃的な印象を与えた。ブライアンがどこまで戦略的だったかどうかは分からないが、「アメリカ人がステレオタイプに描くアジア系ファッション」をあえて着用し、その身なりや童顔に相応しくないほどの超低音ボイスと完璧なラップが見た目とのギャップを生み、それが見事にウケた。ブライアンがインドネシア人の多数派であるマレー系ではなく、少数派の華人系であったことも典型的な「アジア系」を彷彿とさせる上で有利に働いたことは想像に難くない。

ブライアンは九歳からYouTubeを見て英語とラップを独学で学んだ。「華人系=金持ち」というイメージは未だ根強いが、彼は少年時代にホームスクーリングを続けていたということからも、家庭環境は少し複雑そうである。インドアなブライアンにとっての娯楽がアメリカのヒップホップだった。

一四歳の頃一人暮らしのような生活をしていて、アメリカ人の友達とスカイプばかりしていた。

毎日マクドナルドのチーズバーガーをデリバリーして家でアメリカ映画を観ながらアメリカに住んでいる気分に浸っていた。[*38]

忘れてはならないのは、彼が当初「リッチ・チガ（Rich Chigga）」と名乗っていたことだ。これは「リッチ＝金持ち」＋「チナ＝華人に対する被差別的な呼称」＋Nワードを組み合わせたものだ。ただし、「華人系＝金持ち」というステレオタイプを自虐的に揶揄しただけならまだしも、NワードはMCネームとして相応しくなかった。「ダット・スティック」がアメリカで大ヒットしたのちに、このNワードが批判され、彼はブライアンに改名した。九歳から英語とラップを学んだとはいえまだ当時一六歳の青年。アメリカへの憧れが人一倍強かった一方で、同国の人種問題・黒人差別の歴史をシリアスに捉えることができなかったのかもしれない。

You don't wanna fuck with a chigga like me（俺みたいなチガに手を出さないほうがいいぜ）

（「ダット・スティック」）

ブライアンとインドネシア

では、ブライアンはインドネシア国内のラップ・シーンでどのような位置づけにあるのだろうか。先述のラーメンガールによると、「彼は国外で成功して、正直、ローカルのヒップホップとは距離を置いている気がする」という。[*39]ブライアンは基本的に国内のラップ・シーンを完全に度外視して、一気にグローバル・スターとなったという点で極めて異例の成功例だった。

この点は先述の第二世代ラッパー、ＪＨＦとは大きく異なる。両者はともにアメリカでの評価を得たという点で共通しているが、それに至る過程が異なる。ブライアンがローカルを無視してアメリカで成功したのに対し、ＪＨＦは、まず地元ジョグジャで評価を得て、その後ジャカルタでライブをし、そしてアメリカへと飛び立った。この世代間の違いはもちろんインターネットの普及度が少なからず作用している。

ブライアンは「インドネシアを代表する」ラッパーというよりは、あくまで「インドネシア出身＝アジア系」の象徴としてアメリカで評価されている、という方が正確であろう。ついでに言えば、このように「アジア」を強調すればするほど皮肉な事態が起こる。ラップ＝グローバルな音楽という建前の一方で、ブライアンは「アジア」から脱却すること、つまり本場と対等な関係性を築くことがむしろ困難になってしまうのではないだろうか。[*40]

さらに、ブライアンのグローバルな成功は、ヒップホップとナショナリズムの奇妙な協働を生み出した。ブライアンは二〇二二年、アメリカの大規模フェスであるコーチェラに出演した際、ステージ上のスクリーンにモナス（独立記念塔）を投影し「インドネシアのジャカルタ出身だ」と自己紹介した。なぜ、わざわざナショナリズムのモニュメントを映し出したのだろうか。ブライアンは視覚的に「映える」だろうと、何かしらのビルや建物を映し出すため「じゃあモナスでいいや」という軽い気持ちでやったパフォーマンスだった。[*41]だが、こうしたブライアンの意図を超えて、ジャカルタ特別州副知事は「素晴らしい」「ありがとう」と現地メディアを通じて感謝の意を伝え、「すでにＢＴＳやBLAKPINKを超えている」と賞賛し、インドネシアの若者に向かって、ブライアンのように「成功できる」と期待を寄せた。[*42]政治権力側としては「インドネシア人ラッパーのアメリカ派遣」を通じてナショナリズムを鼓舞したい狙いが透けて見える。

この三年前、二〇一九年にジョコウィ大統領と創造経済庁は大統領官邸にブライアンを招待した。ブライアンがバティックを着用して丁寧なインドネシア語を話すレアな姿がテレビで放送された。この背景には、若者を政治利用したい政府の露骨な思惑があるといってよい。同行した創造経済庁長官は「ブライアンは世界に挑戦する若者たちにとって象徴的な存在です」と称賛した。[*43] ポピュラー音楽史的に面白いのは、これはある種の「ヒップホップの価値転覆」のようになっているところだ。もとはといえば一九九五年のハビビ元大統領の「ラップ批判」を典型例に、一部の政治家はヒップホップ（ラップ）を否定的に捉えていた。ハビビは粗野で下品なラップを批判したが、ブライアンの歌詞はそれこそ本場仕込みの「粗野で下品な」ラップである。しかし、ブライアンのように「若いインドネシア人」がアメリカで成功すると、むしろ掌返しで称賛する。ラップという要素を抜きにすれば若者世代の国外での活躍を政治的に利用して、国内社会の多数派である若年層から支持されたい政府の願望が見え隠れする。一九九五年から二〇二二年まで、ラップ・シーンが変容する

リッチ・ブライアン（左）とジョコウィ大統領（右）
（大統領広報サイト presidenri.go.id より）

とともに、その政治的意義もまた変容したのである。

ローカル・ラップの現在地――リッチ・ブライアンを超えろ

最後に駆け足で二人の第三世代ラッパーを紹介して本章を終える。

知名度ではイワKと双璧を成すのがヤング・レックスだ。上半身タトゥー、だいたい上裸、金ネックレスといったギャングスタ・スタイル、しかもユーチューバーという、国内ラッパーでは異色のこの男が、ラップで成り上がった。

彼の特徴は、第一・第二世代の高学歴ラッパーと異なり、ヤング・レックスは「リアルな」低所得労働者だったという点だ。また、同世代のブライアンとは表現スタイルや方向性は異なるが、共通しているのは、非インテリながらインターネットを通じて一気にトップまで上り詰めたことだ。二〇一七年の「オフィス・ボーイ（Office Boy）」は――すべて「boy」だけで韻を踏む「斬新な」バースも面白いが――まさにヤング・レックスの成り上がり、貧乏人から超セレブへの大出世を、象徴的に表現していた。[*44]

大学行く金もない　高卒でオフィスボーイ（雑用・清掃員）として働いた
でも今じゃオフィスボーイを雇ってるぜ　boy
ぜんぶ底辺からのスタートなんだ　boy
上の奴らにコケにされた　boy
でも俺たちは成功する権利がある　boy

じつはこのヤングレックス、一部のアンダーグラウンドのラッパーからは「ユーチューバーあがりの自称ラッパー」などと、否定的に評価されることがある。「底辺からの成り上がり」を体現したという意味では、本場の文脈では「王道」ともいえるが、ユーチューバーがラップを手段として大成する姿に、コアなラップファンたちのなかでも賛否両論がある。

一方でローカルのラップ・シーンを基盤にして国内外から評価を得たのがラーメンガールだ。二〇一六年のデビュー曲「I'm Da Man」がヒットし、二〇一九年、女性ラッパー単独としては史上初めてインドネシア音楽賞ラップ部門の受賞を果たした。彼女は不真面目でキャッチーでヒップホップっぽくない名前がいいと、「ラーメン好きの女子」として「ただのおふざけ」でラップを始めた。[*45]

クソビッチどもが私のことをブスと呼ぶ
別にいいよ　私にはカネがある

（「私は醜い（I'm Ugly）」二〇二一年）

彼女のラップやMVはブライアン同様ギャグセンス満載だが、そのなかにルッキズム批判など社会的な表現要素が含まれている。女性ラッパーの系譜としては第一世代のデナダや第二世代のヤッコ（Yacko）を継承している。ヤッコは性暴力反対を掲げ、男性中心的な音楽業界に鋭い批判を示す女性ラッパーの先陣を切った。彼女いわく、インドネシアではセクハラが日常茶飯事であり、自身もまたその被害者だ。特に女性の演者・観客は公演中に性的嫌がらせを受ける例が多数ある。「女性たちに反撃を促す」ために作られた二〇一七年「手を離せ（Hands Off）」のMVには女性アーティストが多数登場している。[*46] そのMVのなかにデビューしたてのラーメンガールもいる。とはいえ、女性ラッパーはインドネシア・ラップ界ではまだまだ少なく、男性が圧倒的に多い現状に変わりはない。

ラーメンガールは英語詞で最新のラップを取り入れており、アメリカや日本でも知られているという点で、ブライアン同様グローバル志向を有してはいるものの、彼女はローカルのヒップホップ・コレクティブ「UBC（Underground Bizniz Club）」からデビューしたという経緯がある。UBCは多くの第三世代ラッパーを輩出したジャカルタのコレクティブだ。都市部にはこうしたコレクティブ（kolektif）が各地で続々と生まれており、ローカルなシーンを形成している。そこから生まれた最高の音楽については、私が作成したプレイリストから聴いていただけると嬉しい。[*47]

ラーメンガールは「売れたいし、メインストリームになりたいし、世界中の人に見てもらいたいし、でも先輩からも尊敬されたい」と正直に語っており、「ブライアンだけを聴いたり、ヤングレックスだけをディスったりしないでほしい」とインドネシアのヒップホップファンに願っている。[*48] イワK、ウチョック、ヤッコらが作り上げてきたインドネシア・ヒップホップ史に対するリスペクト、そして国内外で活躍する同世代ラッパーたちとの刺激の受け合いが、今のインドネシア・ヒップホップを熱くしている。

とはいえ、リッチ・ブライアン以降、インドネシアから新たなグローバル・スターが出てきていないのは、少し気になる。ブライアンが英語ラップで世界から称賛されたのに対し、今のところインドネシア語・地方語ラップで世界から評価されたラッパーはほぼいない（JHFの知名度も低い）。英語ラップで本場のお墨付きを得るのではなく、インドネシア語・地方語ラップで世界あっと言わせる日が来るのか。リッチ・ブライアンを超えろ。

参考文献

Anas Syahrul Alimi and Muhidin M. Dahlan. 2018. *100 Konser Musik di Indonesia*. I:BOEKOE bekerja sama Rajawali Indonesia Communication.

Aris Setyawan. 2017. *Pias: Kumpulan Tulisan Seni dan Budaya*. Warning Books & Tan Kinira Books.

Biko Nabih Fikri Zufar. 2022. *Homicide vs Orde Baru*. Semut Api.

Bodden, Michael. 2005. Rap in Indonesian Youth Music of the 1990s: Globalization, Outlaw Genres, and Social Protest. *Asian Music*, Vol. 36-2. pp. 1–26.

Herry Sutresna. 2016. *Setelah Boombox Usai Menyalak*. Elevation Books.

Herry Sutresna. 2019. *Flip Da Skrip: Kumpulan Catatan Rap Nerd Selama Satu Dekade*. Elevation Books.

Historia 2018/2/18: Derap Musik Rap. https://historia.id/kultur/articles/derap-musik-rap-P7JJE/page/1（二〇二三年一一月二五日閲覧）

金悠進 2022「インドネシア、拡張するラップ・シーン」『月刊みんぱく』二〇二二年八月号、pp. 6-7

金悠進 2023『ポピュラー音楽と現代政治――インドネシア　自立と依存の文化実践』京都大学学術出版会

Kompas 2019/7/7: Presiden Jokowi Terima Rapper Rich Brian di Istana Bogor.　https://nasional.kompas.com/read/2019/07/07/15132851/presiden-jokowi-terima-rapper-rich-brian-di-istana-bogor（二〇二三年一一月二五日閲覧）

Kompas 2019/9/12: Mengenang Habibie, dari Dunia Dirgantara hingga Kecamannya terhadap Musik Rap. https://www.kompas.com/tren/read/2019/09/12/122423565/mengenang-habibie-dari-dunia-dirgantara-hingga-kecamannya-terhadap-musik?page=all（二〇二三年一一月二五日閲覧）

Kompas 2022/5/26: Rich Brian Cetuskan Sendiri Ide Tampilkan Monas di Panggung Coachella. https://www.kompas.com/hype/read/2022/05/26/120634066/rich-brian-cetuskan-sendiri-ide-tampilkan-monas-di-panggung-

coachella?page=all（二〇二二年一一月二五日閲覧）
Marzuki "Kill the DJ" Mohamad. 2014. *Java Beat in The Big Apple*. Kepustakaan Populer Gramedia.
『ミュージック・マガジン』二〇一八年三月号
Nicko Krisna. 2016. *Yang Nge-tren di Tahun 80 dan 90an*. Gramedia Pustaka Utama.
大和田俊之 2021『アメリカ音楽の新しい地図』筑摩書房
Primo Rizky (ed.). 2014. *We Indonesians Rule: A Collection of Stories behind the Journey of the Indonesian Creative Industry*. Studio Geometry.
Asia Rising 2019：Red Bull と 88rising 共同制作の長編ドキュメンタリー作品『Asia Rising: The Next Generation of Hip Hop』（2019/3/29）。注では（Asia Rising 2019）と略記。https://www.youtube.com/watch?v=_vC2hvHa9T0&t=2513s（二〇二二年一一月二五日閲覧）
Rolling Stone Indonesia. 2007. 150 Album Indonesia Terbaik Sepanjang Masa. Edisi 31, Desember 2007.
Rolling Stone Indonesia. 2009. 150 Lagu Indonesia Terbaik Sepanjang Masa. Edisi 56, Desember 2009.
島村一平 2021『ヒップホップ・モンゴリア―韻がつむぐ人類学』青土社
Tambajong, Japi (ed.). 1992. *Ensiklopedi Musik* . Cipta Adi Pustaka.
Taufiq Rahman. 2016. *Lokasi Tidak Ditemukan: Mencari Rock and Roll Sampai 15.000 Kilometer*. Elevation Books.
Taufiq Rahman et al.. 2020. *This Album Could Be Your Life: 50 Album Musik Terbaik Indonesia 1955-2015*. Elevation Books.
Tempo 2022/4/20: Wagub Riza Patria Senang Rich Brian Promosikan Jakarta di Coachella. https://metro.tempo.co/read/1584024/wagub-riza-patria-senang-rich-brian-promosikan-jakarta-di-coachella（二〇二二年一一月二五日閲覧）
Vice 2017/5/5: Lewat Single Terbarunya, Young Lex Siap Menggantikan Mario Teguh.https://www.vice.com/id/article/ezjn8z/lewat-single-terbarunya-young-lex-siap-menggantikan-mario-teguh（二〇二二年一一月二五日閲覧）
Vice 2017/7/25: Cara Yacko Ajak Perempuan Indonesia Melawan Balik Pelecehan Seksual. https://www.vice.com/id/article/9kw7da/cara-yacko-ajak-perempuan-indonesia-melawan-balik-pelecehan-seksual（二〇二二年一一月二五日閲覧）

Vice 2017/8/18: Ramengvrl: Meroket di Kancah Hip Hop Indonesia Tapi Ogah Disebut Rapper. https://www.vice.com/id/article/vbbb89/ramengvrl-meroket-di-kancah-hip-hop-indonesia-tapi-ogah-disebut-rapper（二〇二三年一一月二五日閲覧）
Vice 2023/8/11: 50 Tahun Kelahiran Hip-hop: VICE Melacak Kronik Genre Ini di Indonesia. https://www.vice.com/id/article/wxjz5n/50-tahun-kelahiran-hip-hop-vice-melacak-kronik-genre-ini-di-indonesia（二〇二四年二月一一日閲覧）
安田昌弘 2003「ポピュラー音楽に見るグローバルとローカルの結節点」東谷護（編）『ポピュラー音楽へのまなざし―売る・読む・楽しむ』勁草書房, pp. 80-101

注

＊1 （Asia Rising 2019）
＊2 （Bodden 2005）
＊3 （金 2022）
＊4 （Historia 2018/2/18）
＊5 （Tambajong 1992）
＊6 （金 2023）
＊7 （Historia 2018/2/18, Herry Sutresna 2016: 126, Nicko Krisna 2016: 11）
＊8 （Rolling Stone Indonesia 2009）
＊9 （Rolling Stone Indonesia 2007）
＊10 （Rolling Stone Indonesia 2007: 82）
＊11 （Bodden 2005: 20, Yanko 2022: 33）
＊12 （Bodden 2005: 20, Yanko 2022: 33）
＊13 （Kompas 2019/9/12）
＊14 （Kompas 2019/9/12）

＊15 （Yanko 2022: 33-34, 42-43）
＊16 島村は、欧米のサブカルチャーの持つ下位性という文脈が非欧米圏においては希薄でありサブカルチャーが「ハイカルチャー」化することをモンゴルのヒップホップを例に論じたが（島村 2021: 132）、インドネシアにおいても少なくとも階層においては類似の現象が生じている。
＊17 （Yanko 2022: 34-35）
＊18 （Yanko 2022: 3, 50）
＊19 （Bodden 2005）
＊20 （Bodden 2005: 5, 16）
＊21 （Herry Sutresna 2016: 126）
＊22 （Vice 2023/8/11）
＊23 （Taufiq Rahman 2020: 287）
＊24 （Herry Sutresna 2019）
＊25 （Biko Nabih Fikri Zufar 2022: ii）
＊26 （Biko Nabih Fikri Zufar 2022: 148-149）
＊27 （Taufiq 2016: 187-191, Aris Setyawan 2017: 168-175）
＊28 （Marzuki "Kill the DJ" Mohamad 2014: x）
＊29 ジャワ語話者は約七五〇〇万人と言われ、インドネシア全人口の約三割に相当する。
＊30 （Primo Rizky 2014: 57）
＊31 （Marzuki "Kill the DJ" Mohamad 2014: x）
＊32 （Anas Syahrul Alimi and Muhidin M. Dahlan. 2018: 486）
＊33 （Marzuki "Kill the DJ" Mohamad 2014: 116）
＊34 （Marzuki "Kill the DJ" Mohamad 2014: xvi）
＊35 （Vice 2017/8/18）

＊36 （Asia Rising 2019）
＊37 （大和田 2021）
＊38 （Asia Rising 2019）
＊39 （Vice 2017/8/18）
＊40 日本の場合、本場で日本のラップが相手にされないことがわかると、母語のラップにナショナリスティックな誇りを持つローカルな文化的アイデンティティが現れ、それはひいては「日本」と「アメリカ」という国境線を引き直してしまうという（安田 2003: 98）。インドネシアの場合、英語ラップが本場のお墨付きを得たものの、それはあくまで「アジア」と「アメリカ」という序列構造のなかで価値づけられているとも考えられる。
＊41 （Kompas 2022/5/26）
＊42 （Tempo 2022/4/20）
＊43 （Kompas 2019/7/7）
＊44 （Vice 2017/5/5）
＊45 （Vice 2017/8/18）
＊46 （Vice 2017/7/25）
＊47 Spotify プレイリスト「インドネシア・ヒップホップ」（作成者：Yujin Kim） https://open.spotify.com/playlist/5NgJzaX11o3O34TDktLbwW?si=56f54987aa754aa1
＊48 （Vice 2017/8/18）

ブラジル

辺境どころかヒップホップ超大国のブラジル

中原仁

はじめに

ヒッピホッピ。ポルトガル語でこう発音されるヒップホップは、ブラジルにおいては輸入文化であるが、決してマージナルな存在ではなく、現在では多くの人々に聴かれ、音楽シーンの中心を占めている。

ヒップホップ・カルチャーとブラジルのストリート・カルチャーとの間には親和性がある。音楽に関しては、ブラジル北東部にはエンボラーダ（embolada）と呼ばれる、フリースタイル・バトルに通じる伝統的な民衆音楽があり、サンバの中にもパルチード・アルト（partido alto）と称される即興の歌のスタイルがある。また、アフリカをルーツとしてブラジルで発展した格闘技伝来の舞踏、カポエイラとブレイクダンスとの関連性も古くから指摘されてきた。

ブラジルにおけるヒップホップ史を概観すると、八〇年代初頭、ヒップホップはブラジルに上陸してサンパウロを拠点に成長していった。八八年には、ブラジル初となるヒップホップのアルバムが発売された。九〇年代には、タイーギ＆ＤＪフン、ハシオナイス・ＭＣズらの人気と共に、ヒップホップはテレビなどのメジャーなメディアを介さずにブラジル全土へ広がっていった。

サンパウロでは、よりハードコア・ロック志向のパヴィリャォン・ノヴィ（Pavilhão 9）が、リオではマルセロ・デードイス率いるプラネット・ヘンプが活動を開始した。彼らは比較的貧しい生育環境から生まれたグループだ。一方、中流階級出身のエリート、ガブリエル・オ・ペンサドールがヒットを連発し、九〇年代後半、ブラジル音楽シーンにおいてヒップホップは市民権を確立した。

九〇年代末から二〇〇〇年代にかけて、プラネット・ヘンプ出身のベーネガォン、ブラッキ・アリエン（Black Alien）がソロ・デビュー。さらに新世代も続々と登場してきた。本章では駆け足になるが、アーティストのインタビュー記録なども交え、ブラジルのヒップホップを概観したい。

サンパウロから始まったブラジルのヒップホップ

八〇年代初頭、ヒップホップはブラジルに上陸した。拠点となったのはブラジル最大の都市、サンパウロだった。まずはダンスが流行し郊外のファヴェーラ（低所得者層の居住区）から働きに来ていた若者たちが都心の地下鉄駅サン・ベント駅前の広場に集まり、ゲリラ的にブレイクダンスを踊り始めた。アフロ・ブラジル文化を扱う店が多いショッピング・センター、ガレーリア・ヴィンチクアトロ・ヂ・マイオ（Galeria 24 de Maio）もヒップホップ文化の中心地となり、アフリカ系ブラジル人を中心に広まった。

八四年、パブリック・エナミーが初めてサンパウロ公演を行なったことをきっかけに、ヒップホップは若者たちの生活の中に浸透していった。

この時期のブラジル音楽シーンはロックの全盛期。多くのロック・バンドがデビューし人気を集めていた。しかし、ロックをやるには安価ではない楽器を購入しなければならない。当時、ハイパー・インフレ下であったブラジルでは、輸入品の関税が恐ろしく高かったため、ロック・バンドを結成できるのは中流階級以上の裕福な若者に限られた。一方、ヒップホップはドラムセットもエレキギターもキーボードもアンプも不要で、大型のラジカセがあればとりあえず事足りる。低所得者が多いアフリカ系ブラジル人のコミュニティにヒップホップが浸透していったのは、そんな背景もあった。

八八年、ブラジル初の、最新録音によるヒップホップのオムニバス・アルバムが発売された。その名も『ヒップホップ　クルトゥーラ・ヂ・フア（HIP-HOP Cultura de rua）』。タイーヂ＆ＤＪフン（Thaíde & DJ Hum）、コーヂゴ・トレジ＆ＭＣジャッキ（Código 13 & MC Jack）らといった、黎明期のサンパウロのヒップホップのレジェンドたちが参加した。

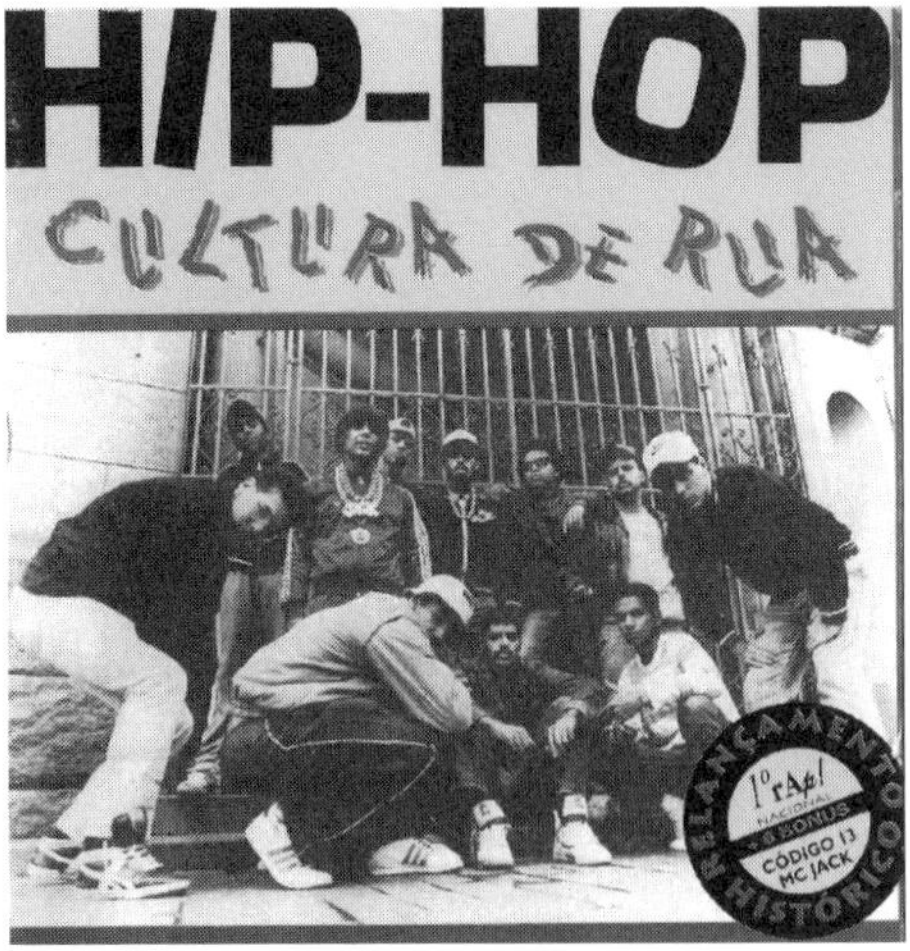

『ヒップホップ　クルトゥーラ・ヂ・フア（HIP-HOP Cultura de rua）』

同年に発売されたもう一つのオムニバス・アルバムが『コンシエンシア・ブラック Vol.1（Consciencia black vol.1）』。この年に結成され、のちに大ヒットを記録する、ブラジル初期ヒップホップの代表的なグループ、ハシオナイス・ＭＣズ（Racionais MC's）などが参加した。

ハシオナイス・MCズはマノ・ブラウン（Mano Brown）、アイス・ブルー（Ice Blue）、エディ・ホッキ（Edy Rock）、KL・ジェイ（KL Jay）の四人組で、九〇年にファースト・アルバムを発表。カリスマ的な存在感を備えたマノを軸に、社会的に虐げられた層の立場から社会的なメッセージを発信し、ブラジルのヒップホップシーンをリードする存在となった。九〇年代後半に発表したアルバム『ソブリヴィヴェント・ノ・インフェルノ（Sobrevivendo no inferno）』は、インディーズからのリリースながら一〇〇万枚近いメガ・セールスを上げるに至った。

ヒップホップ×サンバ――マルセロ・デードイス、映画『オルフェ』

サンパウロで狼煙を上げたヒップホップは九〇年代、前述のタイーヂ&DJフン、ハシオナイス・MCズらの人気と共に、メジャーなメディアを介さずブラジル全国に広がっていった。

九三年、リオで結成されたグループがプラネット・ヘンプ（Planet Hemp）だ。MCのマルセロ・デードイス（Marcelo D2）、ベーネガォン（B Negão）らがBボーイ然とした佇まいでフロントに立ち、大麻を礼賛した歌詞で物議を醸した。彼らは警察に勾留されることもあったが、若者から圧倒的な支持を集めた。ヒップホップを基軸にハードコア・ロックからサンバまでミックスした音楽性で、実にブラジルらしいミクスチャー感覚を持つグループだ。

中心人物のマルセロ・デードイスは九〇年代末からソロでも活動。『エウ・チロ・エ・オンダ（Eu tiro é onda）』、『ア・プロクーラ・ダ・バチーダ・ペルフェイタ（A procura da batida perfeita）』といったソロ・アルバムを通じてヒップホップとサンバのミクスチャーに挑んだ。

アフリカ・バンバータの「ルッキング・フォー・ザ・パーフェクト・ビート」と同じ意味の『ア・プロクーラ・ダ・バチーダ・ペルフェイタ』というアルバムのタイトル曲で、デードイスはボサノヴァの先駆者の一人、ルイス・ボンファ（Luiz Bonfá）のギターをサンプリングしたトラックに乗って、「オレは完璧なビートを求めてサンバに行くよ。ＭＣはパルチデイロ（パルチード・アルト＝即興掛け合いサンバの名手）だ。ブンボ（太鼓）はスクラッチだ」とラップしていた。

　僕は九八年に、ファースト・ソロ・アルバム発表後のデードイスにリオでインタビューしたが、そのときの彼の発言を紹介しよう。

『エウ・チロ・エ・オンダ（Eu tiro é onda）』マルセロ・デードイス

　僕はずっと、ヒップホップやラップとサンバは関係が深い音楽だと考えている。どちらも日常の出来事、ありふれた平凡なことを題材として生まれる歌詞が多い。僕はソロ・アルバムで、サンプラーを使ってサンバのスピリットを自分の音楽の中に取り入れていこうとした。

　サンバからは、特に僕が詩を書く上で影響を受けた。なぜならサンバの語法にはストリートの感覚があって、表現もストレートで、道端で友達と話してる感じがある。これってラップの発想にとても近いんだよ。パルチード・アルトはフリースタイル・バトルみたいだ。

僕の父はサンバのバンドをやってて、日曜や休みになると、必ず家の裏庭でシュハスコを焼きながら演奏してたんだ。サンバ、シュハスコ、フェイジョアーダにビール。僕が育ったリオの郊外では伝統的な習慣だ。


インタビューの際、僕が「君のアルバムを聴いた時に、グールーの『ジャズマタズ（Jazzmatazz）』を思い出した。音楽の種類は違うけれど、姿勢に共通点があるように感じたのと、どちらもすごくクールな感覚があって」と告げると、デードイスは「うん、分かるよ。グールーのことも、彼がギャングスターにいた頃から大好きだった。彼はジャズを、僕はサンバを、シンプルな形で取り上げている。そのあたりが確かにクールと言えると思う」と答えた。


本章の冒頭、そして今のデードイスのコメントの中にも出てきたパルチード・アルトは、サンバのいちスタイルで、分かりやすく言えば即興のサンバだ。全員でコーラスするリフレインのパートに対し、テーマに沿って即興の掛け合いで歌うパートがパルチード・アルトと呼ばれる。

歌のテーマは、時事問題から彼女自慢、捨てられた男のトホホな話まで幅広く、ストリート感覚にあふれたサンバだ。そのパートで演奏するサンバのリズム・パターンもパルチード・アルトと呼ぶ。二〇二〇年代以降、ブラジルではパルチード・アルトとラップのミクスチャー曲を日常的に耳にするようになった。

サンバにはほかにも、サンバ・ヂ・ブレッキ（samba de breque）と呼ばれるスタイルがある。直訳すると、ブレイクのあるサンバという意味で、四〇年代に流行した。サンバを歌っている途中にブレイクを入れ、ノー・リズムで喋りを入れるという一種のしゃべくり芸だ。マランドロ（意味はボヘミアン、風来坊）と呼ばれる、酒と賭け事と女性が大好きな遊民の精神に根ざしたサンバで、シルクハットにスーツにエナメル靴のマランドロ・ルックが似合う粋で洒脱な遊び人風情の歌手、モレイラ・ダ・シルヴァ（Moreira da Silva）がサンバ・ヂ・ブレッキの第一人者だった。

ボサノヴァのゴッドファーザー、ヴィニシウス・ヂ・モライス原作のミュージカル『オルフェウ・ダ・コンセイサォン（Orfeu da Conceição）』をフランス人のマルセル・カミュが映画化した『黒いオルフェ』。この映画の発表から四〇年後の九九年、ブラジル人のカルロス・ヂエギス（Carlos Diegues）が監督をつとめリメイクした映画『オルフェ』が発表される。この映画で、カーニヴァル・シーズンを迎えたリオのファヴェーラで日常的に流れていたのは、ヒップホップだった。

リメイク版映画の音楽を担当したカエターノ・ヴェローゾ（Caetano Veloso）は、カーニヴァルのパレードのシーンで主人公オルフェの参加チームが歌い演奏するサンバ・エンヘード（パレードのテーマ曲）を作詞作曲。アップテンポの祝祭サンバの途中に、ヒップホップの亜種とも言える音楽、ファンキ・カリオカのビートに乗ってラップするパートを作った。カエターノはそのパートの作詞とラップを、リオの中流階級出身で「俺は幸せ、大統領を殺した」とラップする「トー・フェリース（マテイ・オ・プレジデンチ）（Tô feliz - Matei o presidente）」が九〇年代前半に大ヒットしたインテリ・ラッパー、「思索者ガブリエル」ことガブリエル・オ・ペンサドール（Gabriel o Pensador）に依頼した。

僕が映画公開当時の九九年に行なったカエターノ・ヴェローゾへのインタビューから、ラップ／

ヒップホップに関するカエターノの発言を引用する。

今日、リオのファヴェーラの住民が最も好み、追いかけている音楽はラップなんだ。彼らはヒップホップの神話の中で生きている。映画のカーニヴァルのシーンでラップしてもらうのにガブリエル・オ・ペンサドールを呼んだのは、彼が優秀であるだけでなく、私と同じ中流階級の人間だから。ファヴェーラのラッパーはとてもラディカルだから、私が頼んでも承知しなかったかもしれない。

ブラジルのラップは、新しい種類のラディカルな聴衆の存在を示してみせた。ファヴェーラや貧しい場末に住む、自身を貧しい階層と位置付け、自身と社会とは、マージナリティや犯罪、麻薬取引といった、別の関係を持っていると主張する、新しい種類の存在をね。ラッパーはある意味で、マージナリティや犯罪に反対する教育をやっているが、同時に、それに手を染めようとしている者たちに共感を表してもいる。つまりそこには、犯罪や麻薬取引や最も恵まれない社会階層との同一感がある。彼らはガブリエルなど中流階級の連中が作ったラップだとか、私の世代の人間が作っているポップ・ミュージックに対して排他的で不寛容な一派を成していて、敵対する立場をとっている。

根本的に非メインストリームな姿勢を貫こうとしている彼らだが、その中で最も重要なグループ、例えばハシオナイスMCズは、アルバム・セールスが一〇〇万枚に届く勢いだ。従来のマスコミ・チャンネルに頼ることなしに。ブラジルにおける社会的な力には物凄いものがある。人種的な力と言ってもいい。現に、ブラジルにおける低階層がかかえる社会的問題は、ブラジルにおいては人種的側面と強く関連づけられている。彼らは自身を黒人と位置づけ、人種的デモクラシーの神話と真っ向から対立している。だから、これはブラジル音楽史にとって、比類なき重要性を持っている事柄なんだ。

ちなみにカエターノ・ヴェローゾは、まだブラジルでヒップホップが市民権を得ていなかった時代の八四年に「リングア（Lingua）」と題するラップ・ナンバーを発表。ビートにうっすらとサンバのリズムのエッセンスを持ちこんだ。

カエターノは九三年、学生時代からの音楽仲間だった盟友ジルベルト・ジル（Gilberto Gil）とのツイン・リーダー・アルバム『トロピカリア・ドイス（Tropicália 2）』で、ラップとポエトリー・リーディングをミックスして社会的なメッセージをこめた曲「ハイチ（Haiti）」を発表した。ヒップホップ世代よりもずっと年長で出自も異なるカエターノが、ブラジルのヒップホップ界に残してきた功績も大きい。

カエターノから共作の指名を受けたガブリエル・オ・ペンサドールが九七年に発表したサード・アルバム『ケブラ・カベッサ（Quebra cabeça）』は、セールス一三〇万枚のメガ・ヒットを記録。シックの「グッド・タイムス」をサンプリングという大ネタ使いの曲「ドイス・トレス・クアトロ・シンコ・メイア・セッチ・オイト（2345meia78）」もシングル・ヒットしたが、女性に電話をかけまくるという詩だったため、234-5678（メイア＝6）にイタズラ電話がかかりまくり、電話の主が訴えを起こすという騒ぎに発展した。

同アルバムの「フェスタ・ダ・ムジカ（Festa da música）」ではジョセリン・ブラウンの「サムバ

ディ・エルスィズ・ガイ」からサンバの名曲までサンプリング。「アントニオ・カルロス・ジョビン通りで音楽の祭典だ！」をキーワードに、ブラジルの多彩なジャンルの音楽家やバンド名を五〇組以上も歌詞に折り込んだ。

その後のアルバムでガブリエルは、ジョビンが歌う「イパネマの娘（Garota de Ipanema）」をサンプリングした「ボサノヴァ」ならぬ「ボサ・ノヴィ（Bossa 9）」なる曲も発表した。大ネタ使いを厭わない彼の曲は、ブラジルだけでなく英語圏のヒット曲も数多くサンプリングされているのが特徴だ。

ブラジル北東部のエンボラーダはラップのプロトタイプか？

ブラジルにはフリースタイル・ラップと通ずる即興詩の文化がある。本稿の冒頭で名前を出したエンボラーダは、ブラジル北東部の伝統的なしゃべくり芸だ。コーコ（côco）という北東部のダンスのアップテンポのリズムに乗って、ソロでも歌うが基本的にはパンデイロを二人で叩きながら即興で掛け合いをする。即興合戦をヂザフィーオ（desafio）と言い、これぞフリースタイルの原点だ。

エンボラーダの代表的なアーティストである兄弟デュオ、カジュー＆カスターニャ（Caju e Castanha）は貧しい家に育ち、十代から大勢の人が集まる市場などで歌って日銭を稼いでいた。そのうちに才能を認められてデビューに至り、瞬く間にエンボラーダの人気コンビとなった。韻を踏んだ巧みな言葉遣い、兄弟の呼吸感は天下一品。エンボラーダのしゃべくり対決ということで、全編サッカー・ネタで構成されたアルバムも出している。二〇〇一年、兄カジューが亡くなり甥が二代目カジューを襲名した。彼らは後に名前を出す現代のラッパーたちとも共演や「対戦」している。ブラジルの伝統音楽とヒップホップのミクスチャーにおいて、代表的なグループである。

ブラジル北東部にはエンボラーダのほかにも即興詩の伝統が引き継がれており、ヴィオラ（複弦の素朴なギター）を弾いて即興で歌う、ヘペンチスタ（repentista）と呼ばれる吟遊詩人もいる。ヘペンチスタの即興歌合戦もヂザフィーオ、ないしはヘペンチ（repente）と呼び、互いの言葉尻の韻を踏んで即興する。歌ではあるが、これもフリースタイル。エンボラーダ同様、ヘペンチスタの主な活動場所も街角の市場や広場だ。

ノルデスチ（nordeste）と呼ばれるブラジル北東部、ペルナンブーコ州都レシーフェで九〇年代前半、マンギビート（mangue beat）と呼ばれるムーヴメントが始まった。中心人物は、ナサォン・ズンビ（Nação Zumbi）のリーダー、シコ・サイエンス（Chico Science）。

彼らの音楽をヒップホップの枠に押し込めることはできないが、ヒップホップ・マインドを軸に、北東部を代表するリズムのマラカトゥ（Maracatu）やコーコ、エンボラーダのしゃべくり芸、ラップ、ハードコアなロックなどを自在にミックス。歌詞を通じてリオやサンパウロといった南部の大都市圏に比べて厳しい生活を強いられがちな北東部の現実を訴え、地方都市の若者の主張をこめた。

ナサォン・ズンビは九五年、ニューヨークのセントラル・パークのサマーステージ、そしてスイスのモントルー・ジャズ・フェスティヴァルに出演。海外でも注目を集め始めたが、リーダーのシコ・サイエンスは九七年のカーニヴァルの直前に、交通事故のため三〇歳で他界した。

プラネット・ヘンプのメンバー、マルセロ・デードイスは九八年のインタビューでこう回顧した。

僕たちがファースト・アルバムを出す前の九三年にリオでライヴをやった時、ナサォン・ズンビのメンバーが聴きに来て知り合った。なんと彼らは、レシーフェにいた時からアンテナを張って、僕たちの活動をキャッチしてたんだよ。これには驚いた。しかも、レシーフェとリオという離れた場所で、彼らと僕らは同じ時代に同じ意識と目的で音楽をやり始めていたわけだ。だからすぐにファミリーの関係になった。シコ・サイエンスが亡くなった後、ナサォン・ズンビ＆マルセロ・デードイスとして追悼コンサートも行なった。

シコ・サイエンス＆ナサォン・ズンビ名義の九八年の二枚組ＣＤ『CSNZ』には、シコ存命時の未発表ライヴ曲、活動を続けることを選択したナサォン・ズンビの新曲（うち一曲にデードイスが参加）、プラネット・ヘンプとして録音したシコ・サイエンスの曲などが入っている。

現代のブラジル・ヒップホップ

ブラジルのヒップホップは発展を続けているが、現代の代表的なアーティストを二〇一〇年代に登場した世代から何組か名前をあげていこう。サンパウロ出身のプロジョタ（Projota）、ハシッヂ（Rashid）、ヒンコン・サピエンシア（Rincon Sapiência）。内陸ミナス出身のジョンガ（Djonga）。バイーア出身のバコ・エシュ・ド・ブルース（Baco Exu do Blues）、バイーアのユニット、オクアドロ（OQuadro）などなど。今あげた名前は氷山の一角でしかない。

そうした現代のブラジル・ヒップホップで最も注目を浴びるアイコニックな存在が、クリオーロ（Criolo）とエミシーダ（Emicida）であり、二人ともサンパウロ出身であえる。二人は二〇一二年にジョイント・ライヴを行ない、その模様を収録したライヴCDとDVDも発売された。僕が二〇一六年にカエターノ・ヴェローゾにインタビューした際、注目しているブラジルの音楽家の名前を尋ねたところ、この二人の名前が出てきた。

ラッパーでありシンガー・ソングライターでもあり、ヒップホップの音楽家であり正統的なサンバも歌うクリオーロ。九〇年代から、教師として働きながらラッパーとして長くアンダーグラウンド・シーンで活動してきた。

アフロビートも取り入れた二〇一一年のアルバム『ノー・ナ・オレーリャ（Nó na orelha）』がヒットし、「サンパウロには愛が存在しない」と歌う曲「ナォン・エジスチ・アモール・エン・エシペー（Não existe amor em SP）」も話題となった。詩人としても高く評価されている。

カエターノが「インプロヴィゼーションや歌詞を作る能力が高く、とても個性的な資質を備えている。彼は本物のアーティストだ」と絶賛したエミシーダ。彼のリーダー作ではサンバの大御所ドラマーで歌手でもある、故ウイルソン・ダス・ネヴィス（Wilson das Neves）、カエターノらをゲストに迎え共演。軽快なフットワークでヒップホップ、サンバ、MPB〔ムジカ・ポプラール・ブラジレイラ。主に一九六〇年代後半、ボサノヴァ誕生以降のブラジル・ポピュラー音楽をさす〕といったジャンルの壁を超えた活動をしている。そしてエミシーダは国境も超えた。

二〇一五年、東京スカパラダイスオーケストラがブラジルを初訪問してレコーディングを行なった際に、エミシーダは「上を向いて歩こう」のポルトガル語ヴァージョン「オーリャ・プロ・セウ（Olha pro céu）」でポルトガル語のリリックを書きラップで参加した。二〇一六年にはスカパラのブラジル・リオ公演と東京公演にゲスト参加し、共演した。ここで、東京公演の際に行なったインタビューをQ&Aの形で引用しよう。

――初期の君は典型的なヒップホップ・マナーに則っていたが『オ・グロリオーゾ・ヘトルノ・ヂ・ケン・ヌンカ・エステーヴィ・アキ（O grorioso retorno de quem nunca esteve aqui）』（ここに決していなかった人の華々しい帰還）、『ソブリ・クリアンサス、クアドリス、ペザデロス・イ・リサォンス・ヂ・カーザ（Sobre crianças, quadris, pesadelos e lições de casa）』（子供、臀部、悪夢、宿題について）といった近年のアルバムで一気に音楽性が広がり、ヒップホップ以外の分野の歌手や音楽家とも共演するようになった。それはキャリアの初期から目指していた？

エミシーダ　僕は最初からブラジルの多様な文化の要素を自分の音楽に取り入れたいと思っていた。初めて、ミックステープではないオリジナル・アルバムを作るにあたって迎えたプロデューサーは、僕のラップの現代的な都会性と、僕が取り入れようとしていたマラカトゥ〔ブラジル北東部ペルナンブーコ州に伝わる伝統芸能。歌と打楽器のみで演奏される〕、サンバなどの要素を理解した上で、さらにロックやエレキギターの要素を持ち込んだ。

――ブラジルのラップには、北東部のエンボラーダ、ヘペンチや、サンバのパルチード・アルトなどの即興的なスタイルと共通する要素があると考える。君はどう思う？

エミシーダ　そのとおり！　ブラジルの「rap」の発音は「ハッピ」よりも「ヘッピ」に近い。つまり「rep」、ヘペンチ（repente）の最初の三文字と同じだ。今、君があげたブラジル音楽のスタイルも、USAのヒップホップもジャマイカのダンスホール・レゲエもルーツは全てアフリカからの奴隷の文化で、しかもブラジルはアメリカよりも多様で自由な文化のメルティング・ポットだ。ジョヴェリーナ・ペロラ・ネグラ（Jovelina Pérola Negra）が歌うパルチード・アルトのリズム、韻、即興性も驚異的だ。一〇音節で韻を踏む形式のエンボラーダも、僕にはできない高等技術だ。

――以前、カジュー&カスターニャのエンボラーダと君のラップが洗濯機の宣伝で対決する、というCMの映像を見た。まさにフリースタイル・バトル！

エミシーダ　ワハハ！　僕はカジュー&カスターニャの大ファンなんだ。彼らの音楽も人生も尊敬している。

――ここまで話を聞いて、君のバックグラウンドの広さがよく分かった。君自身の音楽も、ラップだけどメロディーが豊かな曲が多い。今後もこの路線を続けていく？

エミシーダ　もともとラップは自由な表現だ。だから僕は、昔からとても尊敬しているサンバの生きた歴史、ウイルソン・ダス・ネヴィス、アフロ・ブラジル文化の伝統に根ざした女性歌手のファビアーナ・コッツァ（Fabiana Cozza）やジュサーラ・マルサル（Juçara Marçal）、母親が大ファンで僕も子供の頃から聴いてきたカエターノ・ヴェローゾ、ファンキ新世代のMCギメー（MC Guimê）などと共演してきた。僕だけでなく、ブラジルのヒップホップは現在、さまざまな音楽の要素を取り入れて新たな局面を迎えている。さっき話したように、ブラジルはアメリカよりも多様な文化のメルティング・ポットだ。この先もブラジルのラップ、ヒップホップはさらに多様化しながら創造力を発揮し、新しいブラジル音楽が生まれる段階に来ていると思う。それがどんな名前で呼ばれるかは分からないけどね。

『アマレーロ（AmarElo）』エミシーダ

先にあげたエミシーダと東京スカパラダイスオーケストラとの関係は二〇一六年以降も続き、エミシーダのリーダー作『アマレーロ（AmarElo）』にはスカパラが参加した曲も入っている。その曲名の意味は「一人の友人がいる人は全てを持っている」だ。

駆け足でめぐってきたが、ブラジルのヒップホップの独自性をお分かりいただけただろうか。ブラジルは多民族国家であり、ミクスチャー文化の国である。今やヒップホップはブラジル音楽シーンの重要な一要素となっており、エミシーダの締めくくりの発言が将来を予見しているといえるだろう。

最後に、ラップ（MC）、DJ、ブレイクダンスと共にヒップホップ・カルチャーに欠かせない、グラフィティについても触れておこう。サンパウロを中心に、ブラジルでもグラフィティのストリート・アートはとても盛んだ。

サンパウロのヴィラ・マダレーナ（Vila Madalena）地区は若者で大賑わいのエリアであるが、その一角にベコ・ド・バッチマン（Beco do Batman）、日本語に訳すとバットマン路地がある。ここは、八〇年代からグラフィティ・アートの中心地となってきた。

オス・ジェメオス（Os Gemeos）と名乗る双子のパンドルフォ（Pandolfo）兄弟は今年で五〇歳。ヒップホップ・カルチャーの洗礼を受け、ブレイクダンサーを経て八〇年代末からグラフィティ・アーティストとして活動を始めた。九〇年代以降、世界各国で個展を開き、日本では二〇〇八年に東京都現代美術館で開催された「ネオ・トロピカリア──ブラジルの創造力」などに出展してきた。二〇二二年には宮城県石巻の「リボーン・アート・フェスティヴァル」に参加し、日本では初となるウォール・アートを描いた。

大胆なデフォルメ感あふれるオス・ジェメオスのポップアートにも、ぜひ触れてほしい。そして、彼らとその後に続くグラフィティ・アーティストの作品に日本で出会えることも祈っている。

プエルトリコ

抵抗と絡み合うルーツ
――「最古の植民地」プエルトリコ

村本茜

はじめに

カリブ海に浮かぶプエルトリコ。温暖な気候と豊かな自然に恵まれたこの島の植民地化は、一四九三年のコロンブスの「発見」から始まる。それまで居住していたタイノ人は征服され、スペインによる支配が四世紀にわたって続いた。そのため、現在でもプエルトリコの公用語はスペイン語と英語である。最初は金の採掘、次いでプランテーションの拡大のため、アフリカから多くの黒人たちが奴隷として連れてこられた。「新世界発見」の舞台であったプエルトリコは、「最古の植民地」であると言えよう。一八九八年に勃発した米西戦争の末、この島は米国に割譲された。[*1] その後ジョーンズ法により人々は米国市民として、制限なしで米国本土へ移動することが可能になったが、同時に米国の政治・経済的支配下に置かれることとなった。

そんな島から生み出されるヒップホップ音楽は、非独立国であるにもかかわらず、強い地域性を発揮している。楽曲には、先祖代々継承された様々なルーツによる色鮮やかなアイデンティティが貫かれ、古くからある言葉や文化が今も存続していることが確かめられる。しかしリリックに込められているメッセージは、決して愛や喜びなどといった綺麗事だけではない。権力者から受けた抑圧に対する憎しみや悲しみを強く感じさせ、皆でその困難に打ち勝とうといった大衆へのメッセージを含んだ作品も数多く存在する。

本稿では、そのようなプエルトリコのヒップホップ曲を取り上げていくが、まずはその中から、プエルトリコにおけるヒップホップの先駆者、ＭＣシエテ・ヌエベの「オールデスト・コロニア（Oldest Colonia)」を紹介したい。

（一）最も古い植民地　俺たちに残された闘争
奴らは偽りで俺たちを養う　奴らは糞で俺たちを育てた
コロンブスは君を発見したが　もうすでに君は生まれていた
大砲が俺たちを支配した　矢はもうなくなってしまった
（中略）
（二）君は囚われの身であり　俺の一番の愛
君を解放し　君の庭を花でいっぱいにすることを夢見る
君の土地にキスをすることを夢見る　その香りが俺を魅了させる
俺は君と一緒に　損失と痛みに苦しんできた
（中略）
（三）俺たちはカリブ海最高級のもの

オークの木　グアヤカンの木[*2]
これがハリケーンの目に生きるということ
ハマベブドウ　山々　美しい女性　スターが生まれる島
俺はハリケーンの目から抜け出した

本作品は、元はヒップホップ系アパレルブランド「ピカロ（PÍCALO）」を立ち上げたシエテ・ヌエベの友人から依頼を受け制作された。アートとファッションで若者の社会意識を変えようという「ピカロ」のコンセプトは、シエテ・ヌエベの音楽性と合致するものだった。過去から現在に至るまでのありのままの島の姿を映し、切実な思いを真っ直ぐに叫んだリリック。このラップはヒットを収め、ブランドの宣伝を成功させたのに留まらず、プエルトリコで生きる多くの者たちの心に響くこととなった。この成功から、翌年には歴史教師でもあるラッパーのルイス・ディアスと、新世代ラッパーのエミル・マルティネス[*3]、ビートメイカーのエセホタをフューチャーした「二〇一九年 REMIX」がリリースされている。

筆者が取り寄せた「Pícalo」のTシャツ。左：サンフアンの国会議事堂の形をした香水とそこに記載された「Oldest Clolonia -desde 1943-」。右：「Jíbaro Soy（ヒバロは私だ）」2023年11月、筆者撮影

英語とスペイン語が組み合わされたタイトルから、この曲はプエルトリコからアメリカ・スペインの両国に

対するメッセージとして読み取れる。さらに、「オーデコロン（Agua de Colonia）」ともかけられており、入植の歴史は、まさに香水の香りが身体に染みつくように、島に痕跡を残しているのだと仄めかしている。

曲中では、「女性のように美しい」祖国プエルトリコに対し、「君（Tú）」という二人称で愛を持って語り掛けられるが、一方で暗い過去や自由になりきれないことへの憤りが、リリックの随所に散ばめられている。例えば、（一）の最終小節では「大砲」と「矢」を対比させることにより、入植者らに対する先住民の儚い闘いが描かれている。また、トラックのフック部分（二）では、いしだあゆみの「孤独な旅人」（一九八一）がサンプリングされており驚かされる。哀愁漂うメロディに乗せて、「俺はハリケーンの目から抜け出した」と歌われているのがなんとも渋い。島の人々にとって、甚大な被害を幾度となくもたらしているハリケーンの襲来は植民地政策とともに避けられない問題であり、この一節からそれを受け入れつつ現状を打破していく強気な姿勢が示されている。

本稿では、インタビュー[*4]で得られた三人のプエルトリコ人MCたちの語りも交えながら、このようなプエルトリコのヒップホップ音楽が確立するまでの歩みを振り返る。インタビューは、「タイノ」の誇りを持つ女性MCラ・ジコテア・ニアクノ、「アフロ系カリブ人」を打ち出す前述のMCシエテ・ヌエベ a.k.a シマロン、自らを農業移民「ヒバロ」だと語るネグロ・ゴンザレスに行った。そして、楽曲からプエルトリコで生きる人々のアイデンティティを照らし出し、この島にしかないヒップホップの魅力と、そこに備わる抵抗の諸相を読み解いていきたい。

1　プエルトリコのヒップホップの歴史

1―1　米国本土から島へ、英語からスペイン語へ

プエルトリコ人によるヒップホップ文化は、米国本土ニューヨークで誕生した。一九一七年のジョーンズ法によりプエルトリコ人が米国の市民権を得て、島では人口増加により生じた貧困や雇用、教育問題が生じたことにより、一九五〇年代には米国本土への移住者が急増する。*5 言語も文化も全く異なる新天地に暮らす人々にとって、歌と踊りは、故郷を思い起こさせるものであり、生活の一部となっていた。そのように米国にてプエルトリコ文化が発展した、音楽ジャンルの代表例としてはサルサが挙げられるが、ヒップホップも、社会的マイノリティであるプエルトリコ人たちがアイデンティティを主張するのに有効なジャンルであった。

日本でヒップホップと言えば、「ブラック・ミュージック」としてアフリカ系アメリカ人の音楽といった印象が持たれることが多く、プエルトリコ系アーティストたちがその発展に大きく貢献したことはあまり知られていない。例えば、一九七〇年代後半から八〇年代にかけてブレイク・ダンスを世界に広めたクレイジー・レッグスや、ザ・フィアレス・フォーのデヴァステイティング・ティト、マスター・オーシー、そして、九〇年代にはファット・ジョーや、ビッグ・パンなどが、当時のアンダーグラウンドのシーンに大きな影響を与えており、プエルトリコ系である彼らを抜きにしてヒップホップ史は語れない。このムーブメントは、ニューヨークのラテンアメリカ系の人々が集住する「バリオ」を中心に、ラテン系コミュニティが拡大していく中で起きていたのである。

そして、米国本土で栄え始めたこのヒップホップ文化は、次第にプエルトリコの若者たちにも刺

激を与えていった。そのメッカとなっていたのが、首都サン・フアンのクラブ「ザ・ノイズ」である。一九八五年、DJネグロによりオープンされ、ダンスやライブ、ラップバトルなど、アンダーグラウンド音楽を求める若者たちが集う場となり、数々の著名アーティストを生み出していった。

その中でも特に当時の音楽シーンに変革を起こしたのが、Vico Cであった。ラテンアメリカにおいてラップは英語でするのが当然であった時代、まだ十代だった彼は、スペイン語でバトルに挑んだのである。後にタッグを組むことになるDJネグロはインタビュー動画[*6]で当時の様子を振り返り、それが人々にとっていかに衝撃的な出来事だったのかを伝えている。

そのパフォーマンスきっかけに、Vico Cは知名度を上げていった。彼はTV番組[*7]で「歳を取るまでラップをさらに進化させたい」と語ったが、現在も世界中を飛び回ってライブを行っている。休止期間はあったものの、デビューから三〇年以上経った今でも現役で活動しており、次世代以降のアーティストたちからは、「スペイン語ラップのパイオニア」として尊敬を集める存在となっている。映画「VICO C 哲学者の人生」（二〇一七）では、幼少期からの彼の人生とともに、プエルトリコにおけるアンダーグラウンド音楽の発展を辿ってゆくことができる。

1-2 「レゲトンの陰」としてのヒップホップ

スペイン語ラップがプエルトリコでブームとなった当初は、それを単なる一過性の流行だと見なす者もいた。しかし、その勢いは衰えることなく世界中へと拡散されてゆき、現在では日本でもスペイン語ラップをよく耳にするようになっている。成功の鍵となったのは、レゲトンだ。レゲトンはヒップホップやレゲエなどの影響を受けてできた現代のプエルトリコを代表する音楽ジャンルで、二〇一七年のルイス・フォンシ feat. ダディー・ヤンキーの「デスパシート」は、その年にYoutube視聴回数一位の座を獲得した曲として注目を浴びた。レゲトンの強みは、ノリのいいリズム、キャッチーなフックにより、歌詞が分からずとも楽しめることである。そのため、国や地域を問わず、現代の若者たちから最も求められるグローバルな人気を博す音楽ジャンルとなっている。

では、ヒップホップはどうだろうか。様々なサブジャンルが広がってはいるが、もともと社会・政治批判、マイノリティとしての自己の語りといったメッセージ性が重視されやすいこの音楽は、ラップ言語そして現地の事情が分かるほど、その価値を理解しやすい。特にプエルトリコのヒップホップは、そういったメッセージ性の強い楽曲が多く見られるため、必然的にリスナーが限られてしまう。冒頭でも紹介したシエテ・ヌエベは、プエルトリコのヒップホップを以下のように位置づけている。

僕たちはレゲトンのルーツでもあるのに、国際的にそう認識されていない。ヒップホップはレゲトンの陰にあって、実際あまり好まれていない。僕の場合はラッパーとして表現する機会が持てたけど、それでも継続的なものじゃない。ショーをするならここプエルトリコじゃなくて、外に出なきゃいけない。

五〇年代頃から多くのプエルトリコ人たちが経済的機会を求めて移住していたことからニューヨークと直接的な繋がりを持つこの島は、カリブ海地域で最も早くヒップホップ文化が栄えた場所と言われている。シエテ・ヌエベは、その先駆者として、当時の仲間たちとメキシコやドミニカ共和国、ベネズエラなどの国々をまわり、現地のMCたちに影響を与えていたが、世間のレゲトン熱が強まるほど、ヒップホップはその陰に隠れるようになった。

米国の辺境にあるプエルトリコは、ヒップホップにおいても、音楽市場の辺境で息をする。しかし、そこで吐かれる言葉は一つ一つに重みがあり、社会を動かす力を備えているのではないだろうか。

2　アイデンティティ——三つの根《ルーツ》から生まれる音

プエルトリコの文化は、先住民タイノ、アフリカ、スペインという三つの根《ルーツ》を持って育まれてきた。二〇世紀初頭までは、都市部の上流階級を中心に、音楽や文学作品などはヨーロッパ的なものが好まれていた。アフリカやタイノの文化は抑圧されており、キューバやドミニカ共和国といったアンティル諸島のその他の国々と比較しても、実はプエルトリコは、人口比率の影響もあり、白人主義の傾向が強い島である。

しかし、そうした植民地支配の影響を受け、社会が米国化してゆく中で、一九三〇年頃からは、薄れつつある従来の島の文化やアイデンティティを取り戻そうという運動が生じていた（Carolina Sancholuz 1997）。一九五五年には、地方政府により、首都サン・フアンにプエルトリコ文化研究所が設立された。エンブレムには、セミ像[*8]を腕に抱くカシケ（首長）、十字架を背後にスペイン語の辞書を持つ騎士、マチェテ（山刀）とドラムを持つ黒人が並んだ三人の姿が象徴的に描かれており、プエルトリコの島の文化的なルーツが一目で確かめられるデザインとなっている。

近年、人々のアイデンティティに対する認識は、さらに著しく変化してきている。ホワイトネスへの執着が薄れ始めており、それ以外のルーツを示すようになったことが、最新の国勢調査（二〇二〇）により明らかになっている。まず、人種に関する質問では、二〇一〇年には「白人」と回答した人の割合が、全体の七五・八％であったが、二〇二〇年には八〇％近くも減少し、一七・一％となった。一方で、「二人種以上」と答えた人の割合は、二〇一〇年にはたった三・三％だったのが、二〇二〇年には四九・八％まで上昇したのである。世界的に多様性が求められる時代となったことによる影響もあるとはいえ、驚きの結果だと言える。おそらく、ここ一〇年で経験したハリケーン・マリア被災の時の米国政府からの冷淡な対応や、観光開発などによる地元民の土地や権利の剥奪問題といった帝国主義による社会的抑圧に対して、人々が島の歴史や自身のルーツを見つめ直したことが大きいだろう。さらにいえば、プエルトリコ人たちの、白人中心主義に対する抵抗の表れであるといえよう。

ヒップホップにおいても、近年、カリブ海およびプエルトリコの特色を強調する作品が続々と増えている。アフリカの打楽器で刻むビートに乗って、タイノの言葉やカリブ方言で韻を踏み、サルサやボンバを踊りながらラップする。では、このような作品を作るMCたちはいったいどのようなアイデンティティを持っているのだろうか。次節では、タイノ、アフリカ、スペインのルーツから生まれた作品とその背景を、MCたちの語りに耳を傾けながら見ていこう。

2-1　先住民タイノ

従来、島で暮らしていたタイノは、スペインによる入植によって人口が減少しただけでなく、言語や文化までも奪われていった。さらに、一八〇二年には、国勢調査において先住民という存在まで抹殺されるという、「紙上の大量虐殺」[*9]が起こった。このことは当時の人々だけでなく、彼らの子孫にまで深く傷を残した。「タイノは絶滅した」という認識は、植民国家の操作により世界中に植え付けられたが、実際には、山に逃げた者や、スペイン人や当初奴隷として島に来たアフリカ人と結婚した者たちも多くいたのである。*10

近年はタイノの子孫たちが、コロンブスは島や先住民を「発見した側」ではなく、「発見された側」であると声を上げており、タイノの存在を主張している。自身のアイデンティティや権利、歴史の再認識を求め、調査を進めながら、言語・文化普及活動を行い、その運動は拡がりを見せている。*11

ちなみに、「プエルトリコ」は、「豊かな（リコ）」「港（プエルト）」というスペイン語に由来している。当然、植民地化以降に付けられた名称である。従来この島はタイノたちの間で「ボリケン（またはボリンケン）」、島の人々は「ボリクア」と呼ばれていた。これらは現在も一般的に使用される語で、プエルトリコの人々にとって誇りの意味も込められた自称となっており、島を語る音楽や文学作品には、必須のキーワードであると言える。

米国で叫ばれる「ボリクア」

まずは「タイノ」（TAINO）という先住民族名そのものを名乗るMCを紹介しよう。彼が一九九五年に発表した「ジョ・ソイ・ボリクア・パケ・トゥ・ロ・セパス」（俺はボリクアだ　お前わかってんのか）は、プエルトリコ人の誇りが全面に出た一曲だ。雑誌『Primera Hora』（二〇一五）のインタビュー記事によると、ニューヨークのスタジオで、プロデューサーにプエルトリコ人であることを揶揄されたことがきっかけでこの曲が生まれたのだという。

フック部分では、タイノが「ジョ・ソイ・ボリクア（俺はボリクアだ）」と投げかけると、続けて彼の仲間たちが「パケ・トゥ・ロ・セパス！（お前、わかってんのか）」と挑発的に叫ぶ。リズミカルなフックは中毒性があり、リリースから現在に至るまで様々な場面でこの一節が使用されてきた。プエルトリコにルーツを持つブルーノ・マーズのコンサート会場や野球の国際大会WBC、政治パレードなどでも大合唱されている。さらに、二〇二二年一二月には、アレクサンドリア・オカシオ＝コルテス下院議員が、プエルトリコ地位向上法に関する議論の中でこの一節を引用し、議会記録に記載されたことも話題となった。曲の発表から約三〇年近く経つ現在までも継承されるこのボリクアのフックは、特に海外在住のプエルトリコ人にとって大きな意味を持つものになった。

言語で蘇る「ボリクア」

音楽やダンスなどの芸術を通して先住民文化の普及活動を行うラ・ジコテア・ニアクノは、タイノにルーツを持つMCである。彼女とのインタビューで印象的だったのは、その言葉遣いに見られる植民地主義への抵抗であった。まず、彼女は自国をプエルトリコとは言わずに、必ず「ボリンケン」と呼ぶ。さらに、タイノ語に関する用語は、スペイン語の文法規則に合わせない。例えば本来、スペイン語の語法では、「タイノの（Taino）」「文化（Cultura）」と言う場合、「タイノ」は、女性名詞に合わせて「クルトゥーラ・タイ〝ナ〟」と女性形に変化する。しかし彼女は、「『タイノ』という言葉を変化させたくない」とこだわりを表明していた。このように彼女がタイノというアイデンティティを意識するようになったのは、小学校で島の歴史や人々のルーツを学んだ影響もあったが、一番のきっかけは、親族からの教えとDNA検査であったという。

家族でDNA検査をしたら、先住民、アフリカ、アンダルーサ（南スペイン）が結果として出たの。

それはこの島の人々にとってよくあること。カリブの先住民のアイデンティティを主張したり祝ったりすることを、私が子どもの頃から母親はいつも大事にしてた。その文化的価値をいつも教えてくれていたから、「ボリクアであること」に関心を持つようになったの。

彼女は二〇二三年に、先住民の権利を主張した楽曲「私たちは求める（Wo Uwama）」をリリースした。この曲の最大の特徴はなんといっても、ラップされている言語が「ヒワタヒア・タイノ語（Hiwatahia Taino）」であるということだ。以下はリリックの一部である。

人々のために　動物たちのために　未来のために　星のために
私たちは土地の返還を求める　自由を求める　正義を求める

ヒワタヒア・タイノ語とは、消滅したタイノ語に代わって生まれたネオ言語のことで、現在タイノにルーツを持つ者たちにとって、自身のアイデンティティや文化を表現するためのツールともなっている。子孫たちによるタイノの文化や歴史の調査は、三〜四〇年にわたり行われてきたが、その中で消滅した言語を取り戻すためのチームが結成された。国立アメリカン・インディアン博物館に勤めていたこともあるタイノ研究者のホルヘ・バラクテイ・エステベスをカシケ（首長）として、現存する語彙を収集し、他の部族のものと比較するなどしながら、アラワク語[*12]を基に言語を再構築し、最終的には辞書も完成させた。[*13]この復興活動について「言語に命を吹き込む」ものだと表現する彼女も、現在タイノにルーツを持つコミュニティの一員として、オンライン授業やワークショップの開催、公立の学校にタイノ文化を教えるなどといった活動をしている。

本作品は、元々世界中にいるヒワタヒア・タイノ語の学習者のためのコンテンツとして製作されたが、「こうやって音楽にして、反植民地主義の立場を表現したかった」との思いもニアクノにはあったという。

2-2 アフリカ

スペインにより「ボリケン（島）」の「ボリクア（人々）」が征服され、一六世紀初頭からはアフリカからの黒人奴隷の「輸入」も行われた。彼らに人権は無く、日々過酷な労働を強いられ、暴力的な扱いを受けたその悲惨な歴史は、その他のカリブ諸国とともに、負の遺産となっている。

アフリカルーツの人々が浸透させた文化や慣習は、今も島の日常に溶け込んでいる。もちろん音楽もその一つであり、プエルトリコの大衆音楽「ボンバ」や「プレーナ」はその代表例として挙げられる。一般的に、アフロ系のカリブ音楽といえば、その響きやリズムから、陽気で楽天的なイメージを持たれがちであるが、元々は社会的身分の低さによる差別や貧困の中から生まれた音楽である。歌声や楽器を通して、故郷や自文化を愛し称え、苦しみを発散することは、彼らにとって生き抜く術となっていたに違いない。

シエテ・ヌエベは、「シマロン（Cimarrón）」と自称する。「シマロン」というのは、従来「逃亡奴隷」を指す言葉である。本稿の冒頭で挙げた「オールデスト・コロニア」のMVでは、その言葉が刻まれたTシャツを着用している。インタビュー時にその経緯や意図を尋ねてみると、彼の父親が祖国ドミニカ共和国で実際に「シマロン」のような厳しい経験をしたということから、その名を名乗るようになったそうだ。彼は、凄まじい逆境を乗り越えた父親に対する経緯や、現代のプエルトリコの危機や困難を乗り越えていくという思いを込め、この言葉を使っていた。

ＭＣシエテ・ヌエベ a.k.a シマロンは、二〇二三年に「アフロ・カリベーニョ（Afrocaribeño, アフロ系カリブ人）」をリリースした。アフロ系プエルトリコ人とその文化の魅力が生き生きと描かれており、アフロ要素がふんだんに盛り込まれた楽曲に仕上がっている。

それは鳴り響き　ざわめき　君をだらけさせたり救ったりする
アフリカの遺産が君の血管を流れる
タイノの血　スペインの言語　もうこれは完璧だ
俺はストリート出身　川・山・団地・パルセラ・小屋出身　すごいぜ！
ドミニカ　キューバ　プエルトリコのセメントで固まってる一〇〇％カリブ海産
（中略）
その黒さが俺を魅了する　ドラムヘッドが破れる
蜂蜜のような味　キャラメルの腰
ティンバレス・マラカス・カウベルの音
ここでは葬列の時まで踊るんだ
味　文化　リズム　人々　俺たちはアフロ・カリベーニョだ
（中略）
ここでは人々が働く　セメントを混ぜる

それは俺たちの静脈に流れている
美味いココナッツの酒
戦いは終わらない　立ち上がれ
君のものを蘇らせて　君の先祖を尊重して
俺たちのリズムや才能は限界を超えていく

シエテ・ヌエベによると、本作品は彼にとって「自分を象徴するテーマ」であり、アフロ系カリブ人というルーツやアイデンティティの美しさを伝えるために制作したという。彼がリリックでよく使用する「セメント」という言葉からは建設労働が連想され、また、それがドミニカ共和国、キューバ、プエルトリコで固められているという表現によって、同様の苦しみを分かち合えるカリブの者たちとの仲間意識が伝わる。

カリブ海諸国、プエルトリコのアフロ系の人は、多くがアフロ系であることにコンプレックスを持っているんだよ。というのも、ここには肌の色は白くても、実際には習慣や伝統、宗教、すべてがアフリカ化されている人がたくさんいる。なのに、彼らは僕たちアフロ系を自分たちと区別している。そういう人らは、自分の肌が白いほど、自分は黒人とは別だと思い込んでいることがあるんだ。

ＭＶの中には、シエテ・ヌエベが墓を訪ねるシーンがあるが、それは彼の胸にも大きく刻まれているサルサ歌手イスマエル・リベラ、通称「マエロ」の墓だ。マエロは一九五〇年代ごろから三〇年以上にわたり、黒人たちの尊厳を守る歌詞とその歌声で人々にサルサの素晴らしさを伝えた巨匠だ。代表作の「ラス・カラス・リンダス」（Tico Records 一九七八）では、「美しい顔、美しい顔、僕の黒人仲間たちの美しい顔」という歌詞が、伸び伸びとしたコーラスで歌われる。プエルトリコの黒人たちから圧倒的な支持を得たのはもちろんのこと、彼に影響を受けたミュージシャンたちは、肌の色を問わず多いようである。

残虐な奴隷制度が終結し、今はもうこの世から偏見や差別が完全に無くなったかといえば、全くそんなことはない。人々の無理解により、肌の黒さという理由だけでプエルトリコで辛い経験をし、米国であえて「アメリカ人」として生きるようになった者がいるのも事実である。そういった状況下でも、先祖たちに祈り、黒人であることに誇りを持つということ。彼らの楽曲は、きっと今も希望となっているに違いない。

2–3　スペイン

さて、プエルトリコはタイノやアフリカという「エキゾチックさ」を残す一方で、四世紀もの間、宗主国として根を張っていたスペインの影響を色濃く受けているのも事実だ。米国領土となってからもスペイン由来の要素は文化に保持されている。音楽に関しては、「ダンサ」*14のように、ヨーロッパらしさを前面に出していた時代もあり、米国との違いを出すことも狙いの一つだった。しかし近年は、ヨーロッパに同化することに対する拒否感も強いようだ。特にヒップホップにおいては、スペインはあくまでも「ルーツ」とするのに留まり、むしろラテンアメリカやカリブ海地域の文化がより強調されている。では具体的にＭＣたちは、スペインや米国とどのように線引きをしているのだろうか。ここでは、ネグロ・ゴンザレスとの対話で語られた「方言」としてのスペイン語、そして「ヒバロ」という人物像をヒントに考えてみよう。

「方言」としてのカリブ・スペイン語

プエルトリコでは、人口の約九五％が日常生活でスペイン語を使用している。[*15] ラップにおいても、現在スペイン語が主流である。しかしＭＣたちは、実はスペイン語でラップしながらも「方言」を使用することで、カリブのアイデンティティを強調する。実はプエルトリコで使われているカリブ・スペイン語は、他国の者たちからしばしば「訛り」だとして揶揄されることも少なくない。しかしＭＣたちはそれを承知の上であえて使用することで、プエルトリコらしさを貫こうとする。ネグロ・ゴンザレスの「僕の物語（Mi Peli）」（二〇一九）にある一節を聴いてみよう。

この国は〝R〟を〝L〟と発音するようにした
だって武器（arma）じゃなくて　心（alma）がほしいから

プエルトリコのカリブ・スペイン語では、「R」を「L」と発音する傾向があるのだが、彼は、その点を活かし、「武器（arma）」と「心、魂（alma）」で、支配・武力主義と平和主義を対比させる。このリリックの意図について、彼は次のように語っている。

プエルトリコのスペイン語は、歌っているようだと言われている。RとLの発音の違いはいつも僕たちの〝印〟なんだよ。ストリートで生まれたもの。僕はそれに誇りを持っている。

「英語」ではなく「スペイン語」で、スペインの「スペイン語」ではなく、カリブ海・プエルトリコの「方言」で伝えられるラップは、確かに聴く者たちに共感や親近感を抱かせる作用がある。

「ヒバロ」への憧れ

ネグロ・ゴンザレスは、方言に示される「プエルトリコ人」であることの他にも、「ヒバロ」であることを自らのアイデンティティとしていた。「ヒバロ」は、アラワク語由来の言葉である。歴史的に、山間部に住むスペインからの農業移民とその子孫たちのことを指してきた。植民地化以降、島の農業経済を支えてきた彼らは、勤勉で忠実なイメージが持たれており、代表的なプエルトリコ人像だといってよい。麦わら帽子を被ったヒバロの姿は、島の二大政党の一つ「人民民主党[*16]」のロゴにも採用されている。党のスローガン「パンと土地と自由を」とともに描かれている。

ヒバロは一つの文化としても継承されてきた。例えば「ヒバロ音楽」は、マラカスやギロ、クアトロの楽器を奏でながら、農村での日常や人間関係、時には社会への抗議や期待などが歌われる。「ボンバ」や「プレーナ」に並ぶプエルトリコの代表的なフォルクローレだ。

しかし現代で「ヒバロ」と言えば、貧しく、教育を受けていない「田舎者」という軽蔑的な表現として使用されることも少なくない。ネグロ・ゴンザレスによると、都市部では、人との会話の中で、いいと思えない発言や、誤った答えに対して、「このヒバロが！」と、否定的な意味を込めて使われるのだそうだ。

「みんな、ヒバロが何か本当に分かっているのか？」彼は、そのことに対し深い嫌悪感を表明していた。子どもの頃から自分のルーツでもあるヒバロの存在に興味を抱いていた彼は、祖父母に当時の話を聞いたり、本で勉強したりしていたという。

スペインが僕たちの国の所有権をアメリカに渡した。それで工業化という社会政策の歴史の中で、ヒバロがだんだんいなくなってきたんだ。より快適な仕事を求めて、重労働の農業を排して、工業労働者を増やしていった。今では、自国や世界に向けて生産していってる。でもそれで何が起こったかと言うと、農業はもう殺されて、今ではなくなってしまった。これは社会問題の一つだよ。（中略）もうアメリカの援助がないと僕たちは生きていけなくなったんだ。

一九四七年頃から、プエルトリコでは、ルイス・ヌニョス・マリン知事の主導のもとで、経済開発政策「靴ひも作戦」が開始された。税制優遇措置や労働力の提供など、好条件で米国の企業が誘致され、島には次々と米国の工場が設立されていった。その結果、農村社会だった島は、工業中心社会へと変化することとなる。実施されてから約二〇年の間には、製薬、電子機器、繊維などの産業が発展し、教育や医療の水準もみるみる上昇していった。しかし、経済成長が維持されることはなかった。たちまち農業が衰退し、失業率も高まり、ついに二〇一七年、プエルトリコは七〇〇億ドルの債務を抱えきれず破産申請をしている。このことから米国本土への移住者は急増し、島の人口は減少の一途を辿っている。

ネグロ・ゴンザレスは、「僕は、アメリカのパスポートを持っているけど、アメリカ人じゃない」と語る一方で、自国の米国依存を認めていた。自給自足ができ、農業で島を支えていたヒバロたちはもういない。「だからこそ、今の社会で「ヒバロ」は必要とされ、尊重されるべき存在なんだ」と強調した。

僕は生きていて、自分の国の社会問題を心配している。ヒバロは、国を支える人、働く人、家にパンを運ぶ人。もちろん女の人「ヒバラ」も。当時、女性は権利が少なかったとは言え、歴史の中でとても重要な役割を果たしていた。（中略）要するに、僕にとって「ヒバロ」「ヒバラ」は、見習い、模範になるべき人という意味。だから、誰かが間違えたときの表現として使われるべきじゃない。「ヒバロ」は真逆だ。みんなにとっては、理解できないかもしれないけど、僕にとってはそうなんだ。

彼は、そんな「ヒバロ」になりたいと言い、「この気持ちは僕のものだから」という言葉を最後に添えた。

天体　先住民　子孫が並んだ
太陽の下　嵐の下で　ブロンドの髪とともに
君の暦に　七月四日《フリオ》[*17]は入らないから
皮肉なことに　祖父のフリオは　七月四日《フリオ》が誕生日だから

彼は九〇年の愛を語り　祖国が彼を抱きしめる　負債なんかの話はせずにね
（中略）
僕のスタイルは典型的　僕はサトウキビ　創世記ではない
僕はマイクを持つヒバロ　ヒップホップ　そしてデシマだ[*18]

ネグロ・ゴンザレス「自由（Libre）feat. Horus」『韻（RIMA）』（二〇一〇）

おわりに

「最古の植民地」として知られるプエルトリコは、小さな島でありながら、その中に様々な文化が混ざり合う。タイノ、アフリカ、スペイン。従来、彼らのアイデンティティについては、この三つの根があるとされてきた。しかし実際には、そこから何本もの細い根が派生して伸び、またさらに複雑に絡まり合って、プエルトリコ人の現在——「ボリクア」が形成されている。そんな島をルーツとするMCたちは、自身が感じる最も太い根を織り交ぜながら、言葉を紡ぎだす。だからこそ、出来上がった作品は、ヨーロッパでも米国のものでもなく、カリブ海アンティル諸島生まれ特有の音楽性を持つといえよう。

ラップという行為は、自身の解放、そして社会への抵抗の手段として機能し、ストリートに生きる「自己」の語りも、人々の共感を呼んでいくことで「われわれ意識」へと発展していく。そのため、この島にとってのヒップホップ音楽は、タイノやアフロ・カリベーニョ、ヒバロなどと同じように、文化を保持させるための一つの戦略といった面でも価値を持つ。特に現代では、インターネットの力によって、海を越えたプエルトリコ人の元へも届いている。それは自分のルーツに改めて気づかせ、「ボリクア」としてのアイデンティティと向き合う機会となっているに違いない。

プエルトリコは、今もなお様々な課題を抱えている。特に島全体が最も直接的にダメージを受けたのは、二〇一七年の大型ハリケーン・イルマとマリアであろう。経済破綻からわずか数か月後に島を襲ったハリケーンは、住居やインフラに甚大な被害を及ぼした。その上、多くの犠牲者を生み、人々の生活を一変させた。しかしシエテ・ヌエベは、その経験を「破壊だけでなく、プエルトリコ人社会の結束でもあった」と振り返る。彼は、生まれたばかりの娘を心配しつつ、避難所で救援に励み、普段話すことのなかった近所の人たちも含めてゼロからコミュニティを作り、助け合ったそうだ。また、同じく被災したネグロ・ゴンザレスは、半壊した家で、絶望の中にある光を見出した楽曲「踏ん張る(De Pie)」を制作しただけでなく、島の人々を元気付けるために開かれたヒップホップイベントにも出演したというエピソードを語ってくれた。

それだけではない。同年の五月には、MCのレシデンテとテンポの激しいビーフが繰り広げられ、ラテンアメリカ全土で注目されたが、驚いたことにそれもハリケーン被害の復興支援を共に行うことによって終結している。レシデンテはビーフが終結したその日のSNSで、次のようなコメントを残している。

ここで僕たちが争っている暇はもうない。
なぜなら、ここでは僕たちは皆、「サトウキビ畑の子どもたち」だからだ。

「サトウキビ畑の子どもたち（Hijos del Cañaveral）」というのは、プエルトリコの第二の国歌とも言われるレシデンテの代表作である。ハリケーン・マリア襲撃の半年前にリリースされ、ラテングラミー賞も受賞した。伝統楽器であるクアトロやボンゴの音とともに、先祖たちを想いながら歌われた力強い楽曲だ。

本稿を締めくくるにあたり、アウトロとしてこの「サトウキビ畑の子どもたち」を聴いていただきたい。

生まれたときから　僕らのバナナの黒い染みは　同じ房から出ていた
同じ地平線の兄弟　みんな山の麓で育った
成長したよ　でも他の者が利用するためにね　僕らには乳歯が生えている
食事も取らずに働く人々　農園主にはレモネード

生き残るものすべて　僕らはカリブの発酵したサトウキビ
でも　たとえ歴史に鞭打たれても　僕らは海に浮かぶガラス瓶だ
アギーレ中央地区[*19]で生産を始めた　最初は知識も無かったけどね
そして辛くなった時には　薬を使わずに回復させる
音のリズムに合わせて歩くから

僕らは生まれながら勇敢だ　僕らは火山のてっぺんから溶岩とともに抜け出した

「アイデンティティがない」そう言う人たちがいる
だけどここでは　みんな背中に背番号二一番を掲げている

以前　僕らは歩くことを学んだ
片足は裸足　もう片方は靴を履いた状態で
先住民のカシケ（首長）のメダルを質に入れて
僕らは「所有者のいない国」の所有者なんだ

サトウキビ畑の子どもたち　麦わら帽子は絶対に落とさない
人々はいつだって勇敢だ　嵐はやってくるけれど
騎手のいない馬に　君が重要性を感じられるように
ほら　自由に走るのを見て　マチェテ（山刀）に映し出されてる

タイトルの「子どもたち」というのは、先住民、黒人、スペイン人移民をルーツとする先祖たちの子孫、つまり今を生きる「僕ら」のことを表している。五世紀以上にわたり島の大地を守り続けてきた先祖たちは、権力者たちの抑圧を受けながらも、互いに支え合い、強く生きていた。混血が進んだ社会で暮らす彼らは、ルーツや肌の色が異なっていても、祖国に対する愛は同じであった。その思いは現代にまで受け継がれており、政治や自然災害で危機に陥るならば、「僕ら」も、彼らと同じように、「ボリクア」として手を取り合おうということだ。

この曲の歌詞には、「カシケ（首長）」「マチェテ（山刀）」「麦わら帽子」など、彼らのアイデンティティの象徴となるアイテムが並べられており、多種多様な根が凝集する。「背番号二一番」というのは、プエルトリコの国民的英雄ロベルト・クレメンテのことである。一九六〇年代頃に活躍したアフロ系のプロ野球選手であり、スポーツのみならず、ラテンアメリカ諸国の慈善活動も積極的に行っていた。一九七二年大地震が起きたニカラグアの支援のために搭乗した飛行機が墜落し、彼は惜しくも三八歳という若さで亡くなったが、その後も「二一」は島の人々にとって神聖な番号となっている。ラッパーたちの楽曲やビデオでも、名前やグラフィティ、ユニフォームなどが登場し、彼がいかに愛され、崇拝されているのかが窺える。

サンフアンにあるサントゥルセのカジェ・セラにて、2023年8月筆者の知人R氏提供

現在、プエルトリコで国際的なイコンとなるのは、チェ・ゲバラやシモン・ボリバルのような政治家や革命家ではない。レシデンテのようなMCや、マエロのようなサルサ歌手、ロベルト・クレメンテのような野球選手といった文化的な場で活躍した者たちだ。それは人々が、独立していないプエルトリコに対して、政治的な力よりも芸術や文化の力を信じているということを暗に示しているのではないだろうか。音楽アーティストやスポーツ選手が島全体の代表《レペゼン》や象徴となるのは、キューバやドミニカ共和国など他のカリブ諸国にはあまり見られない現象であり、プエルトリコの大きな特徴の一つだ。

入植されてから今日に至るまで、プエルトリコの人々は、多くの苦境を経験してきた。おそらく、それがばらけたアイデンティティを一つに束ね、意識を同じ方向性へと向かわせるのだろう。つまり、困難が島の人々の団結心や連帯感をさらに強めているということである。そして、その大衆の背中を押し、情熱を持って社会の底上げをしているのがラッパーたちなのである。

ヒップホップはストリートからの叫びであるが、その全ての声が拾われることはない。また、音楽で経済を動かすのは容易ではないだろう。しかし、少なくともラップが人々の心を揺るがし、社会の逆境をはねのけてきたのは事実だ。現在もこの島は、政治汚職や土地の剥奪などの問題を抱えながら、米国の支配下に置かれている。そんな異なる色の根が絡み合ってできた「最古の植民地」a.k.a. プエルトリコのラップは、先祖たちの魂の声までも代弁しながら、今この瞬間も、文化的、そして政治的に闘っているのだ。

参考文献

Carolina Sancholuz（1997）Literatura e identidad nacional en Puerto Rico (1930-1960), *Orbis Tertius,* 2(4)

Istra Pacheco（二〇一五年一二月一一日配信、最終閲覧日二〇二三年一一月二九日）Yo Soy Boricua, Pa' Que Tú Lo Sepas Taíno cuenta cómo creó el estribillo hace 20 años, PrimeraHora.com https://www.pressreader.com/puerto-rico/primera-hora/20151211/281496455225097

Nina Strochlic（二〇一九年一〇月一四日配信、最終閲覧日二〇二三年一一月二九日）https://www.nationalgeographic.com/history/article/meet-survivors-taino-tribe-paper-genocide, National Geographic

Residente X（二〇一七年一〇月八日投稿、最終閲覧日二〇二三年一一月二九日）

https://x.com/residente/status/916871572618661888?s=46&t=f1m2AIkiIB8SAtr2R_nJeA
United States Census Bureau, Puerto Rico: 2020 Census
https://www.census.gov/library/stories/state-by-state/puerto-rico-population-change-between-census-decade.html
Lea Terhune (2009) The Global Conversation An Interview with José Barreiro, *Indigenous People Today Living In Today Living In Two Words*, eJournal USA, Volume 14, Number 6, U.S. Department of State（二〇〇九年六月配信、最終閲覧日二〇二三年一一月二九日）
https://americancenterjapan.com/wp/wp-content/uploads/2017/05/wwwf-indigenous_people_en.pdf
Yolanda Martínez-San Miguel (2011) Taíno warriors?: strategies for recovering indigenous voices in colonial and contemporary hispanic caribbean discourses, *Centro Journal Volume XXIII*, Number 1

注

*1　パリ条約の締結により、プエルトリコの他、グアム島やフィリピン群島がアメリカへ割譲された。
*2　熱帯地域に生息する木。鮮やかな黄色の花が咲く。
*3　現在はエル・イホ・デ・ボリケン（El Hijo De Borikén）というグループ名で活動している。
*4　インタビューは三氏とも二〇二三年の夏にzoomで実施した。
*5　ミュージカル映画『ウエストサイド・ストーリー』では、当時の社会の様子が描かれている。
*6　“Entrevista A Dj Negro（The Noise）la verdadera historia comontodo comenzó”　https://www.youtube.com/watch?v=q171HicWsQ4
*7　Entrevista a algunos de los Raperos pioneros en Puerto Rico「Fuera de Serie con Pedro Zervigon」（1990）https://www.youtube.com/watch?v=WkJizEcs0K8
*8　タイノが崇拝する神や精霊、祖先。ここでは儀式や祭礼で用いられたその彫刻品のことを指す。
*9　（National Geographic 2019）
*10　（eJournal USA 2009）

＊11 （Miguel 2011）
＊12 南米、中米、カリブ海地域にかけて分布していた先住民アラワク語族の言語。
＊13 Jorge Baracutei Estevez, Jessie Hurani Marrero, *Hiwatahia: Hekexi Taino Language Dictionary Reconstruction*, Primedia eLaunch LLC, 2021.
＊14 プエルトリコの国歌「La Borinqueña」は、元々ダンサ音楽として生まれた。
＊15 （国勢調査 2020）
＊16 一九三八年にルイス・ムニョス・マリンにより設立されたプエルトリコの政党。自治拡大派。
＊17 米国の独立記念日。
＊18 スペインやラテンアメリカで見られる一〇行詩。プエルトリコにおいては、ヒバロ文化の口頭伝承の一形態であり、物語や価値観、伝統を次世代に伝える手段として機能する。
＊19 サリナス市アギーレに一八九八年に米政府により建設された製糖工場の町。居住地区は白人米国人とプエルトリコ人従業員のゾーンに分けられていた。

おわりに

本書は、二〇二二年六月に始まった辺境ヒップホップ研究会の成果を編んだものである。約二年間の間に八回の研究会を開催した。この研究会は、初回から研究者のみならず、ライターやアーティストといった人々が参加していた。音楽を聴いたり、MVを見たりしながらの発表にさまざまな角度からの質疑応答。それに加えてラッパーやプロデューサーの講演や演奏イベントも企画された。私の二五年ほどの研究者生活の中でも類を見ないほどの盛り上がりを見せた研究会だった。その模様は、「辺境ヒップホップ研究会」のホームページで確認できる。また本書で紹介した世界各地のラップ・ミュージックも、このホームページにプレイリストがあるので、ぜひ楽しんでいただきたい。

この研究会では、GAGLEのラッパー、ハンガーさんには、コメンテーターとして初回からお付き合いいただいたほか、講演もしていただいた。彼の冴えたコメントに何度、唸らされたことか。また同じくラッパーのダースレイダーさんも第三回目から参加していただいた。ダースさんの博識さと縦横無尽な議論の展開には、研究者もタジタジとなるほどだった。まずはお二人の尽力に対して、メンバーを代表して感謝申し上げたい。

本書は、おそらく日本で初めて編まれたヒップホップ文化に関する論集だと思われる。というと、非常に新しいことをやっているように思われるが、実はそうではない。編者は、前著『ヒップホップ・モンゴリア』を出版後、勉強不足を反省し、ヒップホップに関する研究を改めて勉強し直した。

そこでわかったのは、アメリカでは「ヒップホップ研究（Hip Hop Studies）」という学問分野が成立している一方で、日本には学術的なヒップホップ研究がほとんど制度化されていないという事実だった。ヒップホップの「本場」だけあり、アメリカでは、ハーバード大学に「ヒップホップ・アーカイブス・研究所」（ＨＡＲＩ：Hip Hop Archives and Research Institute）が設立されている。ＵＣＬＡにもHip Hop Initiativeというプログラムがあり、研究・教育が制度化されている。また二〇一四年には、ヴァージニア・コモンウェルス大学で学術誌『The Journal of Hip Hop Studies』が創刊された。くわえて「はじめに」で示したように、英語圏ではアメリカ国内外のヒップホップにかかる多くの論集が編纂されている。

さらにアメリカでは、多くの大学でヒップホップ研究が授業科目の中に取り入れられている。特にアリゾナ大学ではヒップホップ研究が学部の副専攻として制度化されており、ラッパーやビートメイカーからも指導を受けることが可能となっている。また「ヒップホッポグラフィー（ヒップホップの民族誌）」と呼ばれる学問も登場している。

翻って日本では、英文学系の研究者を中心にいくつか優秀な研究がなされてきたものの、ヒップホップに関する学術雑誌もなければ、研究所やアーカイブスも今だに制度化されていない。ヒップホップに関するアカデミックな論集もアメリカのヒップホップはもちろん、日本のヒップホップに関しても編まれてこなかった。日本の場合、おそらく研究者よりも、音楽ライターや評論家のほうが、この分野において圧倒的にプレゼンスが高かったといってよい。驚いたことに、日本の大学の図書館には、ヒップホップ研究の基礎文献といえる書籍がほとんど入っていない。これは、日本のアカデミアのブラック・カルチャーやヒップホップに対する関心の低さの現れなのであろう。

ラップ・ミュージックに関して言うならば、個人的にはサブカルチャーというよりも、むしろ詩歌表現の世界的なフォーマットになりつつあるのではないか、と考えている。詩といえば、読むものというイメージが強い。しかし印刷技術が普及する以前、どこの国や地域でも詩は朗誦、つまり節をつけて歌われることが一般であった。節はラップでいえばフローである。そういう意味では、フローは人類にとって通文化的のみならず、通時的な技法だといえよう。昨今のラップ・ミュージックの世界的普及は、まさにラップが韻詩のグローバル・スタンダードになりつつあることを示しているのかもしれない。

ラップのストレートな表現は、世界中の若者たちの怒りや不満を如実に伝える。おそらくヒップホップは、文学だけでなく、人類学や社会学にとっても非常に重要な研究対象となるのではないか。ひとりの文化人類学者として、編者は「生業論」「儀礼論」といった人類学上のサブジャンルに「ヒップホップ論」というのも加えてもいいのではないか、とすら思っている。ヒップホップは、それほど人類に普遍的な文化になりつつあるからだ。

ところでThe Journal of Hip Hop Studiesの創刊号では、ヒップホップ研究の五つの目的というものが設定されている。

1 ヒップホップおよびラップにおける宗教的言説と修辞法
2 ヒップホップおよびラップの中の文化、構造、空間
3 ヒップホップおよびラップのコンテキストにおける人種、エスニシティ、アイデンティティ、階級、ジェンダー

4　ヒップホップおよびラップの宗教社会学
5　ヒップホップおよびラップの他の文化産業（ファッション、スポーツ、テレビ、映画）や政治の領域、教育空間への影響と広がり

宗教との関係が重視されているところがいかにもアメリカらしい。しかし、これが世界的に普遍な目的になりうるかどうかは、別問題だろう。いずれにせよ、ヒップホップを巡る研究は、世界中でこれまで以上に大きく広がりを見せていくに違いない。

最後に本書のもととなった辺境ヒップホップ研究会は、人間文化研究機構グローバル地域研究事業（三尾稔統括）の東ユーラシア研究（高倉浩樹代表）の宗教とサブカルチャー班（国立民族学博物館拠点、島村一平拠点長）によって運営されたものであることを記しておく。本書は、このプロジェクトの成果の一つだといってよい。

本書の出版に際して、編者の前著『ヒップホップ・モンゴリア』の編集者でもある、青土社の前田理沙さんにお世話になった。前田さんには、研究会の発足当初から二年間、辛抱強くお付き合いいただいた。〝イル〟で〝ドープ〟な装幀も前作同様、コバヤシタケシさんによるものである。記して謝意を表したい。

願わくば、本書がラップを通じて世界中の人々の喜怒哀楽を知る道しるべにならんことを。

北摂の森の中にある博物館から
二〇二四年　三月三一日　　島村一平

執筆者一覧（執筆順）

山本薫（やまもと・かおる）

慶應義塾大学総合政策学部准教授。専門はアラブ文学。共編著に『シリーズ総合政策学をひらく　言語文化とコミュニケーション』（慶応義塾大学総合政策学部）、訳書に『悲楽観屋サイードの失踪にまつわる奇妙な出来事』（作品社）などがある。

赤尾光春（あかお・みつはる）

国立民族学博物館特任助教。専門はユダヤ文化研究、ウクライナ・ロシア地域研究。共編著に『ユダヤ人と自治――中東欧・ロシアにおけるディアスポラ共同体の興亡』（岩波書店）、『シオニズムの解剖――現代ユダヤ世界におけるディアスポラとイスラエルの相克』（人文書院）などがある。

中野幸男（なかの・ゆきお）

同志社大学グローバル地域文化学部准教授。専門はロシア亡命文学。主な論文に「亡命ロシア文学史におけるマルク・スローニム」（『GR　同志社大学グローバル地域文化学会紀要』、第21・22号合併号）、共訳書に『ナターシャの踊り　上、下』（白水社）などがある。

佐藤剛裕（さとう・ごうゆう）

在野研究者、日本語教師。専門は言語人類学、チベット・ヒマラヤ地域研究、日本語教育。最近の学会発表に「言語文化教育にポスト質的研究をひらく試み――食と景観に着目したナラティブとフィールドワークの実践から」（言語文化教育研究学会第10回年次大会）、出版物にトヨタ財団の助成による『ギャルタン流チュウ根本教典 翻刻校訂版』などがある。

奈良雅史（なら・まさし）

国立民族学博物館学術資源研究開発センター准教授。専門は文化人類学、中国地域研究、イスラーム地域研究。著書に『現代中国の〈イスラーム運動〉――生きにくさを生きる回族の民族誌』（風響社）、共編著に『モノとメディアの人類学』（ナカニシヤ出版）などがある。

谷憲一（たに・けんいち）

オックスフォード大学グローバル・地域研究学院客員研究員。専門は文化人類学、

イラン地域研究。著書に『服従と反抗のアーシューラー――現代イランの宗教儀礼をめぐる民族誌』(法政大学出版局)、共編著に『嗜好品から見える社会』(春風社)がある。

安保寛尚(あんぼ・ひろなお)

立命館大学法学部教授。専門はキューバ文学、文化人類学。共著に『モダニズムを俯瞰する』(中央大学出版部)、主な論文に「植民地時代キューバの物語詩――キューバ人の人種的・文化的主体の表象の変遷について」(『立命館言語文化研究』33巻3号)などがある。

ダースレイダー(DARTHREIDER)

242ページ、プロフィール参照。

櫻間瑞希(さくらま・みずき)

中央学院大学現代教養学部専任講師。専門は言語社会学・タタール文化研究。主な論文に「現代タタール・ディアスポラの言語選択――ウズベキスタン、カザフスタン、タジキスタンを事例として」(筑波大学大学院人文社会科学研究科、博士論文)、共著に『タタールスタンファンブック』(パブリブ)などがある。

石原三静 a.k.a. ヌマバラ山ポール(いしはら・さんせい/ぬまばらさんぽーる)

尺八・口琴演奏家。日本の芸能や古来の信仰を追い、日本の仮面の製作(面打ち)も行う。ヌマバラ山ポール名義でラップやビートメイクも過去に行う。

野口泰弥(のぐち・ひろや)

国立民族学博物館学術資源研究開発センター助教。専門は文化人類学、アラスカ先住民・アイヌ文化研究。主な論文に「環北太平洋における威信財の人類学に向けて――アラスカ周辺地域の狩猟採集民社会を中心に」(『国立民族学博物館調査報告156号』)、「南西アラスカにおける「財宝」の起源と神聖性――アリュートとユピック社会における狩猟帽」(岸上伸啓編『北太平洋の先住民文化――歴史・言語・社会』、臨川書店)などがある。

平井ナタリア恵美(ひらい・なたりあ=えみ)

東京外国語大学ポーランド語学科卒。ポーランド音楽ブロガー・ライター。2013年よりブログ「Muzyka Polska ～ポーランドの音楽が好き♪～」を開設し、ポップスやロック、ヒップホップなどのジャンルを中心にポーランドの音楽を紹介している。著書に『ヒップホップ東欧』(パブリブ)がある。

島村一平（しまむら・いっぺい）
奥付上部、編者プロフィール参照。

軽刈田凡平（かるかった・ぼんべい）
インド音楽ブロガー・ライター。2017年よりブログ「アッチャー・インディア　読んだり聴いたり考えたり」でインド音楽を紹介している。『スタジオ・ボイス』寄稿、TBSラジオ『アフター6ジャンクション』出演など多岐にわたり活動中。

HUNGER（ハンガー）
432ページ、プロフィール参照。

矢野原佑史（やのはら・ゆうし）
432ページ、プロフィール参照。

金悠進（きむ・ゆじん）
東京外国語大学講師。専門はインドネシア地域研究。著書に『ポピュラー音楽と現代政治――インドネシア　自立と依存の文化実践』（京都大学学術出版会）、共著に『シティ・ポップ文化論』（フィルムアート社）などがある。

中原仁（なかはら・じん）
音楽プロデューサー、ラジオ番組制作者（J-WAVE「サウージ！サウダージ」他）、選曲家。専門はブラジル音楽。著書に『ブラジリアン・ミュージック200』（アルテスパブリッシング）、監修に『レコード・コレクターズ増刊　ジョアン・ジルベルト読本』（ミュージック・マガジン）などがある。

村本茜（むらもと・あかね）
鹿児島大学大学院博士後期課程。日本語教師。専門は文化人類学、ラテンアメリカ文化、ヒップホップ、在日外国人。主な論文に「多様化する在日ネパール人とネパール人学校――インタビュー調査からみるコロナ禍の影響を含めたその実態」（共著、『国際関係学研究』48号）がある。

編者　**島村一平**（しまむら・いっぺい）

国立民族学博物館人類文明誌研究部教授。文化人類学・モンゴル研究専攻。博士（文学）。早稲田大学法学部卒業後、テレビ番組制作会社に就職。取材で訪れたモンゴルに魅せられ制作会社を退社、モンゴルへ留学する。モンゴル国立大学大学院修士課程修了（民族学専攻）。日本に帰国後、総合研究大学院大学博士後期課程に入学。同大学院を単位取得退学後、国立民族学博物館講師（研究機関研究員）、滋賀県立大学人間文化学部准教授等を経て現職。著書に『憑依と抵抗――現代モンゴルにおける宗教とナショナリズム』（晶文社）、『ヒップホップ・モンゴリア――韻がつむぐ人類学』（青土社）、『増殖するシャーマン――モンゴル・ブリヤートのシャーマニズムとエスニシティ』（春風社）、『大学生が見た素顔のモンゴル』（編著、サンライズ出版）など多数。

辺境ヒップホップ研究会
ホームページ

辺境のラッパーたち
立ち上がる「声の民族誌」

2024年 6 月 20 日　第 1 刷印刷
2024年 7 月 17 日　第 1 刷発行

編　者　島村一平
発行人　清水一人
発行所　青土社
〒101-0051　東京都千代田区神田神保町 1-29　市瀬ビル
［電話］03-3291-9831（編集）　03-3294-7829（営業）　［振替］00190-7-192955

組版　フレックスアート
印刷・製本　シナノ印刷
表紙写真　撮影：Boryn Injinaash（背・表 4 部）
装幀　コバヤシタケシ

ISBN978-4-7917-7654-2

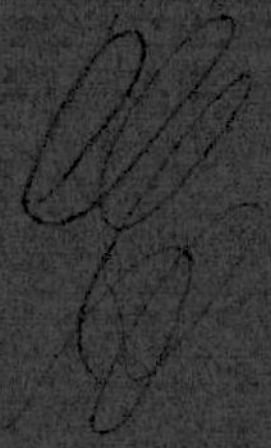